商务馆对外汉语教学专题研究书系（第二辑）
总主编 赵金铭
审 订 世界汉语教学学会

汉语作为第二语言教学的教师发展研究

主编 孙德坤

商务印书馆

2019年·北京

总主编 赵金铭

主　编 孙德坤

编　者 孙德坤

作　者（按音序排列）

曹贤文	储文怡	段　萌	郭　睿
郝丽霞	胡月宝	华霄颖	黄雅婷
江　新	金香兰	李　娜	李　泉
李炜东	李　占	林　楠	凌雯怡
刘　芬	刘　弘	刘宜君	刘元满
马国彦	阮桂君	盛双霞	史洪阳
孙德坤	王添淼	吴勇毅	熊玉珍
徐彩华	杨德峰	曾金金	张新生
赵宏勃	赵金铭	赵守辉	钟国荣

目 录

总　序 …………………………………………………… 1
综　述 …………………………………………………… 1

第一章　教师标准、培养规格与资格认证研究 ………… 1
第一节　汉语作为外语教学能力标准试说 ……………… 1
第二节　中国《国际汉语教师标准》与美国《外语教师培养标准》对比分析 ……………………………… 21
第三节　国际汉语教师培养规格问题探讨 …………… 33
第四节　构建国际汉语教师资格认证制度 …………… 52

第二章　汉语国际教育硕士培养研究 ……………………… 68
第一节　汉语国际教育硕士培养目标与教学理念探讨 …… 68
第二节　关于汉语国际教育专业学科建设的思考 …… 83
第三节　汉语国际教育硕士专业课程建设的"大语言观"模式 …………………………………………… 95
第四节　学科教学知识：汉语教师应具备的核心知识 …… 119
第五节　汉语国际教育硕士专业学位的两个科学体系 …… 136
第六节　汉语国际教育硕士导师队伍现状调查研究 ……… 146

第三章 师资培训研究 …… 164

- 第一节 第二语言教师教育研究与国际汉语教师培养 …… 164
- 第二节 国际汉语教师培养模式考察 …… 179
- 第三节 国际汉语教师培养国际化与本土化之关系 …… 201
- 第四节 培训策略 …… 217
  - 壹 课堂教学观摩在师资培养中的目的与作用 …… 217
  - 贰 微格教育与对外汉语师资培训 …… 226
  - 叁 关于建立国际汉语教师档案袋评价体系的思考 …… 235
- 第五节 信息技术与教材建设 …… 250
  - 壹 信息技术支持下的国际汉语教师专业发展 …… 250
  - 贰 利用网上实境教学体验及多元化评量模式进行教师培养 …… 260
  - 叁 对外汉语师资培训教材及编写原则 …… 282

第四章 教师认知研究 …… 291

- 第一节 教师认知与教师发展 …… 291
- 第二节 教师认知构建与汉语教师职业发展 …… 315
- 第三节 国际汉语教师的角色认知 …… 331
- 第四节 教师实践性知识 …… 347
  - 壹 对外汉语教师实践性知识的个案研究 …… 347
  - 贰 国际汉语教师个人实践性知识个案研究 …… 368
  - 叁 叙事探究下的CSL教师成长史研究 …… 393

第五章 教师职业发展研究 ········ 404
第一节 教师的学习风格与教学风格研究 ········ 404
第二节 汉语教师志愿者与汉语学习者动机教学策略意识对比研究 ········ 417
第三节 对外汉语教师教学效能感研究 ········ 434
第四节 对外汉语教师职业倦怠研究 ········ 447
第五节 对外汉语专职教师的科研状况及相关因素分析 ··· 464
第六节 成为反思性实践者 ········ 477

后 记 ········ 488

总　序

赵　金　铭

对外汉语教学专题研究书系是商务印书馆出版的同名书系的延续。主要收录2005—2016年期间，有关学术杂志、期刊、高校学报等所发表的有关对外汉语教学研究论文，涉及学科各分支研究领域。内容全面，质量上乘，搜罗宏富。对观点不同的文章，两方皆收。本书系是对近10年对外汉语教学研究成果的汇总与全面展示，希望能为学界提供近10年来本学科研究的总体全貌。

近10年的对外汉语教学与研究，呈现蓬勃发展的局面，与此同时，各研究分支也出现一些发展不平衡现象。总体看来，孔子学院教学、汉语师资培训、文化与文化教学、专业硕士课程教学等方面，已经成为研究热门，研究成果数量颇丰，但论文质量尚有待提升。由于主管部门的导向，作为第二语言汉语教学的汉语本体研究与汉语教学研究，在一定程度上被淡化。语音、词汇及其教学研究成果较少，语法、汉字及其教学研究成果稍多，汉字教学研究讨论尤为热烈。新汉语水平考试研究还不够成熟，课程与标准和大纲研究略显薄弱。值得提及的是，教学方法研究与教学模式研究、汉语作为第二语言习得研究、现代教育技术研究及其在教学中的应用研究，发展迅速，方兴未艾，成果尤为突出。本书系就是对这10年研究状况的展示与总结。

近10年来，汉语国际教育大发展的主要标志是：开展汉语教学的国别更加广泛；学汉语的人数呈大规模增长；汉语教学类型和层次多样化；汉语教师、教材、教法研究日益深入，汉语教学本土化程度不断加深；汉语教学正被越来越多的国家纳入其国民教育体系。其中，世界范围内孔子学院的建立既是国际汉语教育事业大发展的重要标志，也是进一步促进国际汉语教学持续发展的一个重要平台，吸引了世界各地众多的汉语学习者。来华外国留学生汉语教学与海外汉语教学，共同打造出汉语教学蓬勃发展的局面。

大发展带来学科研究范围的扩大和研究领域的拓展。本书系共计24册，与此前的22册书系的卷目设计略有不同。

本书系不再设《对外汉语课堂教学技巧研究》，增设《汉语作为第二语言教学的教学方法研究》和《汉语作为第二语言教学的教学模式研究》两册。汉语作为第二语言教学，既与世界第二语言教学有共同点，也因汉语、汉字的特点，而具有不同于其他语言作为第二语言教学的特色。这就要求对外汉语教学要讲求符合汉语实际的教学方法。几十年以来，对外汉语教学在继承传统和不断吸取各种教学法长处的基础上，结合汉语、汉字特点，以结构和功能相结合为主的教学方法为业内广泛采用，被称为汉语综合教学法。博采众长，为我所用，不独法一家，是其突出特点。这既是对外汉语教学的传统，在教学实践中也证明是符合对外汉语教学实际的有效的教学方法。与此同时，近年来任务型教学模式风行一时，各种各样的教法也各展风采。后方法论被介绍进来后，已不再追求最佳教学法与最有效教学模式，教学法与教学模式研究呈现多样化与多元性发展态势。

进入新世纪后，对外汉语教学学科理论研究的一个重要进展是开拓了第二语言习得理论与实际问题的研究，从重视研究教师怎样教汉语，转向研究学习者如何学习汉语，这是一种研究理念的改变，这种研究近10年来呈现上升趋势。研究除了《汉语第二语言学习者语言系统研究》《汉语作为第二语言的学习者研究》，本书系基于研究领域的扩大，增设了《基于认知视角的汉语第二语言习得研究》和《多视角的汉语第二语言习得研究》，从多个角度开辟了汉语学习研究的新局面。

教育部在2012年取消原本科专业目录里的"对外汉语"，设"汉语国际教育"二级学科。此后，"汉语国际教育"作为在世界范围内开展汉语作为第二语言教学的名称被广泛使用，学科名称的变化，为对外汉语教学带来了无限的机遇与巨大的挑战。随着海外汉语学习者人数的与日俱增，大量汉语教师和汉语教学志愿教师被派往海外，新的矛盾暴露，新的问题随之产生。缺少适应海外汉语教学需求的合格的汉语教师，缺乏适合海外汉语学习者使用的汉语教材，原有的汉语教学方法又难以适应海外汉语教学实际，这三者成为制约提高对外汉语教学质量、提升对外汉语教学水平的瓶颈。

面对世界汉语教学呈现出来的这些现象，在进行深入研究、寻求解决办法的同时，也产生了一种急于求成的情绪，急于解决当前的问题。故而研究所谓"三教"问题，一时成为热门话题。围绕教师、教材和教法问题，结合实际情况，出现一大批对具体问题进行研究的论文。与此同时，在主管部门的导引下，轻视理论研究，淡化学科建设，舍本逐末，视基础理论研究为多余，成为一时倾向。由于没有在根本问题上做深入的理论探讨，将过多的精力用于技法的提升，以至于在社会上对汉语作为一个学科产生了不同认识，某种程度上干扰了学科建设。本书系《汉语作为第二语言教学的学科理论研究》和《汉语作为第二语言教学的教学理论研究》两册集中反映了学科建设与教学理论问题，显示学界对基本理论建设的重视。

2007年国务院学位办设立"汉语国际教育硕士专业学位"，目前已有200余所高等院校招收和培养汉语国际教育专业硕士。10多年来，数千名汉语教师和志愿者在世界各地教授汉语、传播中国文化，这支师资队伍正在共同为向世界推广汉语做出贡献。

一种倾向掩盖着另一种倾向。社会上看轻汉语作为第二语言教学的观点，依然存在。这就是将教授外国人汉语看成一种轻而易举的事，这是一种带有普遍性的错误认知。这种认知导致对汉语作为第二语言教学科学性认识不足。一些人单凭一股热情和使命感，进入了汉语国际教育的教师队伍。一些人在知识储备和教学技能方面并未做好充分的准备，便匆匆走向教坛。故而如何对来自不同专业、知识结构多层次、语言文化背景多有差别的学习者，进行汉语作为第二语言教学的专业培养和培训，如何安排课程内容，将其培养成一个合格的汉语教师，就成为当前迫切需要解决的问题。本书系增设的《汉语作为第二语言教学的教师发展研究》《汉语作为第二语言标准与大纲研究》以及《汉语作为第二语言教学的课程研究》，都专门探讨这些有关问题。

自1985年以来，实行近20年的汉语水平考试（HSK），已构成了一个水平由低到高的较为完整的系统，汉语水平考试（HSK）的实施大大促进了汉语教学的科学化和规范化。废除HSK后，研发的"新HSK"，目前正在改进与完善之中。有关考试研究，最近10年来，虽然关于测试理论和技术等方面的研究仍然有一些成果出现，但和以往相比，研究成果的数量有所下降，理论和技术方面尚缺乏明显的突破。汉语测试的新进展主要表现在新测验的开发、新技术的应用和对重大理论问题的探讨等方面。《汉语作为第二语言测试研究》体现了汉语测试的研究现状与新进展。

十几年来，汉语作为第二语言教学史的研究越来越多，也越来越深入。既有宏观的综合性研究，又有微观的个案考察。宏观研究中，从学科建设的角度探讨汉语教学史的研究。重视对外汉语教学历史的发掘与研究，因为这是对外汉语教学学科建设中不可缺少的一部分。宏观研究还包括对某一历史阶段和某一国家或地区汉语教学历史的回顾与描述。微观研究则更关注具体国家和地区的汉语教学历史、现状与发展。为此本书系增设《汉语作为第二语言教学史研究》，以飨读者。

本书系在汉语本体及其教学研究、汉语技能教学研究、文化教学与跨文化交际研究、教育技术研究和教育资源研究等方面，也都将近10年的成果进行汇总，勾勒出研究的大致脉络与发展轨迹，也同时可见其研究的短板，可为今后的深入研究引领方向。

　　本书系由商务印书馆策划，从确定选题，到组织主编队伍，以及在筛选文章、整理分类的过程中，商务印书馆总编辑周洪波先生给予了精心指导，在此深表谢意。

　　本书系由多所大学本专业同人共同合作，大家同心协力，和衷共济，在各册主编初选的基础上，经过全体主编会的多次集体讨论，认真比较，权衡轻重，突出研究特色，注重研究创新，最终确定入选篇章。即便如此，也还可能因水平所及评述失当，容或有漏选或误选之处，对书中的疏漏和失误，敬请读者不吝指教，以便再版时予以修正。

综　述

"教师发展"（Teacher Development）是新近出现的一个词语，出现之初与"师资教育"（Teacher Education）、"教师培训"（Teacher Training）并称，强调教师的专业或职业"发展"（孙德坤，2008）[①]。后来"教师发展"逐渐成为一个泛称，总括"师资教育""教师培训"和"职业发展"，成为一个上位概念。可以说"教师发展"有狭义与广义两种含义。本书标题中的"教师发展"取其广义，本综述也是取其广义，从以下五个方面对2005—2016年间的教师发展研究做一综述。

一　教师标准、培养规格与资格认证研究

教师培养，无论是学历教育、在职培训，还是职业发展，首先得确定目标，因此关于教师应具备的知识、能力、素养的讨论必然是一个重要话题，比如张和生主编的《对外汉语教师素质与教师培训研究》[②]一书近一半的篇幅讨论这个议题。不过，近十年来专篇

[①] 见本书第四章第一节。
[②] 张和生主编《对外汉语教师素质与教师培训研究》，商务印书馆，2006年。

讨论这个话题的文章并不多见,议题更多集中在教师标准、培养规格以及教师资格认证等方面,其中主要原因是本时期相关标准的出台。2005年国家汉办推出《汉语作为外语教学能力等级标准》,开启了对标准的讨论。比如赵金铭(2007)[①]通过对比,发现国内标准更重视汉语、外语水平及文化素养;国外标准更注重外语教学能力和学生学习能力的培养。作者对拟议中的汉语作为外语教学能力标准基础知识、专业知识、教师素质与教学技能四个方面予以了描述。

国家汉办于2007年正式发布《国际汉语教师标准》(下文简称《标准》)。《标准》对从事汉语国际教学工作的教师应具备的知识、能力和素质进行了全面描述,旨在建立一套完善、科学、规范的教师标准体系,为国际汉语教师的培养、培训、能力评价和资格认证提供依据,自然受到业界的关注。首先是关于《标准》制定的立足点与出发点。黄雅婷(2013)[②]通过比较《标准》与美国《外语教师培养标准》(以下简称《外标》),指出《标准》的制定主要针对"从中国派往海外"从事汉语教学这一教师群体。张新生(2014)[③]通过分析"国际汉语"一词的两层含义表达了与黄雅婷类似的看法,指出了《标准》取向的深层原因。作者认为"国际汉语教学"有两种切分——"国际/汉语教学"和"国际汉语/教学",前者是"扩大其地域覆盖的'国际'的汉语教学",

---

① 赵金铭《汉语作为外语教学能力标准试说》,《语言教学与研究》2007年第2期,详见第一章第一节。

② 黄雅婷《中国〈国际汉语教师标准〉与美国〈外语教师培养标准〉的对比分析》,载姜明宝主编《汉语国际教育人才培养理论研究》,北京语言大学出版社、中央广播电视大学音像出版社,2013年。详见第一章第二节。

③ 张新生《〈国际汉语教师标准〉和汉语外语师资培训本土化》,《国际汉语》(第三辑),中山大学出版社,2014年,第47—51页。

往往要通过汉语母语国及其相关机构的努力，实现汉语走向世界而国际化的愿景；后者是"拓宽其使用领域的'国际汉语'的教学"，往往通过借助各种渠道，拓展汉语的使用领域，使其成为一种国际通用语（Lingua Franca），让汉语融入世界。尽管两者在提高汉语国际地位的终极目标上完全一致，但在侧重点和理念上的差异则会导致在某个阶段里汉语教师培养理念和模式的不同。作者指出，《标准》是从汉语母语国的角度出发，为实现"国际/汉语教学"这一层面的目标即汉语的国际推广而制定的。张新生关于"国际/汉语教学"与"国际汉语/教学"的区分似乎只是一个简单的术语切分问题，实际上这种区分对于国际汉语教学及其师资教育与培训的定位有直接影响，兹事体大，不可不察。

《标准》的培养规格与目标及其操作性也是讨论的焦点之一。李泉（2013）[1]认为《标准》全面系统，面面俱到，或许应该看作汉语国际教学"优秀教师标准""综合全能型教师标准""汉语教学专家标准"，而不是"入门型""合格型"的国际汉语教师标准。作者建议，现阶段应以培养和培训"合格"的国际汉语教师为基本宗旨和核心目标，"探讨和明确一个合格的国际汉语教师必须具备哪些基本知识、基本技能和基本素养"，简称"三基"。黄雅婷（2013）也认为《标准》"过分求全，叠床架屋"，建议有所取舍，突出重点，明确等级。张新生（2014）同样认为《标准》"具备'高'而'全'的中国传统文化特色，对国际汉语教师的知识和技能提出了几乎是终极性的原则要求"。

---

[1] 李泉《国际汉语教师培养规格问题探讨》，《华文教学与研究》2012年第1期。详见第一章第三节。

《标准》的推出,除了明确培养目标,也是为了给教师考核与资格认证提供依据。王添淼、史洪阳(2016)[①]通过评介美国二语教师资格认证制度,讨论了该制度提供的启示,并对如何构建国际汉语教师资格认证制度的途径与办法提出了看法。他们认为,专业团体的参与对于保证教师资格认证制度的专业性与客观性具有非常重要的意义;不能只是单纯的知识测验,还需更多地关注教师的教学实践与绩效;建立多级化阶梯型认证制度以调动汉语教师寻求自身专业发展的积极性;应将以阶段化证书和优秀教师、专家型教师的认证取代终身制的"资格证书"作为国际汉语教师资格认证制度的发展方向。

无论是标准的制定还是资格认证制度的建立都既要保持相对稳定、具备可操作性,又要具备开放性,注意与时俱进,在恰当的时期进行必要的修订,因为关于教师知识、教学方法等都会因相关研究的新发现、教学环境和手段等因素的变化而变化。从这个意义上讲,教师标准、培养规格与资格认证等研究需要更多的投入,目前这方面的研究还相当有限。

二 国际汉语教育硕士培养研究

2007年3月30日,国务院学位办发布关于《汉语国际教育硕士专业学位设置方案》(以下简称《方案》)的通知,以培养具有熟练的汉语作为第二语言教学技能和良好的跨文化交际能力,适应汉语国际推广工作,胜任多种教学任务的高层次、应用

---

① 王添淼、史洪阳《构建国际汉语教师资格认证制度——基于美国的经验》,《语言教学与研究》2016年第1期。详见第一章第四节。

型、复合型专门人才。这是提高汉语国际推广能力，加快汉语走向世界，改革和完善对外汉语教学专门人才培养体系的重大举措，也是学科发展的重要标志。这同时也是一个新型专业，因此，关于这一专业的培养目标、课程设置、培养手段、师资建设自然成为业内关注和研究的焦点。

关于培养目标。本硕士试点推行之日也正是国家汉办《国际汉语教师标准》发布之时，李泉（2009）[①]将《方案》的培养目标与《标准》进行了对比，发现《方案》的"培养目标"和"课程设置"与《标准》提出的国际汉语教师应具有的知识、能力与素养是相吻合的，体现出如下特色：注重能力培养，体现学科特点；注重职业要求，兼顾工作特点；注重质量要求，明确人才规格；具有定位准确、重点突出，要求明确、针对性强，国际性和外向型等特点。他也指出，实现这些目标不是一件容易的事。他建议应综合考虑培养对象的实际情况、培养方法技巧的有效性和有限性、学生未来从事的教学任务的复杂性，来确定国际汉语教育硕士的教学理念，使其更具有针对性。盛双霞（2011）[②]可以视为对李泉建议的呼应。她建议采用泰勒三位一体的"目标模式"，即从学科需求、学生需求和社会用人单位需求三个方面进行深入全面的需求分析，在此基础上确定该专业的培养目标、构建课程体系，选择教学内容、教学方法等，使其更具针对性。

关于课程设置。课程设置关注的是教学内容，是培养目标的

[①] 李泉《汉语国际教育硕士培养目标与教学理念探讨》，《语言文字应用》2009年第3期。详见第二章第一节。

[②] 盛双霞《以需求为导向：关于汉语国际教育专业学科建设的思考》，载《国际汉语教育人才培养论丛》（第二辑），北京大学出版社，2011年。详见第二章第二节。

具体化。赵守辉、胡月宝（2013）[1]认为，业内关于课程设置主要集中在"教什么"和"怎么教"两大传统知识结构方面，建议将"为什么教"（包括了解学生为什么学），即关于语言宏观应用的"语言社会学"（Sociology of Language）纳入课程设置的范围，形成一个以"本体"（Subject Knowledge）、"教学"（Pedagogy + Curriculum）和"政策"（Planning + Policy）"三位一体"的知识和技能结构，使得"教什么"（本体知识）、"怎样教"（课程与教法）和"为什么教"（政策与策略）三角成为一个稳态结构模型，即"巴洛美扭结"（le noeud Barroméen）模式。这是因为在全球化背景下，多语多文化已成为后现代社会的基本特征，而国际汉语教育更需对当地的语言政策、教学对象本身复杂的语言及文化背景有较多了解，如此教师才能在教学实践中协调汉语与当地语言生态的互动关系。国际汉语教育硕士学位是为国际汉语教育特设的，赵守辉、胡月宝提出的"大语言观"有助于未来的汉语教师从国家语言政策的层面宏观地思考、应对国际汉语教育教学中出现的各种挑战。

国际汉语教育硕士课程设置也是跟学科定位紧密相连的。作为跨学科性质的国际汉语教学，它的内核是什么？它区别于其他学科的特征是什么？美国学者Shulman提出的"学科教学知识"（Pedagogical Content Knowledge）这个概念可以视为一个很好的区别点。郭睿（2015）[2]认为"学科教学知识"应视为汉语教师

---

[1] 赵守辉、胡月宝《汉语国际教育硕士专业课程建设的"大语言观"模式》，载姜明宝主编《汉语国际教育人才培养理论研究》，北京语言大学出版社、中央广播电视大学音像出版社，2013年。详见第二章第三节。

[2] 郭睿《学科教学知识：汉语教师应具备的核心知识》，《国际汉语教学研究》2015年第4期。详见第二章第四节。

应具备的核心知识。作者对"学科教学知识"的定义与特点、结构与功能、建构途径与策略做了分析与讨论。笔者认为,无论是国际汉语教育硕士研究生还是目前正在从教的国际汉语教师,其专业知识背景都呈现多样性,"学科教学知识"这一概念的确为本行业教师应具备的知识提供了一个很好的切入点,需要更加深入全面探讨,以形成共识。

关于培养手段。"国际汉语教育硕士"是一个新的专业学位,以专业实践为导向,重视实践和应用,培养具有专业和专门技能的应用型、复合型人才。赵金铭(2011)[①]认为,建设这样一个具有师范性的新专业学位,应用一种新的理念来建设。为此,他提出了"课程体系"与"实习体系",并认为这是汉语国际教育硕士专业学位的两个科学体系。"实习体系"可以视为最能区分"国际汉语教育硕士"与"对外汉语教学硕士"的方面。

关于师资建设。如果说国际汉语教育"三教"(教材、教法、教师)中教师是关键,同理,国际汉语教育硕士学位教育的成败在很大程度上也取决于导师(教师)队伍。现有的导师状况如何?阮桂君、段萌(2016)[②]选取全国开设该专业的院校作为调查对象,从导师的来源与背景、科研情况、心理状况三个方面分析汉语国际教育硕士专业导师队伍的现状。调查发现,从专业背景来说,只有4%来自对口的对外汉语专业。从科研情况来说,多数为转

---

① 赵金铭《课程体系与实习体系——汉语国际教育硕士专业学位的两个科学体系》,载《国际汉语教育人才培养论丛》(第二辑),北京大学出版社,2011年。详本书第二章第五节。

② 阮桂君、段萌《汉语国际教育硕士导师队伍现状调查研究》,载《国际汉语教育人才培养论丛》(第五辑),中国社会科学出版社,2016年。详见本书第二章第六节。

行导师，属于"半路出家"。从心理状况来说，转行导师在转行初期面临着较大的心理压力，特别是来自科研方面的压力。作者建议，一方面，各校应考虑设置相关机构协调各方关系，为导师创造良好的发展环境；另一方面，转行导师不妨将其视为突破自身的机遇，努力探索汉语国际教育领域内的相关问题。

以上研究从培养目标、课程设置、培养手段、师资建设诸方面探讨了国际汉语教育硕士学位这一新兴专业的各个方面，展现了这个专业的构成部分及其相互联系，为后续研究、为改进教学打下了一个良好的基础。

三 师资培训研究

进入21世纪，随着国际汉语教育的快速发展，对教师的需求也迅速增加，造成许多非专业背景、没有汉语教学经验的人士进入这个领域，对这些教师进行培训因此显得尤为迫切，各种培训工作相应而生，而如何提高培训的有效性也就成为研究的议题。关于教师培训的研究主要集中在培训理念、培训模式、培训策略以及培训手段，包括信息技术与培训教材的建设等方面。

关于培训理念。培训理论关乎培训的宏观原则，对整个培训的设计与实施起到导向作用，因此是需要首先明确的问题。自然，培训理念又是受到特定时期和特定环境影响的，呈现出与时俱进的发展过程。曹贤文（2010）[①]通过梳理国外第二语言教师教育研究

[①] 曹贤文《第二语言教师教育研究的发展过程与国际汉语教师培养值得重视的几个问题》，载北京语言大学对外汉语研究中心编《汉语国际教育"三教"问题——第六届对外汉语学术研讨会论文集》，外语教学与研究出版社，2010年。详见第三章第一节。

的发展过程,讨论国际汉语教师培养需要重视的问题:以专业知识学习和专业技能训练为基础,提高有效教学活动的设计和实施能力;重视教师的认知发展与专业发展,对其教师身份建构和职业生涯规划给予充分的关注;重视教学环境和实践知识在国际汉语教师发展中的重要地位;加强对国际汉语教师教育活动及培养项目本身的关注,研究不同教学环境下的师资培养项目在设计理念和具体实施方面的异同,以及它们各自为教师的发展带来了哪些持久的影响;完善国际汉语教师的职前培养、入职教育和职后培养一条龙教育发展体系。这些都是教师培训顶层设计的宏观考虑。

关于培训模式。"培训模式"是近年来使用频率颇高的一个词语,也是整个培训研究的焦点。培训通常分为:职前/岗前/入职(Pre-service)培训,即为上岗或进入职场做准备;在职/在岗(In-service)培训,即帮助在职人员提高或补充知识、技能;职后(Post-service)深造,通常是脱产学习。从培训时间看,有短期培训(从几天到几周)、中期培训(从几周到几月)和长期培训(从几月到一年)之分。从培训目的和对象上看,有的是为了获取教学资格或证书,有的是为了特定的教学项目,有的是为了特定的语言课程,有的是针对特定的群体,不一而足,而且之间通常有交叉。马国彦(2013)[①]认为国际汉语教师的培养模式应随国际汉语推广的性质、目标和任务的变化而变化。作者从国际汉语教师职业的实践性这一基本事实出发,分析了知识型和应用型培养模式中存在的问题,结合《国际汉语教师标准》,对开展汉语教学、传播中华文化应具备的知识、能力和素质的描述,

---

① 马国彦《国际汉语教师培养模式考察:问题与对策》,《对外汉语研究》第10期,商务印书馆,2013年,详见第三章第二节。

就如何提高师资培养效能进行了学理分析,期望培养出来的教师是"反思性的实践者而不是程式化的经验者"。

汉语国际教师国际化与本土化关系是培训模式探讨中的一大关注点。关于"本土化",张新生(2013)[①]认为有两种理解:表层本土化,"一般可以理解为地理位置的变化及适量考虑当地的情况";深层本土化,"则是不但有地理位置的变化,而且还要让汉语教学进入当地的主流外语教学体系,成为其主流外语教学的有机组成部分。只有实现了主流化,才能实现其可持续发展的最终目的"。这种区分与他提出的"国际/汉语教学"和"国际汉语/教学"的区分是一脉相承的。作者认为中外合作是加快海外汉语外语教师培训本土化的一个有效途径,因为培训目的之一就是提高受训教师寻求解决问题的方案的兴趣和能力,而欧美师资培训较为注重培养教师的行动能力。

关于培训策略。应该说,每一个培训项目都有培训策略的选择和使用部分,无论是否明确指出。对外汉语教学实践性很强,教学观摩是师资培养过程中的重要环节,也是教学研究非常重要的一项基本功。但观摩的目的和作用长期以来比较模糊。特别是新手教师,观摩什么?如果不加指导,往往会流于"外行看热闹"。如何指导学员进行有效的教学观摩,使其成为"内行看门道",需要深入探讨,刘元满(2011)[②]对"教学观摩"这一策略进行了尝试。作者以对外汉语教学学科硕士研究生对熟手教师的观课

---

① 张新生《国际汉语教师培养的理念与模式——国际汉语教师培养国际化和本土化关系探讨之三》,《国际汉语教育》2014年第1辑。详见第三章第三节。

② 刘元满《课堂教学观摩在师资培养中的目的与作用》,载吴应辉、牟玲编《汉语国际传播与国际汉语教学研究(下)——第九届国际汉语教学学术研讨会论文集》,中央民族大学出版社,2011年,详见第三章第四节壹。

记录和评价为例,说明教学观摩应制定细节,按照国际汉语教师标准,培养学生的职业敏感,以较为专业的眼光评价课堂活动,获取较强的教学组织和实施能力。

微格教学(Microteaching)自1963年在美国斯坦福大学产生以来,很快推广到世界各地,被广泛应用于教师培训中,取得了良好的效果。刘弘(2012)[①]讨论微格教学在培训中的应用。针对微格教学的一些不足,比如,新手教师可能过分重视某个环节,而对教学的整体考虑不够;因为其教学环境是模拟的,受训学员难以估计未来学生的真实水平等。作者建议在微格教学中增加"说课"这一环节,即让讲课学员面对其他受训学员或指导教师系统地谈自己的教学设计及理论依据。微格教学只是提供了一种方式,具体如何运用到特定的汉语教师培训中,还需要通过在特定培训项目中的实际运用来分析,讨论其可使用的场合、应注意的方面,使其发挥应有的作用。

王添淼、林楠(2016)[②]通过对美国利用"档案袋"(Portfolio)对教师进行专业考核的介绍,建议引进这一机制,以弥补传统评价与考核机制的不足。作者认为目前国际汉语教师评价体系评价项目单一、评价标准单一,没有将教师日常教学能力和成果的展示纳入到评价体系中。另外,学校管理者与被评教师处于不平等地位,大大制约了教师自身的专业化发展。而教师档案袋评价集

---

① 刘弘《微格教育与对外汉语师资培训》,载《汉语国际推广论丛》(第1辑),北京大学出版社,2006年,详见第三章第四节贰。

② 王添淼、林楠《关于建立国际汉语教师档案袋评价体系的思考——基于美国的经验》,《东北师范大学学报》(哲学社会科学版)2016年第1期。详见第三章第四节叁。

合了诊断性、形成性和终结性等多种评价方式,既是教师进行回顾与反思的有效工具,又具有评价功能和价值判断功能,有利于教师实现专业发展,因此是一种非常值得借鉴的评价方式。作者对构建国际汉语教师档案袋评价体系的有效路径提出了看法。

关于信息技术。信息技术既是教学手段,又是教师自身学习的手段,熊玉珍(2013)[①]从宏观的角度讨论这个议题。作者认为,目前教师教育网络的技术支撑环境大多采用传统的网络技术,没有在异构资源的有效聚合、个性化学习服务的提供等方面取得关键性的突破。作者呼吁构建集"培养""研究"和"应用"一体化服务模式的网络平台,以促进"基于资源的汉语教师学习",推动国际汉语教师的协同教研,开展国际汉语教师的校本研修。刘宜君、曾金金(2016)[②]提供了一个具体的案例——运用网上实境教学体验,探讨如何建立多元化评量模式,以提升国际汉语教师培养的教学品质与效能。该研究以 Bandura 之教学场域对教师自我效能(Self-efficacy)影响的理论,以及 Putnam 和 Borko 多角度学习分享的概念,通过网络平台的训练、多重角度的思考,通过收集、分析包括自评、他评、资深教师之教学评量,指导教授带领之省思与讨论,以及学生对在线学习所做问卷等数据,探讨网上实境教学体验在提升职前教师专业认知与教学效能方面的作用。本案例的研究对象是职前教师,其研究方法同样可以运用

---

① 熊玉珍《信息技术支持下的国际汉语教师专业发展》,载姜明宝主编《汉语国际教育人才培养现状与对策》,北京语言大学出版社、中央广播电视大学音像出版社,2013年。详见第三章第五节壹。

② 刘宜君、曾金金《利用网上实境教学体验及多元化评量模式进行国际汉语教师培养》,《国际汉语教学研究》2016年第2期。详见第三章第五节贰。

到对在职教师的研究。网络建设是一项系统工程，服务于汉语教师培训的网络建设应该是汉语教师培训整体设计的一个部分，因此宏观的顶层设计对网络建设至关重要。

关于教材建设。杨德峰、刘芬、李占（2011）[1]对教师培训教材的编写原则展开了讨论。作者对现有对外汉语师资培训教材进行了分析，认为最近几年汉语师资培训教材发展迅速，对对外汉语教学的整体性和过程性越来越重视；但是也存在一些不足，比如编写存在一定的随意性、定位不明确、实用性不强，等等。作者因此提出此类教材的编写应遵循针对性、实践性、实用性、系统性和层级性的原则，并对这些原则做了进一步阐释。

四　教师认知研究

长期以来，汉语教师标准的制定、教师培训课程的设置、教学模式的设计等基本都是以"应然"为依据，最近几年，业界开始关注对教师发展开展"实然"研究，认为"实然"不明，"应然"何立？[2]可喜的是"实然"研究已经开始受到重视，且呈现出快速增长的趋势。

"实然"研究关注的是教师自身的认知与成长过程。孙德坤（2008）[3]率先将"教师认知"这个概念引进到汉语作为第二语言教学的研究中。作者结合自己关于教师实践性知识的研究，

---

[1] 杨德峰、刘芬、李占《对外汉语师资培训教材及编写原则刍议》，载《汉语教学学刊》（第5辑），北京大学出版社，2009年，详见第三章第五节叁。

[2] 吴勇毅《关于教师与教师发展研究》，《国际汉语教学研究》2015年第3期，第4—8页。

[3] 孙德坤《教师认知研究与教师发展》，《世界汉语教学》2008年第3期。详见第四章第一节。

较为系统地讨论了教师认知研究与教师发展的关系，对教师认知研究的缘起、主要议题做了简要介绍，并讨论了教师认知研究与教师专业和个人发展的关系，及其在汉语国际推广中的意义。作者指出教师认知研究主要揭示教师的心理世界，即他们的信念、思想、知识结构及其对教学实践的影响，揭示教师成长的过程，目的在于帮助教师反思他们的教学理念与实践，从而提高自我发展的自觉性。业界随后出现了一些相关的具体研究。

关于教师成长过程。教师认知研究其目的在于理解教师如何成为一个合格教师，因此教师的成长过程必然是一个重点研究领域。吴勇毅、凌雯怡（2013）[1]以叙事的方式"讲述"了一个母语为德语的汉语非母语教师的职业发展史——在上海一国际学校从事汉语教学与管理的10年经历。研究发现，教师职业发展是教师认知建构的动态过程，"是教师在外部条件的刺激下不断反思'已有'，并做出调整，不断补充和添加新知的过程"。这个过程是复杂的，会受到各种因素的影响。作者认为，"追寻教师的成长轨迹，探究其发展规律，发现'实然'，对改进我们目前'应然'的教师培训模式具有重要的参考价值"，并提倡更多的个案研究，因为"共性寓于个性之中"。

关于教师角色认知。李泉、金香兰（2013）[2]讨论了教师角色认知。作者讨论的角色认知"是指在学校、课堂和师生角色关系的语境中教师应该如何认知自己、定位自己，进而发展自己"，

---

[1] 吴勇毅、凌雯怡《教师认知构建与汉语教师的职业发展》，载《第十一届国际汉语教学研讨会论文选》，高等教育出版社，2013年。详见第四章第二节。

[2] 李泉、金香兰《国际汉语教师的角色认知》，载《第十一届国际汉语教学研讨会论文选》，高等教育出版社，2013年。详见第四章第三节。

而"不是指在广泛的社会关系和社会分工视野中对教师的社会地位、社会身份的了解和体认"。教师应有的角色认知如下：职业认知，包括行业认知、学科认知和教学认知；定位认知，比如，教师的助体地位、师生平等、服务意识；形象认知，包括个人形象、人际形象和公众形象。由此可见，作者讨论的角色认知是一个比较宽泛的概念，似乎包括了教师角色（Role）、身份认同（Identity）、信念（Belief）和教师应有的"意识"。事实上，作者也认为"教师的这种角色认知或称教师观，既体现在教师的心理世界，更体现在教师的教学活动和教学行为中"。笔者以为"教师观"或许是一个更有概括性、富有中国特色的概念。那么当前教师的教师观如何？哪些因素影响教师观的形成？教师的教师观与他们的教学观之间存在怎样的关系？这些都有待于研究。

关于教师实践性知识。近年来教师（个人）实践性知识开始得到关注。"教师实践性知识是一种建立在教师对学校和课堂的理解和实践基础上的知识，这种知识旨在解决他们在教学工作中面临的问题"（孙德坤，2014）[1]。江新、郝丽霞（2010）[2] 通过研究教师的"教学思想"（Pedagogical Thoughts），开启了对汉语教师实践性知识的研究。该研究采用了 Gatbonton（2000）[3] 和 Mullock（2006）[4] "教学思想"的框架，运用刺激性回忆方法

---

[1] 孙德坤《教师认知研究与教师发展》，《世界汉语教学》2008年第3期。详见第四章第一节。

[2] 江新、郝丽霞《对外汉语教师实践性知识的个案研究》，《世界汉语教学》2010年第3期。详见第四章第四节壹。

[3] Gatbonton, Elizabeth (2000). Investigating experienced ESL teachers' pedagogical knowledge. *Canadian Modern Language Review*, 56, 585–616.

[4] Mullock, Barbara (2006). The pedagogical knowledge base of four TESOL teachers. *The Modern Language Journal*, 90, 48–66.

(Stimulated Recall，Gass 和 Mackey，2000[①])，对两名新手两名熟手教师的教学思想进行了统计分析。研究发现，四位教师报告的频率最高的七类教学思想及其排序不仅在很大程度上一致，而且与 Gatbonton（2000）和 Mullock（2006）的两项研究的结果也非常一致。这项研究的一些发现具有启发意义，值得关注。更重要的是：该项研究首次将实践性知识的概念引进到汉语教学研究中，并对这个概念及其相关研究做了较为全面的评介；借助已有的英语研究框架，有助于比较，跟国际接轨；采用刺激性回忆研究方法，在研究方法上为后续研究提供了一种选择。

与江新、郝丽霞的研究形成对比，孙德坤（2014）[②] 以 Clandinin 和 Connelly（1987）[③] 提出的"个人实践性知识"为理论框架，采用叙事探究的方法，研究新西兰两名中学汉语教师（一名为移民，一名为华裔）的个人实践性知识，试图从整体上解读个人经历和教学环境对教师整体教学观念的形成和影响。作者运用"意象"（Image）这一概念来突出这两名教师个人实践性知识的特点，描述两名教师的教学理念和实践，分析其形成因素。作者讨论了教师的个性特点以及个人成长的文化背景对教学理念形成的影响，讨论了教师个人实践性知识与教师身份认同的密切关系，指出这类研究将丰富我们对教师认知的认识，为教师培训提供启示。

[①] Gass, Susan, & Mackey, Alison (2000). *Stimulated Recall Methodology in Second Language Research*. Mahwah, NJ: Erlbaum.

[②] 孙德坤《国际汉语教师个人实践性知识个案研究》，《世界汉语教学》2014 年第 1 期。详见第四章第四节贰。

[③] Clandinin, D. Jean, & Connelly, F. Michael (1987). Teachers' personal knowledge: What counts as "personal" in studies of the personal. *Journal of Curriculum Studies*, 19, 487–500.

吴勇毅、华霄颖、储文怡（2014）[①]代表了另一种研究方式，即用叙事的方式"讲述"三名教师的不同教学经历，借以勾勒出在成长过程中教师实践性知识是如何积累与发展起来的。作者认为教师在教育教学实践活动中，逐渐积累自己的实践性知识，不断更新、发展和重构自己的知识系统和认知结构，在"同化"与"顺应"中逐步形成自己的"个人实践理论"，从经验和教训中使自己从一个新手成长为熟手，乃至专家。在研究方法上，作者认为叙事探究其本质上就是关注并反思教育实践的一种方法，可以清晰地展现教师的成长过程，包括教师的所思、所想、所感、所言、所为等。所叙之事可以为其他教师所分享，对其他教师的成长亦有启迪作用，因此叙述探究对研究教师专业发展，尤其是研究教师个人专业发展的过程具有重要的意义。

五 教师职业发展研究

教师职业发展是一个长期、贯穿整个教学生涯的过程。业界开始关注影响教师职业发展的诸多因素，诸如学习风格与教学风格、教学策略、教学效能感、职业倦怠、对科研的态度与投入等。

关于教师学习风格与教学风格。教师是曾经的学生，现在仍在继续学习，他们自身的学习风格如何影响他们的教学风格？钟

[①] 吴勇毅、华霄颖、储文怡《叙事探究下的 CSL 教师成长史研究——实践性知识的积累》，《国际汉语教学研究》2014 年第 1 期。详见第四章第四节叁。

国荣（2014）[1]运用 Oxford（1995）[2]研发的 Style Analysis Survey 量表和 Cooper（2001）[3]研发的 Teaching Activity Preference 量表，对（新加坡）南洋理工大学国立教育学院中文系 22 名国际汉语教育培训教师的学习风格与教学风格进行了调查分析，发现教师的学习风格与教学风格有很大的联系。作者指出，各类风格都有自己的优势，教师在发挥自己学习与教学风格的优势时，也有必要了解并使用其他类型的风格，丰富自己的教学风格。对教师培训来说，这类研究也可以使培训项目更具针对性，因此是一个值得投入更多关注的研究领域。

关于教学策略。教师的教学策略是否被学生认可与接受，对课堂教学有直接的影响。李娜（2015）[4]以 Dörnyei 的"动机策略"为切入点，以 Dörnyei 和 Csizér（1998）[5]的二语动机教学策略调查问卷为测量工具，对比 52 位即将赴海外任教的汉语教师志愿者与 104 位汉语学习者对 44 项动机教学策略的认识异同。对比结果显示，两个被调查群体选出的位居前 10 名的动机教学策略中，有 7 项相同，在较大程度上是吻合的；同时，也显示了差异相对

---

[1] 钟国荣《学习风格与教学风格：国际汉语教师培养新理念与方法探究》，《国际汉语教育》2014 年第 1 期。详见本书第五章第一节。

[2] Oxford, Rebecca L. (1995). Style analysis survey (SAS): Assessing your own learning and working styles. In Reid J. M. (ed.). *Learning Styles in the ESL/EFL Classroom.* Boston: Heinle & Heinle, 208–215.

[3] Cooper, Thomas C. (2001). Foreign language teaching style and personality. *Foreign Language Annals*, 34.4, 301–317.

[4] 李娜《汉语教师志愿者与汉语学习者动机教学策略意识对比研究》，《国际汉语教学研究》2015 年第 4 期。详见本书第五章第二节。

[5] Dörnyei, Zoltán, & Csizér, Kata (1998). Ten commandments for motivating language learners: results of an empirical study. *Language Teaching Research*, 2.3, 203–229.

明显的一些策略。志愿者教师与学生在"动机教学策略"上的异同及其背后的原因,都为提高教师课堂教学的自我意识、促进教师自身专业发展提供了一些启发。另外,国际汉语教学面对的是不同区域与文化的学生,他们对教学动机策略的预期可能与教师的不一样,这项研究提醒教师要注意这些差异,做好因地制宜的心理准备。

关于教学效能感。教学效能感是教师对于自身教学能力的一种信念和评价,它是教师对自身能否成功影响学生,完成教学任务的自我信念和体验,与教学关系最为密切。徐彩华(2009)[1]对对外汉语教师教学效能感展开了研究。该研究以"汉语教师自我效能感评定量表"(共43个条目)为测量工具,以五点自陈量表的形式让教师进行自我评定,对14名专家教师和14名新手教师施测,然后用SPSS统计软件包对数据进行因子分析,考察对外汉语教师教学效能感的特点。结果发现,对语言教学情况的自我判断、对教学的情感体验是影响教学效能感的重要因素,两者相加达到了教学效能感中可解释成分中1/2左右的贡献量。教师教学效能感的研究有助于帮助教师提高自我意识,分析影响自我评价的因素,积极地调整自己的心态并采取相应的措施,以便提高职业的成功感、满足感和自信心。这类研究也有助于教学管理和培训机构关注教师的心理因素,并及时提供相应的支持。

关于职业倦怠。教育是一个情感性很强的工作,因此因情感消耗过度等因素造成的职业倦怠是一个需要正视与重视的方面。

---

[1] 徐彩华《对外汉语教师教学效能感的特点》,《语言教学与研究》2009年第3期。详见本书第五章第三节。

郭睿（2014）[①]对对外汉语教师职业倦怠的现状展开了调查，并对应采用的对策提出了看法。该项研究以 Maslach 设计的教师职业倦怠问卷为工具，抽取 180 名对外汉语教师进行问卷调查，并在其中选取 12 位具有代表性的汉语教师进行访谈，从情感耗竭、去人性化和低成就感三个维度来描述。调查发现，从总体上说，对外汉语教师职业倦怠情况不太严重，但情感耗竭维度已出现中度倦怠；学历对其职业倦怠的低成就感维度有极其显著影响；教龄对职业倦怠的情感耗竭维度有极其显著的影响。这项研究的发现无论对教师还是对管理者都是切身与及时的。对于造成职业倦怠的原因有必要进一步分析、确认，在此基础上采取相应的措施来缓解、消除教师的职业倦怠感。

关于科研。科研在教师职业生涯中扮演越来越重要的角色，李伟东、赵宏勃（2012）[②]对对外汉语专职教师的科研状况及相关因素进行了调查与分析。该项调查对"全国对外汉语教学与汉语国际教育基本信息库（机构及师资）"项目调研中获取的与教师科研相关的数据进行了整理、分析、研究，从研究领域、研究成果、教师对最新科研动态的关注度和对科研的兴趣、科研压力四个方面描述了 2007—2009 年三年期间对外汉语专职教师科研活动的基本状况和特点，分析了影响其科研活动的相关因素。调查发现 70.3% 的被访者认为工作中最大的压力来自于科研；居于前三位科研压力产生的原因分别是论文发表难、科研项目与课题

[①] 郭睿《对外汉语教师职业倦怠：现状与对策》，《语言教学与研究》2014 年第 6 期。详见本书第五章第四节。

[②] 李炜东、赵宏勃《对外汉语专职教师的科研状况及相关因素分析》，《云南师范大学学报》（对外汉语教学与研究版）2012 年第 1 期。详见本书第五章第五节。

申请难、科研时间不够。教师普遍感到科研压力大是另一个值得重视的问题。教师在长期高水平的压力体验下会产生心理、生理上的疲惫，会导致职业倦怠现象，因此应引起重视。

关于反思性实践。第二语言教学现在进入一个"后方法时代"，国际汉语教育极大地拓展了教学空间，教师认知研究唤起对教师实践性知识的重视，这些都意味着国际汉语教师发展从"技术理性"到"反思理性"的转型。王添淼（2010）[1]倡导国际汉语教师应成为反思性实践者。作者指出，技术理性指导下的教师培养和培训囿于"专家—教师"这样一种等级框架，而"反思理性"推行的是"实践—反思—开发—推广"模式。作者认为，国际汉语教师教育实践的情境性和不确定性等特点，要求国际汉语教师不仅要了解"教学是什么"或"教师应该怎么做"这类抽象问题，更多的是要适时处理"我此时此地如何教"这类情境性问题。这就要求教师不断框定问题情境，借助实践性知识与实践情境开展"反思性对话"，在情境的互动过程中寻求解决问题的途径。所以国际汉语教师必须通过各种形式的"反思"，加深自己对国际教学更为深入的"理解"（Understanding），发现其中的"意义"（Meaning），促进对"反思性实践"（Reflective Practice）的追求。

六　对今后研究的几点建议

从上面的概述中我们可以看到，过去10来年，随着国际汉

---

[1] 王添淼《成为反思性实践者——由〈国际汉语教师标准〉引发的思考》，《语言教学与研究》2010年第2期。详见本书第五章第六节。

语教育的推广、《国际汉语教师标准》的出台、汉语国际教育硕士专业学位的开设,汉语作为第二语言教师发展研究有了很大的发展,突出表现在研究领域的拓展,研究议题涵盖了教师标准、师资教育、师资培训的各个方面。特别是以教师认知、教师实践性知识以及教师职业发展等为对象的"实然"研究开始出现。这类研究丰富和深化了对教师成长过程的认识,为师资教育与培训提供了诸多启示。

不过,我们也看到教师发展研究中普遍存在的一些问题,这些问题在教师培训研究报告中表现尤为突出。首先,许多培训项目定位不明确,换句话说,培训目标模糊,缺乏针对性;其次,很多培训项目缺少评估这个重要环节;再次,对项目的实施过程没有记录,以致许多报告成为一种基于记忆的总结式回顾与讨论。笔者认为,导致上述问题的主要原因之一是项目设计与实施缺少一个宏观的框架指导,笔者因此提出一个教师培训项目设计与管理的总体框架(见下图),供国际汉语教师培训与发展研究讨论与参考。

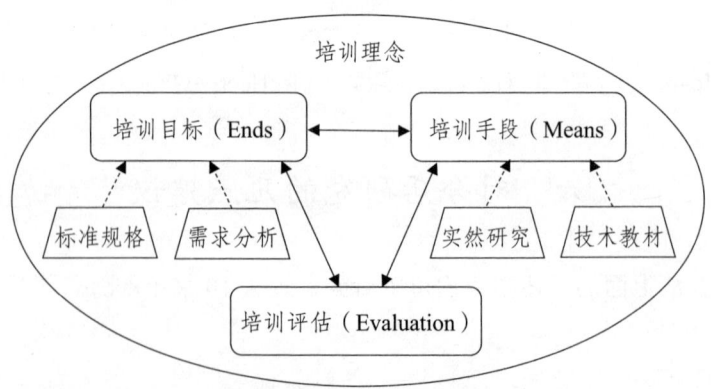

图 1 教师培训项目设计与管理的总体框架

从上图我们可以看出，培训目标、培训手段和培训评估是一个培训项目不可或缺的三大板块，无论这个培训项目的规模大小。这三块是相互联系的，所以用双箭头表示。具体到"培训目标"的制定，这需要通过需求分析，并参照教师标准和规格来确定；而培训手段的选择，则需要考虑教师发展实然研究的发现，同时考虑可用的技术与教材支持等。换句话说，培训目标的制定是否恰当，需求分析和标准规格是其基础；而培训手段是否合适有效，有赖于实然研究的深度和技术教材等的完善程度。标准规格、需求分析、实然研究、技术教材是隐性的、间接的，因此在图中用虚线单箭头表示。贯穿所有这些环节的培训理念，即宏观的指导原则，则更隐性，但其影响更重要、更深远。笔者认为业内迫切需要通过广泛讨论，建立一个合理的、类似上面的教师培训与管理的框架，以便从学理上梳理这个领域的各种问题及其关系，为培训项目的设计和实施提供宏观指导；同时为教师培养与发展研究提供一个框架与平台，让研究者明白所研究的议题在整个框架中的位置。这样的框架对于整合以往与现有的研究成果，促进学术交流与合作，推进本学科研究的持续创新发展也是非常必要的。笔者深感这10年来研究论文虽多，但呈现出"碎片化"特点，很难对其做整合（Synthesis），从中提取共性的发现与启示。

除了以上关于整体框架的建议，笔者下面将从研究内容（领域）、研究方法、宏观管理与指导三方面对教师发展研究提出一些建议。

关于研究领域。

1. 加强需求分析研究，包括基于国别和教师类别两大类需求的调查分析。国别需求分析就是对具体国家或地区的教师需求进行分析。教师类别除了继续关注中国国内、专职教师外,应加强对华裔教师、非华裔教师、转型教师、兼职教师以及志愿者的需求分析,这类教师常常是培训的主要对象。

2. 重视项目评估研究,这是当前非常欠缺的一块。培训研究说到底是通过对开展的项目有效性的评估来发现项目的目标是否恰当,培训方式和手段是否有效,以期找出成功的经验或失败的教训,提高对培训过程的认识,不断提高培训效果。现有研究存在的一个很大问题就是评估的缺位。

3. 深化教师专业发展过程研究,特别需要师资教育、教师培训对教师教学理念、教学技能与教师自身专业提高所产生的影响这方面的研究。这类研究是与项目评估相关的,或者说是项目评估的一个部分。这类研究实际上是关于教师学习教学的研究,其意义犹如第二语言习得之于语言教学——成功的语言教学有赖于对学习者语言习得过程的理解,同样,成功的教师培训有赖于对教师学习过程的理解。

4. 强化资源建设研究,包括信息技术与教材研究。教师专业发展是一个终身学习的过程,教师培训必须关注如何将短期培训与教师长期的专业发展联系起来,如何为教师的自主专业发展提供长期的、可持续性的支持。现有的研究只是提出了一些设想,目前迫切需要的是通过具体的项目来深化这方面的研究,不断改进、创新。

5. 开展针对教育者/培训者的研究。关于这一类研究目前几乎是空白。这里的教育者/培训师包括项目设计人员,其中有些可能是行政管理人员。教育者/培训者/管理者的培训理念、业务素质、管理组织能力以及他们与受训者的互动等等对培训效果的影响，目前还知之甚少。这方面的研究无疑会开阔和深化对师资教育与教师培训的认识。

关于研究方法。

1. 注重基于数据的（Data-based）研究。这里的"数据"包括"数字"数据和"文本"数据，前者多为定量研究（Quantitative Research），后者多为质性研究（Qualitative Research）。现有的定量研究普遍存在样本过小的问题，难以描述所研究群体的共性特点；而质性研究普遍存在观察角度单一，叙述过于概括，提供的案例内容单薄，难以让人对研究的个案有一个丰富的了解与认识。迫切需要业界对这两种方法进行讨论，并做必要的培训。

2. 组织规模研究。现有的研究多为单个教师所为，通常基于自己作为培训师的身份或受训者的经历，所报告的培训多为一天至几天的小规模培训项目。从学科发展的角度看，更需要具备一定规模的研究，特别需要对针对不同国别、不同类型教师的规模培训展开的多角度、多层次的研究，提出一些多维度的立体研究报告。

3. 加强合作研究。这与上面提出的规模研究是相关的。这里所说的合作，至少包括三个方面。一是跨区域的合作，比如中外之间的学术合作。二是跨专业合作，特别是与教育学科的合作。无论是在培训观念、培训方法还是在研究手段方面，教育学科都相当成熟，教育学科的加盟，必然有助于快速提升汉语教师发展研究的质量。三是跨身份合作，即培训者、受训者、研究者、项目设计者的合作，以便对培训项目提供多角度的分析和评估。

关于宏观管理与指导。

教师培训与教师资格认证、职位升迁都有密切关系，政府主管部门和行业学会实际上对教师培训担负着宏观管理与指导的职责。中国国家汉办和世界汉语教学学会分别代表本领域的政府部门和行业部门，彼此需在顶层设计、整体布局、统筹协调、交流平台和帮助机制建设等方面密切合作，共促汉语师资教育与教师培训与发展健康发展。

七 结语

因应国际汉语教育的需求，过去十来年国际汉语教师教育与培训发展迅速，教师发展研究方兴未艾，呈现出一个良好的发展势头。可以预见，由于更多的人，特别是更多非汉语教育专业背景的人，加入国际汉语教育这个领域，师资教育与培训的需求也将随之上升，对教育与培训效能的要求也将更加迫切，这些都将进一步促进教师发展研究。更令人充满希望的是，不同母语背景、文化背景、专业背景人员的加入，一批起点较高的硕士、博士毕业生陆续进入职场，为国际汉语教育注入了新的活力。不同背景，加上不同教学环境，必将有助于拓宽视野，深化对国际汉语教育的认识，产生新的理念与实践。下一个10年将是汉语作为第二语言教学教师发展研究不断走向成熟的时期。

第一章

教师标准、培养规格与资格认证研究

第一节 汉语作为外语教学能力标准试说[①]

笔者认为"外语"与"第二语言"是不同的概念。"外语教学"与"第二语言教学"是两种不同学习环境下的语言教学,二者之间可互为借鉴,但不应完全混同。一般说来,我们把在中国教外国留学生学习汉语称作汉语作为第二语言教学,把在海外教外国人学习汉语称作汉语作为外语教学。这里主要考虑的是学习环境的不同。在中国是目的语环境,在海外是学习者母语环境。在国内外教汉语虽然环境不同,但作为教师所应具备的教学能力应该是共通的。下文不再严格区分第二语言和外语,而以汉语作为外语教学能力标准为题展开陈述。

一、重要性和必要性

(一) 重要性

教师在教学中的巨大作用毋庸多言。汉语作为外语教学,教

---

① 本节选自赵金铭《汉语作为外语教学能力标准试说》,《语言教学与研究》2007 年第 2 期。

师的教学能力，左右着教学质量和学习效率。通常认为，语言教学能力标准，有三方面的用途：可以作为教师个人教学能力水平的依据；可以为教学的开发、设计与评估提供参考框架；可以对国家语言教育政策以及本民族语推广中课程设置与教学大纲产生深远影响。目前，我国一个合格的汉语教师到底应该具有什么样的教学能力，至今并没有一个众所公认的科学标准。中华人民共和国教育部2004年8月23日颁布第19号令，2004年10月1日起施行《汉语作为外语教学能力认定办法》，办法规定，"对经认定达到相应标准的，颁发《汉语作为外语教学能力证书》（以下简称《能力证书》）"。《能力证书》分为初级、中级、高级。以中级为例，取得证书所应达到的标准是，"取得中级证书者应当具备汉语作为外语教学的较完备的知识，能够对母语为非汉语学习者进行较为系统的汉语教学工作"。申请中级证书的考试科目为：现代汉语、汉语作为外语教学理论、中国文化基本知识。不难看出，我们已开始关注汉语教师教学能力问题。在国外，我们注意到，英国剑桥大学ESOL考试中心"剑桥英语教学能力证书"（Teaching Knowledge Test，简称TKT）已正式向我国推出。TKT为全球范围内考核母语为非英语国家的中小学或成人英语教师提供权威的英语教学能力证书。自2005年开始，在欧洲、拉丁美洲、亚洲等38个国家和地区推出，已成为具有国际公信力的英语教学专业能力的评测标准。从考查内容看，TKT确实是一套具有理论基础与实际教学能力评测的考试。

作为一项教学能力的测评，TKT主要考查考生的教学知识而不是他们的英语语言能力，考生无须参加语言能力考试。因此TKT考核内容包括：教学方法的选择、教学资源利用、教案设计、教学评估、因材施教与教学过程、课堂管理等，从中反映出对现代外语教师的基本技能要求以及为达标而必须进行的相应培训。

TKT包含三个认证考试，考生可以参加任何一个认证考试。这三个认证考试为：（1）语言及语言教学背景知识。主要考核教师在教学中如何根据学习者的特点因材施教，在面对学生的差别时如何把握教学方法的选择以及对常用术语和影响学习的因素的了解。（2）课程计划及教学资源利用。主要考查教师如何准备一堂课或一系列课程，在备课时如何使用教学资源和教具，如何选择和使用恰当的课堂活动来满足各类学生的需要以及如何进行教学评估。（3）课堂教学组织与学习过程管理。主要考核教师在教学策略方面的知识，如课堂交流的形式，活动的不同种类、频率，更正学生口语错误的技巧以及教师在不同阶段课堂教学中所应承担的角色、任务等。上述三张证书，每个证书的考试都是独立的，没有先后顺序之分。考生参加每项考试都会获得一张证书。

两相比较，我们的外语教学能力认定，所涉及的领域还不够全面，考试的科目也不够合理，能力的描写不甚清晰。因此，我们迫切需要完善教学能力标准，并不断提高目前汉语教师的教学能力水平，以适应汉语国际推广对教师的急需。不仅如此，我们的对外汉语教师的培养与培训也还没有建立起有效的运转机制，还需探讨合理的培养与培训途径，更需研究科学的培养与培训方法。只有确立汉语作为外语教学教师的能力标准，才能有明确的培养目标，才可制定教学大纲，设置课程，编写实用教材，真正落实培养合格的汉语作为外语教学人才。

（二）必要性

国家一直十分重视对外汉语教师师资的培养，也关注到教师教学能力的提升。1983年，经教育部批准，北京语言学院设立"对外汉语"专业，招收本科生，以培养对外汉语师资为主要目标，目前已经发展到105所院校。1986年起，有关大学开始招收对外汉语教学方向的硕士研究生，该专业是依据国务院学位办专业设置而建立的学术硕士学位，以培养高校教师和研究人员为主。入学后，分别进入汉语言文字学、语言学及应用语言学、课程与教学论三个二级学科，获取相应的硕士学位。这种培养体制，虽然根据对外汉语教学对教师知识结构和能力的要求设计课程和确定教学内容，但终因没有统一、规范的教学能力标准，缺乏科学、完备的教学大纲和教学计划，也没有系统的教材，更没有把教学实践与实习置于重要地位，加之毕业后不能进入对外汉语教学界主流，不能从事对外汉语教学工作，甚为可惜。虽然如此，多年的教学实践，为建立汉语作为外语教学能力标准积累了丰厚的经验，打下了坚实的基础。时至今日，建立一个汉语教师教学能力标准，为培养合格教师树立标杆，已提到议事日程。

从目前对外汉语教学师资队伍来看，专职教师已近3000人，大部分来自中文专业、外语专业及其他人文学科，少数来自心理学、计算语言学、教育学等专业。总体来看，大多数人缺乏必要的汉语作为外语教学能力的专业训练，只凭借身为母语者和自身固有的知识体系投入对外汉语教学之中。进入讲堂之前，既无全面、系统、科学的岗前培训，工作之后又缺少系统、及时的在职培训与提高，不能随时充电，全靠实践中个人努力来适应日益增长的教学需求。

目前汉语作为外语教学教师状况如何？李泉（2003）[①]从三个角度对教师和教师的教学过程进行了调查和研究，即对课堂教学过程中教师"实际如何如何"的实然性调查研究、对教师"应该如何如何"的应然性调查研究、对教师"不该如何如何"的否然性调查研究，结果发现如下问题：忽视学习者的主体地位；忽视对学习者的了解；忽视教学语言的可接受性；忽视教学活动的可预见性；缺乏平等观念和包容意识；缺乏汉语知识"乱讲汉语"。李泉指出的这种种现象带有一定的普遍性。这些现象反映出，我们长期以来忽视了教师基本素质的训练，缺乏对教师教学能力的培养，以至于汉语教师在素质和能力方面还亟待提高。这就提醒我们，当务之急，是应该立即着手制定汉语作为外语教学能力标准。对外汉语教师目前的状况是我们有针对性地制定教学能力标准的客观依据。

正视现实，为的是瞻念未来。多年以来，我们重视汉语师资的知识结构，强调汉语水平和文化水准，要求具有一定的外语能力，但忽略了教师基本素质的训练，淡化了汉语作为外语教学能力的培养。其结果是，我们的教师在国内（目的语环境）从事对外汉语教学尚能得心应手，但一旦到了国外（学习者母语环境）从事汉语教学便难以适应。历来我们对教学环境问题研究不够。人本主义者认为，影响语言学习的四个重要因素是教师、学生、任务和环境。学习环境大到国家整个的环境，小到学校和教室的布置。因此，在制定能力标准时，关注如何适应国外教学和学习

---

① 李泉《对外汉语教学理论和实践的若干问题》，载赵金铭主编《对外汉语研究的跨学科探索》，北京语言大学出版社，2003年。

环境因素，是十分必要的。

此外，还有一个误区。有些人一直有一种错误的认识，认为汉语水平高的人就可以做汉语教师，而且会是一个好的汉语教师。这里忽略了一个最基本的认识：自己精通某种语言与会教这种语言是两种完全不同的技能。目前，我们的汉语教师最缺乏的就是在语言教学理论指导下的科学的、专业化的汉语教学技能的培养与培训，而要培养、要培训就得先有一个能力标准。有鉴于此，我们认为首要的任务是制定一个汉语作为外语教学能力标准，在此基础上才能有明确的师资培养目标，才能有师资培训计划，然后，才谈得上教学大纲的制定和课程的设置，最后才是教材建设问题。"关键是培养合格的师资"，道理正在于此。

二、汉语作为外语教学能力之借鉴与比较

（一）国外汉语教学能力培养研究举隅

教师必须具备教师资格，必须获得教师资格证书，这在全世界发达国家大抵如此。在美国如果想要获得永久教师资格证书，大部分州要求教师必须有 2—5 年的教学经验，并在规定的时间内获得硕士学位。[①] 要从事汉语作为外语教学，也必须有教师资格认定证书或教师执照。因为语言教学能力并非天赋，要靠后天学习。

硕士学位课程又是怎样的呢？我们以美国纽约大学汉语教育硕士研究生的课程设置为例，考察一下汉语作为外语教学能力的

---

① 何文潮、唐力行《美国汉语作为外语教学的教师证书要求》，《国际汉语教学动态与研究》2006 年第 1 期。

培养。其主要课程包括五个方面，共要求44个学分：（1）专业课（占20%）：应用语言学、教师高级汉语、中文应用语言学。（2）普通教育课程（占23%）：教育学、青少年成长和发展、特殊教育。（3）外语教学核心课程（占37%）：外语教学理论和实践、双语教育的理论与实践、多元文化教育、第二语言习得与研究、第二语言评估与测试、跨学科的第二语言教学、外语教学研习课、科技在第二语言教学中的应用。（4）教育见习、实习（占13%）。（5）毕业教学研究（占7%）。可见，该课程设置培养外语教学能力的目的是十分明确的，除了教育见习、实习和毕业教学研究占20%以外，教学能力培养的课程占60%，而语言学和汉语知识课程则只占20%。

再以美国《中小学（K-12）中文教师专业标准》为例。"标准"描述了"初次教授中文的教师所应该具备的教学知识和教学能力"，以便"使之达到教授中国语言和文化的资格"。共设12项标准（CLAS2001）：（1）语言水平。指较高的汉语听、说、读、写的能力。（2）语言能力。指对汉语诸要素语音、语法、词汇、汉字的理解，特别强调语用的重要性。（3）文化知识。具有广泛和深入的中国文化知识。（4）第二语言认知。根据第二语言认知理论和研究，教师应能提供有效的习得方法、实践和策略。（5）儿童成长与发展。了解儿童和少年学习和发展的规律，注重个性发展。（6）不同的学习者。运用各种策略和资源满足不同背景学生的各种学习需求。（7）听力环境。创造和保持有效的教学环境，吸引学生参与各项学习。（8）教学计划和策略。根据教学大纲提出的教学目的和教学内容，了解教学计划和设计，运用适当策略，推动语言学习和文化理解。（9）评估。运用多项与教学相关的评估策略,测量学生的成绩与水平。(10)交流互动。运用各种交流技巧鼓励和支持课上和课下的互动学习。(11)科学技术知识。不断接受新技术,运用先进的科技手段支持各种学习需求。(12)专业发展。教师寻找机会不断提高自己的专业水平。

从中我们可以看出,语言知识和语言能力的内容在12项标准中只占2项,约占16%。我们还可以看出,其他标准全围绕着《21世纪外语学习目标》(*Standards for Foreign Language Learning in the 21st Century*,Allen Press,Inc.,1999,以下简称《目标》)而设计。《目标》的核心内容,即5个C:Communication(交际)、Cultures(文化)、Connections(贯连)、Comparisons(比较)、Communities(社区)。交际,指用汉语沟通。文化,指认同多元文化。贯连,指与其他学科衔接。比较,指比较不同语言文化的特性。社区,指将汉语应用于国内与国际多元社区。[1]

(二) 《汉语作为外语教学能力等级标准及考试大纲》简述

继2004年教育部颁布《汉语作为外语教学能力认定办法》(以下简称《认定办法》)之后,2005年国家汉办又推出《汉语作为外语教学能力等级标准》。[2] 其前言指出,这"是中国推向世界的首部汉语作为外语教学教师的专业标准,是能力认定的依据,具有首创意义,它的制定将促进汉语作为外语教学教师的专业化和职业化"。《汉语作为外语教学能力证书》分为初级、中级、高级三级。要求证书获得者具备相应的汉语普通话水平和汉语语言文字能力、良好的外语交际能力、现代汉语知识和汉语作为外

---

[1] 罗青松《美国〈21世纪外语学习标准〉评析——兼谈〈全美中小学中文学习目标〉的作用与影响》,《世界汉语教学》2006年第1期。

[2] 国家汉办《汉语作为外语教学能力等级标准》,北京大学出版社,2005年。

语教学理论基本知识、汉语作为外语教学的基本能力以及跨文化交际意识。每一级的能力标准均有总体描述和语言水平说明。下设知识结构和能力结构两部分。知识结构包括：现代汉语和古代汉语、语言学及汉语作为外语教学理论、中国文化。能力结构包括：汉语言处理能力、教学实施能力、评估与测试能力。

我们再看教育部所颁《认定办法》中的规定，凡取得初级证书者，"能够对母语非汉语学习者进行基础性的汉语教学工作"。而初级证书的考试科目为：现代汉语基本知识、中国文化基础常识、普通话水平。从初级证书的考试科目来看，只有知识考试，而没有能力测评。中、高级考试科目才增加"汉语作为外语教学理论"。总体看来，无论初、中、高级，考试科目均为三类：语言学和汉语、汉语作为外语教学理论以及中国文化。从考试内容分量考察，语言与文化知识约占到66%。

（三）国内外两种外语教学能力标准之比较

国内标准和国外标准虽皆重视展示语言内容，注意了解语言学知识和文化，但在整个标准体系中所占比重不同。国外标准中语言知识、语言能力和文化的内容约占20%；国内标准中语言知识、语言能力和文化的内容约占66%。可见国内标准更重视汉语、外语水平及文化素养；国外标准更注重外语教学能力和学生学习能力的培养。

国内标准关注到我国汉语教师的特点，很看重教师的跨语言交际能力，强调"应具备良好的外语交际能力"[1]，这是面向海外汉语教学所必须具备的。以往多年的对外汉语教学主要是在国内开展的，加之长期受听说法、直接法的影响，往往提倡不用外

---

[1] 国家汉办《汉语作为外语教学能力等级标准》，北京大学出版社，2005年。

语,或少用外语,以至形成一种误区,不会外语/媒介语也可从事汉语作为外语教学。这在世界第二语言教学中十分鲜见。目前,我国的标准中把外语能力作为一条重要标准,是十分必要的。

国外标准要求教师在指导学生"怎样学"上下功夫,主张教师、学生双主体,师生互动,学生之间互动,注重培养学习者的自主学习能力,支持学习者的个性发展,教师要为学习者提供多样性的教学活动。国内标准在教师"教什么""如何教"上多所要求,更多地体现教师的主导作用。我们必须认识到,语言教学是教、学双方的活动,教学能否成功要靠双方的共同努力,如果没有学生高涨的学习兴趣和积极投入,成功是不可能的。

国外标准体现多元文化特点,关注不同文化背景学习者的不同的学习需求,注意不同学习方式的学习者,如听觉型、视觉型、动手型、体验型,在解决学习任务时所具有的不同的认知方式和信息处理方式,注意不同学习者在学习中所用学习策略的差异,以及文化和情感的不同,真正地因材施教。国内标准注重教师自身所应具有的跨文化交际意识,良好的跨文化适应能力,人际交往和开拓业务的能力。

不同的国家和地区,不同的文化内涵和外语教学传统,以及不同的学习需求,自然会有不尽相同的教学能力标准与评估体系。不过,无论是哪一种语言,只要是这种语言作为外语教学,语言教师所应具有的教学能力标准,是具有共性的。各种语言作为外语教学的能力标准,可以互相借鉴,截长补短,以臻完备。

三、拟议中的汉语作为外语教学能力标准粗述

汉语作为外语教学的能力标准，教学能力的培养以及教学能力的评估，是从不同的角度观察同一个事物。其顺序大约是先有标准，然后按照此标准培养人才，最后是对人才的教学能力进行评估。它们有一个共核，有着共同的内涵。这个内涵我们可以从四方面加以描述：基础知识、专业知识、教学技能与教师素质。汉语作为外语教学能力标准，是从这四方面对汉语教师教学能力进行的一系列细致描述，所描述的项目与内容是相同的，只是把这种能力由低到高，分成几个不同的级别，显示不同的水平，从中可以观察教师汉语教学能力发展的不同阶段。

（一）基础知识

基础知识包括：合理的知识结构 + 全面的语言能力。

合理的知识结构多指深厚的汉语基础知识和广博的中国文化知识。相关知识辖语言学、教育学、心理学、跨文化交际学、计算机辅助教学等方面。此外要掌握一门外语。这里要特别强调具备深厚汉语基础知识的必要，没有对所教语言（母语/目的语）的深切了解，就不能应对教学中出现的语言问题。母语为汉语的教师，尤其不能忽略对母语的研习。

全面的语言能力指对母语的掌控能力。语言教学为口耳之学。教师要能准确、清晰地发音，清楚、明白地说话。表述事物要条理清楚，逻辑性强。能朗读得标准，汉字书写得规范。总的说来，即能纯正地运用自己的母语，熟巧地驾驭听、说、读、写诸方面的教学能力。

语言系统的学习与掌握，在课堂上依然是很重要的。但外语

教学的新认识是，教学的重点已转移到从表达意义方面来了解这些语言要素。语言系统的教学是为进行语言交际和达到文化理解的一个途径。

只熟悉语言系统并不足以让学习者成功地参与交际活动。教师应熟练地掌握汉语交际策略，还要通过组织教学使学习者掌握，以便跨越生活和工作中所遇到的交际障碍。美国《21世纪外语学习目标》指出，"这些策略包括迂回叙述的能力（换一种说法），巧妙猜测的能力（最大限度地运用已有的知识更好地理解听到的和看到的东西），根据语境猜测意义的能力，有效地理解、解释和运用手势的能力，要求他人澄清、自己澄清说明而不怕出错的能力，提出假设、验证假设的能力，推理、预测和总结的能力，对交际的本质进行反思的能力，做出有根据的结论的能力，在交际过程中保持健康的幽默感、耐心，并能紧跟话题的能力"[①]。

语言是文化的载体。对外汉语教师还应具有多元文化的理解，具有跨文化交际的知识，掌握中国文化精髓，对中国人的思维习惯、行为方式以及价值观念均应有深入的了解，应熟悉中国国情，对中国的过去和现在有全面的认识。

（二）专业知识

汉语作为外语教学能力相关的专业知识包括：汉语作为外语教学理论、汉语作为外语教学法、第二语言习得与认知等。

汉语作为外语教学理论包括：汉语作为第二语言教学及世界第二语言教学的发展和现状；汉语作为第二语言教学的性质与特

---

① 罗青松《美国〈21世纪外语学习标准〉评析——兼谈〈全美中小学中文学习目标〉的作用与影响》，《世界汉语教学》2006年第1期。

点、学科体系、理论基础与相关学科支撑。

汉语作为外语教学法包括：了解世界第二语言教学法的主要流派及发展趋势。基于汉语和汉字特点，思考与实践独具特色的汉语作为外语教学法，强调自主创新意识。还要特别指出的是，应正确、全面地理解教学法的内涵。1963年，美国应用语言学家爱德华·安东尼（Edward Anthony）提出的三层次说为人们所普遍接受。它们是"路子（Approach）""方法（Method）"和"技巧（Technique）"。"路子"（也有人译作"教学法原则"）是关于语言本质和语言学习的理论假设；"方法"（即教学法）是建立在某种"路子"基础上的语言传授的总体计划，包括对所教的技能、内容的选择和内容先后顺序的安排。一种"路子"下面可以产生多种"方法"。而"技巧"是课堂教学的具体步骤和活动，它与一定的"方法"相对应，当然也与"路子"相吻合。以上三者处于一种层级关系中，一层管着一层。外语教学历史上相继出现的各种教学法，多数处于第二层级"方法"上。20多年以后，杰克·理查德（Jack Richard）和西奥多·罗杰斯（Theodore Rogers）修改、扩展了安东尼的模式，提出"路子（Approach）""设计（Design）""步骤（Procedure）"。其中"路子"与安东尼无异。"设计"则具体阐述语言和语言学习本质的理论与课堂教学实践、教材之间的关系，它包括教学目标、大纲、教学内容的确定，教师、学生的角色定位以及教材的作用，而此三者正日益受到人们的关注。"步骤"是课堂教学实践和具体的教学技巧，与"路子""设计"相一致。他们以Method一词统领这三层。[①]

---

① 李庆安等《英语教学心理学》，北京教育出版社，2001年。

无疑,理查德和罗杰斯的模式更具说服力。我们取后一种认识。在对外汉语教学界,对教学法的理解偏窄,往往只关注具体的教学方法和技巧,这是不够全面的。

第二语言习得与认知包括:了解第二语言认知领域的主要理论、观念与研究现状;明辨学习与习得、第一语言与第二语言等概念;学习者的语言(中介语)研究;习得规律、习得顺序、习得过程研究;学习者个体因素研究;学习环境研究;对学习者学习动机、学习策略和学习心理的深入了解。第二语言习得研究涉及理论语言学、心理语言学、社会语言学以及教育计量、心理测量等学科,并越来越多地通过以理论为导向的实验来进行研究。

(三)教学技能

教学技能一般指语言教学技能和语言训练技能,包括:熟悉教学大纲和教学计划、掌握汉语水平等级标准、了解课程设置原理。精于课堂教学组织与课堂管理,有一套行之有效的课堂教学技巧。选择并能创造性地使用现有的汉语教材并能自行设计新教材。粗知语言测验原理,能设计成绩考试试卷和水平考试试卷,进行有效的教学质量评估。现代教师还应懂得多元化的评价方式,更关注学生的学习过程,学生的情感态度,不单纯凭借考试成绩来评估一个学生。教师还应能充分、有效地利用各种教学资源,包括各种图书资料、各种科技手段。

作为一名教师首先应熟悉所教的内容,既有知识,又有技能训练,能合理地安排这两类教学内容,教学环节紧凑、合理,一环扣一环,自然流畅,使学生在舒缓和谐的气氛中学会语言。

检查一个人是否具有语言教师的技能,最好的办法就是试讲。试讲之前,要求教师必须做一个全面、具体的"微型教学设计",

要有完整的教学安排，包括内容、环节、时间控制、操练方法、互动方式以及板书设计（电脑投影）和其他辅助工具的准备。课堂上能设计出多样化的教学活动以适应不同学习者的需求。课堂教学必须给学生提供运用语言的机会，让学生通过运用语言学会语言，真正实现课堂上外语学习活动化、学习活动交际化。微型教学除了可以全面检查教学目的、教学内容、教学方法、教学效果，还可以观察课堂气氛，是否突出学生主体，是否尊重个体差异。所设计的教学活动，能否激励学生的学习兴趣，能否有助于培养学生的自主学习能力，能否让学生真正体验参与和合作学习的乐趣。我们倡导课堂上通过与同伴的互动来建立学习共同体意识，始终贯彻"与同伴合作"的理念。合作学习是当今世界广泛使用的一种有创意和实效的课堂教学组织形式，[①] 在汉语作为外语课堂上还鲜有使用。

其实，在课堂教学中，教师一上讲台，便开始展现他／她的教学风采，课堂上所发生的一切便一览无余地展示在人们面前。诸如：教师的教学语言是否与学生所掌握的语言水平相同步（词汇、语法点、表达方式）并稍稍高出；教师能否用学生母语解释一些语言现象，简明、扼要，点到为止；教师能否做到尽量少说话，而把大量的时间留给学生；教师能否正确地使用显性体态语和隐性体态语，能否用手势、身姿辅助语言教学，能否用表情启发学生，能否用眼神指挥学生，做到所谓一颦一笑，眉目传情；教师是否在课堂上来回走动；课堂上是否时有笑声；教师能否正确对待学

[①] Baloche, L. A.《合作课堂：让学习充满活力》，华东师范大学出版社，2006年。

生出现的语言错误，并注意更正学生错误时的技巧；课堂上学生是否积极参与投入，课堂活动是否多元互动；教师在教学中是否兼顾到所有的学生，任务的设计是否渗透了对学生学习策略的训练，等等。

一个顺应时代发展的合格的对外汉语教师，还应具备对自己的教学进行反思和评价的能力。教师应能站在一定的理论高度，观察自己的课堂行为，评估自己的教学效果，在教学实践中验证别人的发现，形成并完善自己的理念，使自己课堂教学的每一步骤都有所依据，每个活动的设计都有理论支持。

除此之外，当然应对所教学生的语言情况、文化背景及学习策略等有初步了解。如果赴国外任教，还应有如下三方面的了解：对学习对象所在国的国情的了解；对学习对象思维习惯、学习方式、学习策略的了解；对学习对象生活习惯的了解。

教材为教学之本。教师应了解汉语作为外语教材的发展与沿革，掌握教材编写的通用原则，熟悉汉语作为外语的各种教材，有灵活处理教材的能力，能对各类教材进行分析与评估，并能根据情况变化创新教材。

国外英语教学界，为讨论语言教师在教学中所起的作用，将教师分为三种不同的类型：讲师、教师和导师。"讲师"指那些只熟悉专业知识，而不了解教学方法和教学技巧的教师。"讲师"的教学就是通过讲解传授知识，他们认为教学方法并不重要，他们的教学结果是，学生参与程度低，教师虽然讲得辛苦，但无法满足学生的学习需要，因为不能获得有效的反馈，因此无法诊断学生学习中的问题；"教师"指那些既懂学科专业知识又懂教学方法和教学技巧的教师，但他们不懂学生的学习心理，因而不能帮助学生培养自我指导和自我评价的能力；而"导师"除了熟悉专业知识和教学方法以外，还懂得学生的学习心理，因而能营造有利于提高学生学习质量的心理氛围。所以从"讲师"到"教师"再到"导师"，是一个纵向发展的过程，是一个转变观念、态度和完善作为一个合格教师素质的过程。[①]"导师"才是我们培养与培训汉语作为外语教师的目标，也是教学能力标准的体现。

（四）教师素质

教师素质指作为一名教师除了应具有的必要知识外所应具有的基本素质，包括高尚的品行操守，良好的人际关系，具有一定的教育学修养和心理学素质。

汉语要走向世界，汉语要向国际推广。在一个转折时期，要求对外汉语教师首先必须具备高尚的职业道德水准和高尚品行与情操，热爱对外汉语教学事业，有强烈的使命感和责任心，不仅知之，而且好之，更是乐之。

热爱教学工作，热爱学生，关注学生的情感，对学生一视同仁，能掌控课堂全局。很有耐心，循循善诱，诲人不倦，有很强的应变能力，善于培养和激发学生学习的兴趣和自信心，因材施教，支持学生的个性发展。努力体现"教为不教，学为创造"的教学理念。[②]正如著名教育思想家陶行知所言："好的先生不是教书，不是教学生，乃是教学生学，而教的法子也必须根据学的法子，就是把教和学联系起来，即教学合一。"[③]

---

① Arnold, Jane《情感与语言学习》，外语教学与研究出版社，2000年。
② 《光明日报》2006年9月28日。
③ 王运来等《秀绝金陵第一声——陶行知与南京大学》，《光明日报》2002年5月19日。

谦虚好学，知之为知之，不知为不知。有终身学习的意识，有不断追求新知识、新理念、新方法的精神。要具有敏锐的观察力，细密的分析辨别能力，精确的思维判断能力。要具有不断接受科学技术新知识的意识，并将最新的科技手段运用于教学之中。

有严肃、认真的教学态度，"不备好课，决不上课堂""不让一个学生掉队"，是教师素质高的体现。一个合格、称职的教师应该具有"学科意识、学习和研究意识、自尊自重的意识"[1]。归结为一点，就是要有良好的"教学意识"，唯其如此，才能适应现今的汉语作为外语教学，成为一名合格的教师。

我们提倡个人品德修养，加强教育学、教育心理学和学习心理学的学习。而初步考察一个人是否具有教师素质的办法便是面试。当然，进行面试首先应有合格的考官，考官也得培训。时代的发展对教师教学能力的要求越来越高，从英语"教师培训"这个概念的三次变化，我们可以清楚地看到这一点：80年代的教师培训叫 Teacher Training（师资培训），但人们发现，Training（培训）一词更多的是指技术、手艺上的培训，是培养教书匠的，并不考察教师的通才教育。90年代，出现了 Teacher Education（师资教育）。师资教育对教师的培训不再仅仅只给教师进行教学方法培训，而是开设语言学、语言测试与评估、科研方法等课程，目的在于提高教师的理论意识。但"师资教育"对教师的限制还是多了些，因为这仍然是将现成的理论或发现告诉教师，所以出现了现在的 Teacher Development（师资发展）。"师资发展"更强调在"教育"

---

[1] 陆俭明《汉语作为第二语言之本体研究》，载《作为第二语言的汉语本体研究》，外语教学与研究出版社，2005年。

的基础上,鼓励教师反思自己的课堂教学,倡导教学过程中的创新思维意识。[①]可见,今天的对外汉语教师培养与培训应更多地体现自主与创新。汉语作为外语教学能力标准的建立亦应作如是观。

以上对教学能力标准的描述是一种取法乎上的理想状态。要求汉语教师全面达到上述标准是勉为其难的。但我们应该逐步地、分阶段地达标,从整体上提高教学能力。

四、汉语作为外语教学能力标准的作用与认定

汉语作为外语教学能力标准的制定,对提高汉语作为外语教学水平,促进汉语师资队伍的建设,加强对外汉语教师的培养与培训,有着不可低估的作用。同时,也使从事这项工作的教师认识到,自己所面对的语言教学工作及教学对象是多么复杂,从而强烈地意识到自己的责任,更加明确自己努力的目标。诚然,有了能力标准这个"准入证",就可以基本保证教师的水准,教学质量也就有了可靠的依托。严格说来,任何外语教学,都应该先建立两个标准:外语教师教学能力标准和学生外语学习目标。在此基础上制定教学计划和课程大纲,然后才是编写教材。而不应该反是。我们以往所制定的词汇等级大纲,甲、乙、丙、丁四级,共8822个词汇单位;汉字大纲四级,加附录,共2905个汉字;语法等级大纲四级,共1168条。这是"经过十年这样一个较长时间的、反复的观察—编制—实践—修正—再实践—再研究的漫长过程,经过语言科学与教学研究的不断发展,经过众多专家集体

[①] Richards, J. C.《超越专业技术训练》,外语教学与研究出版社,2001年。

的干预"而研制成功的。[①] 这些大纲,曾在教学和教材编写中发挥了很大的作用,但因只限于语言知识的规定,还不能与科学的汉语作为外语教学能力标准和汉语作为外语学习目标相提并论。

我们还认为汉语作为外语教学能力标准,不仅是衡量教师教学能力的一个标尺,同时也可以作为评估教师教学质量的尺度。我们可以用它来评估课堂教学,检查教学质量和学习效率。

汉语作为外语教学能力标准,不仅用来检测国内汉语教师,也可用来检测其他母语非汉语的汉语教师。因此,它不仅适用于国内,也适用于国外,应该是世界通用。凡将汉语作为外语进行教学者皆应遵循这个标准。未来的教学能力标准,应体现当今先进的教学理论和学习理论,将来随着教学理论和学习理论的不断发展,标准也将会不断修订、完善,而每次修订都应反映这些理论的最新进展。将来,我们可以设置两种标准,一种是通用标准,一种是专门标准。通用标准适用于所有对外汉语教师,专门标准适用于某些国家/地区,或某种特殊需要。由此看来,这个工作不是一蹴而就的。必须谨慎其事,组织称职的专家班子,集体攻关。这不可能是个人行为,应该是政府行为。未来的"中华人民共和国汉语作为外语教学能力标准"应该是代表国家的,应该是国家标准,更应该是国际标准。

---

① 国家汉办汉语水平考试部《汉语水平等级标准与语法等级大纲》,高等教育出版社,1996年。

第二节　中国《国际汉语教师标准》与美国《外语教师培养标准》对比分析[①]

近年来，随着我国综合国力的不断发展和国际地位的大幅提升，中国与世界的经济和文化交流日益密切，在世界范围内掀起一股"汉语热"。全世界对汉语学习的旺盛需求使得汉语国际教育在合格的师资供给方面面临严峻挑战。当前，汉语国际教育师资培养面临两大问题：一是在数量上需要大批受过训练的汉语教师，二是在质量上需要高水平的汉语教师。高素质的教师队伍是提高教学质量的核心，汉语教师的专业素养直接关系到汉语国际教学的整体质量与成效。目前汉语国际教育背景下汉语教师的培养、培训规模相当庞大，培养对象的年龄、层次、背景、需求各异，培训任务相当艰巨。因此，汉语教师培养和汉语教师专业发展成为时下理论与实践研究的热点问题之一。而汉语教师标准则是汉语语言学及相关教学理论发展的集中体现，它一方面与汉语作为第二语言教学实践紧密联系，一方面指导汉语教师培养和专业化发展的全过程。对中外语言教师标准进行比较研究，可以在汉语教师培养方式、培训内容、资格认证与质量评估等方面获得有益借鉴。

[①] 本节选自黄雅婷《中国〈国际汉语教师标准〉与美国〈外语教师培养标准〉的对比分析》，载姜明宝主编《汉语国际教育人才培养理论研究》，北京语言大学出版社、中央广播电视大学音像出版社，2013年。

一、两部"标准"概述

(一)《国际汉语教师标准》

中国国家汉办于2007年正式发布了《国际汉语教师标准》(本节简称《国标》)。该标准是对从事汉语国际教学工作的教师应具备的知识、能力和素质的全面描述,旨在建立一套完善、科学、规范的教师标准体系,为国际汉语教师的培养、培训、能力评价和资格认证提供依据。该标准的制定,不仅标志着一份对汉语师资建设有着重要指导意义和引领作用的纲领性文件的诞生,也是汉语教师培养与国际化接轨的重要标志。

《国标》正文部分由语言基本知识与技能、文化与交际、第二语言习得与学习策略、教学方法、教师综合素质五个模块组成,每个模块下包含1—4个大项,共计10个大项。每个大项下包含2—10个小项,共计54个小项。下表仅列出大项。

表1 《国际汉语教师标准》大项列表

标准大项	具体标准
模块1:语言学基本知识与技能	1.1 汉语知识与技能
	1.2 外语知识与技能
模块2:文化与交际	2.1 中国文化
	2.2 中外文化比较与跨文化交际
模块3:第二语言习得与学习策略	3.1 第二语言习得与学习策略
模块4:教学方法	4.1 汉语教学法
	4.2 测试与评估
	4.3 汉语教学课程、大纲、教材与辅助材料

(续表)

标准大项	具体标准
模块4：教学方法	4.4 现代教育技术及应用
模块5：教师综合素质	5.1 教师综合素质

(二)《外语教师培养标准》

2002年，美国外语教学委员会发布了经全美教师教育认证委员会认可的《外语教师培养标准》(*Program Standards for the Preparation of Foreign Language Teachers*，下文简称《外标》)。《外标》针对美国外语教师的职前教育，描述了教师在知识、能力和解决问题的态度倾向等方面所应达到的专业水准。作为美国当前最新的外语师资培养计划，它为高等院校培养外语教师提供了重要的参考依据和认证标准。

《外标》由两部分组成，第一部分对高等院校师资培养提出八项要求，指出外语学院和教育学院共同承担培养外语教师的责任。第二部分详细叙述了六条标准并提供相应的解释说明。每一大类标准下包括"具体标准概览""支持性解释"和"不同水平行为描述"三部分内容。下表列出了六大标准及各自下辖的共计16项具体标准。

表2 《外语教师培养标准》大项列表

标准大项	具体标准
标准1：语言、语言学、语言比较	1.1 精通目标语言
	1.2 懂得目标语言的语言学知识
	1.3 进行语言比较

(续表)

标准大项	具体标准
标准2：文化、文学、跨学科的概念	2.1 展示文化理解力
	2.2 理解文学与文化文本的作用
	2.3 跨学科整合资源
标准3：语言习得理论与教学实践	3.1 运用语言习得知识创造良好的语言环境
	3.2 运用多种教学模式满足不同学习者需求
标准4：外语学习的标准与课程、教学的整合	4.1 将外语学习标准纳入课程计划
	4.2 将外语学习标准纳入语言教学
	4.3 用外语学习标准与课程目标来评价、选择设计和调整教学资源
标准5：语言与文化的评价	5.1 了解并恰当使用评价模式
	5.2 对评结果进行反思
	5.3 汇报评价结果
标准6：专业化	6.1 致力于专业发展
	6.2 懂得外语学习的价值

二、两部"标准"的比较分析

（一）比较的前提

首先需要说明的是，《外标》适用于美国本国范围内培养外语教师，且与《21世纪外语学习目标》配合使用。我们暂不考虑其他语种的因素，就外语的教学来说，标准主要针对美国境内母语为非汉语、面向 K1—12 年级教学的汉语教师。《国标》对于母语为汉语或非汉语，在中国境内或境外，从事汉语作为第二语言（外语）教学的工作者则是通用的，涵盖基础教育、高等教育甚至社会教育范畴。该标准在制定过程中，充分考虑到了从中国派往海外从事汉语教学的教师这一群体。

尽管两部标准的产生背景、制定目的、适用对象不尽相同，但这并不妨碍我们关注两部标准的共同内核——以语言学和语言教学理论为基础，对语言教师应具备的知识和能力有明确的界定，关注课堂教学和教师专业发展。针对两部标准的文本内容，下文主要从汉语教师应具备的知识结构、能力技能、职业意识等方面进行比较分析。

（二）教师知识结构

我们对《外标》和《国标》中涉及的对教师应掌握的理论、知识、原则、方法等各类内容进行了对比分析，发现两者均重视教师对语言学知识、语言习得理论、教学法知识、教学标准与大纲、测试与评估知识、文化知识等方面的掌握。

两个标准在对教师知识结构的具体要求上存在一些差异。比如，二者均重视语言学知识的掌握。《国标》对汉语语言学知识提出了语音、词汇、语法和汉字四个方面的要求。《外标》则将语言学知识划分为语音、词法、句法、语义等部分。再如，《国标》详细列举了与汉语语言教学相关的各具体领域的教学法知识，如语音、词汇、语法、汉字教学法，汉语听、说、读、写教学法等，强调应保证教师掌握上述各领域的具体教学策略、方法、技巧及有针对性地解决问题的相关知识；《外标》在语言教学法知识方面内容相对较少，对达成学习者语言需求的教学策略则较为关注。语言习得方面，《国标》对语言习得理论的关注主要集中在第二语言习得的基本概念与主要过程、学习者因素对第二语言习得的影响、不同环境下第二语言学习特点等方面，《外标》主要强调不同发展水平学习者的语言需求及其生理、认知、情绪和社会发展需求相关知识的掌握。

值得指出的是，两个标准中均提及对教学标准与大纲的理解与掌握，但《外标》将配套的《21世纪外语学习目标》的具体知识内容要求分解在了教学设计和教学实施的各个部分，而《21世纪外语学习目标》在5C目标框架（沟通、文化、贯联、比较、社区）下的教学标准设立与《国标》存在一些差异，《国标》将学习者的听、说、读、写四项技能置于口头理解、口头表达、书面理解和书面表达四种不同的交际模式之下，其中口头理解和书面理解大致相当于5C标准的"理解诠释"模式，口头表达和书面表达大致相当于5C标准的"表达演示"模式。然而，5C标准中的"人际交流"在我国的标准中却没有相对应的模式，而是散见于口头表达能力的描述中。

文化知识方面，《外标》仅提出教师应掌握目标语言的相关文化知识与文化体验，《国标》则详细开列了中国历史文化、中国传统哲学思想与宗教文化、中国文学与艺术、中国民俗文化等不同分类，并就每类内应掌握的具体知识进行了阐述，指导全面、详细、脉络清楚。《国标》还进一步提出要掌握有关中国国情的相关知识以及世界范围内其他文化的基本知识。

和《外标》不同的是，《国标》还特别提出汉学基本知识和语用学知识的要求，详细列举了对汉语教师应掌握的外语知识的要求，强调了教师对现代教育技术知识的掌握。

（三）教师能力与技能

无论《外标》还是《国标》，对教师能力与技能的具体要求主要集中在语言与语言学相关能力、跨文化与跨学科能力、课程与教学能力以及教学评价与教学研究能力四个方面。

在语言与语言学能力方面，两个标准均强调了汉语教师本身的语言交际能力。《国标》将汉语交际能力划分为听力理解能力、口头表达能力、阅读理解能力和书面语表达能力,主要依据其语言技能(口语、书面语)进行划分。《外标》则划分为口语交际(Interpersonal Communication: Speak)、听说与阅读理解(Interpretive Communication: Listening and Reading)、口语表达(Presentational Communication: Speak)和写作(Interpersonal and Presentational Communication: Writing)四部分;它所体现的是一种新的语言交际能力观,即基于语言交际要实现的三种不同交流模式(Modes of Communication)——人际交流、理解诠释、表达演示——来界定所需的具体能力。关于教师对语言的分析与比较能力,虽然两个标准的表述内容和详细分类有所不同,但都提出教师要有能力梳理目标语言的特点,并通过与学习者母语的比较来促进教学。此外,《国标》也特别提出了汉语教师的外语及外语交际能力要求。

在跨文化与跨学科能力要求方面,两个标准均重视教师对目标语言文化的阐述与传播能力,但《外标》重视教师对一种文化加以归纳分析、在教学中引入文化变迁主题的能力,而《国标》更重视教师进入不同文化环境后在跨文化环境中开展跨文化交际的能力。此外,《外标》提出除了整合文化资源,还希望教师在所教语言学科以外,能够整合其他学科资源,综合用于满足学生实际的语言需求,这是《国标》所没有涉及的。

在课程与教学能力方面,《外标》始终聚焦于学生,各项要求主要集中在对课堂语言环境、教学活动的设计和实施上,尤其详细说明了在教学实施环节,基于其外语学习的5C目标,教师应该做些什么。《国标》对课程与教学过程中教师的能力要求更多是基于课程与教学环节。在教学准备阶段,重视教师对课程计划与教案的设计能力,教师选用、加工、使用汉语教材和运用现代教育技术获取与补充教学资源的能力,以及教师设计课堂教学任务和活动的能力。

在教学评价与教学研究能力方面,两个标准都强调了在语言教学中运用测试与评估获取信息的重要性与必要性,将教师运用教学评价的技能纳为重要的要求。然而,《外标》注重教师对教学评价结果的反思,要求教师基于测评结果做相应的教学上的调整,使教学更有效地针对学生具体的不足;重视将测评结果对学生解读和反馈的工作,向学生解释评价工作的规程、评分规则,以帮助学生自我评估并自我提升;重视将测评结果对学校与公众的公布。《国标》同样要求教师能根据测试与评估的结果来改进教学质量,但并未作为一项独立的标准要求列出来;对测评结果的解读工作也仅限于向学生解释测验成绩。此外,《国标》将教师开展教学研究的能力列为重要标准,这在教师专业发展中具有重要的意义。

我们注意到,在对教师的具体能力与技能做出要求时,《外标》更倾向于对不同水平教师的具体教学行为做出细节性的、过程性的描述,通过描述使阅读者清楚在具体教学环节上对教师能力与技能的要求;《国标》则采用更凝练的语言直接提出各项要求。

(四) 教师理念与职业意识

在当今强调教师职业的专业化地位、重视教师专业化发展的大前提下,两个方案不约而同都要求教师具有专业化发展的意识,都强调教师在迈入职业生涯后应当不断寻求机会参加学术交流和接受培训,实现自我提升。《外标》有一条对教师理念的特殊要求,即要求教师深入认同第二语言教学的重要意义,鼓励教师主动为第二语言教学事业做出学术上的或实践上的贡献,随时宣传和扩大第二语言教学工作影响。《外标》几乎在其六大标准的每一部分结尾都强调教师应对该部分工作所体现出来的主动积极的倾向性。《国标》则在模块5"教师综合素质"部分集中列举了对汉语教师自我反思意识、专业发展意识、参与社区活动意识、心理素质与职业道德等方面的要求,在模块2"文化与交际"部分提出了对教师跨文化意识的要求。

(五)标准的应用情况

标准的最重要作用是指导语言教师的资格认证工作。在《外标》的开头,明确了外语教师培养的任务应由外语学院和教育学院承担,并指出外语教师培养的项目应具备的具体条件。《外标》是美国外语教学委员会与全美教师教育认证委员会共同颁布的。后者面向培养单位,基于该标准实施一套外语教师培养方案的认证程序。培养单位首先进行自评,向全美教师教育认证委员会提交外语教师培养方案报告;委员会组织评议小组进行实地考察,通过访谈等形式收集资料评议外语教师培养方案;最终,委员会根据外语教师培养方案报告和评议小组的资料与建议进行认证决策。培养单位通过该认证程序后,将获得对其外语教师培养方案的全国认证。

《国标》由国家汉办颁布,目前,基于《国标》的相关汉语教师资格认证工作、教师培养管理工作和教师专业发展培训指导工作尚未完全开展。

三、结论

综上,我们能够感受到两个标准在对教师的知识结构、能力与技能、理念与职业意识、标准应用情况甚至文本的组织与写作形式上都存在各自突出的特点。我们认为，除了前文提到的培养对象、培养目标的不同，两者在理念基础上也存在一定的区别。

20世纪七八十年代以来，随着功能主义语言学的逐渐成形，语言学理论研究与实践工作处于理念转变的重大阶段。语言由一项"工具"逐渐转化为一种"能力"，语言的教学由"传授"逐渐转化为"培养"，语言课堂的主体与内容由"教师/语言"逐渐转化为"学生/交际"，语言教学活动也由"操练"逐渐转化为"活动任务"。

《外标》是完全接受和遵循语言交际能力学说的产物。与《21世纪外语学习目标》一样，该标准坚持其5C标准，将"交际"（Communication）作为第二语言教学的核心，要求教师在各项能力中都贯彻促进学生使用目标语言进行交际的要求；其三种交际模式的理论框架也具有启发性，完全按照运用语言所要达成的功能来划分，分别是：人际交流模式（Interpersonal Communication），运用口语进行人际交流的模式；理解诠释模式（Interpretation Communication），听说或通过阅读理解语言含义的模式；表达演示模式（Presentation Communication），运用口语或书面语向受众传达信息、概念或观点的模式。5C标准的其余四项，无论是强调文化（Cultures）的引入、与其他学科的联结（Connections）、目标语言与母语的比较（Comparisons），还是强调与目标语言社区（Communities）的互动，也都指向以学生为中心、真实情境的课堂语言环境创设与教学活动设计。

相比之下，《国标》则兼及语言的本体性、工具性和语言的功能性。《国标》在其对知识与技能进行规定的绝大多数章节，都详细分列了语音、词汇、语法、汉字等语言本体的结构性要素，在教学中将上述每一部分的教学与听力、口语、阅读、写作等语言技能的教学并列为八项相互关联但又相对独立的教学内容。在对具体能力要求的描述中，混合了知识的讲解传授、技能与策略应用的操练，也鼓励运用语言实践活动开展教学。在涉及文化相关知识和跨文化能力等要求时，《国标》更多指向教师在派出到国外开展教学活动时的文化适应、跨文化交际。简言之，《国标》对语言的认识游移于结构主义—心理语言学—功能主义之间，它对汉语教学的核心要求并不单纯指向培养学生运用汉语的交际能力，它并没有放弃对汉语本体知识等方面的培养要求。

四、启示

基于上述比较，笔者以为，国际汉语教师标准完善工作的大前提应是对现代语言学理论及语言教学理念的更新。语言的交际功能必须得到强调，汉语教学工作都应坚持其能力培养的本质，创设以生为本的课堂语言环境，充分运用真实语料开展学习者主动参与的课堂互动。在此大前提下，国际汉语教师标准的完善工作可以从框架的凝练、对语言交际能力与培养的重视以及水平表现的划分三方面开展。

当前《国标》划分为 5 个模块、10 大项标准和 54 小项标准，在每个小项下又开列了数量不等的基本概念范畴、基本知识、基本能力等，合计列出的要求条目不下数百条。这些条目的组织结构复杂，相互之间关系存在交叉甚至重叠，难免叠床架屋。如能从知识、能力、素养等方面提纲挈领，舍弃复杂层级，可以使标准文本结构更清晰。此外，现有开列的条目还有过分求全之嫌，力图涵盖与汉语教师知识与能力需求的每一个最小的方面，这样反而影响了真正重要的内容，建议舍弃一些次要的或者在实际教学工作中可以通过必要辅助获得的知识与技能条目,如中国传统哲学思想与宗教文化、中外政治体制、中外法律体系、中外宗教思想等,聚焦于主要几点,尤其是与教师未来教学水平显著相关且在教师培养工作中可以干预的条目,如开发教学活动、选取和设计教学资源等。

《国标》的修订需要把创设以生为本的课堂语言环境,充分运用真实语料开展学习者主动参与的课堂互动任务正式列明,并从课程设计、课堂活动设计、教学资源组织、课堂教学实施及相关知识等不同渠道提供支持性的具体要求。在文化交际等方面提出要求时,也应时刻紧扣上述教学需求。

《国标》应设定明确的水平等级,邀请相关领域专家、教师培养机构代表和一线教师代表讨论,同时听取教育测量与评估领域专家的意见,对每一条标准做出相应等级水平的表现描述。

此外,《国标》是与《国际汉语能力标准》和《国际汉语教学通用课程大纲》一同颁布的,《国际汉语能力标准》和《国际汉语教学通用课程大纲》可以看作在运用《国标》时的重要辅助和参考资料。笔者以为,加强对《国标》的解读工作,仍需要编制相关解读文本或指南文件。

解读文本可以就目前标准中提及的一些教学方法、策略和技巧进行扩充介绍。《国标》正文往往只列举一些教学方法、策略和技巧的名称,甚至仅仅提及其所属的领域或范畴;如果能以官方的指南文件对这些教学方法、策略与技巧加以解释,辅以关于方法应用的适宜条件、操作步骤、材料准备、效果评估等方面的实用工具,相信一定可以为一线汉语教师的教学实践和汉语教师培养的课程实施提供重要的支持。解读文本还可尝试添加包括对

《国际汉语能力标准》和《国际汉语教学通用课程大纲》内容要点的摘抄、汉语教师培养项目资质检核表、汉语教师能力达标自评工具、汉语教师教学效果自评工具等实用材料。

国家汉办作为《国标》的制定单位,在汉语教师培养工作中担当着重要的角色。国家汉办应成为国际汉语教师培养研究的权威机构,致力于制定规则与标准并持续研究以保持其适用性;国家汉办应理顺汉语教师资格认证与管理、汉语教师培养机构认证与管理的行政序列,推动建立专业委员会,设计汉语师资培训管理体系;国家汉办应加强与汉语教师培养机构的联系,通过对汉语教师培训项目方案和机构资质的认证、评估与监管,推动汉语教师培养工作;规范考试,制定或推动建立专业委员会制定基于《国标》的汉语教师资格认证办法,并建立第三方评价机制。

第三节　国际汉语教师培养规格问题探讨[①]

加强国际汉语教师队伍建设,特别是面向海外的汉语国际教育硕士培养、汉语教师志愿者和海外来华教师培训、海外本土汉语教师培养等,是促进和加快汉语走向世界的根本性战略措施。然而,按照什么标准建设国际汉语教师队伍,培养什么规格的汉

---

① 本节选自李泉《国际汉语教师培养规格问题探讨》,《华文教学与研究》2012年第1期。

语教师,[①] 现阶段面向海外的师资队伍建设的策略是什么,具体到我们培养的汉语教师必须具备哪些基本知识、基本能力和基本素养(简称"三基"),这些问题都还需要进一步讨论和明确。

发展国际汉语教学,应该培养和建设一支专业化、高素质的优秀师资队伍。但这应该是一项长期的奋斗目标,并且应建立在合格的师资队伍基础之上。换言之,包括汉语国际教育专业硕士在内,我们培养的教师首先应该是一名合格的汉语教师(能做到这一点并不十分容易)。在此基础上,通过在教学实践中不断探索、反思和经验积累,以及教师自身专业知识、教学能力和业务素质的不断提高,才可能成为一名优秀的汉语教师。

基于上述考虑,这里拟结合相关研究的现状、汉语国际化的现状以及外语教学的性质和特点,来进一步分析既往的国际汉语教师标准存在的问题,当下应以培养"合格"的汉语教师为人才规格的理据,探讨合格的国际汉语教师应具备的基本知识、能力和素养,并对国际汉语教师培养的课程设置与实施提出建议。

一、相关文献简述与略析

(一)学术界相关论述简介

对外汉语教师应具备什么样的业务素质,不仅关系到汉语教学的质量和效益,也是关系到汉语作为外语教学学科地位和师资队伍建设的重大问题,因此历来受到对外汉语教学界的高度重视。

---

① "规格"指国际汉语教师培养的基本要求和质量标准,如合格、良好、优秀等,或专业应用型、教学科研通才型、中外百科知识型、知识能力素养综合全能型、外语教学专家型等。

自20世纪80年代以来,不断有学者探讨对外汉语教师的知识、能力和素养问题。

例如,赵智超(1986)[①]指出教学效果好的汉语教师应具备的个人条件包括:有耐心,有敏锐的观察力,有热爱教学的使命感,有"不准备好课程,就不能教书"的态度,能不断地追求新知识、试用新方法;应具备的专业能力包括:丰富的汉语知识和使用标准汉语的能力,掌握普通语言学、社会语言学、心理语言学以及应用语言学中以语言学习与习得的理论、方法、技巧及其历史演变为主的语言教学法等。吕必松(1989)[②]从能够胜任课堂教学到教学艺术高超、从教学到科学研究、能够受到特别欢迎和尊敬的教师等角度,系统地论述了汉语教师的知识结构和能力表现,并区分了胜任课堂教学工作、胜任多种教学任务和教学艺术高超的教师。卞觉非(1999)[③]指出,21世纪的对外汉语教师应具有良好的师德,扎实的专业知识和广博的相关知识,较高的外语水平,较高的使用电脑的能力,较高的教学艺术等。此外,有关学者拟定的课堂教学评估指标体系中,广泛涉及汉语教师的知识、能力和素养问题,如韩孝平(1986)、黄祥年

[①] 赵智超《教学效果好的外语教师所应具备的主要条件》,载《第一届国际汉语教学讨论会论文选》,北京语言学院出版社,1986年。

[②] 吕必松《关于对外汉语教师业务素质的几个问题》,《世界汉语教学》1989年第1期。

[③] 卞觉非《21世纪:时代对对外汉语教师的素质提出更高的要求》,载《语言教育问题研究论文集》,华语教学出版社,1999年。

(1991)、张德鑫（2001）、陈光磊（2004）等，[①]张和生主编的《对外汉语教师素质与教师培训研究》[②]集中收录了教师业务素质以及教师专业培训等方面的重要文献。近年来，随着海内外汉语教师培养和培训工作的深入开展，相关的研究成果也不断增加，如赵金铭（2007）、虞莉（2007）、北京汉语国际推广中心等（2008）、孙德坤（2008）、丁安琪（2009）、汲传波和刘芳芳（2009）、李晓琪（2010）、李红印（2010）、北京汉语国际推广中心等（2011）等，[③]这些研究进一步丰富和深化了我们对相关问题的认识。[④]

[①] 韩孝平《试论对外汉语教学工作的评估》，《语言教学与研究》，1986年第4期；黄祥年《关于课堂教学评估的实践与认识》，《世界汉语教学》1991年第2期；张德鑫《功夫在诗外——谈谈对外汉语教师的"外功"》，《海外华文教育》2001年第2期；陈光磊《对外汉语教学评估问题探讨》，载《第七届国际汉语教学讨论会论文选》，北京大学出版社，2004年。

[②] 张和生主编《对外汉语教师素质与教师培训研究》，商务印书馆，2006年。

[③] 赵金铭《汉语作为外语教学能力标准试说》，《语言教学与研究》2007年第2期；虞莉《美国大学中文教师师资培训模式分析》，《世界汉语教学》2007年第1期；北京汉语国际推广中心等《国际汉语教育人才培养论丛》（第一辑），北京大学出版社，2008年；孙德坤《教师认知研究与教师发展》，《世界汉语教学》2008年第3期；丁安琪《关于汉语国际教育硕士专业课程设置的思考》，载《国际汉语教育》（第二辑），外语教学与研究出版社，2009年；汲传波、刘芳芳《教师的教师：国际汉语教师教育者研究》，载《国际汉语教育》（第三辑），外语教学与研究出版社，2009年；李晓琪《新形势下的汉语师资培养研究》，载《第九届国际汉语教学研讨会论文选》，高等教育出版社，2010年；李红印《谈汉语国际教育硕士培养的四个方面》，载《国际汉语教育》（第三辑），外语教学与研究出版社，2010年；北京汉语国际推广中心等《国际汉语教育人才培养论丛》（第二辑），北京大学出版社，2011年。

[④] 此外，国务院学位办2007年、2009年发布了两个关于《（全日制）汉语国际教育硕士专业学位研究生指导性培养方案》。这两个方案总体上符合汉语国际教育专业硕士培养的实际需求，但方案主要涉及课程设置和培养环节等问题，而这里主要讨论的是有关国际汉语教师知识、能力和素养的相关标准问题，故此处对那两个方案略而不述。

（二）权威部门相关规定简介

为提高汉语作为外语教学的水平，促进师资队伍建设，规范化和制度化培养对外汉语教师，提高国际汉语教师的业务素质和教学水平，迄今为止，国家权威部门先后发布了三个有关国际汉语教师知识、能力和素养的规范性文件：

国家教育委员会发布《对外汉语教师资格审定办法》，对对外汉语教师的知识结构、能力结构做出了明确的要求。规定合格的对外汉语教师应具有的知识结构，包括教学理论和教学法知识、语言学和文字学知识、文学知识和其他方面知识；能力结构包括语言文字能力、工作能力。

教育部发布《汉语作为外语教学能力认定办法》，该办法适用于对从事汉语作为外语教学的中国公民和外国公民所具备的相应专业知识水平和技能的认定。其能力证书分初级、中级和高级三类，对经认定达到相应标准的，颁发相应的能力证书。国家汉办据此制定了《汉语作为外语教学能力等级标准及考试大纲》，规定《证书》获得者应具备相应的普通话水平和汉语言文字能力；具有良好的教师素养和品质，具备职业发展能力；具备良好的外语交际能力；具备现代汉语知识、汉语作为外语教学理论基本知识；掌握语言学、教育学、心理学基本知识；了解必要的中国文化及当代中国国情；具备实施教学的能力、处理教学材料的能力、评价与测试能力、运用适当教学手段的能力。

国家汉办发布《国际汉语教师标准》（以下简称《标准》），该标准是对从事国际汉语教学的教师所应具备的知识、能力和素质的全面描述，旨在建立一套完善、科学规范的教师标准体系，为国际汉语教师培养、培训、能力评价和资格认证提供依据。《标准》分为语言基本知识与技能、文化与交际、第二语言习得与学习策略、教学方法、教师综合素质5个模块,共有10项标准:汉语知识与技能,外语知识与技能,中国文化,中外文化比较与跨文化交际,第二语言习得与学习策略,汉语教学法,测试与评估,汉语教学课程、大纲、教材与辅助材料,现代教育技术及运用,教师综合素质。《标准》是新世纪以来面向国际汉语教学制定的一个重要的纲领性文件,全面系统,面面俱到。综观其基本概念范畴、基本原则、基本能力等的要求,《标准》或许应该看作国际汉语教学"优秀教师标准""综合全能型教师标准""汉语教学专家标准",而不是"入门型""合格型"的国际汉语教师标准。尽管如此,从国际汉语教学学科发展和师资队伍建设的长远来看,制定这样一个高端型的国际汉语教师标准还是有必要的。从业教师可以参照《标准》的要求,不断补充相关知识,提高相应能力,在靠近《标准》的过程中不断发展并提高专业知识和业务素质。当然,《标准》要作为国际汉语教师的资格认证标准,则还需要据此制定更加务实可行的实施细则。

(三) 进一步比较与分析

可以看到,有关专家对汉语教师知识、能力和素养的论述,有些是个性化的认识和看法,但也有不少是共识性的认识,比如对汉语知识、教学能力、外语能力、教师职业道德等方面的要求。国家权威部门发布的三个文件,其适用范围由面向国内到国内为主、兼顾国外,再到基于国际视野、以国外为主、兼顾国内,体现了汉语作为外语教学由主要基于国内语境的对外汉语教学,到基于世界话语立场的国际汉语教学的转变。其中,《对外汉语教师资格审定办法》和《汉语作为外语教学能力认定办法》更加注重汉语言文字知识的规定和要求，同时兼顾对教学能力的要求；比较而言，《国际汉语教师标准》在知识和能力并重的前提下，似乎更加注重对能力的要求，其知识和能力要求的范围远超过前两个"办法"。可以认为，有关的研究成果和权威部门发布的"办法"和"标准"，为教师的发展、培训、评估和能力认定提供了方向和规范化的指标体系，这无疑是有意义的。

但也应该看到，以往多数学者的研究和权威部门的相关要求，并没有明确区分是合格的汉语教师的标准，还是优秀汉语教师的标准。这看起来似乎不是什么大问题，但是从教师培训或能力认证的角度看，就有些缺乏实用性和可操作性。如上文所述，《国际汉语教师标准》存在的一个突出问题是：对国际汉语教师需要具备的知识、能力和素养的描写过于平均用力，相关规定缺乏层次性，也即没有明确和突出哪些知识、能力和素养是一个合格的国际汉语教师必须具备的，哪些是教师不断完善自身知识和提高自身能力的努力方向。比如，同样是基本概念，作为国际汉语教师，掌握"汉语语法基本知识"比掌握"外语语法的基本知识"（《标准》1.1、2.1）更为重要和迫切；掌握"交际型教学途径与方法"要比了解"中国园林与建筑艺术""民间工艺""中外法律体系的特点、主要内涵"（《标准》6.1、3.3、3.4、4.2）等更为重要。也就是说，《标准》所描述的各种知识和能力中，有些是最为基本的、应该尽可能掌握的，有些则属于教师自身提高和完善的发展方向。换言之，有些是在教学中经常用得到的，甚至是须臾不能离开的，如汉语言文字知识、教师的语言表达能力和课堂组织能力；有些则可能是锦上添花的，如"中国古代科技成就""世界主要宗教的礼仪、节日与圣地"（《标准》3.1、4.3）。对知识、能力和素养进行面面俱到的描写也许并不为错,但不分轻重缓急、不区分必须掌握的和锦上添花的,一概等而视之、等力实施,则不利于发挥《标准》应有的作用。而培养规格和培养目标不明确,或者目标过低过高,都会影响课程设置和实施重点的取向,从而也会影响培养效果和质量。因此,培养规格问题是国际汉语教师培养的前提性问题,也是个方针和策略的大问题。

二、"三基"问题的提出与理据

(一)"三基"问题的提出

综上来看,当下很有必要提出和讨论:我们培养的汉语教师究竟是什么样规格的,是入门型、合格型,还是优秀型?是培养胜任海外多种层次汉语教学的行家,还是中华文化传播的使者,抑或是语言教学和文化传播全能型的教师?这是我们在国际汉语教师培养培训过程中必须首先明确的大问题。培养规格不同,相应的要求和做法也就不同,效果也就不一样。假如完全能够在有限的时间里和有限的条件下培养出优秀规格的汉语教师,那当然应以培养优秀规格的教师为目标,但问题是我们是否能够做得到,各方面的条件是否允许?进一步说,在缺乏教学实践等有限的条件下我们能否培养出优秀教师,优秀教师是否是通过课堂上的知识传授和技能培训就能够培养出来等,都是值得讨论的。

我们建议,现阶段应以培养和培训合格的国际汉语教师为基本宗旨和核心目标。这是应该也是能够做到的。假如是这样的话,那么就应该探讨和明确一个合格的国际汉语教师必须具备哪些基本知识、基本能力和基本素养。因为必需必备的知识、能力和素养是汉语教师从事汉语作为外语教学的看家本领。有了这些看家本领，教学就应该没有问题或没有大问题，教学质量和效率就能得到应有的保证。相反，不具备这些知识、能力和素养，教学就会成问题乃至很成问题，教学质量和效率就无法保证，那么其他方面的知识再多，其他方面的能力再强，其他方面的素养再好，可能对实际教学都不会有太大的、实质的益处。

而如上所述，以往有关国际汉语教师知识结构、教学行为、教学能力和个人素养等的研究和相关规定，探讨和描写的大都是优秀教师的特征，这从学术研究和教师发展的角度看是无可厚非的。但是，从现阶段国际汉语教师培养、培训和能力认定的实际需要来看，更需要明确哪些知识、能力及素养是他们从事汉语教学必备必有的，哪些是锦上添花的；哪些知识和能力是当下就得掌握的，是走上讲台前就应当了解、熟知和掌握的，哪些知识和能力是属于通识教育或是终身学习的内容，可容期缓限逐步掌握的。必知必会必有的知识、能力和素养，是合格的国际汉语教师的基本条件和基本标准，属于专业知识和专业技能的范畴；此外的知识、能力和素养，大都不属于或不完全属于本专业的知识和技能范畴，是认定优秀教师或教学专家的条件和标准，而这些条件和标准需要长期乃至终身学习才能达到，而不可能指望通过两三年时间和若干门相关课程的学习就能全部获得和掌握。

如果能够明确合格的国际汉语教师的基本标准，将有助于在国际汉语教师培养和培训过程中抓住重点、突出重点，有的放矢地加以实施，让他们真正把必知的知识、必会的能力掌握到手。以为知识和技能越多越好，而胡子眉毛一起抓，则无法保证人才培养的规格和质量。因为费时费力学得的某些知识和能力在汉语教学实践中用不大上,而教学中必需的知识和能力又没有得到充分的掌握。当然,合格的、良好的、优秀的教师之间的标准和条件并不容易确定,也不可能泾渭分明。但是,结合我们既有的教学经验、结合现阶段海外汉语教学的实际、结合外语教学的基本理论和现有的研究成果,做出一个大致的区分是可以做到的。

(二)标准与实施问题的进一步讨论

事实上,现阶段汉语国际化进程正处于初始阶段,世界范围内的汉语学习者大都属于初级水平,中级水平的不多,高级水平的更少;由于种种原因,不少学习者甚至始于初级,也止于初级,这是现阶段普及型、大众化国际汉语教学的实际情况,也是正常情况。因此,多数时候汉语教学的内容主要限于基本的汉语知识和汉语交际能力,所涉及的中国历史文化主要限于与教学内容相关的最基本的国情文化、节俗文化和交际文化,绝大多数情况下都涉及不到《标准》提到的诸如"先秦诸子哲学""中国的服饰文化""东西方哲学的主要异同""中外交往的历史""中国历史上的太平盛世""中国史学名著""两汉经学""魏晋玄学""中国原始宗教与信仰"等内容。而《标准》中提到的诸如"监控模式、文化适应模式、信息处理模式、竞争模式"以及"普遍语法假说"等第二语言习得理论和知识,也不一定都能在教学中得到应用。当然,教师更多地了解和掌握中外历史文化知识、语言教学和语言习得知识,只有好处没有坏处,应该提倡和鼓励,但前提是应该首先掌握与实际教学密切相关的最基本的知识和能力。

近年来在国际汉语教育专业硕士培养过程中,不同程度地存在着对国际汉语教师必须具备的基本知识、基本能力和基本素养重视和实施不够的倾向。比如,对系统的汉语言文字知识和外语教学基本原理的重视和实施的程度，与这类知识在汉语作为外语教学中的应有地位和重要程度还不是完全相符。具体来说，①国际汉语教育硕士"单证"和"双证"两个方案的培养目标和培养要求总体上基本一致。有所不同的是：（1）"单证"方案要求培养对象"具有系统的专业知识"，我们理解这指的应该是系统的汉语言文字知识和外语教学基本原则、基本原理等，这是值得肯定的。但在"双证"方案中未见提及要求培养对象具有系统的专业知识，这可能是一种很遗憾的疏忽。（2）"双证"方案在培养目标上，要求培养对象具有"文化传播技能"和人才规格上的"国际化"要求，要求培养对象"具有语言文化国际推广项目的管理、组织与协调能力"，这是可以理解的，但似乎不应以忽略系统的专业知识的掌握为代价，因为专业知识的掌握和汉语教学能力的获得才是第一位的，也是更为根本的。此外，在具体课程设置和课时分配上，对汉语教学必备的基本知识、基本技能类课程的强调和突显也不够充分。

总起来说，现阶段面向海外培养的国际汉语教师，应着眼于海外普及型的基础汉语教学的实际，有针对性地传授教学所必须必备的汉语知识和语言教学知识，并且打实打牢这些知识；培养他们必需必备的教学技能，并且能灵活运用多种教学方法和手段。在使培养对象首先成为一名合格的国际汉语教师、成为一名教书的行家里手的前提下，如果有必要或有条件，再去扩充其他各种专业知识和理论，其他各种与汉语教学相关的乃至不太相关的知识，提

---

① 李泉《汉语国际教育硕士培养原则与实施重点探讨》，《华文教学与研究》2010年第3期。

升培养对象的其他各种能力和素养,帮助他们走向优秀和卓越。

(三)"三基"提出的基本理据

国际汉语教师"三基"问题的提出,不仅仅是针对相关研究还缺乏共识、国际汉语教学的现状以及某些标准和培养方案对这个问题的重视和体现还不到位,更重要的是有其学理上的依据。照我们看来,这依据就是:外语教学两大核心问题,教什么和怎么教(学什么和怎么学);外语教学学科性质、特点以及基本原则、基本方法和基本原理。

教什么?教的是汉语。学什么?学的是汉语。因此,教师必须对汉语汉字知识及其相关的文化现象有全面的了解和把握,最好有深刻的理解和准确的把握,为此还要了解和掌握必要的语言学、汉语语言学、汉字学的相关知识和理论。

怎么教?按照汉语作为外语教学规律教。怎么学?按照外语学习的规律和汉语汉字的特点和规律来学。因此,教师必须对外语教学的性质、目标、原则、方法等有全面的了解和把握,更要对汉语作为外语教学的特点、模式、教法等有深刻的理解和准确的把握,为此还要了解和掌握教育学、学习心理学、外语教学法、汉语作为外语教学的基本理论。

上述两个方面的知识和理论即属于国际汉语教师必知必懂的"专业知识",也即国际汉语教师必备的基本知识;运用这些专业知识有效、高效、熟练地进行汉语教学的能力就属于国际汉语教师必备的"专业技能",也即国际汉语教师必备的基本能力;而从事外语教学特别是汉语作为外语教学必知必有的心理素质、跨文化教学和交往能力、良好的职业品德等就属于国际汉语教师必备的"专业素养",也即国际汉语教师必备的基本素养。

三、"三基"内涵的探讨与实施

（一）与"三基"有关的论述简述

以往虽然较少从基本知识、基本能力和基本素养的角度专门探讨国际汉语教师（对外汉语教师）的标准和条件，但与此有关的论述和描写还是不难得见的。

吕必松（1989）[①]认为作为一个能够胜任课堂教学工作的教师，起码需要具备的条件有：具备比较广博的专业知识和文化知识，包括语言学、心理学、教育学、语言教学法、文学及其他文化知识；具有一定的工作能力，表现为语言文字能力、课堂教学能力、交际和组织能力；具有一定的教学经验。赵金铭（2007）[②]拟定的汉语作为外语教学能力标准包括四个方面：基础知识（汉语知识、中国文化及语言学、教育学、心理学、跨文化交际学等，以及对汉语母语的掌控能力），专业知识（汉语作为外语教学理论、汉语作为外语教学法、第二语言习得与认知等），教学技能（语言教学和训练技能），教师素质（高尚的品行操守、良好的人际关系、热爱学生、谦虚好学等）。崔希亮（2007）[③]指出，对外汉语教师需要八个方面的能力：语言表达能力（把话说清楚），课堂组织能力（当好教练），表演能力（必要时表情身段语音语调），理解能力（听得懂学生的问题），科学研究的能力（抓住问题的

[①] 吕必松《关于对外汉语教师业务素质的几个问题》，《世界汉语教学》1989年第1期。

[②] 赵金铭《汉语作为外语教学能力标准试说》，《语言教学与研究》2007年第2期。

[③] 崔希亮《试论对外汉语教师的知识和能力》，载《汉语教学：海内外的互动与互补》，商务印书馆，2007年。

实质），亲和能力（赢得学生的好感），现代教育技术应用能力（会用计算机），应变能力（兵来将挡，水来土掩）。金立鑫（2009）[①]强调，一个合格的语言教师所具备的最重要的条件是：深刻理解所教目的语（语音、词汇、语法、语义、语篇、语用等）规则系统并掌握一定教学理论和教学方法的专业人才，等等。

（二）"三基"的基本内容例示

哪些知识、能力、素养是一个合格的外语教师必须具备的，前人的研究和论述为我们提供了很好的参考，奠定了有助于形成共识的基础。当然，"三基"问题也是一个值得进一步广泛探讨的问题。我们初步认为，国际汉语教师必备的"三基"如下：

基本知识：（1）汉语汉字知识，包括汉语语音、词汇、语法、汉字知识；常用虚词知识，常见偏误分析；基本的语言学知识，比较全面的汉语语言学知识。（2）中华文化基础知识，包括中国历史和文化的基本知识。（3）外语教学知识，包括外语教学的性质、目标、原则、方法等知识；汉语作为外语教学的基本理论（特点、模式、教材、教法、测试等）；基本的教育学、学习心理学知识，主要的外语教学法流派的理念、特点和方法等。

基本技能：（1）汉语阐释能力，包括能清楚地解说汉语的结构规则和表达规律，能恰当地解说学习者遇到的疑难语言现象，能对常见的语言偏误进行恰当纠正和分析，能结合具体语言现象进行汉语结构规则和使用规则的概括等。（2）教学组织能力，包括能恰当地选择和使用教材；能有效地组织课内外的教学活动，

---

① 金立鑫《"教师、教材、教法"内涵和外延的逻辑分析》，《语言教学与研究》2009年第5期。

能不断激发学习者的学习兴趣；能有效地协调师生之间和生生之间的关系等。（3）课堂教学能力，包括能有效地掌控课堂教学秩序和教学进程；能选择和运用恰当的教学手段、教学方法和教学技巧，能清楚地解答问题；能恰到好处地处理讲练关系，能进行有序有效、高质量的师生和生生互动；善于营造和谐、和睦的课堂氛围，有较强的课堂教学时间观念等。（4）教学评估能力，包括能准确地评估学生的学习能力和学习效果；能选择合理的测试方式和题目进行教学质量测评；能利用多种评估方式进行教学评估；能客观地进行自我教学评估等。

基本素养：（1）良好的心理素质，包括开放的心态、包容意识、自信乐观等。（2）良好的外语能力，包括能用外语辅助教学，能用外语进行交流和沟通。（3）良好的跨文化交际能力，包括具备足够的跨文化交际知识，良好的跨文化交际能力。（4）高度的敬业精神，包括爱学生、爱工作、勤奋投入、不计较个人得失等。

（三）培养"三基"的主要措施及其他实施策略

为了更好地保证我们培养的国际汉语教师是合格的专门人才，是能够胜任汉语教学的行家里手，我们主张，在国际汉语教师特别是汉语国际教育专业硕士培养过程中，未来教学工作中所必须具备的基本知识、基本能力和基本素养的"三基"类课程应不低于总课程量的60%，并且原则上都应作为必修课；这其中属于"专业知识"类课程中汉语（语音、词汇、语法、语用）汉字本体知识的课程亦不应低于"三基"类课程的60%。通过这两个"不低于"来体现汉语作为外语教学是一门学科，是一个有特定内涵的专业；来区别汉语作为外语教学与其他语言作为外语教学的不同；来保证我们培养培训的国际汉语教师首先是合格的汉语教学的教师,从而保证他们所从事的汉语教学的质量和效率。

进一步来说:强调"三基"类课程应不低于培养方案中总课程量的60%,意在通过相对多数的课时量来保证培养和培训对象掌握应知应会应有的知识、能力和素养,从而保证或基本保证他们首先是合格的汉语教师;强调汉语、汉字本体及教学方面的知识类课程不应低于"专业知识"(除汉语汉字知识外,还包括必要的中华文化基础知识、外语教学基本原理以及语言学、教育学、心理学等方面的知识)类课程的60%,意在强调,不要以为培养对象会说汉语,就天然地熟悉熟知汉语、汉字知识,就当然地懂得汉语的内部结构规则、外部组合规则和表达应用规则,这些知识可能是他们最为欠缺的,却又是未来实际教学工作中须臾不可缺少的。因此扎实系统的汉语言文字知识是国际汉语教师首要的和必备的知识,是他们最管用的"物质食粮",[1]必须给予充分的重视和充分的实施保证。

其他的40%的课时量,可根据培养对象的具体特点、具体培养目标以及可能从事的教学地区、教学岗位等,来选择和突出相关的课程。比如,根据需要增加国别地域文化、国外中小学教育、国外社区教育等的课时量。又如,小语种国际汉语教师的培养,毫无疑问应该增加和突出相关外语的教学,以体现他们是有特殊专业知识、专业能力和专业素养的国际汉语教师,也即能用小语种"做事",包括辅助课堂教学、进行一般的人际沟通、组织与汉语教学相关的语言文化活动等。因此,应该尽可能地加大相关的

---

[1] 李泉《汉语国际教育硕士培养目标与教学理念探讨》,《语言文字应用》2009年第3期;李泉《汉语国际教育硕士培养原则与实施重点探讨》,《华文教学与研究》2010年第3期。

课时量，并努力为学生创造更多更好的学习条件。甚至可以采取必要的激励机制和鼓励措施，因为即使是初步掌握某种外语，也需要在课外投入大量的时间和精力，完全指望通过课堂上有限的学习时间来掌握一种外语是不可能的。相反，如果只是开一门小语种课程，教学没有一个目标规划，学几句算几句、学多少算多少，那就难以发挥小语种教师在国际汉语教学和传播中应有的作用。

需要说明的是，上面例示的"三基"内涵只是初步的建议。"三基"是否就是这样一些内容，掌握和具备了这样一些知识和能力是否就可以视为合格的国际汉语教师，这些知识和能力的具体内容都包括哪些，等等，都还需要广泛而深入地讨论。同样，上文关于"三基"类课程所占课时比例的划分，也只是根据国际汉语教学的现状、教学中首先最不可缺少的知识，以及培养对象大都缺乏这些基本知识等实际状况而提出的倾向性建议。至于为什么是"两个不低于60%"而不是不低于50%或70%，除了上面说到的一些意图和经验性的因由以外，坦白说并没有一个绝对合理的标准。不过，具体的课时比例完全可以在教学实践基础上进行更加科学的评估和测算，提出上述建议除了表明个人的倾向性意见外，更希望有引玉的作用。

四、余言

作为汉语母语国，规模化地培养和培训国际汉语教师，虽然是近几年才刚刚开始，但毫无疑问这将是一项长期的战略性任务。因此，应该加强理论研究和教学实践总结，以便更好地培养和建设国际汉语教师队伍，更好地推进汉语教学的国际化进程。

在国际汉语教师培养过程中,首先应该明确我们能做什么,做不了什么,即确定教师的培养规格问题。还要明确我们应该重点做什么,兼顾什么,即分清主次的问题。而目前的国际汉语教师标准和汉语国际教育专业硕士培养方案中,都没有明确是合格、良好、优秀哪一种规格的教师标准和培养方案。而培养规格不明确,就可能带来课程设置和教学实施的随意性,从而不利于人才的培养。

目前不仅在培养什么样规格的人才上还不够明确,在课程设置和实施重点上也有不同的意见。比如,有调查表明,汉语国际教育硕士海外实习后的反馈是:能够提高他们外语交际能力、教学组织能力、计算机应用能力、文化适应能力的课程,是他们海外实习中受益最多的课程。语言学理论、二语习得理论和汉语本体知识等课程有用,但却远不如前一类课程来得重要、直接。[①]这颇令人惊诧:我们培养的是汉语教师,但"汉语本体知识"仅仅是"有用",却远不如"外语交际能力、计算机应用能力、文化适应能力的课程"来得重要。让人困惑的是:究竟哪些课程是主,哪些课程是辅?我们的主业是教汉语,还是体验外语交际、计算机应用和文化适应能力?我相信,这位海外实习教师的感受或许是真实的,但肯定是还没有真正接触和处理学习者的汉语偏误而得出的印象。因为要想对学习者的语言偏误说出个所以然来,汉语知识和汉语教学能力的重要性便立刻凸显出来。我们个人多年教学实践的最大感受是:纠正并分析学习者的汉语偏误"乃吾之软肋所在"。我们深深感到,比之于这个法、那个原则,这个知识、

[①] 张和生《汉语国际教育硕士培养的回顾与展望》,载《国际汉语教育人才培养论丛》(第一辑),北京大学出版社,2008年。

那个技巧,缺乏汉语知识和汉语现象的阐释能力,是最为欠缺的地方。看来,每个人在教学实践中的感受是很不相同的。

事实上,培养一名合格的汉语教师,绝非轻轻松松就能做得到。具体来说,假如我们以能够恰当地纠正学生的常见汉语偏误现象,并能准确地评估和说明偏误的成因所在,作为合格的国际汉语教师的一项标准,那么成为一名合格的汉语教师则绝非易事,更非低标准。请看下面几例偏误句子:

*他说得很好,大家应该听起来。
*我们半个小时坐汽车,就十点钟到了。
*玉容不知道了一只脚没有了她的靴子。
*他有空的时候一个劲儿地学习,所以,终于就拿到硕士学位。

想想看,如何恰当地改正这些错句,为什么这样或那样改正?能否准确地判断这些错句错在何处?能否说明这些错句是什么原因造成的?我们的说明和解释是否符合语言现象的实际?处理这样一些汉语教学的常规现象,使我们觉得汉语知识、汉语阐释能力、课堂教学知识和技能等,远远比外语交际能力、计算机应用能力、文化适应能力等更加重要,也更加难以掌握。因为目前我们对汉语现象的揭示和解释、对汉语规律的体认和把握还远远不够,教学中遇到的许许多多语言现象根本就没有现成答案。

总之,我们建议:在国际汉语教师培养过程中,要把握好培养对象未来教学工作的主业和从业,区分哪些知识、能力和素养是汉语教师的看家本领,哪些知识、能力和素养对汉语教师来说是锦上添花,并在课程设置和教学实施中区分主次、区别对待,避免胡子眉毛一起抓,避免丢了西瓜捡芝麻,使有限的教学时间和教学资源发挥出最大化的教学效益,让我们的培养对象获得他们最应该获得的知识、能力和素养。

第四节 构建国际汉语教师资格认证制度[①]

如何建设一批合格的、优秀的国际汉语师资，是国际汉语教育界一直关注的问题。国家汉办为了提高对外汉语教师素质，保证汉语教学质量，从1993年开始实施对外汉语教师资格认证考试，该考试的模式和内容一直在调整和改进。2005年，国家汉办停止了国际汉语教师资格认证考试。但是，为了适应国内外汉语教学的迫切需求，社会上其他机构推出的国际汉语教师资格认证证书与考试已经达到10余种。这些证书在专业性和规范性上都难以取信于国际汉语教师及相关专业的学生，也给国内外用人单位聘用合格的教师人才带来不便。在国际汉语教育各界人士的强烈呼吁下，国家汉办于2014年10月重新开始国际汉语教师资格认证考试。透过上述现象，我们不难发现国际汉语教师资格认证考试对国际汉语教师专业发展和汉语国际推广是非常有必要的。那么，我们应该考什么，怎么考？是只依据试卷进行评定，还是同时也需要考察申请者的教学能力、教学效果和学历背景呢？是一次性考核，还是建立一种能够促进国际汉语教师反思和专业发展的资格认证制度？我们应该如何构建国际汉语教师资格认证制度？带

[①] 本节选自王添淼、史洪阳《构建国际汉语教师资格认证制度——基于美国的经验》，《语言教学与研究》2016年第1期。

着这些问题,我们对国内外二语教师资格认证制度进行了研究。我们发现美国是世界上最早关注现代教师资格认证制度的国家。美国对外语教师在外语教育中作用的重视程度,以及"为学科教师制定相关的资格标准等政策方面所表现的整体性、详细性、严谨性和先进性,在世界范围内都居领先地位"[1]。关于美国的教师资格认证制度,[2]国内比较教育领域的研究者已经做了大量的研究和相关的工作,他们对美国的教师资格认证制度及其对美国教师专业发展产生的影响进行了深入细致的梳理。语言教师的资格认证制度同一般教师资格认证制度有着显著的不同,目前研究较少将注意力集中到美国二语教师资格认证制度方面,而且国际汉语教育领域对于美国教师专业发展的研究也大多集中于教师培养的具体模式方面,对于美国二语教师资格认证制度的研究尚属空白。美国的二语教师资格认证制度在经历了几十年的探索后已经形成了覆盖教师整个职业生涯的较为完善的体系,在实际应用中也受到教师、用人单位和社会的广泛认可,某些理念和实施办法值得我们借鉴与学习。

---

[1] 贾爱武《美国外语教师教育及专业资格标准政策研究》,《外语界》2006 年第 2 期。

[2] 美国二语教师资格认证制度主要是针对中小学教师的资格认证,事实上,中国现在考取国际汉语教师资格证的主要是汉语国际教育硕士和博士,以及其他一些渴望成为汉语国际教师的人员,他们的就业方向以国内外中小学为主;获得国际汉语教师资格证也有利于他们申请国家汉办公派汉语教师资格,作为公派的国际汉语教师,他们主要在国外中小学任教。

一、美国二语教师资格认证制度的兴起与发展

20世纪50年代，由于国防需求，美国政府开始把外语教育列入教育发展重点关注的领域。1955年，美国外语计划委员会（National Federation of Modern Language Teachers' Associations，NFMLTA）制定的《美国中学现代外语教师资格》（*Qualification for Secondary School Teachers of Modern Foreign Languages*）分初、中、高三个等级对美国中学外语教师的语言能力进行了界定，成为美国二语教师资格认证标准的雏形。1966年，美国外语教师协会（American Council on the Teaching of Foreign Languages，ACTFL）出版了美国二语教师教育及认证的第一份纲领性文件——《现代外语教师教育计划指南》（*Guidelines for Teacher Education Program in Modern Foreign Languages*），标志着二语教师的培养和发展开始作为专门的学科受到学者们的关注。20世纪80年代，美国外语教师协会发表了《外语教师教育临时计划指南》（*Provisional Program Guidelines for Foreign Language Teacher Education*），"文件从前瞻的视角指出未来的外语教师在知识、技能和实践经验等方面应做哪些必要的专业准备"[①]。90年代，美国教育考试服务中心（Educational Testing Service，ETS）开发的Praxis系列考试中的世界语言科目考试成为各州通用的二语教师入职测试项目。进入新世纪，为了配合《21世纪美国外语学习标准》，美国外语教师协会制定了《美国外语教师协会外语教师准备计划标准》（*The*

---

① 贾爱武《美国外语教师教育及专业资格标准政策研究》，《外语界》2006年第2期。

ACTFL Program Standards for the Preparation of Foreign Language Teachers），这一标准也是现阶段美国各级教育管理机构培养与认证外语教师的主要指导标准。几十年来，美国二语教师资格认证制度基于不同时期的标准不断改革与发展，并在联邦政府的协调和 NCATE、ETS 等专业机构的不懈努力下趋于稳定、统一和专业化。

二、美国二语教师资格认证制度的制度框架与实施办法

美国是一个联邦制国家，各州拥有制定本州教育政策的权力，因此二语教师资格认证的权力属于各州教育行政主管机构。美国的教师资格认证制度经历了从地方主导到政府牵头再到专业团体加入的过程。历史上，各州分别制定认证考试标准既影响了标准的权威性，也妨碍了教师资源的州际流动，在教师专业化运动的影响下，为了克服缺乏统一性这一弊端，美国建立了专门的州际组织对各州的教师认证标准进行协调。教师资格认证的权力现在仍由州政府掌握，但各州开始选择采用全国性测试的成绩作为教师认证以及颁发教师证书的主要依据。虽然各州在标准化考试（Standardized Tests）外的教师认证条件上存在差异，在不同专业教师的认证制度上也有所不同，但是美国各州的教师资格认证考试在标准和理念上是一致的。与此同时，20 世纪 60 年代以来，寻求建立全国性教师认证制度成为美国教师专业发展的新趋势，"美国国家专业教学标准委员会（NBPTS）为全美国的职后二语教师提供权威的优秀教师资格认证"[1]。各专业团体研发

---

[1] 孙曼丽、洪明《美国外语教师教育改革的新动向》，《基础教育参考》2007 年第 3 期。

的测试和各州制定的具体认证制度实质上共同构成了美国教师职前、入职与职后认证的体系。全美教师教育认证委员会（National Council for Accreditation of Teacher Education，NCATE）主要承担教师教育认证标准的制定和认证工作，为教师职前培养和专业发展的评价指标和标准负责。新教师评估与支持州际联盟（The Interstate New Teacher Assessment Support Consortium，INTASC）开发了新教师评价标准，并积极在美国各州进行推广，从而主导了美国新教师入职阶段评价标准的制定和实施，美国各州的二语教师资格认证制度大都是实践 INTASC 的标准。NBPTS 负责对优秀教师资格认证标准的制定和认证工作，起到了对美国在职教师质量的检验和保障作用。

在这一体系的框架下，各州教育行政主管部门可以公正有效地对教师资格进行认证。从整个资格认证制度来看，入职教师的资格认证是美国教师资格认证最重要的一环。在美国要成为一名持证教师的首要条件是至少拥有一个学士学位。一些州近年来开始提高学历限制，需要初任教师拥有硕士学位。有些州还要求申请者修够等同于一般学士的学分以及特殊教育、商业科目、文科、冲突解决等不同规定的限定学分。申请者在拥有学士学历、无犯罪记录基础上，才有资格参加第一阶段的州级教师资格认证。几乎每一个州都需要申请者提供 Praxis I 系列测试及格以上的成绩作为对申请者教学技能的基本考察。在提交申请并通过 Praxis I 考试后，通过审核的申请者可以获得初任教师证书（Initial Educator License），很多州称之为实习教师证书（Provisional Educator License）。这类证书的有效期因各州法律而有所不同，但一般最多不会超过五年。想要成为一名二语教师申请者，还需要参加 Praxis II 中对应的语言考试项目，并取得不低于及格的成绩。持有实习教师证书的二语教师必须在证书有效期内，参加下一阶段的以教学档案袋为主要形式的实际教学评价等资格认证，才能获得专业认证，"该资格证书也被很多州称为合格教师证（Professional Certification）"[1]。因为美国基本上已经取消了终身教师证书，所以大多数州的合格教师证都要求持证者至少十年参加一次重新审定。而且对于大多数教师聘用单位来说，合格教师证只是教师证明自己达到任教最低标准的证明。如果教师想在薪资和职位上获得进一步提升，就需要教师在合格教师证的基础上获得更高级别的资格认证。比如，申请 NBPTS 的优秀教师资格证书，还有最近兴起的，为了区分教师不同专业发展阶段，由美国优质教师证书委员会（American Board for Certification of Teacher Excellence，ABCTE）认证的"教学证书通行证"（Passport for Teaching Certification）和"熟练教师证书"（Master Teacher Certification）。

具体到一名教授汉语的教师在美国获得教师资格认证，其制度规定和一般的美国二语教师相似。以路易斯安那州和犹他州为例，申请者需要具有与汉语教学相关的学士学位。但是美国许多州对于外国来的教师在本国完成的学业仅仅是部分认同，申请者需要到专门机构对其所完成学业的学科进行学科鉴定，通过鉴定即可把该门课程转换为美国同类科目的学分。上述两州需要申请者参加上文提及的 Praxis I 测试以及 Praxis II 测试中编号

---

[1] 秦立霞《美国教师资格认证制度及其效应研究》，陕西师范大学博士学位论文，2008 年。

为5665的科目——世界语言（普通话）专项科目测试（Chinese Mandarin: World Language），测试合格后申请者才有机会获得教师资格认证。汉语教师的多级认证和其他语种二语教师的认证模式基本相同。NBPTS针对外语教师的优秀教师资格认证同样适用于汉语教师。另外一些州的认证制度有专门的汉语教师测试，例如密歇根州教师资格证书测试（MTTC）中编号为101的汉语（普通话）专项测试（MTTC Subject Tests in Chinese Mandarin）。

三、美国二语教师资格认证制度的启示

美国二语教师资格认证制度的发展受到美国近现代教育理念的发展及变迁的深刻影响，美国二语教师资格认证制度的发展完善正是美国教师专业发展理念日趋成熟的体现。该制度的发展过程、制度框架和实施办法，对我们构建国际汉语教师资格认证制度具有重要的借鉴作用和启迪意义。

（一）构建规范化、专业化、统一的国际汉语教师资格认证制度

在美国二语教师资格认证制度建立初期，各州在是否认证、如何认证、怎样考试等问题上都存在着很大的分歧。因此，一度出现二语教师在不同的州任教需要多次参加考试多次申请认证的情况。在联邦政府和各相关专业组织的努力下，统一的、标准化的考试逐渐成为二语教师资格认证制度的主流。二语教师专业发展拥有了更大的空间和更充裕的时间。制定全国性标准"在展现学科教师协会对教师理应掌握的学科内容方面的观点至关重

要"[①],二语教师的社会形象也逐渐由技艺型向专业型发展,更多地受到美国各界的认可与尊重。现代美国的二语教师认证制度虽然呈现统一考试分别认证的局面,但 NBPTS 的全国性优秀教师认证制度为全国 50 个州所承认,加上 INTASC 这类州际认证标准协调组织的活跃更是体现了各州间不仅认证测试统一,而且认证模式与标准也趋于统一。然而,国际汉语教师资格认证制度的发展处于相对停滞的状态,对于什么是一名合格的国际汉语教师并不像其他行业一样有着明确的界定与规范。这一现象不仅伤害了国际汉语教师专业发展的积极性和主动性,也给用人单位聘用教师带来困难,并在社会上形成了国际汉语教师非专业化的印象,非常不利于国际汉语教育事业的发展。构建标准规范、流程专业、全国统一的国际汉语教师资格认证制度刻不容缓。另外,统一的认证制度应该实现全国范围甚至国际范围内的统一。国际汉语教师的任教地点相对不固定,国内流动乃至国际流动是国际汉语教师任教的常态。而与现行国际汉语教师资格认证制度相结合的一般性教师资格认证制度则地区性较强,认证部门较多且标准并不统一,这就给国际汉语教师的从业和教师专业发展带来了一定的不便。一个规范的全国性的国际汉语教师资格认证制度可以有效解决或改善上述问题。

(二)重视国际汉语教师综合能力和学历背景的考察

与其他专业的教师不同,国际汉语教师作为促进中国与世界沟通的桥梁和窗口,需要具备更加国际化的思维与技能。从美国

[①] Jennings, John F. (1996). Using standards to improve education: A way to bring about truth in teaching and learning. In Robert C. Lafayette (ed.). *National Standards: A Catalyst for Reform*, 9–21. Chicago, IL: National Textbook Company.

的二语教师和汉语教师认证制度中,我们可以更多地接触到其他国家的汉语教师培养模式和从业要求,进而更好地建设我国的国际汉语教师资格认证制度,适应国际化的竞争。美国二语教师资格认证制度中,专业知识的考察依然集中在目的语语用知识和能力方面。但是除了进行标准化考试之外,还注重申请者的教学实践能力和教学绩效的考察。此外,美国的二语教师资格认证制度和汉语教师资格认证制度的初任教师认证阶段都有数学的考核,仍反映出对非任教科目知识和基本逻辑思维能力的关注。国际汉语教师教学对象和教学环境的多样性与复杂性,以及海外优秀汉语师资人才的大量需求,都决定了国际汉语教师应该具备更强的综合能力。再者,在教师专业发展思潮最为盛行的美国,尽管社会各界认为教师的绩效和专业发展能力是最重要的,但依然对教师的最低学历有严格的要求,"二语教师一般被要求拥有相关专业硕士以上学位或至少修够同等的学分"[1]。近年来,国际汉语教育学历教育在质量上和数量上发展得都很快,已有300余所院校开设了对外汉语教育(汉语国际教育)专业的本科,107所院校开设了汉语国际教育硕士专业,对外汉语专业博士点也达到30多个。[2]但同时,我们也应该看到目前国际汉语教师专业背景庞杂,有些教师仅仅学习过一些并不系统的汉语知识和教育学知识,没有相关专业学习的经历。所以,在国际汉语教师的教育和认证制度中应加入对相关专业学历或同等学分的要求,比如修够语言学、

---

[1] 秦志宁《培养美国汉语教师途径的特殊性与挑战》,国际汉语教育新形势下的教师培养论坛论文,中国国家开放大学,2011年8月12日—14日。

[2] 此处对外汉语专业博士点的统计数据包括汉语国际教育方向、汉语国际传播方向、语言学及应用语言学方向,不包括本体的汉语言文字学方向。

教育学、心理学等专业的一定学分。此种方式不仅可以满足国际上对汉语教师学历的要求，也可以加强国际汉语教师资格认证制度的专业化，从而保证国际汉语教师质量的提高。

（三）通过资格认证制度提高国际汉语教师专业发展与反思的能力

美国的二语教师资格认证制度的多级认证制度（Career Ladder Certification）促进了教师的专业成长。美国学者 Burke（1987）[①]指出，教师专业发展这个概念的基本假设是教师需要持续的发展。多级证书意味着取得教师资格证书并不是教师个人发展的结束，教师必须将实践与反思结合以获得在教学理念与教学实践上的进步，而多级证书则成为衡量教师是否实现这些进步的重要外部标准。"教师的反思有助于教师修正其教学的内容与方式，取得教学表现上的进步。"[②] 国际汉语教育作为一门实践性很强的学科，与反思有着天然的密切关系，成为"反思性实践者"是国际汉语教师专业发展的一个必然要求。[③] 另外，美国二语教师资格认证制度中的"教学档案袋在促进教师专业发展中的效果也得到了相关研究的支持"[④]。NBPTS 的档案袋评估需要申请者提交包括学生样本、师生课堂互动及教师在课堂外与家庭、

[①] Burke, Peter J. (1987). *Teacher Development: Induction, Renewal, and Redirection*. Cherry Hill, PA: Falmer Press.

[②] Posner, George (1989). *Field Experience: Methods of Reflective Teaching*. New York: Longman Publishing Group.

[③] 王添淼《成为反思性实践者——由〈国际汉语教师标准〉引发的思考》，《语言教学与研究》2010 年第 2 期。

[④] Labaree, David (1992). Power, knowledge, and the rationalization of teaching: A genealogy of the movement to professionalize teaching. *Harvard Educational Review*, 62(2):123–155.

社区或同事共同活动中取得成果的四个档案袋，以考察教师设计教学、培养学生跨文化交际能力和确保所有学生参与的能力。完善的教师资格认证制度的作用不仅在于选拔合格的教学人才，促进教学质量的提升，更在于为教师专业发展提供可参考的标准。教师专业发展，如 Perry（2012）[1] 所述，就其最积极意义来说，教师专业发展意味着教师的成长已经超出技能的范围，具有艺术化的表现；成为一个把工作提升为专业的人，把专业技能转化为权威的人。但教师专业发展和教师水平能力的提升，从来都不是一个简单的能够速成的过程。我国的教师培养模式特别是语言教师的培养模式受到传统教育教学思想的影响，培养模式主要囿于知识和技能的教授与培训，忽视了教师的主观能动性和实践性知识的积累，对教师的终身学习和可持续发展没有给予足够的重视。对 NBPTS 申请者的访谈中，75% 的被调查者"认为认证活动改变了他们与学生之间互动的方式"[2]。可见，美国二语教师多级认证制度已经成为帮助教师个人发展的有效途径，二语教师职业生涯已经被视为一个超出技能或谋生的职业发展历程。

四、构建国际汉语教师资格认证制度的途径与方法

构建规范化、专业化、统一的，能够促进国际汉语教师反思

---

[1] Perry, Pauline (2012). Professional development: The inspectorate in England and Wales. In Eric Hoyle & Jacquetta Megarry (eds.). *World Yearbook of Education 1980: The Professional Development of Teachers*, 143. New York: Routledge.

[2] Galluzzo, Gary R. (2005). Performance assessment and renewing teacher education: The possibilities of the NBPTS standards. *The Clearing House: A Journal of Educational Strategies, Issues and Ideas*, 78 (4): 142–145.

和专业发展的资格认证制度具有多种途径和方法。通过对美国二语教师资格认证制度的研究，我们认为以下几方面尤其值得重视。

（一）专业团体的加入增强国际汉语教师资格认证制度的专业性

国际汉语教育界专业团体和专业人员参与教师资格认证制度的建设和资格考核能够更多地关注教师专业素质和能力的提高，并可进一步谋求教师地位的提升。正如美国国家专业教学标准委员会（NBPTS）作为美国最著名的非官方优秀教师资格认证组织，已成立20余年。在美国各州设有认证中心，认证中心对申请者进行包括学历、任教时间、基本资格证书在内的资格审查。并通过档案袋评估和语言知识及能力测评对优秀二语教师（包括汉语教师）进行审核认证，已经获得50个州500多个学区的政策支持。现阶段的国际汉语教师资格认证考试由国家汉办主导。在我国现有的教育制度下，很难实现资格认证考试完全由非官方或者半官方性质的专业团体主导或负责。而美国二语教师资格认证制度的历史经验表明，专业团体的参与对于保证教师资格认证制度的专业性与客观性具有非常重要的意义。在整个评估过程中，申请者从专业团体得到的考试说明和相关培训都有助于新手二语教师掌握有效的专业发展路径和反思模式。再者，专业团体的参与也有益于改善政府主导的认证制度行政色彩较浓厚和执行过程中标准和实践脱节的缺陷。因此我国的国际汉语教师资格认证制度在汉办管理和协调的基础上，应该保持相对的学术独立性，可以邀请相关的专家学者成立专门的顾问委员会，这种制约性与独立性的统一方能保证认证制度具有公正性、客观性和权威性。

（二）利用综合化的认证方式凸显国际汉语教师教学实践与绩效的重要性

国际汉语教师资格认证制度不能只是单纯的知识测验，而是需要更多地关注教师的教学实践与绩效。我们在考察国际汉语教师资格申请者时，可采取标准化考试和评估结合的方式。由于计算机在汉语教学中的普遍应用，标准化考试可以包括计算机考试和纸笔考试等手段。材料评估可以效仿美国二语教师资格认证的评估方式，包括"教师档案袋、实践技能测试、现场考察和调查等多种方式来考察教师在教学中的实际情况和实际教学能力"[1]。尤其是档案袋评价方式具有长时间搜集评价证据、多方同步参与的优点。档案袋评价方式已经被各级美国二语教师资格认证制度，以及欧洲许多国家教师资格认证制度所采用。教师档案袋的建立过程是教师对已有经验进行系统化整理的过程，是对自己成长的记录过程，也是教师对自身教育教学进行反思的过程。[2] 以美国 NBPTS 认证制度为例，档案袋评估和水平测试在总成绩中所占的比例为 60% 和 40%，充分体现了对教师实践和绩效的重视。综合化的认证方式能够更好地考察申请者将知识技能应用于教学实践的能力，增强申请者的专业发展意识和能力，也可大大提高国际汉语教师资格认证制度的可信度。不仅是教师、学生、家长以及社会舆论都会充分相信通过国际汉语教师资格认证的教师更为优秀。

---

[1] 孙曼丽、洪明《美国外语教师质量标准的探析与启示》，《外语界》2008 年第 1 期。

[2] 王添淼《成为反思性实践者——由〈国际汉语教师标准〉引发的思考》，《语言教学与研究》2010 年第 2 期。

（三）建立多级认证制度，促进国际汉语教师师资数量和质量的提高

多级化阶梯型的认证制度能够促进国际汉语教育事业的进步与发展。多级化阶梯型的国际汉语教师认证制度还可以与教师的绩效工资和教师评聘等相结合，进一步调动汉语教师寻求自身专业发展的积极性，这样也有助于尽快培养出一批在专业上和教学上都有着很高水平的专家型教师，并吸引更多优秀人才加入国际汉语教师队伍。除了常规的教师资格认证制度以外，为了弥补国内外汉语教师师资的不足，在多级化的国际汉语教师资格认证制度的基础上还可采取更加灵活的类似美国的选择性教师资格认证制度（Alternative Teacher Qualification System）。即用一套相对比较宽松的认证制度，对有一定工作经验的人提供短期性质的教师资格认证或者"应急教师资格证书"（Temporary Certification），降低国际汉语教师的入职门槛，解决一些地区师资力量不足的问题。所以，多级认证制度不仅能从质量上优化国际汉语教师队伍，也可以保证国际汉语教育师资力量的充足，从数量上壮大国际汉语教师的队伍。在考核内容的选择上，由于国际汉语教师资格认证制度同美国的二语教师资格认证制度不同，国际汉语教师前往任教的地区遍布全球，而不仅仅是一个国家。我们可以参考美国二语教师资格认证制度中针对教授不同语言的教师的考核方法，将具有国别特色与跨文化要求的考核内容以模块化的形式加入到国际汉语教师资格认证制度中，使之更好地适应不同任教国家与地区的现状及当地现有的教师资格认证制度。

(四) 采取非终身制 (Non-tenure Track), 鼓励教师反思与终身学习

受传统考试制度的影响,我国大多数教师资格认证都是"一考定终身",这与教师专业发展秉持的持续发展、终身发展理念是相违背的。以阶段化证书和优秀教师、专家型教师的认证取代终身制的"资格证书"是国际汉语教师资格认证制度的发展方向。比如,每种资格证书都有规定有效期,如果在有效期内没有通过换证评估就不再是合格的教师。非终身制可解决教师不再追求个人发展的问题,有效推动教师在各个阶段树立专业发展意识。国际汉语教师资格认证不再是一劳永逸的最终考核,而是伴随国际汉语教师专业发展历程的指导与鞭策。阶段化资格认证为国际汉语教师的反思提供一个可参考的目标,帮助教师建立终身学习的理念和发展方向。如 Lieberman 和 Lynne (1999)[①] 所述,教师角色"已从扁平职业轨道以及个人、保守和实时主义所支配的观点,转变到对教育目标做阶梯性的发展与集体追求上来"。

五、结语

美国二语教师资格认证制度已经成为促进教师专业发展和语言教育质量提高的关键因素。它不仅是对教师资格的审查,更从制度层面推动了二语教师的反思和专业发展。尤其是语言教学已经进入"后方法时代",更强调语言教师批判反思能力和自主发展意识的提高,理论和实践研究也日益受到国际汉语教育界的重

---

① Lieberman, Ann, & Miller Lynne (1999). *Teacher: Transforming Their World and Their Work*. New York: Teachers College Press.

视。关于美国二语教师资格认证制度的思考，不仅为完善国际汉语教师资格认证制度提供了理论与制度借鉴，为未来国际汉语教师资格认证考试同美国、欧洲的语言教师认证接轨，并最终为世界性的汉语教师资格认证考试提供参考，为"后方法时代"国际汉语教师教育所需的教师知识、教学技能、教师品质等提供参照，对推动国际汉语教师专业发展具有重要价值。

第二章

汉语国际教育硕士培养研究

第一节 汉语国际教育硕士培养目标与教学理念探讨[①]

面向世界加强汉语作为外语教学的学科建设，是加快汉语教学、汉语学习和汉语应用国际化进程的一项核心工作。学科建设除了理论研究、标准制定以及教学规律的探索等学术建设以外，更为关键的是师资队伍建设。没有一支专业化、高水平的国际汉语教师队伍，不仅汉语教学质量会直接受到影响，学科的学术建设以及汉语的国际化进程也必然会受到影响。因此，师资队伍建设是学科建设的关键所在，是推进汉语国际化的一项根本任务。

中国政府有关部门高度关注汉语师资问题，充分认识到师资队伍建设的重要性和迫切性。近些年来，国家汉办、国务院侨办积极开展对海外专兼职汉语教师的培训工作，派出一批又一批海外教师培训团组，取得了良好的效果。更为可喜的是，国家有关部门在汉语教学师资培养方面积极开拓新渠道，为师资培养和队伍建设做出了新的探索，设立"汉语国际教育硕士（MTCSOL）

---

① 本节选自李泉《汉语国际教育硕士培养目标与教学理念探讨》，《语言文字应用》2009 年第 3 期。

专业学位"教育即是一例。

2007年3月30日,国务院学位办发布关于《汉语国际教育硕士专业学位设置方案》的通知,并设立了24所试点院校招收汉语国际教育硕士专业学位研究生。《设置方案》明确表示:汉语国际教育硕士专业学位的设立是为了提高我国汉语国际推广能力,加快汉语走向世界,改革和完善对外汉语教学专门人才培养体系,培养适应汉语国际推广新形势需要的国内外从事汉语作为第二语言/外语教学和传播中华文化的专门人才。[1]汉语国际教育专业学位的设置,是学科建设中标志性的大事,需要海内外同仁给予更多的关注和支持。这里对《汉语国际教育硕士专业学位研究生指导性培养方案》(以下简称《方案》)中有关"培养目标及要求"和"课程设置"做个人解读,并就汉语国际教育硕士的教育理念问题略陈浅见。

一、对 MTCSOL 培养目标和课程设置的解读

《方案》对汉语国际教育硕士培养目标的规定是:培养具有熟练的汉语作为第二语言教学技能和良好的跨文化交际能力,适应汉语国际推广工作,胜任多种教学任务的高层次、应用型、复合型专门人才。对培养要求的说明是:(1)掌握马克思主义基本理论,具备良好的专业素质和职业道德。(2)热爱国际汉语教育事业,具有奉献精神和开拓意识。(3)具有系统的专业知识、较高的中华文化素养和跨文化交际能力。(4)具备熟练的汉语

---

[1] 中国国家汉办网站(http://www.hanban.edu.cn)相关链接,下同。

作为第二语言教学技能。(5)能流利地使用一种外语进行教学和交流,能熟练运用现代教育技术和科技手段进行教学。

(一)《方案》的几个特色

从第二语言教学理论和实践及我们个人现有的认识来看,《方案》中的培养目标和培养要求体现出如下几个特色,也可看成是《方案》比较出色的地方。

其一,注重能力培养,体现学科特点。《方案》要求培养对象掌握"汉语作为外语教学的技能",具备"良好的跨文化交际能力"。照我们的理解,培养目标中所明确的"具有熟练的汉语作为第二语言教学技能"的"应用型的专门人才",是要求MTCSOL首先应是教汉语的行家里手。简言之,MTCSOL应具备教书匠的本领。"匠人"在这里是褒义,不是照本宣科的代名词,是胜任各种类型的汉语教学、掌握熟练的汉语教学技能、具备高超教学艺术的代名词。而对外国人的汉语教学,无论在国内还是在国外都是一种跨文化的教学活动,因此培养MTCSOL具有丰富的跨文化交际知识,特别是具备跨文化教学和跨文化交际的能力,就成为必然要求。可见,"汉语教学能力"和"跨文化交际能力"是MTCSOL必须具备的两项最基本、最重要的能力。《方案》抓住这两项核心能力,并确立为培养目标,不仅体现了《方案》注重能力培养、重视能力建设的特点,也体现了汉语作为外语教学的学科特点,因为培养学习者运用汉语的技能以及跨文化交际能力,正是汉语作为外语教学的核心目标,而只有教师自身掌握了汉语培训技能,具备了跨文化交际的知识和技能,才有可能在教学实践中实现方案设定的人才培养目标。

其二,注重职业要求,兼顾工作特点。MTCSOL专业的设置,是为了适应国际汉语教学形势发展的需要,而海外的汉语教学正呈现教学层次、教学需求、教学目标以及教学模式等多样化趋势,汉语教学的大发展,带来了教学工作的多样化和复杂化;另一方面,作为汉语的母语国,我们不仅要适应形势的需要,更要主导开拓汉语教学的新局面。《方案》在培养目标及要求中规定的"适应汉语国际推广工作,胜任多种教学任务""热爱国际汉语教育事业,具有奉献精神和开拓意识""能流利地使用一种外语进行教学和交流""能熟练运用现代教育技术和科技手段进行教学"等,就是针对海外汉语教学和汉语推广工作的需求而提出的。要求 MTCSOL 不仅能适应海内外各种教学工作,特别是能够胜任在海外开展汉语教学工作,而且能够利用熟练的外语在海外进行开拓性的工作,从而既突出了职业要求,也兼顾了汉语国际传播的客观需要。

其三,注重质量要求,明确人才规格。《方案》培养要求中"具有系统的专业知识""较高的中华文化素养""熟练的教学技能""流利地使用外语进行教学和交流""熟练运用现代教育技术"等,即是对 MTCSOL 的质量要求,其中"系统的""较高的""熟练的""流利的"是质量要求的关键词、标志词。而培养目标中对人才的"高层次、应用型、复合型"的限定,体现了对 MTCSOL 标准和规格的要求。其中,高层次是对人才层级标准的规定,应用型是对人才培养方向的规定,复合型是对人才知识结构的规定。可以说,《方案》对 MTCSOL 的培养目标和培养要求可谓高标准、高质量、高规格。

可以认为,MTCSOL 的培养目标及要求,定位准确,重点突出;要求明确,针对性强;国际性和外向型特点鲜明。具体而言,

《方案》既突出了注重对人才的能力培养,也体现了汉语作为外语教学的学科特点;既反映了汉语教师的职业要求,也兼顾了汉语国际推广工作的客观需求;同时对人才的质量和培养规格要求明确,界定清晰;而对 MTCSOL 在中华文化素养、跨文化交际、外语能力等方面的相关要求,则体现了对人才规格的国际性和外向型的目标追求。所有这些都标示着 MTCSOL 独特的专业定位和人才培养目标。

为了实现上述培养目标和要求,《方案》设置了公共课(8学分)、必修课(10学分)、选修课(5大类,10学分)、教学实习(4学分)。其中,五门必修课程基本上能够保证培养对象对汉语和文化的教学内容、教学理论和教学方法的掌握和基本教学能力的养成;而语言、教学、文化、教育和方法等五大类23门选修课以及在外语和实习方面的具体要求,则不仅细化和深化了必修课程的内容,也延伸和丰富了教学内容,不仅为教学提供了丰富的选择余地,也为有条件有需求的培养单位或学员提供了系统的培养内容和个人学习方向。此外,《方案》的课程设置另有如下几个特色:突出了"汉语"作为外语教学的特色,如选修课"汉字概说""中华文化技能"等的设置;融入了现代教育的某些新理念和技术要求,如选修课"案例分析研究""汉语教学案例分析""教师发展概论""现代教育技术及教学应用"等的设置;凸显了国际汉语教师自身及其所肩负的汉语国际传播使命的特殊培养要求,如"国别与地域文化""礼仪与公共关系""国外中小学教育专题"等选修课的设置。

(二)MTCSOL 培养方案与《国际汉语教师标准》比较

《国际汉语教师标准》(以下简称《标准》)的制定"先

后聚集了海内外近百名专家和学者参与研制工作,并广泛征求了国内外专家学者和一线教师的意见"。在制定过程中"借鉴了TESOL等国际第二语言教学和教师研究新成果,吸收了国际汉语教师实践经验,反映了国际汉语教学的特点"(《标准》前言)。可以认为,《标准》是一套比较完善的教师标准体系,完全可以作为评估《方案》的一个参照体系。《标准》分为五个模块十项标准。模块一:语言基本知识与技能(标准一:汉语知识与技能;标准二:外语知识与技能)。模块二:文化与交际(标准三:中国文化;标准四:中外文化比较与跨文化交际)。模块三:第二语言习得与学习策略(标准五:第二语言习得与学习策略)。模块四:教学方法(标准六:汉语教学法;标准七:测试与评估;标准八:汉语教学课程、大纲、教材与辅助材料;标准九:现代教育技术及运用)。模块五:教师综合素质(标准十:教师综合素质)。

不难看出,《方案》的"培养目标"和"课程设置"与国际汉语教师应具有的知识、能力与素养是相吻合的。《方案》在公共课、必修课和选修课中所设置的课程,不仅全面覆盖了《标准》五大模块十项标准的基本内容,而且在文化类、教育类和方法类选修课程中有些课程已经超出了《标准》的内容,而从五门必修课的"课程说明"来看,有关的课程目标、教学要求和教学内容较之《标准》的相关内容大都有所细化和深化,有所拓展和延伸。《标准》是对从事国际汉语教学工作的教师所应具备的知识、能力和素质的一个全面而基本的描述,而汉语国际教育硕士的培养目标、培养要求、课程设置与实施等理应在一些方面和一定程度上高于、宽于、细于《标准》。

总体上看,《方案》的"培养目标"和"课程设置"有很强的专业性、针对性、科学性以及国际性和外向型特点。但是，MTCSOL 的设立在海内外尚属首次，理论上的科学和可行不等于实践中的科学和可行，因此包括培养目标、课程设置、教学理念、培养模式等，都还需要在教学实践中不断加以调整、改进和完善。

二、MTCSOL 教学理念探讨

《方案》培养目标和培养要求中"培养具有熟练的汉语作为第二语言教学技能""胜任多种教学任务的应用型人才""具备熟练的汉语作为第二语言教学技能""能熟练运用现代教育技术和科技手段进行教学"等表述，已清楚地凸显了《方案》对 MTCSOL 的培养更加注重汉语教学技能的培养，更加注重教学方法和技巧的掌握，更加注重应用型人才的塑造，而这或许正是 MTCSOL 培养的核心理念。毫无疑问，培养国家级、世界级胜任多种汉语教学任务，具有熟练的教学技能乃至高超的教学艺术的行家里手，应是 MTCSOL 培养的核心目标或追求的理想境界，这一点至少在理论和观念上应得到充分肯定。

然而，不能回避的问题是：是否设定了目标，安排了课程，学生修满了学分，完成了教学实习计划，写就了一篇合格或优秀的学位论文，而后我们的 MTCSOL 就都能成为胜任多种汉语教学的能手高手了呢？显然，回答这样的问题不是简单的肯定或否定就能了事的。但可以肯定地说，至少不会如此这般容易，特别是联系到 MTCSOL 生源的知识背景、海外汉语教学的复杂情况以及教学实施过程中可能采取的教学原则、策略和理念来看，就更难让我们心安理得。也就是说，虽然 MTCSOL 的培养方案很专业、很科学，然而再好的方案也只是个方案，有效地实现方案设定的培养目标需要具备多方面的条件，而对什么人实施和怎样实施就是其中两个关键因素。

讨论对什么人实施的问题，是想强调招收 MTCSOL 不能仅仅通过书面统考和"学识"面试来决定是否录取，而要特别注意考生是否具备做外语教师的条件和能力等非学识方面的因素。甚至可以考虑将"是否适合当教师"作为能否录取的一个前提条件。教学实践表明，不是任何一个汉语地道、学识丰富的中国人都能成为一个合格的汉语教师的。我们不是想搞"教师血统论"，实在是人的才能、素质、个性、天赋存在差别，而教师这个职业本身又有些特别的要求。一名外语教师可以习得各种知识和技能，但在方音方言、口齿口音、言语节奏、表达能力、课堂组织管理能力、个人感召力等方面却是很难改变的。比如有的人天生就是"刻板型""严肃型""缺乏耐心型""声音蚊子型""组织能力不强型""讷于言语表达型"等等，这些"秉性"就不大适合当教师，尤其不大适合当外语教师。

就报考 MTCSOL 的人来讲，有的人并没有想清楚如何当好一名汉语老师，或者在这方面考虑不多，想的是提高一下外语水平、感受一下异国风情；有的人倒是怀着满腔热情甚至报国之志，要教老外学汉语、弘扬中华文化，可是汉语汉字知识却知之甚少；有的人根本没想到教汉语是件不容易的事，甚至觉得"教教老外，还不容易"；有的人是因为对目前的工作不满意，考 MTCSOL 是为了换换工作；有的人则属于不适合当外语老师的那一类。对于这样一些人、这样一些想法，其实无可指责，亦无可厚非，甚至是可以理解的。然而，他们考入 MTCSOL 后，虽经专业训练和个人努力，却由于上述或其他原因，他们中仍会有人难以达到预期的培养目标，从而造成人才本身和教育资源的浪费。

可以说，能否真正实现 MTCSOL 培养目标，在很大程度上取决于 MTCSOL 的生源素质。方案和课程都是外在因素，学生才是内在因素。因此，应结合教学实践进一步研究 MTCSOL 的入门考试，加强面试中"是否适合当教师"一项的面试，甚至可以考虑将其确立为"一票否决权"的面试项目，前提是要对不适合当汉语教师的条件进行细化、标准化、可操作化。此外，还可以考虑实行中期考评与淘汰机制。总之，把好"入口"是实现 MTCSOL 培养目标的关键环节。

更值得讨论的是，有了合格的或优秀的生源，同样还会遇到如何培养、如何实施教学方案的问题。合理的方案要有合理的实施，才能取得理想的效果。为此，应该探讨 MTCSOL 的教学理念问题，即为了更好地实现 MTCSOL 预期的培养目标，探讨在课程实施及其具体的教学过程中，所应持有的教学策略、教学原则、教学观念等问题。持有什么样的教学理念来实施教学，直接关系到能否真正实现预期的培养目标，而这一点恰是包括 MTCSOL 在内的许多"专业硕士"培养方案中不够明晰的地方，因此有必要加以讨论。

目前，从初步了解到的一些试点院校对 MTCSOL 的要求和教师的实际教学来看，除了少数仍然走以培养"学术""学问"型人才为主的路子（这当然是不正确的）以外，大都主张或实际采取"直奔目标"的做法，即加大汉语教学技能的训练力度，尽可能多讲教学方法和教学技巧。此外，从我们近年参与的海外中文教师的培训来看，当地的一些专兼职教师和培训主管部门都明确要求"多讲具体的教学方法和技巧"。可见,直奔目标的要求和做法似乎成为汉语专业硕士培养和海外教师培训的主流性倾向。直奔目标的做法有效、见效快,较之大讲知识,特别是大讲一些不着边际的所谓理论而忽视教学技能的训练,这种做法更直接而实惠。但是长远来看,直奔目标的实施理念可能只是一种头痛医头的做法,只能取得"短平快"的效果,而不是长效做法,也不会取得长效作用。事实上,直奔目标未必就容易达到目标,头痛医头很可能治标不治本,缺啥补啥很可能把问题简单化了。

我们认为,应该综合考虑培养对象的实际情况、方法技巧的有效性和有限性、未来从事的教学任务的复杂性,来确定MTCSOL的教学理念,这样才能更有针对性,更有利于实现MTCSOL的培养目标。

就"培养对象的实际情况"来看,绝大多数考生的专业背景与"汉语汉字"和"中国文化"相去较远。据MTCSOL专业学位教育指导委员会秘书处对2007年24所院校实际参考的1418名考生的分析来看,本科专业情况:外语专业704人,约占49.7%;中文专业365人,约占25.7%;对外汉语32人,约占2.2%;教育、心理、历史、图书馆等文科专业135人,约占9.5%;理工专业105人,约占7.4%;经济、管理等专业77人,约占5.4%。其中,中文专业和对外汉语专业合起来约占27.9%,这是专业背景跟"汉语汉字"最为贴近的考生人数,但也只是本科程度上的"现代汉语""语言学概论""古代汉语"方面的基本知识而已。而70%以上其他专业背景的考生,恐怕连这样程度的语言知识也不具备。这就是说,可能成为MTCSOL的绝大多数考生没有或缺乏汉语语言学、语言学理论、汉字学、中国文化方面的知识。

就"方法技巧的有效性和有限性"来看，首先必须承认方法和技巧在外语教学中的重要性，教师掌握的外语教学方法和技巧越多，越有利于将其灵活地运用于教学实践，也才有利于学生外语能力的培养，反之则不然。毫无疑问，方法和技巧是有用的、有效的，即使是头痛医头也不失为一种有效的方法，缺啥补啥同样会有一定的效果。进一步来说，掌握外语教学方法和技巧的多寡是评价一个教师能否胜任多种教学任务、能否成为一名优秀教师的重要标准。教学方法单一、缺乏教学技巧，肯定不会成为优秀的教师。正如智者所言，在所有的知识中，有关方法的知识最为重要。因此，决不能低估教授教学方法的重要性。

但是，也要看到方法和技巧的作用是有限的，有条件的，有些甚至是个性化的。这是因为，究竟有多少教学方法和技巧可以传授是值得考虑的，显然教学方法和技巧都是有限的。而且是否所有的方法和技巧都有必要介绍和推广也是很值得考虑的。方法和技巧的价值在于其有效性，但未必每个人使用的教学方法和技巧都是恰当、可行和真正有效的。更重要的是，方法和技巧并不是万能的，至少没有多少适合于任何教学对象、教学环境、教学模式、教学内容的万能方法和技巧。国内目的语环境下的教学方法和技巧未必都适合在国外非目的语环境下使用；一种方法或技巧有人用起来得心应手，效果颇佳，有人则可能不适应，毫不灵验。具体来讲，我的方法和技巧是我根据教学对象和具体教学内容而创造和使用的，却未必适合你的教学对象和具体教学内容；适合于你的教学方法和技巧，更多地需要你自己根据外语教学的基本原理和实际教学情况，加以探索和尝试。真正有效的方法来自于个人在教学实践中的摸索。既有的方法和技巧更重要的价值可能在于为具体教学提供参考、启示。

就"未来从事的教学任务的复杂性"来看，MTCSOL是为适应汉语国际推广工作而设立的，主要是培养在海外从事各类汉语教学工作的专业教师。而海外教学对象、教学要求、国别及其教学环境等的不同，就要求有各种不同的教学方法和技巧，尽管我们可以尽量结合海外的情况来传授教学方法和技巧，但是，毕竟难以穷尽适合海外各种各样教学情况的方法和技巧。海外的汉语教学有小学的、中学的、大学的；教学对象有华裔的和非华裔的，有企业公司商务人士的和一般民众的；有集体授课的，有一对一授课的，有水平差距很大而合在一起上课的；有学汉字的，有不学汉字的；有只要求教听说的，有要求听说读写都教的，等等。此外，海外的汉语教学都是在缺乏汉语环境的条件下进行的，在远离中国社会和中国文化背景条件下进行的，又是在课时很少甚至少到每周一两个学时的情况下进行的，甚至是在学习者的课余工余时间里进行的；另一方面，学生所在国的文化传统、教育传统和学习者的学习习惯等无不影响着汉语学习。所有这些，都会对教学方法和技巧的选择与使用产生影响，都使得我们不能不对基于国内教学实践而形成的方法和技巧，对国外的汉语教学究竟会有多大实用价值产生怀疑，至少会有所疑虑有所担心。实际上，我们面向国内汉语教学编写的许多教材之所以不适合在海外使用，主要是教材内容的选择、教材规模体制的构成、教材所体现出的教学方法等不适合于国外的实际情况，而并不是教材本身质量有多么差。同样，适合于国内汉语教学的各种教学方法和技巧，到了国外很可能也会"水土不服"。

根据以上分析，我们可以得到如下一些认识及相关的MTCSOL

教学理念：

"培养对象的实际情况"提示我们，大致有 70% 以上的 MTCSOL 缺乏汉语教学的专业知识和相关学科的知识，因而不能只重方法的传授和教学技能的训练，而忽视相关知识的教学。相反，应该加强汉语知识、中国文化知识和跨文化交际知识、汉语作为外语教学的基本理论以及语言学、教育学、心理学等支撑学科相关知识的教学。另一方面，约有 71% 左右的考生来自于大中小学教师，这表明可能成为 MTCSOL 的绝大多数人已具备了如何当老师、如何与学生互动的基本方法和经验，缺少的是跨文化的汉语作为外语教学的方法和经验，而当过老师特别是当过外语老师的经验，有助于他们体认"做对外汉语老师"的角色。

事实上，不论考生的知识背景如何，都不应忽视专业知识的教学。因为这是进行汉语教学的前提，假如教师本身对汉语知识和中国文化知识不甚了了，或者一知半解，那么有了方法和技巧也难以真正发挥作用。外语教学的方法和技巧主要用于教授具体语言要素、语法结构，解释具体语言现象和进行语言技能训练，如果对汉语的结构规则、组合规则和使用规则不够清楚，就难以科学有效地进行汉语要素的教学和汉语技能的训练。因此，赵金铭（2007）[①]指出："要特别强调具备深厚汉语知识的必要，没有对所教语言的深切了解，就不能应对教学中出现的语言问题。母语为汉语的教师，尤其不能忽视对汉语的研习。"

"方法技巧的有效性和有限性"提示我们，在所有的知识中

---

① 赵金铭《汉语作为外语教学能力标准试说》，《语言教学与研究》2007 年第 2 期。

方法是最有用的知识，培养 MTCSOL 的汉语教学技能是我们坚定不移的信念，是我们努力的方向和最终的目标。但是，最终的目标不一定要通过"直奔目标"的方式来实现，加强有关知识的教学恰能有助于方法的选择和使用，有助于教学技能的培养。知识就是力量，一定意义上说也是能力。扎实而深厚的专业知识有助于教学能力的形成。另一方面，也要看到方法和技巧的有限性，而不能单纯追求教学方法和技巧的传授。教学方法和技巧的最大作用在于它的启发和借鉴意义，其本身并不是灵丹妙药，也不可能放之四海而皆准。孙德坤（2008）[1]转引国外学者的研究指出：20世纪语言教学研究充满了对有效方法的寻求，但结果表明"没有一种方法可以适用于所有的教学对象或环境，过去没有，今后恐怕也不会有"。我们认为，即使如此，教学方法仍然是语言教学研究的核心性和永恒性主题，教学方法的研究和探索不仅可以丰富教学理论，更可以推动教学实践的深入，促进教学效率的提高。因此，要研究教学方法，探索教学方法，传授教学方法，只是不要过于迷信方法，神化方法。

"海外汉语教学的复杂情况"提醒我们，不能把希望寄托在简单地移植既有的教学方法和技巧，更不能生搬硬套他人的方法和技巧。而要把精力更多地用在培养 MTCSOL 依据汉语作为外语教学的基本原理和基本原则，根据海外汉语教学的实际情况探索和尝试适合于具体教学情况的方法和技巧，创造和积累适情对路的教学方法和技巧。孙德坤（2008）[2]指出，"研究结果显示，

---

[1] 孙德坤《教师认知研究与教师发展》，《世界汉语教学》2008年第3期。
[2] 同[1]。

课堂活动和教学过程远不如先前想象的那么简单,而是非常复杂,有些甚至可以说是杂乱无章的"。因此,应加强汉语作为外语教学基本性质和特点、基本原则和模式,以及课堂教学与管理基本方法的教学,以应对海外多样多变的教学需求和"杂乱无章"的课堂教学,正所谓以不变应万变,这应该成为 MTCSOL 培养方案的一个实施策略。

三、结语

就目前对 MTCSOL 的培养来说,我们主张应采取知识和方法并重的教学理念,即方案中的知识类课程和教学方法、教学技能训练类课程并重,具体课程的教学实施也要知识和方法并重,这样才可能更有利于教学技能的形成。大讲、多讲知识和理论的教学理念不足取,传授知识和理论要考虑实用性问题。大讲、多讲方法和技巧的教学理念也不足取,传授方法和训练教学技能要针对海外汉语教学的实际情况。

知识的传授应尽量全面系统,但应突出汉语汉字基础知识和中华文化知识的教学。不要以为这两方面知识是 MTCSOL 当然都熟知熟悉的,从未来工作的角度看这两方面的知识可能是他们最欠缺的。而不论从事何种类型的汉语教学,不论在何处进行汉语教学,都离不开这两项内容,因此它们当是知识教学的核心。

教学方法和技巧的传授与训练也应尽量全面系统,但应突出基于外语教学基本原理而设定的方法、课堂教学方法、课堂管理方法的培训,突出自行设计或选配教材的方法以及教学手段、教学资源有效利用的培训。这些是最基本的教学能力的体现,尤其是在海外进行汉语教学。至于具体的教学方法和技巧，当然可以传授，但不要过多地寄希望于此。一个优秀的教师绝不应仅仅是他人经验和方法的实践者、应用者，而应是教学方法和技巧的探索者、创造者。就MTCSOL来讲，可以不高估他们汉语汉字和中国文化方面的知识和素养，但不能低估他们在未来教学实践中创造性运用各种教学方法的潜能潜质。

第二节　关于汉语国际教育专业学科建设的思考[①]

"培养适应汉语国际推广工作，胜任多种汉语教学任务的高层次、应用型、复合型专业教学人才"——汉语国际教育专业硕士这一培养目标表明了汉语国际教育人才需求的多样性和复杂性。作为一门新兴学科，该专业学科建设尚存在有待完善的一些问题。如何成功培养汉语推广人才，是该专业建设的当务之急。而良好的需求分析是专业建设的起点与基础。学生在经过两到三年的专业学习，能否找到适合自己专长的职业？他们进入专业学习之前具备什么知识和能力？他们需要学习什么？他们实际学习什么？社会或者就业机构对他们的期望是什么？……学习者、就业机构以及培养机构诸如此类的目标需求、学习需求以及教学需求与该专业课程体系等学科建设密切相关，下文通过辨析多方需

[①] 本节选自盛双霞《以需求为导向：关于汉语国际教育专业学科建设的思考》，载《国际汉语教育人才培养论丛》（第二辑），北京大学出版社，2011年。

求分析、专业培养目标以及课程体系建设三者关系，深化对汉语国际教育专业培养目标的认识，并重点探讨该专业"应用性、开放性、复合型"等特点。希望抛砖引玉，与大家共同探讨汉语国际教育专业学科建设的若干问题。

一、需求分析是汉语国际教育专业学科建设的起点和基础

汉语国际教育是个新兴专业，肇始于社会尤其是海外对汉语教学人才的迫切需求。培养目标是为了满足海外对汉语教学人才的需求——"培养具有熟练的汉语作为第二语言教学技能和良好的跨文化交际能力，适应汉语国际推广工作，胜任多种汉语教学任务的高层次、应用型、复合型专门人才"。因此，汉语国际教育专业从诞生起就注定了要探索一条与我们以往培养学术型人才不同的、基于需求的人才培养的新模式。

（一）"需求分析"的含义

所谓"需求分析"，就是要从社会和学生的"需求"入手，收集方方面面的有关信息，测量学生"现实水平"与"期望达到的目标水平"两者之间的差距，学生与教师、学生与学校以及学生与社会需求之间的差距，为培养目标课程设置、教学内容与方法的选择、教学效果评估等提供客观依据。需求包括三方面：社会/市场需求、学生需求和专业/学科需求。

关于需求分析，最早可以追溯到现代课程论之父泰勒1944年在《课程与教学的基本问题》中提出的四大原理。他认为学校

和课程设计者在课程设置前有必要做以下的思考：[1] 学校应该达到哪些教育目标？提供哪些教育经验才能实现这些目标？怎样才能有效地组织这些教育经验？怎样才能确定这些目标正在得到实现？泰勒原理的一大贡献就是提出了对后世影响深远的课程编制的目标模式。他明确了课程设置的首要任务是确定课程所要达到的教育目标，即培养目标。而这个目标应该是在充分分析学生、学校以及社会需求的基础上确定的。泰勒认为，学生、学校和社会既是课程设置的三个要素，又是课程设置过程的三个起点。任何理想的课程设计，都必须首先综合考虑学生、学校和社会三者关系。[2] 虽然泰勒没有明确使用需求这个名称，但是他的目标模式里已经隐含了这种认识。

（二）需求分析的应用

需求分析作为一种模型或理论主要应用于 20 世纪六七十年代专门用途语言教学中的课程开发。具体指通过内省、访谈、观察和问卷等手段研究分析语言学习者的需求以及目标环境，并最终应用于制定专门语言教学理论大纲的技术和方法。需求分析在外语/第二语言教学领域的重要性好像医生在给病人看病前的病情诊断，其目的是"使语言课程与不同国家、不同水平以及不同目标群体学生的需求相适应成为可能"[3]。

目前需求分析已被广泛应用于语言教学各个领域，并在课程设置、教材编写、教学大纲设计、试题编制和教育政策制定等方

---

[1] 丛立新《课程论问题》，教育科学出版社，2000 年。
[2] 同[1]。
[3] Munby, J. (1978). *Communicative Syllabus Design.* Cambridge: Cambridge University Press.

面取得了丰硕成果。[①] 但对于需求的含义,不同的学者、研究者有不同的认识。用于专门用途语言教学的需求分析重点在于分析学生的需求,强调为保证培养目标的有效性、针对性需综合考虑不同专业、不同生源特点、不同个人需求、不同办学层次和办学目标以及社会、经济发展的需要等诸多变量因素,尽可能使调查结果科学有效。

(三)汉语国际教育专业的需求分析

由于汉语国际教育专业的设置来源于海外(社会)对汉语教师的迫切需求,而海外需求的多样性、复杂性、不确定性直接导致了该专业培养目标的复合性、高层次性,再加上学习者学科背景等的巨大差异,因此我们认为汉语国际教育专业的人才培养,应该以需求为导向。在设置具体课程前,有必要进行深入全面的需求分析。能否做好需求分析,对该专业培养目标的确定、课程体系的构建以及教学内容、教学方法等的选择起着至关重要的作用。

与专门用途语言教学重在学生需求分析不同,汉语国际教育专业的需求分析更接近泰勒"目标模式"里三位一体的看法,即学科需求、学生需求和社会用人单位的需求,缺一不可。前者是学科专家从学科体系专业建设出发自上而下的需求,后二者则是自下而上的需求。在对三者的需求分析中,我们需要回答一些问题:(1)本专业的培养目标是什么?对学生长期的发展有什么影响?(2)不同学习者有何不同的需求?目前他们与岗位需求主要存在什么样的差距?目前的课程满足了学生的不同需求吗?他们回国后的就业去向如何?我们的课程是否也满足了他们回国

---

① 倪传斌、刘治《外语需求的特性分析》,《外语与外语教学》2006年第2期。

后的就业需求？（3）学习者将来去哪儿从事汉语教学？社会（海外）究竟需要什么样的汉语教学人才？什么样的教师能够胜任海外的汉语教学？（4）面对学生的个性需求、社会的不同层次的需求，我们教师应该做什么？能够做什么？

正因为汉语国际教育是个新兴学科，而国际社会对汉语教学又呈现出日新月异的需求，因此我们没有很多直接可供借鉴的经验，对其进行方方面面的需求分析就尤为重要和迫切。需求分析从整体来考虑问题，帮助我们从人才需求的实际出发，综合考虑海外和国内的不同社会需求、学生现状、学生的发展、师资现状、教学环境等因素来设计课程，组织和进行课堂教学并进行课程评估进而实现改进和完善学科建设这个根本目标。一旦把需求分析纳入学科建设的思考范畴，我们可以明确课程内容、结构以及教学计划不是一成不变的，是一个开放的、动态的系统，应该随着社会、学生、环境多方面因素的变化而变化。从这个意义上说，需求分析对汉语国际教育专业学科建设具有决定性的作用。

需求分析除了对培养目标、课程体系构建具有重要意义外，对教师和学生也有积极意义。需求分析可以使师生双方共同探讨教学目标，以加强和明确他们对教学目标的认识，从而促进他们的教学和学习。不可否认的一个事实是，如前所述由于海外汉语教师需求的复杂性和多层次性，目前绝大多数该专业课程的授课教师并不明确该专业学生将要面临的海外汉语教学工作的需求。事实上，我们在实际的教学反馈中不时会听到这样的声音："我们在国内学的和在国外教的完全不同，学的东西在实践中几乎用不上。""海外教学的实际情况跟我们原先设想的完全不同。我们在那儿最大的困难是适应问题，是课堂组织的问题。""海外教学机构说我们的学生不好用。"……这些都反映了我们培养出的人才与海外教学需求不相适应的客观现实。究其原因：（1）我们的教育机构以及教师对海外教学需求的了解不多，对海外实际教学究竟处于什么状态所知甚少，在授课中无法联系实际，导致教学内容缺乏针对性，从而使教学理论等失去了指导实际的意义。有的教师本身虽有出国任教的经历，但多数在高校，与学生多在孔子学院、中小学等有着本质的不同，而有的教师从未有过汉外教学经历，仅能从设定的培养目标以及自己培养国内汉语教学人才的经验来进行课堂教学。（2）教师对学生的需求同样不甚清楚，很多教师常凭借本学科的专业需求以及自身的教学经验来选择教学内容，关注的是"学生应该知道的"而不是"学生实际上不知道的""学生想知道的"。因此对社会需求和学生需求细致深入的分析可以有效降低教师在教学中的盲目性和主观性。需求分析也可以使学生更加明确自身与社会需求、学科需求之间的差距，明确自身学习需求与学习目标，提高他们的学习积极性与主动性。

综上所述，汉语教学人才的培养始于社会的需求，培养出的人才归根结底要走向社会，服务于社会，在社会中经受检验。因此社会需求的变化决定着人才培养目标的变化，而培养目标又决定着课程体系的建设以及专业教学的方向和重点。

二、需求分析视野下汉语国际教育专业培养目标的定位

培养目标是现代教育的定向标准，是设计课程体系、采用教学方法的重要依据。汉语国际教育硕士（MTCSOL）专业学位研究生指导性培养方案明确指出该专业的培养目标及培养要求，根

本目标是"培养适应汉语国际推广工作,胜任多种汉语教学任务的高层次、应用型、复合型专业教学人才",具体有"具备良好的专业素质和职业道德"等五项培养要求。因此从性质上说,汉语国际教育专业硕士培养是一种专业教育、综合教育、学历教育,同时也是教师职业教育。

在需求分析视野下重新审视"适应汉语国际推广工作,胜任多种海外教学任务"的培养目标,我们认为它具有模糊性、复杂性和层次性,因而是一种高层次、高素质的要求。原因之一在于海外汉语教学需求的层次性和复合型对培养目标的高要求,学习者将来所要面对的教学情境等的复杂性和不确定性。原因之二在于本专业学习者知识结构、知识层次、目标需求等的多样性和复杂性。

众所周知,"汉语国际推广工作"和"海外教学任务"在不同国家、不同地区的实际需求和具体操作上存在巨大差异,没有普适性,也缺乏共同的标准。即使在同一个国家也存在巨大差异。根据学生对象的年龄层次,有成人汉语教学与儿童等低龄学习者的教学;根据学校性质,有高校、孔子学院/课堂、社会办学机构、华侨学校等。而同样是中学汉语教学,东方国家的需求与西方国家的需求也不大一致,因为二者教育文化背景不同。与此类似,高校里的汉语教学,也要区分作为中文系的必修课与作为二外等选修课的不同,因此我们认为模糊的、不确定的标准其实给我们培养机构与授课教师提出了更高的要求,要求我们把提高学生的综合素质放在首位。

何为"综合素质"?似乎有不同解读,甚至有人认为"只可意会,不可言传"。但落实到汉语国际教育专业的学生,针对海外汉语教学的多样性和复杂性,我们认为主要指学生面对异文化、异环境的应对能力、适应能力、学习能力以及开拓能力,能够在海外针对当地国情、当地教育文化、当地教学环境以及当地学生开展最合适的汉语教学活动,进行汉语国际推广工作的综合能力。而要培养学生的综合应变能力,基本理念和认识是最重要的,其次才是方法等具体技术操作层面的东西。有了认识,也就有了反思。也就是说,他们现在拥有什么知识,具有什么能力不是最重要的,更重要的是他们的学习能力和反思能力。因此,在培养过程中,我们更多关注的不是当下教给了学生什么知识,他们通过学习学到了什么,而在于是否给他们提供了看问题的不同视角,是否给他们提供了解决问题的方法论,通过课程的学习,学生是否学会了学习的能力、自我发展的能力。如果用语言教学的术语来说,汉语国际教育专业的学生需要学习和掌握的不但是"陈述性知识",更需要"程序性知识"。举个简单的例子,学生能正确区分"刚才"和"刚刚"的不同是"陈述性知识",而碰到类似问题知道通过何种途径去查找答案并能妥善处理则涉及"程序性知识"。学生这种解决问题的能力也就是知识的运用能力。我们应持的培养理念是知识的运用能力远比知识的拥有要重要得多,而专业以及个人的生存适应能力、应变开拓能力、反思能力也应作为我们培养汉语教学人才的基本指导思想,因为这些都是学生综合素质的具体表现。

除了社会需求的大相径庭之外,学生的需求亦呈现多样化、复杂化的趋势。首先学生的来源广泛,学科背景很复杂。学生的个性化需求如何在课程体系中得以体现?我们如何缩短他们的"现实水平"和"目标水平"之间的差距?这些都是我们需要考虑和解决的问题。其次学生对未来前途有他们各自的不同设计,这也必然导致他们的不同需求。尤其是目前海外汉语教师仅仅是一个短期的"志愿者"项目，远非我们通常所说的就业途径。他们即使在海外当了1—3年的汉语教师，对绝大部分的学生来说，他们最终要回国就业，那么他们的优势在哪里？他们在研究生阶段的学习对于他们在国内就业起到了什么作用？作为学历教育，我们不但要关注他们相对短期的海外汉语教学的需求，更应关注他们作为"人的发展"的需求。我们的课程设置和培养目标，既要考虑到海外市场的需求，更要考虑他们回国后在国内就业的需求。以上这些都对我们的课程设置和教师的教学提出了很大的挑战，也让我们认识到汉语国际教育专业培养目标的高标准和高层次。

在这儿，有必要再明确一下我们对汉语国际教育（专业硕士）和对外汉语教学（科学硕士）两个专业培养目标的认识。学界有一种声音认为"专业硕士的培养目标比科学硕士低"，甚至一些科学硕士亦因此流露出瞧不上专业硕士的态度。但我们对此看法不敢苟同。如上所述，根据有三：从社会需求来看，科学硕士面对的是相对一致的国内汉语教学环境，专业硕士面对的则是纷繁复杂、情况迥异的海外环境；科学硕士的学生来源和学科背景等亦没有专业硕士生源那样大的差异；专业硕士的培养面临如何平衡或者说解决海外短期需求与国内长期需求二者矛盾的问题。在我们看来，专业硕士和科学硕士的区别不在于培养目标的高下之分，而在于前者重应用，后者更重学术，或者说前者重作为汉语教师的教学实践能力，而后者重作为汉语教师的学术科研能力。这也意味着，从教学实践能力上说，对国际汉语教育硕士的要求要高于对外汉语教学硕士。举个例子：科学硕士要培养的主要是汉语课堂教学意识，而专业硕士则在教学意识之外还需要重视课程意识的培养。因为，在海外更需要他们独当一面，更需要他们独立进行汉语课程设计的能力。

三、需求视野下对体现在课程体系中的专业特点的认识

课程体系的建设是一项系统工程，它是在培养目标的指导下，为学生建立完整的知识结构与能力结构的服务。它主要涉及课程结构的建设和课程内容的选择两大方面。从三大需求分析出发，结合汉语国际教育专业的培养目标，我们认为该专业的课程应具有以下三大特点：

（一）应用型

应用型涉及两大维度：满足海外汉语教学需求和学生回国后的就业需求。我们的课程既应着眼于当前目标（海外需求），亦应着眼于长远目标（国内就业）。如果前者定位于汉语教师的技能培训和教师岗位的匹配，后者更应被视为长远的作为人的发展的综合素质和能力的培养。因此，课程内容的选择要有利于培养学生应对社会变化的能力，即社会适应能力，可持续性发展的能力。此外，还要协调传授知识和培养能力、岗位需求与学生发展之间的关系。在进行课程建设时需考虑如何将几者更好地结合，在课程体系中如何实现。

（二）综合性

汉语国际教育属于跨学科教育，也是综合的学历教育。培养目标中"胜任多种汉语教学任务的高层次、应用型、复合型专业教学人才"的不确定性强调了对适应各种类型海外汉语教学胜任力的综合素质的要求，它既非一种有着固定要求的职业培训，也

无相对一致的专业技能要求。因此加强基础能力的培养、提高学生的综合素质成了该专业的首要培养目标，如海外生存适应能力、沟通交际能力、教学能力、专业素养等。

我们认为综合性意味着在课程体系的建设中应淡化专业、拓宽基础，在进行课程开发与设置中应以拓宽学生的职业发展平台，在汉语教学基本功的专长上追求综合素质、综合能力的培养。综合性也意味着基础性。要考虑学生最需要的核心能力是什么，社会需求中最关键的能力和知识是什么，因此在课程建设中要思考和平衡理论课程与实践课程二者关系。二者在课程中如何结合？如何互相促进？有人因专业硕士的应用型特点而忽视理论课程的建设，我们认为是不可取的。事实上海外需求的不确定性决定了教学观、教材观、教师观、课程观等一些理论认识对汉语国际教育专业的建设具有不可替代的重要性。因为其直接指导实践，引领实践，而且可以触类旁通，举一反三。但同时我们要看到，理论强调基础性和指导性，实践强调针对性和实用性。理论不是为了理论体系的构建服务，最终要落实到汉语教学的实践中。因此课程建设中不需要追求理论的系统和全面，要突出理论的指导性、突出重点、突出应用，以适应今后的岗位需求，并为将来发展奠定基础。在课程设置和教学安排上，可以删减今后用不上的理论知识，多结合学生在工作中将遇到的实际问题。

（三）开放性

课程体系的构建上我们会更多关注学科也就是专业的需求，这是学科专家从课程规范出发对本专业的培养目标和课程标准进行统一规定，实行的宏观管理。这体现了"学科中心论"下的课程统一性和规范性。目前汉语国际教育专业课程体系的现状是：

各校课程设置大一统，各类学校、各个地区区别不大甚至没有区别，但同时各校的师资力量很不平衡。必修课程一统天下，实际开设的选修课程很少甚至形同虚设。课程设置大而全，似乎符合综合能力培养的要求，实际是未能给不同需求的学生提供充分灵活的选择机会，不能适应学习者个体的发展需求。课程大而全，势必缺乏针对性。因此在统一和规范的标准之下，我们应更关注课程设置的地方性、差异性、开放性和多样性。

汉语国际教育专业学生之间的知识层次和知识结构存在差异且差异很大，需要在课程设置中予以充分考虑，提供给学生灵活的选择机会，促进个体的发展。课程体系应该能适应不同层次、不同专业背景、不同求学目的、不同需求学生的特点。首先，汉语国际教育专业课程体系可以有一定的地方差异和校级差异。获准试办汉语国际教育专业的高校众多，不同的学校处于不同的社区环境，具有不同的学科优势和人才优势，其教师亦有各自的专长特点，因此应允许学校在课程设置上具有一定的自主性。如专业课和选修课可以有校级差异，以利于学校发挥自己的优势。其次，鉴于海外对汉语教师的不同层次、不同区域需求，所有高校统一培养"放之四海而皆准"的学生有相当大的难度，对各高校以及授课教师均是一个全新的挑战。从培养目标来看也因缺乏针对性从而降低了赴海外任教的竞争力。如果各个高校能够结合学校特色、教师优势和特长，集中力量，打造精品，分别承担某一特定区域的汉语教师后备军团的培养任务，应该能起到事半功倍的作用。如：云南等地学校校本课程开发主要针对泰国、印度尼西亚等东南亚国家的汉语教学需求，而黑龙江等东北院校可专门针对俄罗斯、韩国对汉语教学的要求着力培养、打造具有竞争力的有针对性的汉语教学人才。这样各高校可以根据学生主要赴任国的国情、教育文化等增强有针对性的课程,同时也利于市场需求的跟踪调查进而完善我们的培养体系。再次,汉语国际教育专业学位教育课程体系具有一定的时期性。它随着实践的变化而不断调整、更新,课程设置并非一成不变。

因此,汉语国际教育专业学位课程体系是统一性与灵活性的结合。统一性体现出课程的相对稳定性,而灵活性则反映出课程系统的动态性。我们认为,现行的以核心课程、拓展课程为模块进行的课程体系建设是符合统一性与灵活性相结合的原则的。各个高校需要思考的是如何切实落实,在抓好全国统一的共同课程的基础上,进一步建设好自身的校本课程,以体现各个学校的特色、个性、灵活性,提高学生的就业竞争力。

第三节 汉语国际教育硕士专业课程建设的"大语言观"模式[①]

一、汉语国际教育硕士专业的课程结构

汉语国际教育专业硕士学位(以下简称MTCSOL)的设立标志着对外汉语专业已经成为一门独立学科,成为加快汉语教学和

---

① 本节选自赵守辉、胡月宝《汉语国际教育硕士专业课程建设的"大语言观"模式》,载姜明宝主编《汉语国际教育人才培养理论研究》,北京语言大学出版社、中央广播电视大学音像出版社,2013年。

汉语应用国际化进程的一项重要工作。根据《汉语国际教育硕士专业学位设置方案》(2007)，其培养目标为适应汉语国际推广工作，胜任汉语作为第二语言／外语教学的高层次、应用型、复合型专门人才，具备扎实的汉语言文化知识、熟练的汉语作为第二语言／外语教学的技能、较高的外语水平和较强的跨文化交际能力。

同时，汉语国际教育硕士专业课程是一个正在形成中的事物，具有试验性和探索性。近年来很多学者对 MTCSOL 的培养目标和理念、课程设置及其与对外汉语教学硕士的区别等方面进行了有意义的探讨。其中李泉（2009）[1] 提出，MTCSOL 教学应采取知识和方法并重的教学实施理念，传授知识和理论要考虑实用性问题，传授方法和训练教学技能要针对海外汉语教学的实际情况。冯丽萍（2009）[2] 的研究探讨了 MTCSOL 学生培养的能力结构、知识结构、评价标准、海外实习四个方面存在的若干问题。学者们讨论的一个核心关注点是，汉语国际教育作为与对外汉语教学有所区别的专业，是否还需要在承继的基础上多考虑些其他的因素以形成 MTCSOL 的鲜明特点，以更好地体现出汉语国际教育与其他相关、相邻学科的区别性特征。其中李培毓、颜好璇（2011）[3] 认为课程主要分为四大区块，即偏向理论课程、偏向教学课程、理论与教学并行部分以及文化课程部分。后三大区块的课程设置为汉语国际教育特有，也是其主要的部分。这明显有别于以往的

---

[1] 李泉《汉语国际教育硕士培养目标与教学理念探讨》，《语言文字应用》2009 年第 3 期。

[2] 冯丽萍《论汉语国际教育硕士培养的若干问题》，《长江学术》2009 年第 1 期。

[3] 李培毓、颜好璇《从近期汉语国际教育硕士设置看大陆地区华语师资培育现况》，北京语言大学硕士学位论文，2011 年。

对外汉语专业对第一区块的重视,如李晓琪(2000)[1]认为,对外汉语教学专业研究生的知识结构应包括汉语理论、语言习得理论与汉语教学理论以及外语、汉语文化背景知识与其他相关学科的一般性知识,其中汉语理论和语言习得理论以及汉语教学理论是基础和重点。

学者们的研究阐述了目前对外汉语教师培训课程设置的大体情况,这些讨论也在一定程度上加深了人们对MTCSOL这一新型学科的认识。我们从中看到,大家基本一致的意见是,对外汉语教师的基本素质包括三个方面:掌握汉语本体知识,掌握中华文化知识和跨文化交际能力,把握第二语言教学技巧。而中华文化知识和跨文化交际能力并不与其他两部分在同一层面上,其实应该包括在汉语本体知识和语言教学技巧中。我们认为,除了重视本体尤其是教学,还应该在普通知识部分有所努力和加强,其中主要的是我们下面倡导的关于语言宏观应用的语言社会学(Sociology of Language)。

二、语言教师知识结构的"巴洛美扭结"及其三角稳态结构

纵观有关对外汉语教学专业和当前的MTCSOL课程结构的讨论,有两部分大家是可以取得共识的,这就是:最核心的语言本体部分,即关于语言本身的结构知识,或叫汉语语言学(具体的设课内容不同院校差别仍是很大);第二基础部分是教育学和

---

[1] 李晓琪《研究生培养与对外汉语教学学科建设》,载《北大海外教育》(第3辑),华语教学出版社,2000年。

语言教育学,或者叫作课程和教法,包括教学设计、教材开发、测试评鉴、具体的教学技巧和课堂管理等,相对于将语言的研究作为一门科学的第一部分,这部分是关于如何将科学的知识更加有效地进行传授的艺术。这两部分注重的是,作为一个合格的国际汉语教师,应该具备关于汉语结构方面比较客体性的知识,以及将这些知识作为技能传授给学习者的技能。

此外,对于汉语教师在培养阶段还应该具备哪些专业知识和技能,业界的争议比较大,至今不能清晰地确定。我们认为,除了这两部分关于"教什么"和"怎么教"的传统知识结构,还应该强调"为什么教"(包括了解学生为什么学),也就是关于语言和语言教学的政策和策略。这部分内容主要涉及的是特定的语言在特定的言语社区(Speech Community)的使用人群、语言之间的竞争关系和社会地位等宏观社会因素。关于这一领域的研究属于语言规划和政策,这是一门在国际上起源于二战、目前正方兴未艾的新兴交叉学科,曾一度称作"语言社会学",[1] 其他叫法还有"语言工程""语言规划""语言政策""语言管理""语言政治""宏观社会语言学"等。在我国比较接近的研究称"语文建设""语文现代化""语言战略研究""语言环境建设"。我们一般将其归入社会语言学或应用语言学等学科。国际意义上的语言社会学在本世纪初进入我国后,也获得了相当的发展,[2]

---

[1] Fishman, J. A. (1972). *The Sociology of Language: An Interdisciplinary Social Science Approach to Language in Society*. Cambridge, Mass: Newbury House Publishers.

[2] 周庆生《西方社会语言学面面观》,《语言文字应用》1999年第3期;游汝杰、邹嘉彦《社会语言学教程》,复旦大学出版社,2004年;赵守辉《语言规划国际研究新进展:以非主流语言教学为例》,《当代语言学》2008年第2期。

第三节 汉语国际教育硕士专业课程建设的"大语言观"模式

但目前尚未见有文章论及其与汉语教育的关系及贡献。

鉴于此,本研究引进汉语教师(包括外语教师)知识结构的第三维——语言社会学,提出一个"三位一体"的知识和技能结构,即本体(Subject Knowledge)、教学(Pedagogy+Curriculum)和政策(Planning+Policy),并采用法国精神分析学家拉康(Jacques Lacan)阐释"现实、想象、象征"的三连环交错概念的"巴洛美扭结"(Le noeud Barroméen)模式展示(图1),使得"教什么"(本体知识)、"怎样教"(课程与教法)和"为什么教"(政策与策略)三角定位为一个稳态结构模型。正如拉康指出人所生活的世界是由"现实、象征和想象"所扭结而成的一样,本体、教学和政策三大因素,也各自成双地相互扭结成交错的一体。在三位一体的知识构架中,首先本体和教学应逐步达到平衡。随着时代的发展,我们期待规划政策部分会逐步增加,未来的趋势是实现三者的平衡,以使受训教师形成稳固的知识结构。

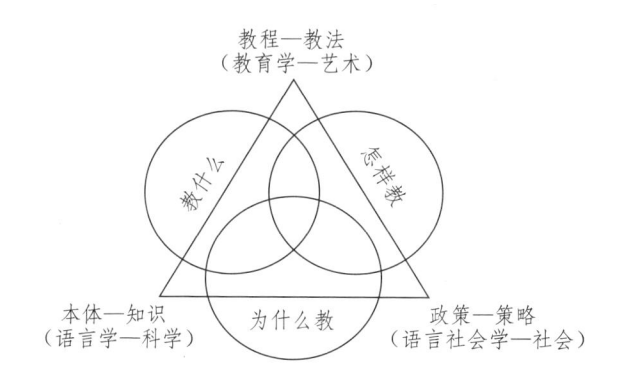

图1 汉语教师教育课程设置:巴洛美扭结的三角定位

如图所示,本体是科学,解决"教什么";教学是艺术,解决"怎么教";规划是政策和策略,解决"为什么教"和"为什么学"。

这里强调的政策（包括策略）是关于语言和教学技能的外部宏观环境，即语言与外部宏观因素的关系。我们强调，关于语言的规划和政策的语言社会学有别于传统上的社会语言学。社会语言学仍然属于语言内部本体的知识范畴，而政策关注的是语言与社会的关系，前者是语言中的社会（Society in Language），而后者是社会中的语言（Language in Society）。[①]"语言中的社会"研究的是社会在语言中的投射或社会和文化对语言本体的影响，如英语汉语两种社会文化差别造成的数字词或颜色词的跨文化交际问题、日语和韩语的男女社会地位在语言本体层面所反映出的性别差异、纽约黑人的社会地位所形成的语言变体；而"社会中的语言"关注的是语言与社会的互动关系，如汉语的国际传播、德国的正词法改革。也可以说前者是拉波夫（Labov）的社会语言学，后者是费什曼（Fishman）的语言社会学。用游汝杰和邹嘉彦（2004）[②]的解释就是，"社会语言学"是从社会的角度研究语言，"语言社会学"是从语言的角度研究社会。当然任何学科的区分都存在灰色地带。我们这里对"社会语言学"和"语言社会学"两种不同学科领域进行切割是为了研究和称说方便。

语言社会学包括对于语言本身的形成与发展（即语言规划）以及普通的语言政策的研究。前者如汉语由文言到白话的演变、汉字的简化历程、汉语拼音的形成与来源等，后者包括国际语言规划的主要趋势和问题（比如具体政体及族裔认同和语言选用的

[①] Garcia, O., Peltz, R., Schiffman, H., & Fishman, G. S. (2006). *Language Policy, Community and Change: Joshua A. Fishman's Contribution to International Sociolinguistics*. Clevedon, Buffalo, Toronto: Multilingual Matters Ltd.

[②] 游汝杰、邹嘉彦《社会语言学教程》，复旦大学出版社，2004年。

关系）、不同的双语政策以及全球性多语多元文化的趋势（单语已经成为特例）。世界上绝大多数语言都经过不同程度的规划，作为语言教师，需要了解所教语言的规划和发展过程，以及具备对所教学生母语的规划和发展过程的知识。即以语言规划的核心规范化为例，教师在教学实践中几乎每时每刻都要面对语音、文字、词汇和语法等方面的异体和规范的取舍。

汉语教师课程设置实际上是经历了较大的发展和演变的。由于结构语言学的长期统治与浸淫，加之传统观念对教学与实践的歧视，传统语言教师特别是汉语语言教师培训设课结构以本体为主，围绕语言结构本身的知识传授和训练几乎成为全部的教学内容。20世纪末以来，教学与课程包括测试方面的内容有一个逐渐增加的过程，但普遍忽视语言政策方面的内容，且对语言使用及其宏观环境的理解皆局限于语用学和社会语言学方面（包括语言国情学）。对课程具体内容的分析显示，有关语言规划与政策的内容，一般是镶嵌在"社会语言学"这门课中的。就国内的著作看，内容极其有限（一般在最后一两章），还有小部分可能是稀释在较流行的跨文化交际这类课程中。有关文化方面的教学已经被呼吁并论述了多年，学界也已经逐渐明了文化问题在教学中的地位和分量。目前普通知识课主要为文化背景知识和其他相关学科知识，比如中外文化交流或跨文化交际等，这是远远不够的。因为在海外从事华文教育所遇到的许多特殊问题和困难，是身处国内对外汉语教学人员难以想象的。汉语国际教育是一个与人，更确切地说是与外国人，国外社会打交道的工作，是一种全方位互动。其中与语言教学关系最密切直接、互动最频繁的就是海外社会微妙而复杂的多元语言环境。课堂上的语言教学不可避免地与社会宏观语言环境息息相关,纵向牵扯到语言本身发展轨迹及人为规划,横向与社会经济政治文化等非语言学因素交织在一起。这正是语言社会学所关注的核心内容。我们把在语言教学中从语言社会学视角处理课堂语言现象(特别是语言规范问题)的做法称作"大语言观"(Holistic View of Language)。大语言观强调,汉语教学不能只教授"此在"的语言,而不解释该语言由"彼在"发展成"此在"的过程;不能只教授学生要学的语言,而不关注学这种语言的人。

三、海外汉语教学的宏观环境:后现代思潮驱动下的"大语言观"

语言不只是交际的工具或媒介,它具有复杂的社会性。它可能关系到经济资源的分配和占有、精英身份的巩固、社会政治地位的取得、集团(政体、种族、阶级、宗教、地域等)认同的保持、族裔文化遗产的传承、基本人权的保护等。简而言之,语言社会学是关于语言在社会中的使用的学科。它关心的是语言的社会规划,一个政体、集体或个体的关于语言的决定,即语言政策;它常常涉及的是语言的标准、地位及语言或语言变体之间的关系。我们将语言社会学作为研究领域概括为八大组成部分(如图2所示),并且认为每个部分都与语言教学活动存在着某种关系,并将在语言教学中对这些社会语言学因素的引进称作语言教学的大语言观,借以强调其对于语言学习的重要性和语言教学的复杂性。

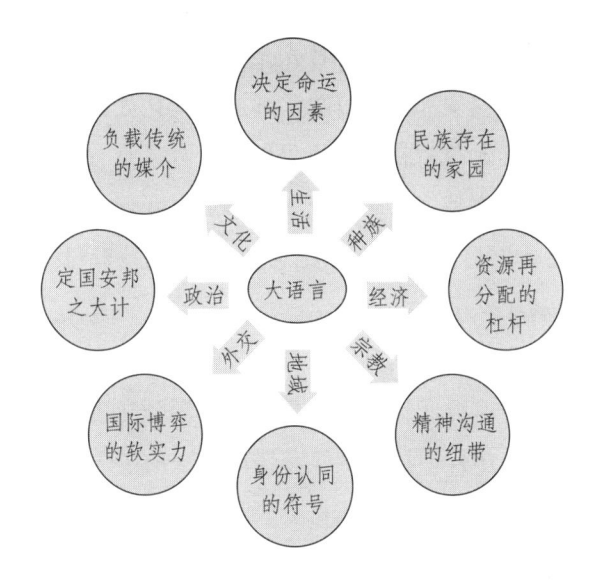

图 2 "社会"与"语言"的八大互动关系

限于篇幅,我们只能对其中几个方面略做简单说明。

第一,就个人生活而言,语言可以成为命运的决定因素。人们说性格和习惯决定命运;对于生活在日益全球化时代的个体来说,语言就是命运。在一个多元种族和多元文化的国家、社区或都市,一个人的母语和接受教育的媒介语是什么,决定着他/她的职业前景以至一生的命运。对此,成千上万拼搏在海外的新移民有着最深刻的切身体会。

第二,就国家而言,语言社会学也称为"语言政治"(Linguistic Politics),语言可以为定国安邦之大计。民族国家诞生或新政体建立时,语言对于定国的作用不亚于国旗、国徽和国歌,几乎在任何国家的宪法中都要占有一席之地(全世界有170多个国家制定语言法或在其他主要法规中涉及语言的定位)。例如20世纪90年代初苏联解体后获得或恢复独立的中亚及欧洲诸国,所发生的语言和文字体系的大迁移。特别是文字体系由斯拉夫文字向拉丁文的迁移。再说安邦，语言关乎邦族和谐共处，例如新加坡是多元种族和谐的典范，就与其所采取的语言政策有关。在世界上的很多地方，语言是值得生死以争的事业，联合国规定每年2月21日为国际母语日，就是为了纪念1952年为争取母语权利而献身的孟加拉青年。

第三，语言也可以具有经济价值，语言本身是一大产业。更为重要的是，语言的迁移必将产生物质资源分配平衡的改变。新加坡20世纪80年代中期教学媒介语向英语的统一，使整整一代的华语单语者失去最好的工作机会。最严重的可导致内战和国家的分裂。

第四，对一个种族而言，借用海德格尔（Martin Heidegger）的名言，语言不只是人类建构意义世界的家园（"语言是存在的家"），也是种族存在的家园。语言消失意味着灭族灭种的最后一步。

第五，在宗教方面，语言是精神沟通的纽带。周有光先生曾说，语言跟着宗教走。天主教与东正教在欧洲画出了一条字母分界线；犹太教为希伯来语口语的复活保留了书面语种子；基督教语言的世俗化成为宗教改革的主要内容；佛教将印度天城体字母和巴利语传播到中南半岛，改变了那里的语言景观。

语言社会学由20世纪60年代初到90年代经历了由工具理性主义到后现代思潮的认识论转变（Epistemological Change），这一转变与如今成为西方发达资本主义国家思想界主流话语体系的后现代思潮发展过程大体平行。[①]而工具理性主义与二战后新兴民族国家所开展的"一个国家一种语言"（One State One Language）的语言规划运动相一致和兼容；自20世纪90年代以来，以James Tollefson，Robert Philipson，Alastair Pennycook和Suresh Canagarajah等学者为首的一大批语言社会学家采取批判立场，从以多元、解构（颠覆）、对话等为核心理念的后现代视角出发，将语言规划和学习的结果与文化多样性、经济资源的再分配、种族和谐以及社会公平等社会现象相联系，深刻揭示了语言规划和强势外语的学习在语言帝国主义（Linguistic Imperialism）和语言灭绝（Linguicide）过程中所承担的谋杀者角色，从而使得人们对语言学习的目的和效果进行全面反思。值得关注的是，海外院校已经开始意识到语言教师全面掌握语言教学意义的必要性，并认识到，关于语言的规划以及政策推行（教学）方面的知识超出了传统社会语言学范围，开始使其在二语教师培训的课程结构中占有一席之地。下面我们以大中华区汉语应用语言学及英美澳国家英语应用语言学科为例，来考察一下语言社会学与语言教学在研究生培训层面逐渐相关的情况。

我们先采取对比方法，来考察一下大中华区教育体系对语言社会学的处理。搜集的数据来自中国大陆、中国香港、中国台湾和新加坡四地高校硕士课程汉语教学师资方向大纲中的课程设计。其中：大陆地区抽取了六所大学作为样本，所选高校主要为2007年国务院学位委员会办公室首次批准开展汉语国际教育硕

[①] Ricento, T. (2000). Historical and theoretical perspective in language policy and planning. *Journal of Sociolinguistics*, 4(2): 196–213.

士专业试点的培养单位,包括中国人民大学、武汉大学、暨南大学、华中师范大学、云南师范大学、北京语言大学。抽样考虑到典型性与多样化,包括高校性质的对等和地理分布的平衡。台湾地区高校类似专业一般称应用华语文教育学(应华系),我们以同样原则抽取的代表性六所大学为台湾政治大学、台湾师范大学、暨南国际大学、文藻大学、高雄师范大学、屏东大学。香港地区和新加坡因为目前开展此类专业的教学机构有限,则采取穷尽式抽样。香港地区为五所高校:香港大学(以中文教授第二外语教育硕士)、香港中文大学(国际汉语文学硕士)、香港理工大学(对外汉语文学硕士)、香港城市大学(中文教学文学硕士)、香港教育学院(国际汉语教学文学硕士),这几所高校的课程各有特色。新加坡为南洋理工大学国立教育学院(National Institute of Education)亚洲语学部中文系。新加坡新跃大学和新加坡华语研究中心也有华语教育硕士课程,但因为是与中国大陆及香港等海外院校联合办学,故不予抽样。

初步分析课程的具体内容后,我们将所搜集到的汉语国际教育硕士课程设置分为四个大范畴来比较:(1)语言本体。主要有两部分,汉语语音文字语法词汇等关于现代汉语本身的知识以及古代汉语或普通语言的课程(包括社会语言学)。(2)教学。包括教学理论课(语言教学原理)及教学实践课(如课件设计、口语教学法、语言测试等)。(3)普通知识。多为专业选修课,可能与汉语教学或研究有关的一般知识,如外语、语言学研究方法、西方文明史、中外文化交流等。(4)公共课。包括公共必修课(如中国大陆的"马克思主义原理")及选修课(如中国大陆的"计算机基础""高等数学""管理学"等)。

第三节 汉语国际教育硕士专业课程建设的"大语言观"模式

通过对中国大陆、中国香港、中国台湾、新加坡四地汉语教师培训课程结构对比看出,教师培训课程结构的主要特点是本体知识课和教学课的比例较大,二者占整体课程的比重,中国大陆是62%、中国香港为71%、中国台湾约为79%,新加坡则主要集中在教学部分,达75%。可以说本体和教学这两部分占了绝对的份额(中国大陆因为设置"马列主义原理"之类的公共课,占用了一定份额,使得其比例较之其他地区略低)。可见目前汉语国际教育课程设置无论对本体知识还是教学都相当重视,而其中教学所占比例又高于本体(这与我们的预估相反)。这不但突显了该学科的特色,也是它跟其他专业,如汉语言文字学、语言学甚至与之相近的对外汉语教学等专业相比所具有的独特之处。对于我们所要强调的语言社会学内容,在中国大陆的六所高校里没有发现,当然这不能排除这部分内容在其他相关课程中有零星分布的情况,如大部分学校开设的跨文化交际课以及通识教育(汉语概论)、华文教育专题(暨南大学)及文字学(华中师范大学)等课程。

汉语的发展和规划(规范化)的历史过程无疑与汉语的学习和教学具有密切的关系,只有具备了这方面的基本背景知识才便于应付不同华语社区复杂而广泛的差异,为境外学习者在掌握语言过程中碰到的令人眼花缭乱的不一致现象(文字、拼音、语音、词汇、语法以及文体等方面)提供科学而令人信服的解释。而汉语语言社会学相关课程的阙如,体现了课程设计者对海外汉语教学现实的复杂性和微妙性的疏忽。相较而言,香港的情况略好一些。但除了"社会中的语言"(香港理工大学)、"大陆、香港和台湾应用文写作"以及"粤语与普通话对比研究"(香港城市大学)外,也只发现"社会语言学和汉语教育"(香港中文大学)

及"汉语语言学"（香港大学）两门可能与此有关的课程。令人欣慰的是，中国台湾和新加坡院校明显重视语言规划与政策方面的课程，与中国大陆及中国香港形成鲜明对比。例如，暨南国际大学有"东南亚各国教育政策""海外华人与华社"；台湾政治大学有"台湾华语：语言与社会"；高雄师范大学有"华语现代化史""多元文化教育研究"；屏东大学有"华人社会与文化研究""多元文化导论研究""华语文教育发展与国际"；文藻大学有"华人社会与文化"；台湾师范大学有"华语文语言政策研究"；新加坡国立教育学院16门华语教育硕士课程中则有"语言规划与语言教育"和"汉语区域语言文化与教学"两门课明显与语言社会学相关。原因与中国台湾和新加坡两地的社会生活或语言政治图景有关，具有较强的多元文化意识。

我们也将目光投向更远的海外，调查了英美澳大学应用语言学（即英语二语教育硕士）课程中语言社会学的地位。我们在这三个国家分别随机抽取了三所大学，分别是英国的剑桥大学、牛津大学、贝斯大学；美国的宾夕法尼亚大学、爱荷华大学、哥伦比亚大学，澳大利亚的昆士兰大学、墨尔本大学和悉尼大学。数据显示，语言社会学在英语应用语言学中也远未普及，理论的研究与课堂实践明显存在较大差距。[1]这似乎同样与国家的社会政治环境有关。比如澳洲是典型的移民国家，多元文化问题是国家语言政策和政治生活中重要的考量因素。[2]悉尼大学与语言社

---

[1] Hawkins, M. R. (ed.). (2012). *Social Justice Language Teacher Justification*. Bristol, Buffalo, Toronto: Multilingual Matters.

[2] 赵守辉《澳大利亚语言政策与规划进程》，载"中国语言生活状况报告"课题组编《中国语言生活状况报告2007》（上编），商务印书馆，2008年。

第三节 汉语国际教育硕士专业课程建设的"大语言观"模式

会学明显相关的课程有"语言、社会和权力（Language, Society and Power）""语言和认同（Language and Identity）""亚洲语境下的交际（Communicating in Asian Contexts）""跨文化交际（Cross-Cultural Communication）"，墨尔本大学开设了"全球化世界中的英语（English in a Globalized World）"，等等。其他两个国家似乎没有澳洲大学这样的特别重视，但也有所体现，比如宾夕法尼亚大学的"语言多样性和教育（Language Diversity and Education）""教育中的社会语言学（Sociolinguistics in Education）"；剑桥大学的"英语音系和正字法（实用语音）（English Phonology and Orthography: With Practical Phonetics）"（关于语音拼写规范的正字法应该会涉及语言的规划）。英语为公认的强势语言，但英语教师的培训也仍较为重视语言多样性方面的培养，使教师在教学实践中，关注强势语言的教学与当地语言生态的互动关系。

此外，对比的结果也发现，在不同国家和不同大学里，课程设置的差异是很明显的。其中有两点特别值得注意。其一是与汉语二语设课相比，英语应用语言学的设课本体、教学和普通课比较平衡。英国、美国和澳大利亚三所大学的应用语言学硕士课程分别为45门、46门和46门。其中美国的大学似乎更加注重本体知识，该类课占三类课程的32.6%，而英国和澳大利亚同类型课比例分别为24.4%和20.5%；英国教学类课的比重则较大，为46.7%；美国和澳大利亚分别为37.0%和31.8%。其二是较之欧美，澳大利亚在普通知识类的设课比重方面明显偏高，三所大学共发现21门，占总课程门类的48.0%，而英美分别为28.9%（13门）和30.4%（14门）。如果这个抽样大体代表了三个国家应用语言学的课程设置的基本情况，我们看到，英国比较注重教学实践技能的培养，而美国更加致力于语言基础知识的培训，澳洲在语言规划和政策方面比较着力。当然需要注意的是，这里的调查和分析只是描绘一个大概的趋势。虽然考察内容也是按照上面大中华区的比较分为三类（公共课为外系选修学分，无法比较），但具体课程各个大学有其特点，每一类型的内部同质性极弱。海外大学独立性较强，各有特色和传统，追求个性和创新，不宜一概而论。

四、"大语言观"下的"本体—习得—应用"三循环课堂教学模式：以新加坡为例

我们认为，语言社会学对语言教学，包括所有的外语教学，特别是海外环境的汉语教学，至少有四个方面的实践意义：（1）对所教语言的历史演变及现状即来龙去脉有全面而清晰的概念（如汉语何以为今日面貌之汉语），避免误解与误导。（2）认识并掌握学习者当地的文化资本和语言资源，积极主动了解当地宏观语言政治环境，避免误闯"政治正确"的陷阱。（3）尊重并利用课堂教学实践中学习者语言背景，提高跨文化交际功效。（4）有利于与所处社区与环境包括与周围同事的互动，提高同学习者沟通与交流的质量，为教学创造友善与和谐的氛围，避免因人际关系紧张对教学带来干扰。

对此，我们以新加坡华语教学中的规范问题为例做一简单阐述。新加坡华语"是在新加坡的土壤上形成并发展起来的现代汉

第三节 汉语国际教育硕士专业课程建设的"大语言观"模式

民族共同语——普通话的区域变体"[1]。新加坡华语被看作是海外华语中最为接近中国普通话的一种地方变体,特别是近年来,因为与中国日益增强的广泛合作与交流,新加坡教育领域中的华语更加接近中国大陆的规范体系。一般人包括来自中国的华语教师,由于缺少语言规划和政策(即语言社会学)方面的知识,常常将新加坡华语等同于中国普通话,甚至学者的文章中也以普通话括注新加坡华语,而没有意识到新加坡语言变体的各个部分,文字(包括拼音和简体字)、语音、词汇、语法以及表达方式(如语码转换和语码混杂),既是中国普通话又有自己的鲜明特色,对中国语言文字标准的接受皆采取谨慎而有所保留的政策。[2] 以看似与普通话完全一致的字体和拼音为例,新加坡虽然在几次尝试自行公布方案后决定全盘采用中国简化字,但中国简化字自1964年"总表"公布后,经过半个世纪来的实际应用已经发展成了一个体系,更由于新加坡没有如中国各级"语委"那样的语言规划机构进行一贯而显性的规划与监督,故非规范字体(如繁体字、异体字甚至"二简"字)和字形生活中并不难见到。拼音的使用也与此类似。由于新加坡除《汉语拼音方案》以外,从未公布采用中国行政权力机构历次颁布的与拼音使用相关的规范标准(如1996年生效的《汉语拼音正词法基本规则》),故无论在教学还是生活中连写和声调标注等方面"不规范"拼写随处可见。与拼音相比,语音问题更为明显和严重。华文教材对儿化和轻声词的标示比较

---

[1] 汪惠迪《新加坡华语特有词语探微》,载周清海主编《新加坡华语词汇与语法》,新加坡玲子传媒,2002年。

[2] 尚国文、赵守辉《新加坡华语规范的历史与现状:何以规范及由谁规范》,《语言教学与研究》2013年第3期。

混乱，而新加坡的大众华语既没有儿化韵，也基本没有轻声词。[①]例如，如果碰到如下在用词、语法或语码转换方面司空见惯的新加坡特色华语（本地俗称"杂菜式华语"）用法该如何处理呢？

> 这辆<u>罗厘</u>（货车）值一百五十<u>千</u>（15万）新币
> 我想买<u>多</u>（多买）两本
> 我<u>有</u>（表完成时）吃过
> 几时是这个 <u>assignment</u>（作业）的 <u>deadline</u>（期限）

从语言学视角着眼，因为以上用法在结构本体上看是错误或不规范的，肯定有修改的必要；从教育学角度看，则不一定要改，因为很多实证性的语言教育学和认知科学的研究显示了语言学习过程的复杂性，交际和完成任务是语言学习的根本目的；[②]如果从语言社会学视角来处理，则要考虑学习者、同行教师和家长在态度上的接受度：（1）就语言政策层面而言，如上所述，新加坡华语从汉字、拼音、发音到词汇、语法和语体跟普通话标准并无简单的对应关系；（2）新加坡是多元种族和文化的社会，语言变异和语码混杂是正常的交际模式；（3）从社会接受度看，新加坡社会政治环境具有典型的后现代特征，社会逐步接受以多元态度通过对话容忍差异和处理冲突。学生在课堂上学到的"标准"在当地社会无法使用。

类似的语言现象我们主张从"大语言观"视野着眼，分三个维度处理。首先从语言学出发做结构上的判断、再考虑到教育学

[①] 尚国文、赵守辉《新加坡华语规范的历史与现状：何以规范及由谁规范》，《语言教学与研究》2013年第3期。

[②] Ellis, R. (2010). Cognitive, social and psychological dimensions of corrective feedback. In Batstone, R. (ed.). *Sociocognitive Perspectives on Language Use and Language Learning*, 151–165. Oxford: Oxford University Press.

第三节 汉语国际教育硕士专业课程建设的"大语言观"模式

的习得目的、最后落到语言社会学,斟酌评估修改的结果是否能被有效接受,是否会被误解为粗暴干涉当地语言生态。对所有出现在汉语国际课堂上的语言现象,都应该从这三个维度全面衡量一番。这个循环(如图3所示)可以提倡为在海外课堂处理语言现象的标准模式或套路。理想的做法是,语言教师对课堂实践问题的解决,小至一个发音(词汇、语法)的规范和纠正(当然要看具体的哪类错误),除了有语言学方面的考虑和理据(传统做法),更为重要的是应该从(语言)教育学即语言教学原理方面着眼,在全球化背景下,我们更强调语言社会学的维度。从"大语言观"立场出发,这就不但同传统上只从语言学着眼,强调结构上的统一、纯洁和标准大不相同,与近年来教育语言学所强调的交际和任务目的相比,也有所前进和拓展,这是考虑到了社会发展的全球化和后现代化趋势的具有前瞻性的一大步。

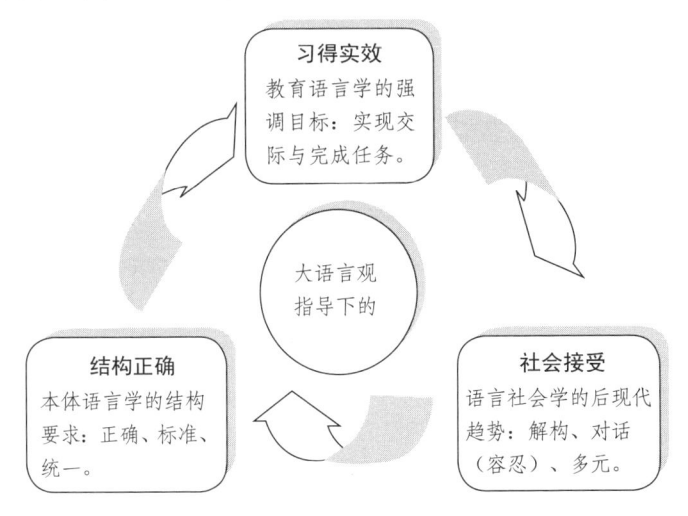

图3 以"大语言"处理课堂语言现象

（习得实效：教育语言学的强调目标：实现交际与完成任务。

结构正确：本体语言学的结构要求：正确、标准、统一。

社会接受：语言社会学的后现代趋势：解构、对话（容忍）、多元。

大语言观指导下的）

我们强调语言社会学应该成为处理课堂语言现象的一个新视角，对所谓的非规范用法，除了要认识到本地华语与普通话不同的规划或非规划（"Unplanned" Language Planning[①]）过程，更重要的是考虑到在新加坡这样一个带有鲜明后现代特征[②]的多元化大都市社会，人们的普遍性社会心理和语言政治环境（如图4所示）。

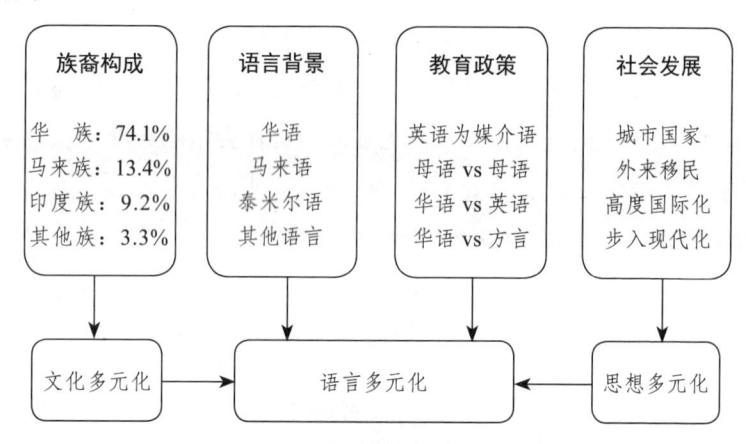

族裔构成	语言背景	教育政策	社会发展
华　族：74.1% 马来族：13.4% 印度族：9.2% 其他族：3.3%	华语 马来语 泰米尔语 其他语言	英语为媒介语 母语 vs 母语 华语 vs 英语 华语 vs 方言	城市国家 外来移民 高度国际化 步入现代化
↓	↓		↓
文化多元化	→　语言多元化　←		思想多元化

图4　以后现代为特征的新加坡语言社会环境

对非规范用法的课堂处理以往的研究集中在语言学和教育学范围（即我们的三角定位的另外两个角），语言社会学为纠正还是不纠正的争议和迷思引进了第三个维度，而该学科对语言课堂

[①] Baldauf, R. B., Jr. (1994). "Unplanned" language policy and planning. In Grabe, W., et al., (eds.). *Annual Review of Applied Linguistics, (1993/1994) 14*, 82–89. Cambridge: Cambridge University Press.

[②] Strould, C., & Wee, L. (2007). Consuming identity: Language planning and policy in Singaporean late modernity. *Language Policy*, 6, 253–279; Chew, P. C-L (2007). Remaking Singapore: Language policy, culture, and identity in a globalized World. In Tsui, A. B. M., & Tollefson, J. W. (eds.). *Language Policy, Culture, and Identity in Asian Contexts*, 73–93. London: Lawrence Erlbaum Associates, Publishers.

第三节　汉语国际教育硕士专业课程建设的"大语言观"模式

教学的实践价值还没有引起足够的重视。如何看待和处理诸多本地特色，如何看待非规范的一些用法，在课堂教学时是否要纠正，如何纠正，等等，都是华语教师每天需要面对的问题，处理得不好很可能会引起较为严重的心理冲突。而现行的本体知识、教学知识都无法涵盖这方面的知识原理。从中国到新加坡中小学任教的华语教师，一般为国内名牌师范大学中文系或对外汉语专业硕士毕业生，但对学生华语因缺少容忍、过度纠正而与学生家长甚至同事发生不愉快的事件并不罕见。很多影响教学质量的事件，并不是因专业知识不足或教学技能欠缺，而恰恰是出于对汉语语言规划过程缺乏系统的知识储备，或对当地语言生态和政策的忽视。对语言政治敏感缺乏感知可能导致更大的问题，阻碍与师生、家长及社区的良好沟通。

语言社会学的研究者认为，语言教师在教学实践中无时无刻不在对语言进行着规范与创造，实际上便是在有意或无意地执行着某种语言政策，进行着语言规划。语言社会学研究中的一个重要部分便是"语言教育规划"，即所称的语言习得规划（Language Acquisition Planning[①]）或语言教育规划（Language-in-education Planning[②]）。可以说，在新加坡的华文教学中，以我们的汉语教师所受的培训来讲，不规范或错误用法天天都会碰到，在生活中也是随处可见。比如在教汉语拼音、汉字时，很多学生对汉语拼音的一些拼读规律或规则、不同的拼音系统、对汉字不同时期简化

[①] Cooper, R. L. (1989). *Language Planning and Social Change*. New York: Cambridge University Press.

[②] Kaplan, R., & Baldauf, R. B. (2003). *Language and Language-in-education Planning in the Pacific Basin*. Dordrecht: Kluwer.

字、异体字词等方面大为不解，教师如果能具备汉语拼音方案源流和文字改革等方面知识的储备，那么在教学时便会自如得多，学生也能因此明白语言之所以如此的原因和发展演变的脉络。从这个意义上讲，以往知识结构造成的教授这种语言而对其发展和演变历史过程，以及当地的语言社会学环境不甚了了的局面亟待改革。

语言社会学的引进凸显了对"社会接受"维度的重视，要求我们对单纯强调语言学结构准确性的处理方法加以反思和修正。我们对海外汉语国际教育硕士及英语应用语言学课程内容的调查发现也引人深思，提示我们与时俱进的必要。语言社会学对语言教学的批判性分析，不仅使我们认识到了解学习者自身布迪厄语言资本的必要，从而明确我们教学的意义，也为我们提供了分析当地的社群之间复杂微妙的语言政治的理论工具，这种知识的补充使语言教师的知识储备框架更加稳固而全面。语言社会学的相关概念和框架帮助一线教师站在理论高度处理课堂实践，既有利于全面提高教学效果，又可避免因宏观话语欠缺而在教学策略方面存在的潜在危险。[1]

语言规范是语言社会学的核心内容，这些问题常常具有很强的政策性和政治敏感度。对于一个对语言标准问题持有天然的多元、容忍和开放语言规划观的学习者来说，教师的教学过程中过分机械生硬地聚焦严格自上而下的语言规范，容易引起学生的迷惑甚至反感，导致效果的适得其反。这样的实例在实践中并不少见，尤其是初到海外工作的汉语教师，面对海外微妙复杂的语言

---

[1] Hélot, C., & Laoire, M. Ó. (2012). *Language Policy for the Multilingual Classroom Pedagogy of the Possible*. Bristol, Buffalo, Toronto: Multilingual Matters.

社会学环境，拉近教者与学者截然不同的语言标准观之间的差距，成为每个海外汉语教师要面对的挑战。

五、结语与思考

现代的对外汉语教学虽然出现至少有半个世纪的历史，特别是20世纪80年代以来的大发展以及本世纪初开始的由"请进来"到"走出去"的战略转移，大大引起了语言学者和教育专家的兴趣，但与国际上特别是英语的应用语言学（此处专指二语教学）相比，汉语应用语言学或汉语作为第二语言教学这个学科的研究和发展还相当薄弱，与英语二语理论领先实践指导课堂相反，明显落后于汉语教学本身突飞猛进的态势。2000年北京语言大学对外汉语研究中心成立时，提出汉语教学的"四论"——本体论、认识论、方法论和工具论，被看作是确立了学科的地位，明确了学科的性质，构建起了学科的框架和范式。[①] 我们注意到，这里面仍然缺少对语言教学的社会学效果的追问和探讨。在接下来对一个时代（decade）多的实践中，汉语教学内容不断丰富、范围不断扩大、深度逐渐增加，但直至2012年4月在北京语言大学该中心举办的"新形势下对外汉语教学学科建设与发展"高层座谈会，其主题仍只围绕着"教什么"这一个维度。在全球化背景下，我们之所以主张汉语教师培训应该增强时代特色，融入语言规划与政策分析为主要构成的语言社会学，不仅是因为它代表了多语多文化

[①] 崔希亮《"新形势下对外汉语教学学科建设与发展"座谈会上的发言》，《北京语言大学对外汉语研究中心工作季报》2012年第2期。

后现代社会的基本特征,更为重要的是,大量的实践告诉我们,缺乏对当地或教学对象本身复杂的语言及文化背景的了解及敏感反应,其结果可能对课堂教学本身产生直接的不利作用,降低教学效果,严重者甚至导致教学失败或造成教学事故(包括政治外交事件)。引进语言社会学维度的师资培训,应该能较好地面对和处理全球化背景下的挑战,这也是一个待开发探索的新领域,需要学界同行的共同努力。

我们提出并鼓吹"大语言观",要求反思汉语国际教师的知识结构和专业能力,强调不仅具备语言本体知识和教学方法,也要求对所教语言本身的结构(如文字、词汇、语音)还有其结构的历史发展经过,不仅仅是知其然,还要知其所以然;更为重要的是,还要对汉语的地位有宏观的把握,了解汉语在某一特定社区内与其他语言的竞争和互动关系。这是因为汉语教学往往延伸到与语言有关的社会学变量,特别是政治、种族、宗教、地域、阶级和阶层。所以有必要培养宏观政策的掌握和具体策略的处理能力。不只是教授语言的使用,还应该顾及语言的意识形态和语言信仰。做到由微观到宏观、由中国到世界、由知其然到知其所以然,由此及彼,由了解共时横向的现状到了解历时纵向的发展。

最后,就其学术价值来说,国际上语言社会学作为一门渐趋成熟的新兴交叉学科,在后现代和全球化背景下,在海外的蓬勃发展突飞猛进与国内的冷漠成为学科发展的少见现象。可喜的是这一问题近年来开始引起国内学者的注意。随着中国社会政治环境的发展,特别是全球化步伐的加快,可以预料,语言社会学在未来的若干年内必将成为中国语言学的一个新的强劲增长点,一个大有可为的研究领域。汉语国际教育不妨先走一步,从实践层面加以推动。

第四节　学科教学知识：汉语教师应具备的核心知识[①]

汉语教师"一直是汉语教学乃至汉语国际教育事业发展的'瓶颈'"[②]。这不仅表现为汉语教师的数量不足，更表现为其总体教学水平不高。其中一个突出问题是，大部分汉语教师（尤其是新手教师）在面对特定的汉语内容主题时，缺乏（或者不会应用）教育教学知识，不会从教学的角度将内容进行改造或转化，用一种让学习者容易理解的方式来呈现和教学。这一问题的实质是，大部分汉语教师缺乏一种叫作"学科教学知识"的核心知识。

学科教学知识（Pedagogical Content Knowledge，以下简称PCK）这个概念是由美国学者Shulman提出来的，即"将特定的学科内容与教育知识进行融合，重新组织与呈现特定的主题内容，以适应学习者的能力与不同的兴趣需求"[③]。该概念提出后，由

[①] 本节选自郭睿《学科教学知识：汉语教师应具备的核心知识》，《国际汉语教学研究》2015年第4期。

[②] 许嘉璐《放开眼界，更新观念，让汉语走向世界——在北京师范大学纪念开展对外汉语教学40周年大会上的讲话》，《语言文字应用》2006年增刊；许琳《汉语国际推广的形势和任务》，《世界汉语教学》2007年第2期。

[③] Shulman, L. S. (1986). Those who understand: knowledge growth in teaching. *Educational Researcher,* 15.2: 4–14; Shulman, L. S. (1987). Knowledge and teaching: foundations of the new reform. *Harvard Educational Review,* 57.1:1–22.

于正好切中"当时美国教师培养和认证中存在学科知识和教育知识相分离的情况,从而造成教师水平不高"这一时弊,迅速得到了国际科学、数学、化学、英语等各个学科教育领域学者们的认可,并对其进行了广泛深入研究。[①] 在国内,白益民(2000)[②] 首先对学科教学知识进行了介绍和讨论。随后,教师教育领域和数学、外语、语文等各个学科教育领域的很多学者也都对 PCK 表现出很大兴趣,并结合自己的学科特点进行了探讨。[③] 国内外的相关文献主要讨论了 PCK 的概念内涵、构成和建构途径等方面;研究方法以文献研究为主,也有不少实证研究[④] 或个案研究[⑤]。但到目前为止,笔者还没有发现系统探讨汉语教师 PCK 的文献。

[①] Grossman, P. L. (1989). A study in contrast: sources of pedagogical content knowledge for secondary English. *Journal of Teacher Education*, 40.5: 24–31; Marks, R. (1990). Pedagogical content knowledge: from a mathematical case to modified conception. *Journal of Teacher Education*, 41.3: 3–11; Cochran, K. F., Deruite, J. A., & King, R. A. (1993). Pedagogical content knowing: an integrative model for teacher preparation. *Journal of Teacher Education*, 44.4: 263–272; Ball, D. L., Thames, M. H., & Phelps, G.(2008). Content knowledge for teaching: What makes it special? *Journal of Teacher Education*, 59.5: 389–407; Park, S., & Oliver, J. S. (2008). Revisiting the conceptualization of pedagogical content knowledge (PCK): PCK as a conceptual tool to understand teachers as professionals. *Research in Education*, 38.3: 261–284.

[②] 白益民《学科教学知识初探》,《现代教育论丛》2000 年第 4 期。

[③] 范良火《教师教学知识发展研究》,华东师范大学出版,2003 年;廖元锡《PCK——使教学最有效的知识》,《教师教育研究》2005 年第 6 期;杨彩霞《教师学科教学知识:本质、特征与结构》,《教育科学》2006 年第 1 期;彭元玲《论 FLT 的学科教学知识》,《外语界》2007 年第 4 期;梁永平《论化学教师的 PCK 结构及其建构》,《课程·教材·教法》2012 年第 6 期;王玉萍《论外语教师 PCK 发展路径》,《外语界》2013 年第 2 期。

[④] 范良火《教师教学知识发展研究》,华东师范大学出版,2003 年。

[⑤] 徐章韬《数学特级教师学科教学知识的个案研究》,《江西师范大学学报》(哲学社会科学版)2010 年第 6 期。

笔者拟从定义、特点、结构、功能以及建构途径等几个方面探讨汉语教师的 PCK，从而为理解汉语教师的知识结构及其专业发展的路径提供一个新视角。

一、汉语教师 PCK：定义与特点

（一）汉语教师 PCK 的定义

在已有研究的基础上，结合汉语教学的特点，我们认为，汉语教师的 PCK 是指汉语教师在教学实践中融合多种知识（即汉语学科内容知识、教育教学知识、有关各国学习者的知识以及各种情境性知识等）而形成的一种综合性知识，它能使汉语教师将特定汉语主题内容转化为学习者容易理解的形式来呈现和教授。反过来说，在教育教学知识基础上对特定汉语内容知识进行适度变通和转化，使汉语学习者容易理解和掌握的知识都属于 PCK。比如拥有 PCK 的汉语教师知道用对比法和吹纸法呈现和教授"送气音和不送气音"；先依次教 s、z、c，再依次教 sh、zh、ch；用图片的形式呈现和教授"脸谱""旗袍"等词语；用图示法呈现和教授趋向补语；用 Bingo、John says 或字谜等游戏练习词语和汉字，等等。这些知识都融合了汉语本体知识、教育教学知识等多种具体知识，符合学习者的认知规律和特点，从而更容易为其所理解和掌握。

汉语教师 PCK 的定义包含以下几层意思：（1）它是汉语教师采用类比、图解、模型、举例、讲解、反问、归纳、演绎、推理、演示、情景和任务等方法将汉语学科内容转化为学习者容易理解的教学知识，是汉语教师所特有的一种专业知识。（2）它是具体汉语学科内容知识和教育教学知识等多种知识的融合,是对所教内容的一种综合性理解和阐释,单独讨论其中的某一种知识是没有意义的。(3)它是动态生成的,主要通过汉语教师在教学实践中不断综合、探究和反思而生成,是一种教学实践性知识。(4)它强调汉语教师在特定教学情境中,能够根据特定学习者的特点,使用特定的策略、方法来呈现和教授特定内容,它包含"教什么""怎么教""教谁""在什么情境下教"等核心信息。(5)它属于广义的知识,既包括具体的汉语学科知识、教育教学知识等多种知识,也包括对这些知识进行融合、改造和转化的能力。吴一安(2005)[①]就将PCK阐释为"学科教学能力"。

(二)汉语教师PCK的特点

把握了汉语教师PCK的内涵,其特点就很明确了:(1)融合性和个体性。汉语教师PCK是汉语学科内容知识、教育教学知识、有关学习者的知识、情境性知识等多种知识的融合,而不是简单相加。另外,汉语教师在融合这些不同类型知识的过程中,必然会渗透其语言教学理念、教学经历经验、教学态度等,因此具有鲜明的个体性。(2)实践性和情境性。汉语教师PCK是在特定教学实践过程中建构的,也融合了相关的情境性知识。同时,也只有在类似的教学实践情境中,其价值和作用才能体现和发挥出来。(3)动态建构性。PCK是汉语教师在教学实践中不断整合各种知识,并在此基础上反思、改造和建构而成的。随着教学时间的延长和教学经验的增加,汉语教师PCK也不断得到丰富

[①] 吴一安《优秀外语教师专业素质探究》,《外语教学与研究》2005年第3期。

和拓展。

有些读者可能会产生疑问,从这几个特点上看,PCK 不就是"实践性知识"吗?事实上,对汉语教师而言,这两种知识类型的确有很多相同点(如实践性和建构性等),也存在很大程度的重合;它们在教学中的表现和建构途径也近乎一致。但两种知识类型的本质是不同的:PCK 是为解决学科知识和教育知识的分离而提出的,强调从教学的角度重新组织学科知识,使学习者容易理解和掌握;实践性知识是为解决理论与实践相分离而提出的,强调教师从实践出发,在"消化"理论的基础上形成自己个人的实践性知识,由单纯的理论"消费者"转变成"生产者"。

二、汉语教师 PCK:结构与功能

(一)汉语教师 PCK 的结构

汉语教师 PCK 主要由以下四种知识构成:

1. 汉语学科内容知识。

PCK 其实就是从教学角度理解、调整、转化和呈现的学科内容知识。汉语学科内容知识是汉语教师 PCK 的核心和基础。参考国家汉办《国际汉语教学通用课程大纲》(2008),汉语学科内容知识可分为四个部分:语言知识,包括语音、汉字、词汇、语法、功能、话题、语篇等;语言技能,包括听、说、读、写等;策略,包括情感策略、学习策略、交际策略、资源策略、跨学科策略等;文化意识,包括文化知识、文化理解、跨文化意识、国际视野等。

以上是从宏观范围上来讲的。但汉语教师建构 PCK 要依托的汉语学科内容知识必须是明确具体的，否则汉语教师无法建构相应的PCK。比如"概数表示法"这个语言点，仅知道"两个相邻的数字或数词连用可以用来表示概数"这个规则，汉语教师是无法建构完善的PCK的，因为学习者会据此造出"三十二三十三、四百二十四百二十一"这样的错误表述。汉语教师还应该将其明确化、具体化：连用的只限于1—9这几个数字，其中任何两个相邻的数字由小到大地连用来表示概数，或直接放在量词前（如"五六个"），或放在位数词前（如"二三十个"），或放在位数词后（如"三十二三个"）。再如"又、再、还"这个语言点，汉语教师如果只掌握到"'又'表示过去的重复，'再、还'表示将来的重复"这个程度，也无法建构完善的PCK，因为学习者还是会造出"明天再是星期天"这样的错句。汉语教师应该将其明确到"表示将来一定要出现的、有规律的事情时，用'又'"。只有每个汉语内容主题（包括语言点）都明确具体到这种程度，汉语教师才能在此基础上建构自己的PCK。

2. 教育教学知识。

PCK是依据教育教学规律对学科内容知识的转化。教育教学知识也是PCK的核心构成，它主要包含三个层次。（1）关于教育和汉语教学本质的认识性知识。比如，汉语教师应认识到：教育的本质是培养人；汉语教育以培养学习者的言语交际能力为主，但也应包括情感、态度及世界性人格等方面的目标；语言教学的本质是在师生交往的基础上进行交际技能的练习，而不仅仅是传递知识。（2）关于教学目标、教学内容的选择、组织和教学评价等方面的知识。具体来说，汉语教师应了解不同层次的汉语教学目标分别包括哪些维度，要达到什么程度，为达到该目标需要选择哪些内容，重点和难点是什么；清楚汉语教材的结构和组织排列（包括教材组织的逻辑顺序和教学的先后次序，复杂的知识点在不同的教学阶段如何分布和呼应；教学单元的核心是什么，不同内容如何关联，不同课型之间如何搭配等）；能选择恰当、规范的语言材料，开发相关教学资源；能对学习者掌握的程度进行评价。比如"着""了""过"这几个语言点，拥有 PCK 的汉语教师知道学习者在初级阶段对"过"的掌握相对较难，但中级以后很少犯错，因此初级阶段对"V+过"的教学就很关键，有教师采用在情景中提问的方式呈现和教授（如"教师：烤鸭好吃吗？学习者：好吃。教师：你怎么知道的？学习者：我吃过。"），效果很好；知道"了"最难（从初级到高级学习者的犯错率都很高），因此要合理拆分难点并安排好顺序，先学"了$_2$"，再学"了$_1$"；知道"着"的难度居中，具体到表动态的"着"和静态的"着"，前者更难，学习者犯错较为集中，尤其是在表示动作持续的句子中。（3）汉语学科内容主题呈现和教学的策略方法。包括特定汉语主题内容恰当的呈现方式（如例句、图片、音频和视频）、解释方法（如讲解、举例、演绎、说明、类比、归纳、模型、示范）和练习方法（如吹纸法、扩展法、情境法、游戏、角色扮演、专题调查、社会活动、真实任务等）等。比如泰国学习者发汉语声调时往往直接套用泰语的声调，即分别用泰语的一声中平调、五声低升调、二声中降调和三声高降调来发汉语的四声，汉语教师就应该结合两种语言的声调五度标记图进行对比教学和练习。

3. 有关学习者的知识。

PCK 是使学习者容易理解和掌握学科内容的知识。因此，有关学习者各方面的情况及其学习汉语的困难和理解方式等知识，也是汉语教师 PCK 的核心组成部分。有关学习者的知识包括两个层次：（1）学习者的语言学能、母语背景、学习风格、年龄、兴趣、态度、习惯、动机、需求和目的等方面的情况。比如日本学习者在汉语课上往往不爱开口、不主动发言、爱面子，但刻苦努力、注重团结、热衷集体活动；美国中小学生更重视个人隐私，可能会明确告诉汉语教师不要与他有肢体接触；欧美学习者更喜欢小组合作或活动教学等。（2）学习者在特定汉语内容主题上的已有知识、学习难点、典型错误和理解方式（包括误解）。比如拥有 PCK 的汉语教师知道英语、法语、韩国语、日语、越南语背景的学习者会犯"见面老师"这样的错误；韩日学习者往往会把宾语放在谓语前；欧美学习者往往缺乏声调、汉字和量词的概念；日本学习者虽然有量词的概念，但对细长的东西用"本"，薄扁的东西用"枚"，成块的东西用"个"，跟汉语中的量词与事物的搭配关系差异很大；越南学习者也有量词概念，但往往在某些名词前漏用（因为对应的越南语名词不用量词），也容易用"只"来修饰所有的动物名词（误以为"只"相当于越南语的 con）。

4. 有关汉语教学情境的知识。

特定的教学实践情境是一种条件性、环境性因素，影响教学方法的选择，自然也会影响 PCK 的建构。因此，有关汉语教学情境的知识也是汉语教师 PCK 的重要组成部分。它也包括两个层面：（1）宏观层面的社会、政治、经济、文化、外交、教育等政策环境方面的知识。这些知识对汉语教学都有很大的影响。比如在北美地区教汉语就很难使用单纯抄写的方式练习汉字；北欧各国特别重视外语学习，而且有悠久的外语教学传统。（2）社区、学校、班级等具体教学环境方面的知识。比如汉语教学机构所在的社区汉语资源，民众的种族、民族、宗教、风俗等，家长会和各种民间团体等情况，学校的教学设备等硬件（包括电脑上是否装有中文操作系统和输入法）、汉语图书资料、语言教学传统、人际关系等情况，班级教室的空间大小、桌椅排列、温度和湿度等情况。

（二）汉语教师PCK的功能

1. 能够提高汉语课堂教学的质量和效率。

基于前文所述，一方面，汉语教师的PCK能够使汉语学科内容更容易被学习者理解和应用；另一方面，它可以使教师减少备课时间，把更多精力用于课堂教学活动的实施。汉语教师的PCK越丰富，其在汉语学科内容上的呈现方式和教学策略就越多，能够设计的课堂活动也越多，能够更加从容地应对汉语教学中出现的问题，也能够针对学习者的学习难点，进行更为有效地讲解和练习。有了这两个方面的保证，汉语教师的课堂教学质量和效率自然就高。

2. 能够提高汉语教师的专业水平。

PCK是教师特有的知识类型，是其专业发展的"抓手"。汉语教师能够建构自己的PCK，意味着其对特定汉语学科内容、教育教学知识、有关学习者的知识和情境性知识等多种知识有一个全面、深入和透彻的把握，并能在此基础上从教学的角度对特定汉语学科内容主题进行适当转化；意味着其对特定汉语学科内容有过长期不断钻研学习、教学实践、反思研究、再实践反思，并在此基础上形成了恰当的教学方式。可见，汉语教师建构自己的PCK会带动其各个方面的提高和发展。Shulman（1986）、徐碧美（2003）和吴一安（2005）的研究都表明，教师 PCK 的丰富程度与其专业水平的高低成正比。[①]

3. 能够为设置汉语教师教育课程和评价汉语教师知识结构提供理论框架。

既然 PCK 能够提高汉语教学的质量和效率，又能提高汉语教师的专业水平，那么汉语教师 PCK 及其构成成分所对应的课程，就是教师教育（包括入职前的汉语国际教育专业和入职后的各种进修培训）的核心课程。比如入职前的汉语学科内容课程（如现代汉语）、教育教学课程（如教育学、对外汉语教学概论等）、有关学习者的课程（如第二语言习得概论等）以及教学实习和见习等实践类课程；在职培训课程中的汉语教学案例课、录像点评课和教学实践分析课等课程。另外，教师管理机构也可以据此判定汉语教师的知识结构是否完整，是否需要补充和完善；据此对汉语教师资格进行认证、考核和评价，并甄别、选拔优秀汉语教师。

三、汉语教师 PCK 建构：途径与策略

我们从汉语教师培养的整个过程着眼，贯穿入职前和入职后两个阶段，提出不同阶段汉语教师建构 PCK 的几点建议。

（一）职前汉语教师 PCK 的建构

1. 重点学习相关专业课程，充分汲取建构 PCK 所需"原料"。

[①] Shulman, L. S. (1986). Those who understand: knowledge growth in teaching. *Educational Researcher*, 15.2: 4–14；徐碧美《追求卓越——教师专业发展案例研究》，人民教育出版社，2003年；吴一安《优秀外语教师专业素质探究》，《外语教学与研究》2005年第3期。

PCK 是一种综合性知识，作为"原料"的几种知识对于建构 PCK 的重要性不言而喻。因此，职前汉语教师应重点学习包含以上几种知识的课程。比如包含汉语学科内容知识的语言学概论、现代汉语及汉语的语音、词汇、语法、汉字等课程；包含教育教学知识的教育学、对外汉语教学概论、汉语课堂教学方法等课程；包含学习者知识的教育心理学、汉语习得概论等课程；包含汉语教学情境知识的教学实习、教学录像观摩、教学案例分析等课程。

只有把这些专业性的核心课程学深、学透、学具体、学扎实，才能够为职前汉语教师建构 PCK 储备足够的"原料"。另外，职前汉语教师还应学习一些研究方法类课程（如实证研究、行动研究、田野研究等），以便将来入职后能通过研究教学中的问题来积累自己的 PCK。

2. 依托核心课程，初步感知 PCK。

对外汉语教学概论、汉语课堂教学方法、汉语习得概论等课程都是培养未来汉语教师的核心课程和专业特色课程。这些课程的大部分内容都来自于对汉语教学实践的研究，融合了汉语学科内容、教学方法、学习者的特点以及部分教学情境知识，基本属于 PCK 或者 PCK 的"半成品"。职前教师应该依托这几门核心课程，加强对汉语本体知识和汉语教学规律的系统性把握和理解，建立有关汉语教学的个性化"认知结构"；基本形成正确的语言观、汉语教学观和教学内容的结构体系（包括知识点之间的纵横脉络和重点、难点的分布）；掌握一定的汉语教学理论和教学方法；能够从原则上理解和设计汉语教学目标、选择和组织教学内容和材料、选择教学方法、进行适当的教学评价等；基本把握不同年龄和文化背景的学习者对汉语的理解，及其在特定汉语内容主题上的理解方式和困难,并据此对教学内容进行一定程度的改造和转化,使其易于被理解和掌握,等等。

为尽快建立这种"认知结构",职前教师在课前应充分阅读相关材料和教学案例,在课堂上积极参与讨论,分享和反思自己的理解,最后通过实践性的作业(如试讲)来把握和积累学习心得,通过具体案例来理解、建构和储存相关教学理论和方法。

3. 通过教学实习等实践类课程,初步建构部分 PCK。

PCK 是在教学实践中建构而成的。对职前汉语教师来说,真实情境下的教学实习、模拟实践为主的教学录像观摩和教学案例分析等实践类课程,不仅包含大量真实的情境性知识,而且是难得的教学实践机会。职前汉语教师应抓住这些机会,把学过的汉语学科内容知识、教学方法、学习者的特征以及可能存在的学习困难融合在一起,形成 PCK。

在此类实践性课程中,通过对指导教师的模仿,职前汉语教师首先应学会把部分特定汉语内容主题与教学方法、学习者的常犯错误等知识融合起来,形成具有多样化呈现方式、多种活动练习方法的知识模块,即 PCK。比如用图示法教方位词和存在句。其次,应初步形成一定的课堂教学常规。比如知道如何撰写教案(包括对教学内容的分析、具体目标的确定和教学方法的选定)、如何分析学习者的具体情况、如何设计教学环节和教学活动、如何设计板书、如何提问、如何判定学习者的掌握情况、如何布置作业等。如常用的课堂导入方式有提问、小组活动、竞赛、测验已学相关知识、介绍背景知识等。最后,应积累一些学习者学习汉语的特点、困难、错误、思维方式、已有概念、影响因素、对教师的反馈等方面的知识。如学习者倾向于用母语规则来造句

("我学习汉语在北京。""我是很好。""他打球了三个小时。")、把某些目的语规则泛化(学习了"桌子""椅子"等词后,常把"背包"说成"包子")。

除了充分利用既有的教学实习机会,职前汉语教师还应积极拓展教学实践的方式和机会(如找语伴、做辅导、当助教、看录像、旁听公开课等),并在此过程中明确自己的困惑和不足,进而请教、学习、实践、反思,最后初步形成自己的PCK。

(二) 在职汉语教师 PCK 的建构

1. 通过反思自己的教学实践建构 PCK。

教学实践是汉语教师把汉语学科内容知识等多种知识融合成PCK的基础,同时也是汉语教师建构自己PCK的最主要的途径。汉语教师应该对日常汉语教学实践不断进行反思和学习,总结经验,发现不足,并在此基础上建构自己的PCK。

在备课时,汉语教师应预先思考:自己是否已经完全理解和把握所教内容?所教内容分别与前面学过和后面要学的哪些内容有关联?所教内容跟学习者日常生活中的哪些知识有关联?学习者应该在所教内容上达到什么目标?可能犯的错误是什么?原因是什么?如何避免或纠正?教师如何呈现所教内容?采用哪些教学方法或活动?如何评价学习者对所教内容的理解?等等。例如初级阶段教"一点儿"这个语言点,汉语教师应确保自己已经掌握"一点儿"的各种意义和用法;知道其与"有点儿、稍微"等词语及"表示数量、表示某种性质状态的程度、表示主观态度"等内容有关联,与日常生活中"描述和评价某人、某事、某物或自己的心理感受"的语言功能有关;目标是让学习者学会在日常生活中使用"一点儿";常犯错误是把"一点儿"放在形容词前(如

"一点儿累"),原因在于学习者简单化的理解("一点儿"表示"少",学习者只是想表示"不是很累"的意思),日本学习者还会受母语影响(在日语中"一点儿、有点儿、稍微"用同一个词来表示,也可以放在肯定句中的形容词谓语前);教师应掌握教学方法,如采用多个例句对比呈现,配以提示讲解的方法来纠正,即结合例句告诉学习者"'一点儿'一般放在名词前表示数量少,如要表示某种性质状态的程度不高,可以在形容词前用'有(一)点儿'"。

在上课时,汉语教师需要观察反思:学习者在学习过程中出现了什么事先没想到的新问题?如何解决?学习者对所教内容和教学方法的态度如何?如果不配合或者反对,如何引导和改变?自己的哪些教学行为效果不好,如何改正或避免?仍以"一点儿"为例,汉语教师会发现,有些学习者说出了"教室有一点儿亮"这样的句子。这就需要教师告诉他们:这个结构通常用于表示说话人不满意的情况。如果表示满意,可以用"比较"代替,即"教室比较亮"。另外,欧美学习者大多不愿意做单纯的语言点练习,教师可以考虑设置一个场景:如果你对预订的房间不满意,想换个房间,你怎么跟服务员说。

在课后,汉语教师应该对本次教学进行全面反思:整个过程是否顺利?如果有的环节不顺利,原因是什么?如何改进?原来设计的教学目标是否已达到?如果没有,如何补救?呈现方式和教学方法是否有效?如果无效,如何改变?学习者在学习过程中对哪个部分感兴趣,对哪个部分不感兴趣?等等。仍以"一点儿"为例,学习者偶尔会冒出"他不有一点儿累"这样的句子,原因可能是学习者将"不"泛用。其实应该是"一点儿"的否定用法"一点儿(+也)+不+形容词"结构表示某种性质状态根本不存在。

如果每次课都如此，针对具体教学内容和方法的经验或教训的整理和提炼，就逐渐被建构成汉语教师个人的PCK。

2.通过同事间的专业交流来拓展自己的PCK。

PCK具有个体性和建构性等特点。即便是同一汉语内容主题，不同汉语教师的PCK也不相同。因此，汉语教师应积极参与同事间的专业交流，并依托这类活动来拓展自己的PCK。

汉语教师应通过集体备课、相互听课、共同评课等专业活动分享彼此的教学理念和方法。对同一个语言点，不同的汉语教师有不同的理解、呈现方式和教学方法。在对该语言点及其教学过程进行深层分析和讨论的基础上，汉语教师可以学习和借鉴同事的正确方法和行为，改善或丰富自己原有的教学方式。比如某位汉语教师发现母语为意大利语的学习者告别时说"你好"，同事可能会想起母语为泰语的初学者告别时也会这么说。产生错误的原因是相同的：意大利语和泰语中"见面问候"和"道别"都用同一个词。再如针对主谓谓语句的练习，有的汉语教师可能会展示一张人物图片，用教师提问、学习者回答的方式来练习；有的教师可能会设定网络聊天的情境，让学习者向自己的父母介绍所在城市或自己的老师。

汉语教师可以通过观摩优秀教师上课（包括教学比赛和公开课等）的方式来学习。优秀教师所拥有的丰富的PCK，体现在课堂教学的各个环节。从把握内容到设计教学方法，从课堂导入到课后点评，从教学语言到教学行为，从教师讲解到师生互动，每个环节都值得汉语教师学习和琢磨，并在此基础上结合自己的具体情况予以吸收和借鉴。

汉语教师还可以通过与汉语教学专家合作研究的方式向专家

学习。通过对汉语课堂教学的深入研究，并对照教学专家的观念和行为，汉语教师可以反思自己的语言教学观，更加深入地了解学习者，把握教学过程，丰富某些教学内容的呈现方式和教学方法。而且，在合作研究的过程中，对于专家的很多无法明确表述的教学诀窍和心得，汉语教师也可以心领神会。

3.通过参加汉语教学培训项目来完善和更新自己的PCK。

汉语语言学、教育学和第二语言教学等学科一直在发展，汉语教师工作一段时间后，有必要参加一些汉语教学的培训项目，以完善和更新自己的PCK。

汉语教师应针对自己课堂教学的"短板"，选择适合自己的培训项目。选定项目后，应积极表达自己的培训需求，参与培训目标的制订、培训内容的选取和培训方式的选定，以便能最大限度地完善和更新自己的PCK。

汉语教师应把接受培训的重点放在如何提高自己的教学实践水平上，请培训专家提供较好的汉语课堂教学录像，一起观看，共同探讨，必要时请专家对关键性的教学行为进行示范，然后自己再反思、消化，并在类似的教学情境中进行尝试性模仿教学，以改进、更新自己的教学方法和行为。在此基础上，汉语教师再通过聆听相关专家讲座，对这些方法和行为背后的语言学、教育学理念进行深入学习，以拓宽自己的理论视野。例如参加任务型语言教学的培训，就应该从观看任务型语言教学的录像开始，看录像中的教师如何针对具体的内容主题设置任务，如何督促学习者完成任务，如何点评学习者的任务完成情况，如何引导归纳出相应的语言点等，然后再反思这种方式在汉语教学中是否可行，最后自己选定一个主题尝试教学，遇到问题时咨询专家解决，力求把任务型教学的理念落实到教学行为上。

4. 利用专业工具积累自己的PCK。

PCK量大而又零散，汉语教师可以借助一些专业工具来梳理和积累。比如Loughran等（2008）[1]研究开发的"内容表征表格"（Content Representation）和"教学专业经验库"（Pedagogical and Professional Experience Repertoires）。在内容表征表格中，汉语教师可以详细描述优秀教师有关特定汉语内容主题的PCK。它包括：就特定汉语内容主题来说，学习者要达到的具体目标是什么？与该内容主题前后相关的汉语内容是什么？学习者在学习该内容时可能会犯什么样的错误？如何避免？如何呈现和教授该内容？如何评价学习者掌握该内容的程度？等等。汉语教师可以在了解该表格内容的基础上观看该优秀教师的教学录像，联系自己的教学实践，反复思考，模仿尝试，比照提高。

教学专业经验库由叙事性文件构成，汉语教师先详细描述自己汉语教学各方面的情况，然后请优秀教师或专家对此进行点评、注释，最后进行对比、反思、改进和提高。这样汉语教师就能把自己的一些比较模糊的想法或思路清晰化，然后再结合专家的点评予以修正。

此外，汉语教师还可以通过汉语教学工作坊（围绕特定课题开展专项研究）和研读专业文献（包括教科书及教学参考书、相关专著、期刊等）等方式来丰富、拓展自己的PCK。

---

[1] Loughran, J., Mulhall, P., & Berry, A. (2008). Exploring pedagogical content knowledge in science teacher education. *International Journal of Science Education*, 30.10: 1301–1320.

第五节 汉语国际教育硕士专业学位的两个科学体系[①]

汉语国际教育硕士专业学位试点高校 24 所,2009 年新开设汉语国际教育硕士专业学位的高校 39 所,共计 63 所。为推动专业学位的建设,2009 年曾对试点的 24 所院校进行评估检查,结果其中 7 所学校存在不同问题,需进行整改。其他学校因处在专业学位建设的初始阶段,也还有若干不足之处。这里就评估检查中发现的问题,提出建设专业学位的一些意见。

一、发展状况及存在的问题

总体上看,设置专业学位的各校,普遍存在一些认识上的问题。在初设专业学位过程中,也还存在一些尚待改进和完善的地方。

第一,对专业硕士学位与学术型硕士学位的区别尚不甚清楚。实际上,这是两种既有联系、又有区别的学位。有的学校以培养对外汉语教学学术型硕士学位的课程,代替汉语国际教育硕士专业学位的课程。极端的情况是,个别学校在原中文系课程基础上,加上一门对外汉语教学概论,作为专业学位的课程来培养学生。

第二,对汉语国际教育硕士专业学位的培养目标和培养要求,还不十分明晰。集中表现在对课程讲授与实习实践相结合的培养

---

① 本节选自赵金铭《课程体系与实习体系——汉语国际教育硕士专业学位的两个科学体系》,载《国际汉语教育人才培养论丛》(第二辑),北京大学出版社,2011 年。

方式还缺乏更深入的认识，没有建立起汉语国际教育硕士专业学位的课程设置体系和课程内容体系，没有建立有效的可操作的教学实习和实践体系。国际汉语教育专业学位的定位应是与国际汉语教师职业相衔接的专业学位。

第三，无论是组织机构、教师配备、课程设置，还是教学资源与硬件的提供与实习实践的安排，都还处在逐步改革与完善之中。汉语国际教育硕士专业学位的建立是一个新生事物，一些学校对专业学位研究生的培养准备不足，条件不成熟，仓促上阵。不少学校设在文学院。

第四，课程教学与实践教学缺乏科学完备的教学计划，教学与实习安排零散而不成系统。无论是教学计划、课程大纲、教学方法，还是教学的组织管理、教学设施的配备，都还处于起步阶段，皆在试行之中。特别是教学实践与教学实习，缺乏按部就班的安排，带有随意性，尚无科学的计划。

二、*两种不同的硕士学位类型*

因原来设有学术型的对外汉语教学硕士学位，现又新增国际汉语教育硕士专业学位。两个学位究竟有何不同？当前在认识上，首先应区分两种不同的学位。

学术型学位"对外汉语教学硕士"，以培养研究能力为主，并未把培养教学技能放在首位。目前设在三个二级学科下：在"汉语言文字学"门下，多研究汉语作为第二语言教学的语音、词汇、语法、汉字和篇章。在"语言学及应用语言学"门下，研究语言教学法、第二语言习得、语言测试与评估、现代教育技术应用等。

在"课程与教学论"门下则研究大纲与课程设置、课堂教学、教材编写与应用等。

专业学位"汉语国际教育硕士"是以培养技能为主,正如法律、工商管理、园艺、工程、会计等专业硕士一样,是培养高层次应用人才。汉语国际教育硕士专业学位就是培养能适应海外教学环境的汉语作为外语教学人才,通俗的说法就是培养高层次的教书匠,是一种技能型的培养。

学术型对外汉语教学硕士学位,按学科设立,培养大学教师和科研机关的研究人员,虽也有人从事对外汉语教学,那是教学单位的需要或个人职业选择。汉语国际教育硕士专业学位,以专业实践为导向,重视实践和应用,培养具有专业和专门技能的应用型、复合型人才,具有师范性。专业学位是针对学术型学位而言的学位类型。

两个不同的学位处于同一层次,是不同的学位类型,培养规格各有侧重,培养目标有明显的差异。建设汉语国际教育硕士专业学位,不是建设一个新专业,也不能作为一个学科来建设,而是在专业的名目下,在学科理论的指导之下,建设一个新的专业学位。建设这样一个新的专业学位,不能在原有的学术型学位的基础上改造,不能修修补补,而是用一种新的理念来建设一个新的汉语国际教育硕士专业学位。

建设一个全新的汉语国际教育硕士专业学位,从一开始,就应以改革创新的精神,打好基础,立下根基,努力推进专业学位的健康发展。无规矩,不成方圆。必须建立标准和质量保证意识,这是培养专业硕士的生命线,要保证培养出来的人,符合专业学位培养方案要求的目标。

如果专业学位培养出来的人，走出国门，走向世界，在国际汉语作为第二语言教学中站住脚，受到学习者的好评，我们的专业学位就算办成功了。反之，如果汉语、外语及中国文化知识面窄，结构不完备，教学技能与跨文化交际技能欠缺，不具备国际汉语教师的基本素质，不能适应海外的汉语教学，我们的专业学位就没办好。

三、汉语国际教育硕士专业学位的本质特征

我们将两个不同类型的学位进行了比较。"比较引起分类，分类形成系统，比较、分类、系统化是知识进入科学领域的重要门径。"[①] 这里，我们要特别强调三个关键词：汉语国际教育、硕士、专业学位。这三个关键词体现着专业学位的本质特征。建设汉语国际教育硕士专业学位的前提是，对汉语国际教育硕士专业学位的三个关键词继续加深认识，全面理解、深入认识三个关键词所包含的全部内涵。

（一）加深对"国际汉语教育"的认识

"汉语国际教育"又称"国际汉语教育"，这是一个新概念。它的内涵是：汉语作为第二语言／外语教学。它的外延包括：国内的"对外汉语教学"、海外的汉语作为外语教学、国内外的汉语教师的培养与培训。之所以称作"国际汉语教育"，而没有称作"国际汉语教学"，是因为国际汉语教育比国际汉语教学有更宽的内涵与外延，教育包括了中国文化介绍与中国文化传播。

---

① 周有光《比较文字学初探》，语文出版社，1998年。

专业学位是教师培养,不是师资培训。培养与培训,在本质与过程上均有很大的不同。专业学位培养具有熟练的汉语作为第二语言教学技能和良好的跨文化交际能力,适应汉语国际传播工作,能够胜任多层次、多品类汉语教学任务的高层次、应用型、复合型人才,这是一个完整的培养过程。作为一种人才的培养,需要一定的过程,要具有一定的规格与规范,要有科学完整的教育体系,不是短期培训可以达到目的的。一定要把握好方向,充分认识"国际汉语教育"的丰富内涵,不能稍有偏离。

(二)加深对专业硕士高层次学位的认识

汉语国际教育硕士专业学位是国民教育系统中一种高层次学位,是在取得学士学位后,通过考试录取,经过专门训练,在知识与技能两方面,考试合格,有的还要通过论文评审,才能获取的学位。应有严格的科学管理与培养程序。如果忽略了系统知识的传授,仅仅靠培训方法与技能,是很难达到培养目标的。

要取得汉语国际教育硕士专业学位,必须修满相关的课程,必须具有完备系统的学科基本知识,必须具备专业技能。依据《国际汉语教师标准》应具备 5 个模块的 10 个标准,即:语言基本知识与技能;文化知识与交际技能;第二语言习得与学习策略;汉语教学方法;教师综合素质。要具备这些知识与技能,必须通过科学、系统、全面的课程学习,通过科学、系统、实用的实习与实践,才能完全掌握。

(三)加深对专业学位是应用型学位的认识

汉语国际教育硕士专业学位是以培养技能为主的高层次学位,因此,实习与实践的环节格外重要。专业学位正是以此为特色。要有计划、有步骤、科学合理地安排教学实习与实践,切实加强教学实践能力的培养。教学实习与实践不是任意的、随意安排的，而是由理论到实际，由虚拟到真实，由低到高，按部就班，循序渐进，使学生最终掌握汉语基本教学能力，走进汉语作为外语教学的崇高殿堂。

四、建立课程与实践两个科学体系

为确保汉语国际教育硕士专业学位的培养质量，就必须建立科学的、完善的专业学位课程体系和专业实习实践体系，这两个体系的建成，可以保证学习者知识的获取与技能的获得，标志着专业学位建设的成熟。

（一）专业学位课程体系

设立专业学位课程体系的原则是：知识传授与技能、方法的掌握相结合，二者并重，不可偏废。课程设置是骨架，课程内容是血肉。

1. 专业学位课程设置体系。

专业学位课程体系的确立，应遵循下列原则：

（1）专业性——对汉语和中国文化有较为系统和全面的了解，初步掌握汉语教学技能和中国文化传播技能，要对《汉语国际教师标准》中知识和能力的条款深化与细化，这是汉语国际教学的基本要求。

（2）科学性——课程设置遵循语言规律、语言教学规律、语言学习规律和文化传播规律。注重语言知识（汉语和外语）的系统与完整，不是零散的、支离破碎的。具有针对性，是针对汉语教学和中国文化传播需要的。

（3）国际性——课程设置是外向型的，符合海外汉语教学需要。适应海外汉语教学和文化传播特点。了解世界语言文化的多元性，有正确的文化取向。了解海外汉语教学环境的多样性，具有很强的适应性。

课程设置体系应具有自身的特点。核心课程为主导，是必修课；拓展课程为补充，包括必须补修课和自由选修课两种。所有的课程，虽侧重于知识传授的系统与全面，但注重案例教学，重在实用，重在全面提升学生的专业能力。核心课程以本专业培养目标所设定的能力为取向，帮助学生构建三种技能：汉语作为外语教学技能；中国文化传播技能；跨文化交际技能。技能以基本理论和基本知识结构为依托，脱离了基本理论和基本知识，方法与技能就是无本之木，无源之水。

即以"汉语作为外语教学技能"来说，如果只是加大汉语教学技能的培训力度，尽可能多讲教学方法和教学技巧，显然是舍本逐末。没有对汉语本身的深入了解，没有对汉语特点的深刻理解，没有对基于汉外对比的汉语作为外语的课堂教学的基本认识，所谓之汉语教学方法与教学技巧是架空的。

必修课程5门，设置如下（表1）：

表1

能力指向	课程名称	学分
汉语教学技能	汉语作为第二语言教学	4
	第二语言习得	2
	国外汉语课堂教学案例	2
文化传播技能	中国文化与传播	2
跨文化交际技能	跨文化交际	2

拓展课程是个大菜单，是供学习者选择的、用以充实个人知识结构上的薄弱环节的补充课程，是为了在核心课程的基础上进一步拓宽学科知识，提升能力和素养。由三大模块组成：汉语作为外语教学类；中国文化传播与跨文化交际类；教育与教学管理类。

汉语教学类：诸如汉语要素教学、汉语教材与教学资源、现代教育技术及教学应用、汉外语言对比等。

中国文化传播类：诸如中国思想史、国别与地域文化、流行文化与当代社会、文化传播与文化冲突等。

教育与管理类：诸如外语教育心理学、儿童心理发展与成长、国外中小学教育等。

2. 专业学位课程内容体系。

课程内容设计的原则是科学而实用。科学指课程内容尽量系统而全面，整体上突出汉语汉字基础知识和中国文化基本知识，这是课程内容设计的核心。实用指课程内容有助于主要技能的培养，要授人以渔。至于教学方法与技能的传授与训练，也并非是随意的，既要遵循外语教学的基本原理，又要基于汉语和中国文化的特点，探索在不同环境下的汉语作为外语教学的技能与方法。

以"汉语作为第二语言教学"为例，这是专业学位的核心课程，课程内容应涵盖：（1）作为第二语言的汉语本体知识；（2）汉语要素（语音、词汇语法、汉字、篇章、话题等）教学及其综合教学；（3）汉语微技能（听力、说话、阅读、写作）教学及其综合教学；（4）汉语课堂教学与教材；（5）世界第二语言教学法原理与发展沿革；（6）汉语作为外语教学法的探索与实践。

以"第二语言习得"为例，应包括：（1）语言对比分析与偏误分析；（2）学习者的语言——中介语；（3）第二语言习得顺序、习得特点、习得规律；（4）第二语言习得模式（多元发展模式、认知模式等）；（5）学习者个体因素学习策略、个体差异等。

再以"国外汉语课堂教学案例"为例，内容应是系统的，而不是零散、破碎的，应该既见树木，又见森林。应包括：（1）世界各主要地区典型的汉语课堂教学，如北美、西欧、东南亚等；（2）应了解各种类型、层次、课型、年龄段的汉语教学；（3）教学案例应体现教学理论、教学方法、教学模式、内容选择与处理、教学应变、教学评估等。

（二）汉语教学实习与实践体系

汉语教学实习与实践，并非仅仅是走进课堂实地教学，这应该是终极目的。教学实习与实践应该是一个有指导、有计划、有步骤的逐渐熟悉课堂教学的过程。是一个将所学理论与知识逐步应用于课堂教学的转换过程。不经过这样一个循序渐进的过程，是不可能具备课堂教学技能的。如果不按照科学的规律安排实习与实践，一旦形成一个不当的教学范式，或个人的某些教学习惯，改起来就很困难。教学实习与实践应有如下步骤：

1. 课堂教学观摩与讨论。

观摩教学应选取具有典型性的教师和班次；照顾到各种类型、各个层次、各种课型的汉语教学；观摩之后要集体讨论，从理论与实践上评论所观摩教学的得失优劣。

2. 说课训练与微格教学设计。

就选定的教材中的某一课，陈述个人的授课计划，包括教学环节、教学内容安排、教学方法的选择、教学预测等。说课后要集体讨论，就各种设想评述优劣，最终选定授课计划。然后进行教案设计，形成文字。最后才是就其所准备的内容试讲，可采取模拟真实课堂的形式，课后进行集体教学评估。

3. 备课与教学资源开发。

学会认真备课。包括选择教材、熟悉教材、预测学生可能出现的问题有针对性地选取适当的教学模式；教材的灵活处理，依据具体情况或增或减或补充材料；制作多媒体课件，准备所需教具。

4. 教学实习与顶岗教学。

实地教学实习，真正走向教学课堂，在国内，可在对外汉语教学实体单位进行，授课后要写出教学笔记，并就课堂组织管理进行反思。顶岗教学，指在国内的教学单位或国外教学机构、孔子学院担任任课教师，从而真正走向汉语教学课堂。

5. 文化实习。

包括文化讲座、文化交流、文化演示、中华才艺训练等。要能从中了解世界多元文化，训练自己的话语表达，掌握文化传播技能。重要的是对世界不同的文化要能求同存异，宽容大度；要尊重不同民族的文化与信仰，对不同的文化不进行褒贬，持中立文化态度；传播中国文化，设身处地，不强加于人；传播中国文化以介绍当今国情为主，树立当今国人的正面形象，呈现我泱泱大国风范。

五、结论

建设具有"中国特色，世界水平"的汉语国际教育专业学位，课程体系和内容体系的建立，是掌握汉语作为外语教学基本理论知识的保证；教学实习与实践体系的建立，是获取汉语作为外语教学基本技能的保证。只有理论与方法相结合，知识与技能并重，不偏废，才能培养出高层次、应用型国际汉语教育的合格人才。

第六节　汉语国际教育硕士导师队伍现状调查研究[①]

自 2007 年汉语国际教育硕士专业学位设立以来，开办汉语国际教育硕士专业的院校数量快速增长。截至 2016 年全国共计 107 所院校（其中一本院校 50 所，二本院校 57 所）[②]开设了汉语国际教育硕士专业学位，为了满足海外国际汉语教师的需求，汉语国际教育硕士的招生规模不断扩大，已远远超出从事对外汉语教学的导师所能承受的范围，导师短缺的问题凸显。在这种情况下，一部分热爱汉语国际教育事业但并未从事过对外汉语教学的教师加入汉语国际教育的导师队伍中。例如，某些从事汉语本体、文学、教育学、哲学、心理学等方面研究的导师参与到汉语国际教育的事业中，其来源呈现出多样性、复杂性的特点。

为了全面了解汉语国际教育专业导师队伍，在考虑了样本比例及地域分布的情况下，我们选取了全国开设该专业的 30 所院校作为调查对象，分别是：北京大学、北京师范大学、中国人民

[①] 本节选自阮桂君、段萌《汉语国际教育硕士导师队伍现状调查研究》，载《国际汉语教育人才培养论丛》（第五辑），中国社会科学出版社，2016 年。

[②] http://yz.chsi.com.cn/zsml/queryAction.do。

第六节 汉语国际教育硕士导师队伍现状调查研究

大学、中央民族大学、北京外国语大学、首都师范大学、中国传媒大学、东北师范大学、复旦大学、浙江大学、山东大学、南京师范大学、陕西师范大学、华中师范大学、苏州大学、厦门大学、西南大学、四川大学、暨南大学、中山大学、北京语言大学、哈尔滨师范大学、渤海大学、天津师范大学、河北大学、河南大学、西北师范大学、广西民族大学、广州大学和广东外语外贸大学。笔者从导师的来源与背景、科研情况、心理状况三个方面分析汉语国际教育硕士专业导师队伍的现状。

一、汉语国际教育硕士导师队伍的现状

（一）导师的来源与背景

1.学历结构。

学历结构指汉语国际教育导师的学历水平。为便于统计，本文将学历水平以博士学历为界分为硕士和博士两大类，其中将进修归为硕士类，在职博士、博士后、访问学者归为博士类。所调查院校的汉语国际教育导师的学历结构如表1所示：

表1 30所高校汉语国际教育专业导师学历水平归类表（单位：人）

序号	学校名称	导师数量	硕士（进修）	博士（在职博士、博士后）	数据缺失
1	北京大学	40	13	27	0
2	北京语言大学	18	2	16	0
3	北京师范大学	44	7	35	2
4	中央民族大学	17	4	12	1
5	北京外国语大学	34	16	17	1

（续表）

序号	学校名称	导师数量	学历水平		
			硕士（进修）	博士（在职博士、博士后）	数据缺失
6	中国人民大学	33	14	19	0
7	首都师范大学	20	3	17	0
8	中国传媒大学	16	3	12	1
9	东北师范大学	13	8	4	1
10	哈尔滨师范大学	6	0	6	0
11	渤海大学	8	3	5	0
12	天津师范大学	12	3	9	0
13	河北大学	10	1	9	0
14	河南大学	14	1	10	3
15	山东大学	12	1	11	0
16	浙江大学	11	0	10	1
17	南京师范大学	18	5	13	0
18	苏州大学	13	2	10	1
19	复旦大学	16	1	13	2
20	陕西师范大学	13	0	11	2
21	西北师范大学	9	2	5	2
22	华中师范大学	33	2	31	0
23	厦门大学	9	0	8	1
24	四川大学	25	2	22	1
25	西南大学	12	6	5	1
26	中山大学	14	0	14	0
27	暨南大学	23	7	16	0
28	广东外语外贸大学	12	1	10	1

（续表）

序号	学校名称	导师数量	学历水平		
			硕士（进修）	博士（在职博士、博士后）	数据缺失
29	广州大学	9	0	8	1
30	广西民族大学	7	0	5	2
	总计	521	107	390	24

由表1可以看出，在521名被调查的导师中，博士以上（含）学历者共390人，占比74%，代表了目前全国汉语国际教育导师的整体学历水平，也说明汉语国际教育硕士导师普遍具有较高的学历水平。硕士（进修）学历的有107名，占比21%，数据缺失的有24名，占比5%。

2. 专业方向。

依据与汉语国际教育专业的相关程度，导师的专业方向可以分为对外汉语类、其他语言类、文学类和其他类四种。其中，对外汉语类是与汉语国际教育最为对口、联系最为密切的专业，包括汉语作为第二语言教学、第二语言习得等专业方向；其他语言类与汉语国际教育也有一定的联系，包括语言学与应用语言学、汉语言文字学等专业；文学类是指与汉语国际教育联系较不密切的专业，包括古代文学、文艺理论、比较文学等专业；其他类则是指与汉语国际教育相差很远的学科专业，如哲学、心理学、教育学、经济学等专业。在确定导师专业方向时，我们同时参考了导师硕士或博士学位论文的研究方向（论文方向一般与专业方向相一致）。30所院校的汉语国际教育导师的专业方向如表2所示：

表2 30所高校汉语国际教育专业导师专业方向归类表（单位：人）

序号	学校名称	导师数量	对外汉语类	其他语言类	文学类	其他类	数据缺失
1	北京大学	40	5	14	17	4	0
2	北京语言大学	18	0	10	5	3	0
3	北京师范大学	44	2	22	12	5	3
4	中央民族大学	17	2	7	1	5	2
5	北京外国语大学	34	3	14	14	2	1
6	中国人民大学	33	2	25	5	1	0
7	首都师范大学	20	0	16	3	1	0
8	中国传媒大学	16	3	8	2	2	1
9	东北师范大学	13	0	10	2	0	1
10	哈尔滨师范大学	6	0	6	0	0	0
11	渤海大学	8	0	8	0	0	0
12	天津师范大学	12	0	11	1	0	0
13	河北大学	10	0	8	1	1	0
14	河南大学	14	0	14	0	0	0
15	山东大学	12	0	2	8	1	1
16	浙江大学	11	0	11	0	0	0
17	南京师范大学	18	0	10	8	0	0
18	苏州大学	13	0	8	4	1	0
19	复旦大学	16	1	6	6	2	1
20	陕西师范大学	13	0	7	6	0	0
21	西北师范大学	9	0	9	0	0	0
22	华中师范大学	33	1	23	8	1	0
23	厦门大学	9	0	5	2	1	1
24	四川大学	25	0	6	17	1	1

（续表）

序号	学校名称	导师数量	专业方向				
			对外汉语类	其他语言类	文学类	其他类	数据缺失
25	西南大学	12	0	11	0	1	0
26	中山大学	14	1	8	4	1	0
27	暨南大学	23	0	12	8	3	0
28	广东外语外贸大学	12	1	10	0	0	1
29	广州大学	9	0	8	0	1	0
30	广西民族大学	7	1	3	1	0	2
	总计	521	22	312	135	37	15

由表2可以看出，在接受调查的521名导师中，其他语言类的导师共有312人，占比60%，是汉语国际教育硕士导师的主要来源；文学类的导师共有135人，占比26%；最为对口的对外汉语类的导师仅有22名，占比4%；其他类的导师有37人，占比7%。受到院校信息公开程度及导师个人著述的影响，数据缺失的导师共有15人，占比3%。

通过上文对汉语国际教育导师队伍的学历水平及方向分析可以得出以下结论：汉语国际教育导师学历以博士及以上为主，整体学历水平较高；专业成分复杂，以其他语言类和文学类专业的导师为主，对外汉语类导师数量较少，占比较小。

（二）导师队伍的科研状况

1. 科研总体情况。

本文对521名汉语国际教育导师科研情况的调查包括导师发表的论文和编写的著作两大部分，从成果数量和科研方向两个维度考察。通过中国知网、万方、维普等数据库检索查找导师发表的论文,通过院校网站信息收集和论文内容提取查找导师出版的著作。521 名汉语国际教育导师的论文发表数量如表 3 所示:

表3 30 所高校汉语国际教育导师论文发表数量

序号	学校名称	导师/人	论文/篇	论文平均数量/篇
1	北京大学	40	872	21.80
2	北京语言大学	23	213	9.26
3	北京师范大学	44	671	15.25
4	中央民族大学	17	163	9.59
5	北京外国语大学	34	337	9.91
6	中国人民大学	33	238	7.21
7	首都师范大学	20	434	21.70
8	中国传媒大学	16	60	3.75
9	东北师范大学	13	127	9.77
10	哈尔滨师范大学	6	84	14.00
11	渤海大学	8	87	10.88
12	天津师范大学	12	74	6.17
13	河北大学	14	104	7.43
14	河南大学	15	149	9.93
15	山东大学	13	97	7.46
16	浙江大学	11	281	25.55
17	南京师范大学	18	210	11.67
18	苏州大学	13	267	20.54
19	复旦大学	16	365	22.81
20	陕西师范大学	13	115	8.85
21	西北师范大学	9	89	9.89
22	华中师范大学	38	775	20.39
23	厦门大学	9	264	29.33

（续表）

序号	学校名称	导师/人	论文/篇	论文平均数量/篇
24	四川大学	25	858	34.32
25	西南大学	12	91	7.58
26	中山大学	14	364	26.00
27	暨南大学	23	857	37.26
28	广东外语外贸大学	12	149	12.42
29	广州大学	9	223	24.78
30	广西民族大学	7	40	5.71

由表3可以看出：（1）在选取的30所院校的样本中，各个院校发表论文总量差距显著，论文总量最多的院校发表论文872篇，论文总量最少的院校发表论文40篇；（2）不同院校平均每位导师发表论文的数量相差也较大，最大值和最小值分别是37.26篇和3.75篇。

为了更好地分析汉语国际教育导师的科研水平，对汉语国际教育导师的论文发表情况进行更直观的统计，我们将发表的论文总量分为三个等级：200篇以上，100—200篇（含200），100篇以下（含100）。由此统计各个等级的院校数量，如图1所示：

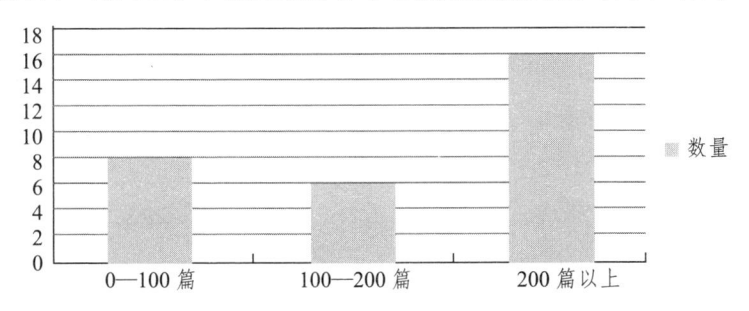

图1 受调查院校论文发表总量分类

由图1可知,在受调查的30所院校中,发表论文总量200篇以上的院校有16所,100—200篇(含200)的有6所,100篇以下(含100)的有8所。

同理,我们将受调查的30所院校的521名汉语国际教育导师平均每人发表论文的数量进行分类,分为三个等级:平均20篇以上,10—20篇(含20),10篇以下(含10),由此各个等级的院校数量,如图2所示:

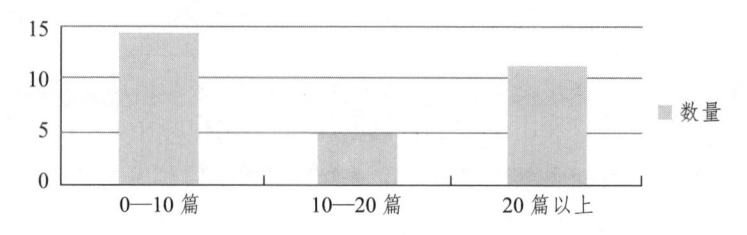

图2 受调查院校平均每位导师发表论文数量分类

由图2可知,在接受调查的30所院校中,平均每位导师发表论文数量在0—10篇(含10)的院校最多,为14所;平均每位导师发表论文在10—20篇(含20)和20篇以上的院校数量分别是5所和11所。

导师出版的著作也是衡量导师科研能力的重要方面,因此本文统计了521名汉语国际教育导师的著作出版情况,包括30所院校出版著作的总量和每位导师著作出版的平均数量,如表4所示:

表4 汉语国际教育导师出版著作数量

序号	学校名称	导师/人	著作/部	著作平均数量/部
1	北京大学	40	164	4.10
2	北京语言大学	23	34	1.48
3	北京师范大学	44	40	0.91
4	中央民族大学	17	31	1.82

第六节 汉语国际教育硕士导师队伍现状调查研究　155

（续表）

序号	学校名称	导师/人	著作/部	著作平均数量/部
5	北京外国语大学	34	25	0.74
6	中国人民大学	33	21	0.64
7	首都师范大学	20	49	2.45
8	中国传媒大学	16	4	0.25
9	东北师范大学	13	6	0.46
10	哈尔滨师范大学	6	10	1.67
11	渤海大学	8	13	1.63
12	天津师范大学	12	11	0.92
13	河北大学	14	13	0.93
14	河南大学	15	13	0.87
15	山东大学	13	12	0.92
16	浙江大学	11	35	3.18
17	南京师范大学	18	26	1.44
18	苏州大学	13	14	1.08
19	复旦大学	16	31	1.94
20	陕西师范大学	13	11	0.85
21	西北师范大学	9	14	1.56
22	华中师范大学	38	85	2.24
23	厦门大学	9	24	2.67
24	四川大学	25	82	3.28
25	西南大学	12	14	1.17
26	中山大学	14	28	2.00
27	暨南大学	23	154	6.70
28	广东外语外贸大学	12	13	1.08
29	广州大学	9	14	1.56
30	广西民族大学	7	4	0.57

由表4可知：（1）30所院校中，出版著作总量最多的是164部，最少的只有4部，差距较大。（2）就出版著作的平均数量来说，总体上相差较小，均在0—5部，其中，出版著作平均数量最多的是4.10部，最少的是0.25部。

为了便于统计，同样将调查到的出版著作的数量进行分类，分为三个等级：院校汉语国际教育导师出版的著作总量在30部以上为第一类，10—30部（含30）为第二类，10部以下（含10）为第三类，由此统计各类院校的数量，如图3所示：

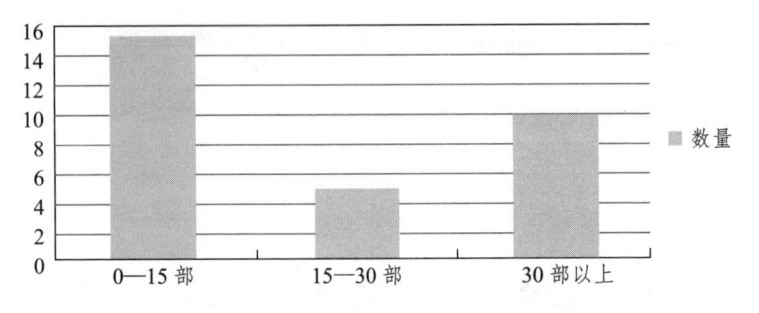

图3 受调查院校导师出版著作总量分析

由图3可知，在被调查的30所院校中，导师出版著作数量集中于0—15部（含15），共有15所院校；出版著作数量在30部以上的院校有10所；15—30部（含30）的院校共5所。

平均每位导师出版著作的数量集中于0—5部，但也有分段特征，我们将30所院校平均每位导师出版的著作分为三个等级：1部（含1部）之下，1—2部（含2部），2部以上，由此统计各个等级院校的数量，如图4所示。

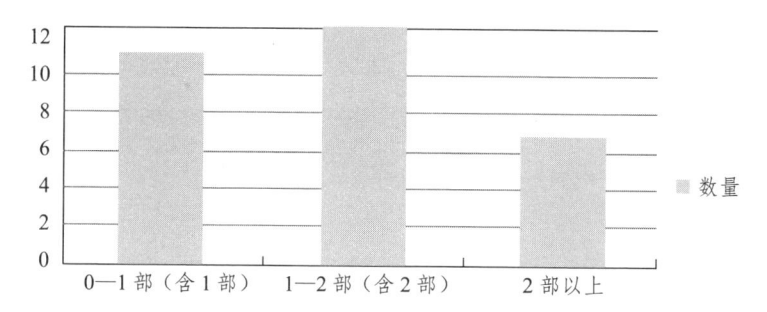

图4 受调查院校导师平均出版著作分类

由图4可知,在受调查的院校中,平均每位导师出版著作数量1—2部(含2部)的院校12所,0—1部(含1部)的院校11所,2部以上的院校7所。

2.转行前后科研方向对比。

由于相当一部分的汉语国际教育导师是由其他语言类、文学类或其他类的专业转行的,之前从事的并非汉语国际教育方面的研究。在转行之后,导师们在科研方向上的选择也有所不同。一些导师选择全身心地投入汉语国际教育的教学和科研活动中。而另一部分导师则在将时间和精力投入汉语国际教育的科研活动的同时,并未放弃在原有科研领域的工作。这就导致导师的科研方向呈现复杂化的特点。我们将被调查的汉语国际教育导师的科研情况与导师的专业背景进行交叉比对,引入导师的专业背景是为了推断导师原先的科研方向。表5是导师的科研方向的归类统计。

表5 受调查的汉语国际教育导师的科研方向的归类统计(单位:人)

序号	学校名称	导师数量	科研方向			
			对外汉语类	其他语言类	文学类	其他类
1	北京大学	40	37	13	4	1
2	北京语言大学	18	10	8	4	2

(续表)

序号	学校名称	导师数量	对外汉语类	其他语言类	文学类	其他类
3	北京师范大学	44	41	25	10	5
4	中央民族大学	17	17	5	0	1
5	北京外国语大学	34	32	7	8	1
6	中国人民大学	33	19	23	3	1
7	首都师范大学	20	7	16	0	0
8	中国传媒大学	16	12	7	1	0
9	东北师范大学	13	11	7	0	0
10	哈尔滨师范大学	6	3	6	0	1
11	渤海大学	8	1	8	0	0
12	天津师范大学	12	3	11	0	1
13	河北大学	10	10	4	0	0
14	河南大学	14	4	14	0	0
15	山东大学	12	11	4	1	1
16	浙江大学	11	2	11	0	1
17	南京师范大学	18	12	8	4	2
18	苏州大学	13	3	8	4	0
19	复旦大学	16	11	9	1	4
20	陕西师范大学	13	10	7	6	0
21	西北师范大学	9	2	9	0	0
22	华中师范大学	33	10	23	8	0
23	厦门大学	9	9	3	0	2
24	四川大学	25	8	6	17	0
25	西南大学	12	6	11	0	0
26	中山大学	14	14	6	2	1

（续表）

序号	学校名称	导师数量	科研方向			
			对外汉语类	其他语言类	文学类	其他类
27	暨南大学	23	14	14	2	5
28	广东外语外贸大学	12	9	8	0	0
29	广州大学	9	2	8	0	0
30	广西民族大学	7	3	3	1	0
	总计	521	333	292	76	29

由表5可以看出，以对外汉语类、其他语言类、文学类和其他类为方向开展科研活动的导师数量总和超过了521人的导师总量，说明相当一部分导师是在多个方向开展科研活动。在接受调查的521名导师中，科研方向为对外汉语类的最多，有333名。科研方向为对外汉语类、其他语言类、文学类和其他类的导师占比分别是46%、40%、10%和4%，上文中专业方向为对外汉语类、其他语言类、文学类和其他类的导师占比分别是4%、60%、26%和7%。这说明有一部分导师在多个方向开展科研活动或科研方向有所转移。

（三）导师的心理状况

导师队伍的心理状况也是值得我们关注的重要方面。汉语国际教育导师不仅要完成规定的教学工作，还要承担相当繁重的科研项目，特别是转行导师，面临着巨大的压力。因此，我们采取了网上收集资料与实地采访相结合的方法从心理准备、心理适应、心理认同三个方面探讨导师的心理状况。充分利用微博等新兴媒体，提取与导师心理状况有关的信息，同时，通过实地采访，了解导师在从事汉语国际教育事业之后的心理状况和真实感受，以保证资料的真实性和完整性。

1. 心理准备情况。

主要是指转行导师选择从事汉语国际教育事业的动机。动机是某个人选择或开展某项事业的驱动力，包括内部驱动力和外部驱动力，而内部驱动力是最主要的因素。以转行导师从事汉语国际教育事业来说，顺应国家汉语推广事业的发展、响应学院的号召是外部驱动力，满足自身发展需求是内部驱动力。汉语国际教育专业作为新兴的事业，具有广阔的发展前景。较之其他发展成熟的专业，在该领域易于取得科研成果。另外，导师也清楚地认识到转行进入新的领域在教学、科研上难免会遇到种种困难。总而言之，转行导师对于进入汉语国际教育这一新的领域具有理性的判断和认识，在心理上做好了充分的准备。

2. 心理适应情况。

导师在转行之后是否能够适应教学任务、授课科目和科研方向的改变，并为此做出怎样的努力。转行之后，导师需要适应与原有专业不同的教学内容、教学方法，需要面临零基础的科研状况。面对这些问题，导师们采取了两种不同的方法解决。一部分导师选择在不放弃原来专业研究的基础上，开展在汉语国际教育领域的教学及科研活动。另一部分导师，大多是留学生院的教师选择全身心地投入汉语国际教育事业中。因此，这部分导师在专业素质和教学能力上提升很快。但存在的最大问题是科研成果不足，在职称评定等方面产生了不利影响，影响了导师的未来发展。

3. 心理认同情况。

如果导师们在从事汉语国际教育事业以后，认为这是一项有意义的工作，愿意在教学和科研工作中投入更多的时间和精力，说明他们已经对汉语国际教育事业产生了心理认同。虽然汉语国际教育事业的发展还不成熟，但是通过实地采访以及对导师微博内容的分析，大部分导师对汉语国际教育事业的发展持积极态度，很多导师也积极参与国际研讨会或参加进修班不断促进自身的发展。

二、导师队伍中存在的突出问题

研究汉语国际教育导师队伍建设是一个非常复杂的课题，涉及方方面面。不同专业背景的导师投身到汉语国际教育事业中，一方面有力地促进了汉语国际教育事业的发展，但另一方面其构成成分的复杂性也引起了一些突出的问题。

从专业背景来说，存在的问题是对口的对外汉语类导师所占比重太小。如上文所述，汉语国际教育专业的导师只有4%来自对外汉语专业，而高达60%的导师来自其他语言类，还有26%和7%的导师来自文学类和其他类专业。从导师队伍专业背景来说，最大的问题是具有大量非对口专业的教师人群，他们缺乏必要的专业知识积淀，即使能够完成必要的教学任务，在学术科研方面也难免会产生心有余而力不足之感，长此以往必然会影响教学质量和教师自身的积极性，最终对学科的建设产生不利影响。

从科研情况来说，转行的导师科研方向改变，科研成果有限。转行对导师影响最深的莫过于学术科研了。部分非对外汉语专业背景的导师在接触汉语国际教育教学之后开始从事该领域的科学研究，属于"半路出家"，缺乏必要的专业的理论学习和丰富的教学实践，需要一边学习一边探索科研。另外一些导师在转行之后由于种种原因仍然从事之前的科研项目，分散了科研精力。这都不利于导师在汉语国际教育方面做出科研成果。

从心理状况来说，转行导师在转行初期面临着较大的心理压力，科研压力是导师转行的主要压力。导师们无论采取"齐头并进"的策略还是采取全身心投入教学活动中的策略，都会存在一些心理负担。

三、解决当前问题的建议

汉语国际教育导师队伍存在的问题来源于汉语国际教育专业的发展，需要通过进一步深化汉语国际教育硕士专业设置来解决。在现有的条件下可以从宏观和微观、主观与客观上共同努力加强汉语国际教育导师队伍的建设，使汉语国际教育导师们不断完善自我，提升自我，充分发挥主观能动性，培养更多更优秀的学生，最终促进汉语国际教育事业的发展和繁荣。

一是考虑设立专门负责汉语国际教育工作的机构。目前绝大部分高校的汉语国际教育专业并没有专门的学院，而是从属于不同的系统，如文学院、国际交流学院、外语学院等，但是汉语国际教育的招生人数不断增加，招生规模不断扩大，原有的系统和学院对汉语国际教育的管理已经很难满足现实的需要。为了更好地促进汉语国际教育事业的发展，为汉语国际教育的导师们创造良好的发展环境，设立专门的学院管理汉语国际教育事业理应成为题中之意。当然，设立新的学院需要协调好各方关系，可先进行试点，再总结经验全国推广。设立专门的汉语国际教育学院能够对导师们实行统一管理，保持导师队伍的稳定性，从而为导师们的教学和科研工作创造优良的工作环境。

二是加强对汉语国际教育导师专业能力的培训。汉语国际教育专业的导师应该具备全面的汉语国际教育知识、较强的对外汉语教学实践能力和较强的跨文化交际能力。国家应负责提供和适时增加海外孔子学院的平台,争取让每一位导师都能够到孔子学院进行教学或担任管理工作,给予每位导师海外实践的机会。另外,在国内也应举办各类形式的专业培训班和进修班。由国家汉办或学院组织,邀请领域内有丰富教学经验的专家学者,集中统一进行培训。同时,对于想要进一步修读对外汉语博士后的导师在录取条件上给予适当放宽,使导师主动追求进步的渠道更加畅通。

三是汉语国际教育导师发挥主观能动性。特别是转行导师应充分发挥自身的主观能动性。转行导师在面临由转行带来的一系列问题时不妨将其视之为突破自身的机遇,应正确处理原有优势和新行业之间的关系,不断钻研本学科前沿的教学内容和先进的教学方法,充分利用原有的科研优势、已经形成的科研思维和积累的科研能力,努力探索汉语国际教育领域内的相关问题。不断完善理论,充实实践,用开放的思想接纳一切有益的成果,积极地参加各类研讨会和专业会议,主动结识领域内的学者同行,形成汉语国际教育领域内的人际网络。不仅为自身的发展,也为学生的发展,更为汉语国际教育事业的发展提供更好的平台。

第三章

师资培训研究

第一节 第二语言教师教育研究与国际汉语教师培养[①]

国际汉语教师问题的专门研究始于20世纪80年代后期。当时主要关注的是对外汉语教师素质问题的研究,即一个合格的对外汉语教师应该具备怎样的知识结构和能力结构。20多年来,在研究对外汉语教师基本素质的基础上,围绕对外汉语师资培训和对外汉语教学专业人才培养目标,产生了一批重要的研究成果。"这些研究成果促进了我国对外汉语教师队伍综合素质的提升,加快了对外汉语教师培训与人才培养工作的进程,从而在整体上推动了对外汉语教学事业和学科的发展。"[②] 近年来,面临汉语国际推广和传播工作的新形势和新要求,汉语国际教育"三教"

[①] 本节选自曹贤文《第二语言教师教育研究的发展过程与国际汉语教师培养值得重视的几个问题》,载北京语言大学对外汉语研究中心编《汉语国际教育"三教"问题——第六届对外汉语学术研讨会论文集》,外语教学与研究出版社,2010年。

[②] 张和生主编《对外汉语教师素质与教师培训研究》,商务印书馆,2006年;赵金铭《汉语作为外语教学能力标准试说》,《语言教学与研究》2007年第2期;李泉《汉语国际教育硕士培养目标与教学理念探讨》,《语言文字应用》2009年第3期。

第一节　第二语言教师教育研究与国际汉语教师培养

问题受到了广泛的关注,其核心问题之一的教师培养问题愈加受到重视。为了有效解决制约汉语国际教育发展的教师瓶颈问题,孙德坤(2008)、崔希亮(2010)等相继提出了国际汉语教师培养需要重视以人为中心的教师发展观念,[①]认为教师发展问题必须从"教师的知识发展、素质发展、专业技能发展和职业生涯发展"[②]等多方面进行研究并加以解决。如何让未来的教师在培养过程中得到全面的发展?这一新的理论视角和研究方向显然超越了以往只重视从知识和技能方面进行职前准备的范围。由于学习者不再被视为有待填充理论知识和教学技巧的空容器,而是进入教师教育项目的一个个具体的有待发展的人,这就给国际汉语教师培养提出了许多新课题:我们不仅要研究学习者需要学习什么,也要研究他们如何学习,如何做好职业生涯规划,如何促进个体发展,以及教育活动对学习者今后的专业工作和职业生涯带来什么持续的影响等等新问题。为了在更宽广的理论背景下对上述问题进行讨论,我们不妨回顾一下国外第二语言教师教育,尤其是英语作为第二语言教师教育的发展历史,并考察其最新的进展,以便为探讨汉语国际教师培养问题提供某些借鉴和参考。

[①] 孙德坤《教师认知研究与教师发展》,《世界汉语教学》2008年第3期;崔希亮《汉语国际教育"三教"问题的核心与基础》,《世界汉语教学》2010年第1期。

[②] 崔希亮《汉语国际教育"三教"问题的核心与基础》,《世界汉语教学》2010年第1期。

一、国外第二语言教师教育研究的发展过程

(一)"教师培训""教师教育"和"教师发展"等教师培养观念的更迭

"教师培训""教师教育"和"教师发展"等教师培养核心术语的更迭显示了第二语言教师培养观念的不断进步。刘润清(2000)、孙德坤(2008)等指出,第二语言教师培养的概念经历了几次重要的转变,这些转变可以分为三个不同的阶段:教师培训(Teacher Training)、教师教育(Teacher Education)和教师发展(Teacher Development)。[①]"教师培训"基本上来自行为主义传统,注重微观教学技能的训练,培训被视为向受训者传授一套操作技能。这种培训类似某种技艺的训练,能够快速提高学习者的微观教学技巧,但缺点也显而易见,即忽视教师综合能力的培养。"教师教育"则是在对行为主义模式反思的基础上提出的,认为教师不仅要接受教学技能的训练,还应开展语言和语言教学理论课程的学习,以使教师从理论的高度来认识和把握语言教学活动,从而理解教学目的,提高教师的理论修养。但这种"教育"常常是一种去语境化的学习,容易忽视教学情境的多变性和复杂性,不能提供充分的教学实践,使得学习过程脱离实际。

"培训"和"教育"都指从外界施予学习者的教育,学习者被视为知识和技能的被动接纳者,他们自身的"发展"部分受到忽略,学习者本人内在的自觉性、自我进步意识等相比之下处于

[①] 刘润清《剑桥英语教师丛书总序》,《剑桥英语教师丛书》,外语教学与研究出版社、人民教育出版社、剑桥大学出版社,2000年;孙德坤《教师认知研究与教师发展》,《世界汉语教学》2008年第3期。

弱势地位。然而，恰恰是教师的"自我"才能真正成为教师成长和发展的内在动力源，是促使"教师培训"和"教师教育"有效进行的发动机。因此，在强调"培训"和"教育"的基础上，重视教师自我主动性的"教师发展"一词应运而生。最初的"教师发展"主要是指教师教学能力的发展，主张在提高知识和技能基础上，培养教师的教学决策能力，鼓励教师从自身教学实践出发积极反思自己的教学，观察自己的课堂行为，评估自己的教学效果，并结合教学实践进行研究，从而在实践中形成自己的教学信念，获得持续的发展。[1] 随着研究的深入，现在的"教师发展"把价值观、道德观、职业观等更多的因素也纳入考虑的范围，[2] 是一个涵盖了教师的"知识准备""素质养成""专业技能"和"生涯规划"等多种要素的动态终生发展过程。[3]

（二）"第二语言教师教育"作为专门学科术语的确立及其研究发展

以 Richards 和 Nunan（1990）主编的《第二语言教师教育》一书为起点和标志，"第二语言教师教育"作为专门学科术语正式提出并逐渐得以确立。该书首次以第二语言教师教育作为专门的研究对象，对其研究基础和研究范围进行了广泛探讨。因此，Freeman（2009）等提出 20 世纪 90 年代是第二语言教师教育研

---

[1] Crandall, J. A. (2000). Language teacher education. *Annual Review of Applied Linguistics*, 20: 34–55.
[2] 孙德坤《教师认知研究与教师发展》，《世界汉语教学》2008 年第 3 期。
[3] 崔希亮《汉语国际教育"三教"问题的核心与基础》，《世界汉语教学》2010 年第 1 期。

究发展的重要分水岭。① 在这一阶段，第二语言教师教育作为专门的研究领域在以下几个方面取得了重要的进展：（1）第二语言教师教育的概念正式提出并得到界定，其学科范畴被初步确定下来；（2）第二语言教师教育自身独立的研究基础得到明确并逐步发展起来；（3）第二语言教师教育的范围可能包括哪些内容得到了广泛的讨论；（4）对教师教育的实践问题，即教师教育应该"怎么做"的问题十分关注，其中重点讨论了教师教育项目设计和活动开展的针对性及实践性问题。

在作为专门学科术语被提出及其特定的研究范围被界定后，第二语言教师教育的领域开始突破第二语言教师培养的传统框架，它不仅包括学习者需要学习"什么"，也越来越重视他们"怎么"学习这些内容。到了90年代中期，第二语言教师教育知识基础的本质也得到了深入的讨论，第二语言教师的职业学习过程得到了更加全面的阐述，在此基础上学者们逐步达成了共识：第二语言教师教育是一种基于专业学习的专门教育活动。

第二语言教师教育的发展既是学科本身逻辑发展的自然演进过程，同时也受到了当代认识论哲学转向的影响。随着传统认识论范式下的教师教育由实证主义向建构主义的转向，"知识不再被看作孤立、客观的实体，而被认为与识知者（Knower）和识知过程（Knowing）密不可分；知识是由主体自己建构，而非由外部输入"②。在建构主义认识论的视角下，教师教育的作用不再

---

① Freeman, D. (2009). The scope of second language teacher education. In Burns, A., & Richards, J. C. (eds.). *The Cambridge Guide of Second Language Teacher Education*, 11–19. Cambridge: Cambridge University Press.

② 刘学惠《外语教师教育研究综述》，《外语教学与研究》2005年第3期。

是向学习者传输知识,而是为他们的建构性学习提供环境,教师学习是情景化的、互动式的合作学习,是一种特殊的社会化实践。这种特殊的社会化实践对受教育者的个体发展会产生什么影响?换句话来说,第二语言教育活动如何塑造学习者的专业身份以及如何影响学习者的专业发展和职业生涯成为研究的重要内容。第二语言教师教育被视为专门的教育活动也凸显了第二语言教师专业学习的效果问题,即第二语言教师教育的哪些内容可以通过什么方式在什么时候得到最好的学习。因此,第二语言教师教育项目的设计及其开展的教育活动对学习者的影响和结果开始成为讨论的中心话题。

在21世纪的头10年中,第二语言教师教育研究在上述研究的基础上继续走向深入,学者们研究的视角主要表现在对以下问题的关注:(1)第二语言教师专业学习的效果问题,即第二语言教师教育的哪些内容可以通过什么方式在什么时间得到最好的学习?(2)第二语言教师教育的项目设计及其对学习者的影响和结果如何?(3)如何有效测定第二语言教师教育的项目设计及其对学习者今后的专业工作和职业生涯的持续影响和结果?(4)第二语言教师教育活动如何帮助学习者塑造专业身份及其职业认同?(5)有关第二语言教师教育本质上是一种社会实践的观点的讨论。[1]

上述第二语言教师教育的简明发展历史为我们勾画了第二语言教师教育研究范围螺旋扩展的过程:知识传授和技能培训→

---

[1] Freeman, D. (2009). The scope of second language teacher education. In Burns, A., & Richards, J. C. (eds.). *The Cambridge Guide of Second Language Teacher Education*, 11–19. Cambridge: Cambridge University Press.

教师的专业发展→第二语言教师教育概念的确立→第二语言教师教育过程中的学习者身份、学习环境及如何有效地学习等问题的讨论。第二语言教师教育领域的螺旋扩展过程反映了对第二语言教师教育的理解和研究不断向更广更深领域的推进，Freeman（2009）[①] 用下面的螺旋图（图1）对此做了直观的概括：

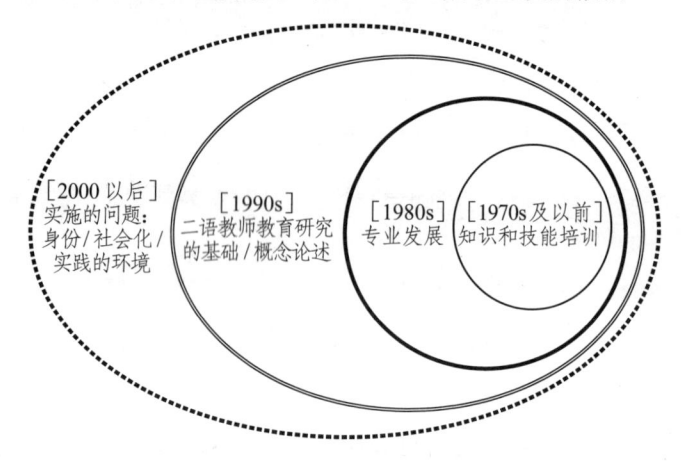

图1　螺旋扩展的第二语言教师教育领域

二、国际汉语教师培养中值得重视的几个问题

国际汉语教师教育是第二语言教师教育的一个重要分支，也是一种基于专业学习的专门教育活动。长期以来，国家有关部门和本领域的专家学者们对汉语师资培养十分重视，进行了广泛持

---

① Freeman, D. (2009). The scope of second language teacher education. In Burns, A., & Richards, J. C. (eds.). *The Cambridge Guide of Second Language Teacher Education*, 11–19. Cambridge: Cambridge University Press.

久的探讨。[①] 近年来,随着汉语国际传播速度的加快和汉语国际推广工作的快速推进,困扰汉语国际教育的"三教"问题引起了广泛的关注。2009年10月北京语言大学对外汉语研究中心和杭州师范大学在杭州专门召开了"汉语国际教育'三教'问题学术研讨会",这次会议为确立汉语国际教育"三教"问题作为本领域研究中心的学术地位起到了积极的推动作用。尽管在会议中反映出学界目前对"教材、教法"问题的研究较为广泛和深入,对"教师"问题的研究相对较少,但与会学者普遍赞同汉语国际教育"三教"问题的核心是教师问题,做好国际汉语教师培养工作是解决"三教"问题的重中之重。参考国外第二语言教师教育的发展过程并结合相关文献的研究,我们认为在国际汉语教师培养工作中,以下几个方面的问题值得引起我们的注意和重视:

(一)以专业知识学习和专业技能训练为基础,紧密结合汉语作为第二语言课堂教学的实际情况,加强有效教学行为的训练,重视有效教师的培养,提高有效教学活动的设计和实施能力。

需要指出的是,第二语言教师教育研究的发展是在后者包含前者、吸纳前者的基础上螺旋扩展的过程,其不同阶段重点关注的教育内容彼此之间不是对立排斥关系,而是融合拓展关系。从Freeman所描述的第二语言教师教育领域螺旋扩展图上我们可以看出,知识传授和技能训练仍然是第二语言教师教育的核心部分,因此,它们也必然是国际汉语教师培养的核心内容。只有具备了扎实的知识基础和良好的教学技能,教师的进一步发展才有可能,否则只能是空谈。在传授知识和训练技能的过程中,还应做到二

[①] 张和生主编《对外汉语教师素质与教师培训研究》,商务印书馆,2006年。

者的平衡学习，坚持两条腿走路。没有一定的知识积累，技能训练永远上不了层次；只重视知识传授而缺少技能训练，培养出来的人将不适合汉语作为第二语言课堂教学的现实需要。因此，偏重其中任何一个方面而忽视另一个方面的做法都是不可取的，"应采取知识和方法并重的教学理念，即方案中的知识类课程和教学方法、教学技能训练类课程并重，具体课程的教学实施也要知识和方法并重"[1]。另外，今后的知识学习和技能训练应该避免无的放矢，而应紧密结合国际汉语课堂教学实际进行有针对性的训练，这样培养出来的教师在面对真实课堂教学时才不会出现"所学非所用""所用非所学"的窘境，因此，在进行知识学习和技能训练时，应该加强针对课堂教学实际情况进行"有效教学行为"和"有效教学方法"的训练，着力培养能够开展"有效课堂教学活动"的"高效能的"国际汉语教师。

（二）重视教师的认知发展与专业发展，并对其教师身份建构和职业生涯规划给予充分的关注。

推动教师专业知识学习和专业技能训练不断进步的内在动力是教师的认知发展、身份建构和职业生涯规划等内在因素。语言教师教育的重点应该是培养教师具有解决问题的能力以帮助他们持续自身的发展。孙德坤（2008）认为，"教师培训和师资教育具有对受训者和准备入职的教师提供教学准备以便他们顺利进入职场的功能，因此对于教育行业的发展是一个必要的阶段。但是在'培训'和'教育'的过程中，'发展'的元素都应该有机地

---

[1] 李泉《汉语国际教育硕士培养目标与教学理念探讨》，《语言文字应用》2009年第3期。

第一节　第二语言教师教育研究与国际汉语教师培养

结合进去,从而提高教师的自主学习意识和自我反思的能力,以便他们能从容面对不同的环境,解决特定的问题"[1]。因此,语言教师教育应帮助教师发展认知技能,譬如,提供教学范例(课堂教学录音或录像、教学实习、书面教学报告等),帮助教师分析范例中的教师在教学中运用的思维和信念体系,分析他们是怎样识别和确认教学中出现的问题,以及怎样运用自己的经验、信念和教学方法来处理这些问题。应该鼓励学习者参与解决教学问题的活动,讨论他们的教学实践与其知识结构的关系,提升对教学的理性认识。[2]

在强调教师认知发展和专业发展的同时,也要重视教师的身份建构与职业生涯规划。教师的身份认知和建构是做好职业生涯规划和设计的前提。教师的身份建构或者身份认同的过程是不断地追问"我是谁?""我何以属于这个群体?"等根本问题的过程,是试图将"作为'人'的教师"和"作为'教师'的人"有机统一起来的过程,是促使教师内在的深度改变和个体发展的核心问题,"唯有得到教师内在的身份认同,教师个体的生命发展才能得到强调,教师个体的专业自主发展才能实现"[3]。我们也要关注现职教师的生存状态和教师学习者对未来职业发展前景的信心,激发学习者对国际汉语教师职业的热爱和自我发展的意识,创造宽松、积极向上、良性互动的教学环境,通过专家教师典范

---

[1] 孙德坤《教师认知研究与教师发展》,《世界汉语教学》2008年第3期。
[2] Freeman, D., & Richards, J. C. (eds.). (1996). *Teacher Learning Language Teaching*. Cambridge: Cambridge University Press.
[3] 李茂森《教师的身份认同研究及其启示》,《全球教育展望》2009年第3期。

的引导帮助学习者做好职业生涯设计。国家有关部门也要关注教师的生存和发展状态，有针对性地帮助教师解决专业发展和职业生涯中面临的实际问题，为国际汉语教师创造奋发有为、学有所用的大环境。

（三）重视教学环境和实践知识在国际汉语教师发展中的重要地位。

由于传统教学思维的影响，当前国际汉语教师教育的普遍倾向是给学习者传授有关汉语作为第二语言教学的可以适用于普遍情境的一般性理论和方法。这些知识常常被过度简化、去情境化，被划分成不同的课程教学内容，并通过比较被动的教学方法，例如，阅读、讲授、测试和期末论文等方式进行传授。

我们认为通过这种方式获得的知识与课堂教学实际缺少联系。"如果教师从他们的教育项目中获得的知识，不在他们自己的学习或教学经历的相似情景中进行考察，如果知识不是被置于它们使用的社会情境中，如果知识不能明显地互相联系，如果教师几乎没有机会用情境化的阐释方式使用那些知识，那么理论将会脱离实践。"[1]因此，作为一门应用性很强的学科，国际汉语教师教育首先要突出实践和实践知识的重要作用，在教学中要重视把理论与实际的教学情境联系起来进行学习。因此，我们需要在重铸国际汉语教师的知识基础和采取多种有效的实践性教学方式两个方面来促进国际汉语教师培养方式的转型。

1.重构国际汉语教师的知识基础，重视实践知识在国际汉语教师素养构成中的重要地位。

---

[1] Johnson, K. (1997). The Author Responds.... *TESOL Quarterly*, 31: 779–782.

教师知识是教师教育的核心议题,对它的探讨通常有两种视角,一是"由外而内"的视角,即教师需要什么知识基础、教师教育应该提供哪些知识;二是"由内而外"的视角,即教师实际拥有和使用哪些知识、它们能否为教师教育所用。传统教师教育持前一种观点,其隐含的假定是,知识是由专家学者创造和传授的,教师只是知识的使用者和传授对象。[1] 根据这种倚重理论知识、鄙视实践知识的传统理念培养出来的教师,在面对真实的课堂教学情景时会出现理论知识和实践严重脱节的情形,因此,我们需要转换看待教师知识的视角,教师不再只是知识的接受者和应用者,而是知识的建构者和创造者,教师的个人知识应受到重视。"本地"的实践知识应合法地与"外来"的理论知识共同构成教师的知识基础。[2]

针对个人实践知识与"外来"理论知识的结合问题,Williams(1999)[3] 提出了个人理论、公共理论和实践三者之间互动的模式(如图2),教师个人的理论用来指导实践,它们或者是显性的知识或者是隐性的知识;对实践的反思使得个人理论得以建构。个人的理论通过写作发表或者会议报告可以变成公共的理论;公共的理论通过重新建构可以变成个人的理论。公共的理论可以进入实践,但是它们需要根据具体的情境和参与者进行重新建构;实践可以通过交际变成公共的理论。在教师个人理论与公共理论(包括其他个人理论)之间,实践起着重要的桥梁作用。

---

[1] 刘学惠《外语教师教育研究综述》,《外语教学与研究》2005年第3期。

[2] Verloop, N., Dreil, J. V., & Meijer, P. (2001). Teacher knowledge and the knowledge base of teaching. *International Journal of Educational Research*, 35: 441–461.

[3] Williams, M. (1999). Learning teaching: A social constructivist approach- theory and practice or theory with practice? In Trappes-Lomax, H., & McGrath, I. (eds.). *Theory in Language Teacher Education*, 11–20. Harlow, UK: Longman.

```
教师个人           ←——————→          公共理论和其
的理论                                他个人的理论
       ↘                          ↙
              ↓          ↗
               实践
```

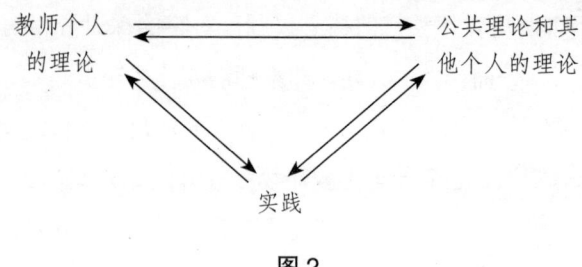

图2

针对过去"对外汉语教学"科学硕士学位教育中学术性过浓，应用性和实践性不足的问题，2007年国务院学位办批准设立了国际汉语教育专业硕士学位。从国务院学位办发布的《汉语国际教育硕士专业学位设置方案》和全国汉语国际教育硕士专业教学指导委员会制定的实施细则来看，我们对培养"高层次、应用型、复合型"的国际汉语教学人才有了明确的界定和充分的认识，但在具体的培养活动中可以通过哪些有效教学方式来实现这一目标还需要我们在教学实践中进一步摸索。

2. 采取多种有效的实践性教学方式促进国际汉语教师的发展。

为了有效解决国际汉语教师培养中应用性和实践性不足的问题，我们认为可以通过采取下面的实践性教学方式促进国际汉语教师发展：有目的、有计划、有反馈结果的课堂观察；解决某个具体教学问题的研讨工作坊；结合具体案例进行教学分析（如语法点案例教学、词汇案例教学、语音案例教学、汉字案例教学、跨文化交际案例教学、综合课案例教学、听力课案例教学、说话课案例教学、阅读课案例教学和写作课案例教学）；微格教学设计（主要包括微型教学设计和进行模拟教学两大环节）；针对特定的学习者进行学习需求分析；根据具体的学习需求进行模拟项目设计和教学大纲设计；根据具体的学习需求进行模拟课程设计（包括综合课，分技能课，汉语作为特殊目的的商务汉语、新闻汉语、法律汉语和环保汉语等不同形式课程设计）；根据具体的学习需求编写教学材料；互相辅导；教学实习；集体备课；团队教学；反思讨论；行动研究；模拟课堂教学管理，等等。在教学实习过程中还要加强写作教学日志、安排同行视导（Peer Coaching）和教师督导（Supervision）等环节的工作。

（四）要加强对国际汉语教师教育活动及培养项目本身的关注，研究不同教学环境下的师资培养项目在设计理念和具体实施方面的异同，以及它们各自为教师的发展带来了哪些持久影响。

为了加强对国际汉语教师培养工作的指导，国家汉办发布了《国际汉语教师标准》（2007），国务院学位办发布了《汉语国际教育硕士专业学位设置方案》（2007），对国际汉语教师培养提出了指导性的意见。目前，经国务院学位办批准招收汉语国际教育硕士专业学位研究生的培养高校已经达到了63所，有资格招收对外汉语教学本科和进行各种汉语师资培训的单位更是不胜枚举。如此众多的国际汉语教师培养项目，其设计理念与实施措施及其给学习者所带来的影响必然存在较大的差异，因此，我们需要通过广泛的调查和评估，了解不同教师培养项目在设计和实施措施方面的共性和差异，了解它们对学习者的知识学习、技能训练、认知发展、身份建构和职业生涯规划等方面产生了哪些短期和长期的影响；了解学习者专业学习具体过程，弄清哪些教学内容可以通过怎样的教学方式得到最好的学习；并结合海内外何种具体的实习和工作情境，了解在什么样的教学情景中由哪些培养项目培养出来的什么样的国际汉语教师能够受到欢迎。只有通过广泛而细致的评估总结和反馈，才能实现 Cronbach（1963）[①]提出的"课程改进""学生提高"和"行政决策"三大评估功能，从而促进国际汉语教师培养项目的良性发展。

（五）完善国际汉语教师的职前培养、入职教育和职后培训一条龙教育发展体系。

目前我们对国际汉语教师的职前培养十分关注，但对入职教育和职后培训不够重视。根据笔者的了解，国内很多高校对于新任汉语教师缺乏有效的入职教育，有的单位在这方面甚至是空白，倒是一些以教学质量为第一生命的独立语言教学项目在这方面起到了良好的引领作用，如果我们考察一下一些知名汉语教学项目，如 PIB、CET、ACC、HAB、IUP、CIEE 等对汉语教师的雇佣和培训情况，就不难发现它们对新教师的入职教育做了大量细致的工作，而且对其所依托的高校在职教师的职后培训起到了积极的推动作用。例如，北京师范大学就将在 PIB（普北班）受训和任教作为新任对外汉语教师的一个考核指标。我们认为国内高校对教师的入职教育和对职后培训普遍重视不够，还有深层的原因，因为按照现行教师评价体系，绝大部分高校都是科研挂帅，只要能发表科研成果的教师就是好教师，至于教师实际教学能力的发展，长期被置于有效的评价体系之外，既缺乏科学的衡量标准，也缺乏真正的动力。

国际汉语教师的培养是一个终生学习和发展的过程，不能期望学习者完成了职前教育，就能一劳永逸地获得教育教学所需要的

[①] Cronbach, L. J. (1963). Course improvement through evaluation. *Teachers College Record*, 64: 672–683.

各种知识和技能。我们应该将教师的职前培养、入职教育和职后培训连成一体,将国际汉语教师教育视为一个可持续发展的终身教育过程。我们首先应该完善国内对外汉语教师职前培养、入职教育和职后培训一条龙教育发展体系,区分和定位职前培养、入职教育和职后培训的内容及功能,让对外汉语教师在不同职业生涯阶段都得到最好的发展,打造一支高质量的国际化专业对外汉语教师队伍。同时,与国外有关大中小学等教学机构建立密切合作关系,跟踪我们培养的新手教师在国外的入职教育和教学情况,通过对这些情况的描述和分析,为改进国际汉语教师职前培养工作,特别是为国家外派汉语教师和汉语教师志愿者的培训提供第一手资料,并为接受国外汉语教师的在职培训提供有益的参考。

第二节 国际汉语教师培养模式考察[①]

汉语国际教育事业发展的关键问题之一是师资队伍建设。[②] 尤其是近几年来,海内外汉语教学规模持续快速拓展引发了对国际汉语教师的巨大需求,师资培养和培训成了亟须回应和解决的问题。崔希亮(2010)[③] 指出,"三教"即教师、教材、教法仍

[①] 本节选自马国彦《国际汉语教师培养模式考察:问题与对策》,载《对外汉语研究》(第10期),商务印书馆,2013年。

[②] 赵金铭《国际汉语教育研究的现状与拓展》,《语言教学与研究》2011年第4期。

[③] 崔希亮《对外汉语教学与汉语国际教育的发展与展望》,《语言文字应用》2010年第2期。

然是汉语国际推广的基本问题，其中教师问题是核心。教师培养模式、机制、体系等方面的研究成为汉语国际教育理论研究的重要内容，亦是学界关注的热点课题。

自20世纪80年代至今，国际汉语教师培养主要有两种模式：一种是传统的"知识型"培养模式，依托语言学及应用语言学专业的对外汉语方向培养本科、硕士和博士；一种是当前的"应用型"培养模式，通过设立汉语国际教育硕士专业学位，实施"国际汉语教师/志愿者计划"培养和培训汉语师资。

国际汉语教师的培养模式只有与汉语国际教育的目标、进度保持一致，才能满足时代的需要和事业发展的要求。目前，由于这两种教师培养模式及培养体系已远远无法满足汉语国际推广的迅猛发展对师资队伍的需求，因此汉语国际教育的基本矛盾表现为汉语教学对师资的大量需求和事实上培养产能较低之间的不相适应。为了突破制约汉语国际教育事业发展的师资瓶颈，尽可能满足世界各地日益增长的汉语学习需要，保证汉语国际推广的稳定和可持续发展，就必须进一步整合海内外教学资源以提高师资培养效能，提升汉语教师的教学技能和文化素养，培养、培训更多的合格的汉语教师。这既是摆在我们面前的刻不容缓的时代使命，也是关系到学科建设和学科发展的迫切问题。

本节从国际汉语教师职业的强实践性这一基本事实出发，首先分析知识型和应用型国际汉语教师培养模式中存在的问题，然后结合国家汉办发布的《国际汉语教师标准》（以下简称《标准》）对开展汉语教学、传播中华文化应具备的知识、能力和素质的描述，对如何提高师资培养效能进行学理分析，最后提出以影像和文字案例库的建设为基础、以案例教学为主线的"实践型"国际汉语教师培养模式，进一步明确培养目标、途径和方法，确立科学、实用、可操作性强，兼顾学历教育和短期培训的创新性师资培养机制。

一、既有模式存在的问题与模式调整的方向

国际汉语教师的培养模式始终反映着汉语国际推广的性质、目标和任务，当后者发生变化时，培育模式就必然进行相应调节。人才培养绝非朝夕即可奏效，亦难以靠宣传动员的方式一蹴而就。因此，外部的师资需求问题只有首先放到学科内部进行分析和总结，从汉语教学的性质、教师角色定位的变化，以及相应的课程设置调整等角度切入，全面检讨既有培养模式中的问题，在此基础上，探索新形势下培养模式革新的方向、提高师资培养效能的可能性，方能使师资队伍建设走上合理、有效的轨道。无疑，这一过程同时也是对学科建设情况的审视和梳理，为解决学科内部问题提供了契机。

（一）知识型培养模式及其问题

知识型培养模式确立于 20 世纪 80 年代，以在学历教育体系下培养汉语教学师资为主要目标。与国外以语言培训学校为主开展母语作为外语教学不同，长期以来汉语教学集中在高等院校进行，专业性强是汉语教学的一大特色，正是这种专业的汉语教学性质，决定了从业教师的知识型角色定位。

学界围绕知识型培养模式的培养理念、培养方式、预期目标、实施方案等进行了深入探索。关于这种模式下汉语教师的角色定位、应具备的业务素质，各家的研究虽有不同侧重，如吕必松

（1989）、邓恩明（1991）、刘珣（1996）、李晓琪（2000）等,[1]但均认为汉语国际教学对教师的知识结构和能力结构有一些专门化的"特殊的要求",[2]如应有扎实的语言学功底,系统的汉语语言学知识,了解并熟悉第二语言习得理论、教学法理论与教学法流派;除了具有一般的课堂教学和课堂管理能力之外,还应具备一定的语言本体研究和习得研究能力等。毋庸讳言,这种模式培养的教师对于深入开展汉语本体和汉语习得分析,深化汉语国际教育理论研究,起到了很大的推动作用。

汉语国际教育的基础是汉语教学。汉语教学是以语言能力和言语交际能力的界定、区分及其间的联系为基础而建立起来的。根据国家汉办发布的《国际汉语能力标准》,汉语教学的基本任务是在学生习得汉语语音、词汇、语法等语言要素的基础上,将语言能力转化为运用汉语进行实际交际（包括口头和书面）的能力。

随着"汉语热"持续升温,海内外汉语教学规模快速扩展,汉语国际教育已成为国家软实力建设的重要组成部分。一方面,汉语在海外通常已纳入学历教育尤其是中小学学历教育体系,学习汉语的人数剧增,对汉语师资的需求日益增大;另一方面,在开展汉语教学过程中,要大力弘扬中华优秀文化、推动中华文化走向世界、塑造良好的国家形象。在此背景下,汉语国际推广的

---

[1] 吕必松《关于对外汉语教师业务素质的几个问题》,《世界汉语教学》1989年第1期;邓恩明《谈教师培训的课程设置》,载《第三届国际汉语教学讨论会论文选》,北京语言学院出版社,1991年;刘珣《关于汉语教师培训的几个问题》,《世界汉语教学》1996年第2期;李晓琪《研究生培养与对外汉语教学学科建设》,载《北大海外教育》（第3辑）,华语教学出版社,2000年。

[2] 吕必松《对外汉语教学的紧迫任务》,《世界汉语教学》1987年第1期。

基础和基本任务虽然不变,但汉语教学的性质需要进行相应转变——从专业汉语教学向大众化、普及型、应用型教学转变。[1]就教学过程和教学法而言,这种转变主要表现在更加强调语言材料的语篇化、教学的活动化和任务化。[2]这一系列转变必然要求对教师的角色定位进行调整,从专业型教师向教学过程的引导者、组织者、监控者转变,[3]成为建构轻松、民主、平等的课堂氛围,提供语言服务者。[4]

教学性质的转变和教师角色定位的调整,从不同侧面彰显了知识型师资培养模式中存在的问题,如培养周期较长、效能较低,难以满足实际需求等。而核心问题则是重理论灌输、轻实践应用:首先,知识型师资培养模式以理论知识传授为主,课程体系缺乏实用性和针对性,不少课程与现实应用脱节,忽视了教学技能和教学策略的训练,对教学工作缺乏实际指导意义,不敷形势之需;其次,这种培养模式的教学是以"技术理性"思维范式为基础展开的,在教学过程中,以教师和教材为中心,学员的主观能动性在相当程度上受到抑制,被动地接受知识,实践性知识和实践能力难以得到真正提升。大众化、普及型、应用型的教学性质和新的教师角色定位,需要新的教师培养模式的支撑。

---

[1] 崔希亮《对外汉语教学与汉语国际教育的发展与展望》,《语言文字应用》2010年第2期。
[2] 赵金铭主编《对外汉语教学概论》,商务印书馆,2004年。
[3] 马国彦《从哲学视角试析汉语作为第二语言的教学——以语言游戏说为例》,《河南大学学报》(社会科学版)2006年第2期。
[4] 屈哨兵《语言服务角度下汉语国际推广的几点思考》,《广州大学学报》(社会科学版)2010年第7期。

（二）应用型培养模式及其问题

国际汉语教师培养模式改革的转折点是汉语国际教育硕士专业学位的设置。2007年3月，国务院学位委员会第23次会议审议通过了《汉语国际教育硕士专业学位设置方案》。方案明确指出，汉语国际教育硕士专业学位的培养目标是适应汉语国际推广工作，胜任汉语作为第二语言教学的高层次、应用型、复合型专门人才。专业学位设置是通过学科建设提高师资培养效能的重要举措，标志着汉语教师的培养方向已经从传统的重专业知识转移到重实际应用，开启了"应用型"培养模式。

学位设置方案强调，汉语国际教育硕士专业的教学"以培养学生的汉语教学技能为主"，专业学位的获得者应具有扎实的汉语言文化知识、熟练的汉语作为第二语言教学的技能、较高的外语水平和较强的跨文化交际能力。也就是说，这种模式的建构是以汉语教师应具备的知识、能力和素质的应用性和技能性为基础的。

迄今为止，对国际汉语教师理论上应具备的知识、能力和素质进行全面描述的纲领性文件是国家汉办发布的《国际汉语教师标准》。《标准》借鉴了TESOL等国际第二语言教学和教师研究新成果，吸收了国际汉语教师实践经验，旨在建立一套反映国际汉语教学特点，完善、科学、规范的教师标准体系，为国际汉语教师的培养、培训、能力评价和资格认证提供依据。《标准》采取模块建构的方法，以5大模块统领10个一级标准，一级标准中共包括54个二级标准。简示如下（表1）：

表 1

模块	语言基本知识与技能	文化与交际	第二语言习得与学习策略	教学方法	教师综合素质
一级标准	汉语知识与技能；外语知识与技能	中国文化；中外文化比较与跨文化交际	第二语言习得与学习策略	汉语教学法；测试与评估；课程、大纲、教材与教辅材料；现代教育技术及应用	教师综合素质

需要指出的是，《标准》仅对知识、能力和素质进行了静态刻画，其间的关系以及实际教学过程中先后顺序、轻重次序如何却付之阙如。学界通过学理分析和数据验证相结合的方法，进一步说明和解释了这些问题。徐彩华和程伟民（2007）[1]的对比定量研究显示，新手汉语教师最急需的是组织、调动学生的技巧和教学法，其次才是语言本体和语言教学法知识。江新和郝丽霞（2011）[2]采用刺激性回忆报告的方法，细致考察了汉语教师所需的实践性知识，对新手和熟手教师的知识运用情况进行了比较。结果发现，教师在课堂上实际考虑和运用最多、频率最高的是一般教学知识和语言教学知识，而不是语言学知识和文学文化知识。实际上，这两类知识在课堂上很少涉及和运用。因此相对来说，应更重视教学技能、教学策略、教学观念等实践性知识的培养和获得。

不言而喻，这些方面的研究同时就是对应用型培养模式的补

---

[1] 徐彩华、程伟民《对外汉语教师自我教学效能感研究初探》，《汉语学习》2007 年第 2 期。

[2] 江新、郝丽霞《新手和熟手对外汉语教师实践性知识的研究》，《语言教学与研究》2011 年第 2 期。

充探讨。概括而言,以《标准》为基础的应用型国际汉语教师培养模式主要存在以下几个方面的问题:首先,随着学科建设的不断推进,这一培养模式虽然一定程度上提高了效能,缩短了培养周期,但师资培养效能仍有较大的提升空间,培养周期仍然较长,无法兼顾学历教育和短期培训。其次,课程设置有流于面面俱到而特色不够鲜明之失,一般建构的是"汉语+外语+教育类课程"的简单学科拼盘,无法体现出学校特色和区域特点。[1] 再次,尚未充分注意到应从教学实践的角度讨论教师应具备的知识、能力、素质之间的关系及其运作方式。

根据上面的讨论,以课堂为主的汉语教学对教师的基础定位是"学生的语言能力向言语交际能力转化的指导者",立足于此观察,汉语教师应具备的知识、能力和素质作为整体发挥作用。而《标准》及目前关于师资培养问题的研究,对此均有不同程度的分析过度、综合不足之弊,同时,在分析的过程中,并未理清知识、能力、素质之间的关系,没有区分层次,更未对其间的运作过程做出说明。《标准》所做的分析性处理给人的印象是各模块中描述的知识与能力是均等的,没有轻重分别。事实上,在汉语教学实践中,这些知识和能力既有先后次序,亦有轻重差异,并非均等平列。上述几位学者在研究中所做的价值评判或比例分割,也没有区分层次。例如,教师综合素质中的一般教育教学知识适用于任何一门学科的教学,可以说是处于较高层级的知识,也可以说是更为基础性的知识,不应将其与语言知识、语言教学

---

[1] 陈红梅《面向东盟的汉语国际教育专业硕士培养模式微探》,《东南亚纵横》2010年第9期。

知识放在一个平面进行比较。

（三）培养模式调整的方向

汉语国际教育是一种实践性很强的职业。对国际汉语教师培养来说，强调实践的重要意义在于，教师应具备的知识、能力和素质的整合，难以在专业的、分析性的知识中完成，只有在动态的教学实践中，紧扣语言项目训练，还原其整体性，才能整合、统一起来。进而言之，一名合格的国际汉语教师，不仅要掌握本体的能够促进课堂教学顺利进行的各种条件性知识，更要掌握实践性知识，即课堂情境及与之相关的知识。实践性知识是情境性和个体化的，隐含于具体教学过程之中，与教师的思维、言语和行动保持着"共生"关系，只能在具体的教育实践中发展和完善。换言之，国际汉语教师为应用既定理论和技能来解决问题，必须具备可将理论、技能和实践情境特性整合起来的能力。

鉴于传统知识型和当前应用型国际汉语教师培养模式中存在的问题，为了突出实践在师资培养中的重要价值和作用，我们提出以案例库建设为基础、以案例教学为主线的"实践型"国际汉语教师培养模式。由于案例展示的是真实的教学情景，具有整体性，同一个案例可以适用于说明不同层次、不同方面的问题，因此围绕案例展开的实践型培养模式既可以救知识型培养模式之弊，又可以补应用型培养模式之不足。

这一培养模式的主导方针是"反思理性"，培养目标是要求并训练学员成为"反思性跨文化实践者"，据此优化课程设置，逐步形成以核心课程为主导、模块拓展为补充、实践训练为重点的培养体系。

二、基于案例库的"实践型"培养模式

基于案例库的"实践型"国际汉语教师培养模式倡导以实践性为起点和目标，往复递进，兼顾学历教育和短期培训的培养理念。起点指从真实案例出发，引导学员将自身代入具体情境，接触、观察并经历案例的完整过程；目标指调动和运用《标准》所列有关知识和能力，发现、分析并逐一解决案例中的问题和任务，并在这一过程中完成对自己的业务素质和能力的实践性构建；往复递进指实践主体需要经常反思已然和即将实施的行动，因应情境因素的变化或更新做出调整，成为反思性的实践者而不是程式化的经验者。

因此，这一培养理念是围绕案例的真实性、目标的实用性、行动的反思性、教学的互动性、文化的兼容性展开的。进一步来说，实践型培养模式培养的目标是具有反思意识的跨文化实践者，即合格的国际汉语教师应是既掌握汉语本体知识、中华文化知识、第二语言教学技巧，具备汉语教学能力、中华文化传播能力和跨文化交际能力，又具有国际视野、通晓国际规则，善于自我管理、规划、塑造的实践型人才。而强调知识和能力两个方面的实践性，就必须突破学科界限，以全面、系统的案例库建设和应用为枢纽，将汉语国际教育可能涉及的教和学等各方面的项目以专题的方式展示出来，说明教师应具备的知识、能力和素质之间的关系及相应的运作方式，明确培养目标的角色定位和在此基础上的教学过程，分析地域和特色文化资源进入培养体系的必要性和可行性。

（一）案例库建设

案例库建设主要包括案例的搜集、参照《标准》的分析和案例库应用的解释等环节。其中关键问题是如何根据实际案例对《标

准》涵括的各个模块进行重新梳理、细化和具体化,如何以案例为核心和枢纽,将教师应具备的基本素质、业务能力统摄、整合起来。

第一,全面搜集国内外不同层次、阶段、课程、环境下的汉语教学和交流的影像、文字资料,按照案例出现的情景、区域、国别分类整理,并进行初步统计分析。以《标准》厘定的五大模块为主轴,将案例库分为五个一级子库,即"语言基本知识与技能"库、"文化与交际"库、"第二语言习得与学习策略"库、"教学方法"库、"教师综合素质"库,推动创建服务于国内高校、海外孔子学院和孔子课堂的教学和研究的共享案例库网络系统,使之成为"实践型"国际汉语教师培养模式实施的重要平台。

第二,参考《标准》所拟的一级和二级标准对汉语教师应具备的知识、能力和素质的概括性描述,深入、仔细比对和研究案例中的教师在因应实际教学和交流情境时,是否恰切地展示了实践技能。采取任课教师自评和师生共同研讨相结合的方式,将汉语教师应具备的结构知识和业务能力逐一细化,根据语言、文化、教学和技术四个维度的区分进行记录,建设二级子案例库。

案例库建设,尤其是二级子库的建设理论上应逐一厘定各类知识和能力所占的比重以及具体细目。但由于在教学实践中,《标准》各模块及下设的一级和二级标准的价值、作用并不均等,不可能亦不必要照单全收、罗列无遗,因此在有限的教学过程中,为了突出重点、提高效率,充分体现案例的典型性作用,二级子库的建设应围绕实际教学中涉及较多的项目来编排,并根据初、中、高三个教学阶段之间的差异进行必要的筛选。

第三,研制说明和解释案例库应用于国际汉语教师培养的纲要文本。纲要文本应包括培养理念、培养目标、培养细则、案例库应用指南等。其中培养细则是文本的主体，是对汉语教师在语言、教学、文化、技术等维度上应具备的实践性知识与能力的细化和解释，每一个知识和能力点的理论基础、概念范畴背景、关联语例等均应有详细说明。案例库应用指南是对案例发生的国别、情境，案例的层次、类型和范围，主要涵盖的问题，以及在教学和研究中如何查询、运用案例库的具体描述。与案例库不同的是，纲要文本应围绕实际案例和情境，系统、全面地对《标准》的条文进行细化和具体化阐述。

（二）知识、能力和素质之间的关系及其运作方式

根据案例的实践性对《标准》进行重新梳理就会发现，汉语教师应具备的知识、能力和素质之间是一种层级关系，而且其间的运作方式是有序的：当教师以指导学生实现从语言能力向言语技能和言语交际能力的转化为基础任务时，其所具备的知识、能力和素质之间的关系及其运作方式可以图示如下（图1）：

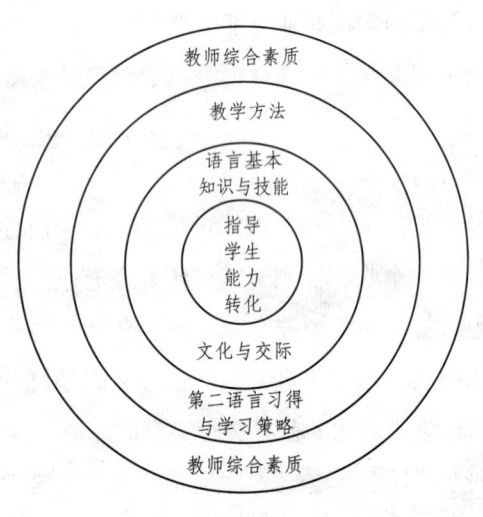

图1

第二节 国际汉语教师培养模式考察

这一图示可以从两个方向来观察,这两种不同的取向催生了一对相反相成的运作逻辑和运作程序。

自外而内观察:为了保证课堂教学的顺利开展,教师的知识、能力和素质是从外到内起作用的——教师综合素质要求并推动教学方法、第二语言习得与学习策略的运用,然后三者综合起来要求并推动语言基本知识与技能和文化与交际知识的运用。

自内而外观察:为了有效完成语言项目的教学任务,教师的知识、能力和素质与核心任务之间的关联度是从内到外逐级递减的——语言基本知识与技能、文化与交际和核心任务的关联度最高,教学方法、第二语言习得与学习策略次之,教师综合素质最低。对于任何一个投身于教学实践的教师来说,知识、能力和素质一旦运用,其整体性就必然得以还原。这种情况下,主线和辅助的层次之分,是使教学过程得以顺利展开的基础。主线就是通过语言项目的训练提升学生的言语技能和言语交际能力,教师的素质、教学法、第二语言习得和学习策略、文化与交际等方面的知识和能力围绕它而整合起来,这更类似于圆心和弧面,而非中心和边缘的关系。整合的多少和效果既与教师的知识和能力结构有关,也涉及多个变量,如不同阶段的教学对象的汉语水平、习得目的、学习兴趣及个体差异等。因此,不结合语言项目训练的知识、能力和素质是抽象的,无实际价值,仅有语言项目训练而无其他知识和能力的辅助则是贫乏的,甚至会裹足不前。

按照循序渐进的教学原则,不同教学阶段对汉语教师的要求不尽相同,因而对案例的分类整理应按照教学对象从初级、中级到高级分阶段编排,并根据不同阶段的教学对象和教学实践对教师的不同要求,对知识和能力有所区分、有所侧重。

具体而言，初中级阶段的教学以句法结构为主线，语言材料规范性、实用性强，课程内容前后衔接，语言要素之间关联密切。不仅涉及语言点如何精讲多练，而且需要举一反三，即讲练某一语言点时，如何与有变换或转换关系的已习得语言点结合起来，并做出统一、简明的解释。例如，一般主谓宾句、"把"字句和"被"字句之间的变换，当句中既有宾语又有时量补语时，重动句和话题句之间的转换，等等。这就要求教师必须具备较为系统的汉语语言学知识。因此，针对初中级教学阶段的案例库建设，应以第一子库，"语言基本知识与技能"为主，以第三子库"第二语言习得与学习策略"、第四子库"教学方法"为辅。而到了高级阶段，显明的句法规则已基本习得，转为以词语用法和篇章学习为主，涉及的文化要素、跨文化交际等方面的知识逐步增多，这就要求教师掌握更多的语用、修辞和中国文化方面的知识，具备较强的中华文化传播和跨文化交际能力，因此针对这一阶段的案例库建设，应以第二子库"文化与交际"为主，而以第三、第四子库为辅。

案例库的分阶段编排和实际应用，充分保证了教学过程中教师应具备的知识、能力和素质的有序运作，这三者通过与语言项目、文化要素等的结合而具体化，显示出功能、意义和价值。例如，就文化和教学法知识与语言项目的结合而言：对于案例库中留学生自述的"上星期我画了一幅竹子"这句话来说，初级阶段在学习单句结构，碰到"竹子"这个生词时，教师可以采取出示竹子或熊猫图片的办法来处理，无须涉及文化知识。中级阶段在学习复句构造时，教师就可以适当拓展，将文化知识注入其中，解释为什么此处提及的是竹子，而不是其他植物；竹子作为文化符号，有什么象征意义。而到了高级阶段讨论章法问题时，不仅可以通过分析句中修饰"竹子"的量词为何没有用"根"而用了"幅",介绍修辞中的借代手法或转喻,而且还可以更进一步扩展,不停留于单个文化元素的说明上,适当深入介绍多个文化元素之间的关系,甚而上升到文化结构的层面,从竹子引出梅花、兰花、菊花,说明"梅兰竹菊"四君子的文化含义,从而与语篇构造以及其他文化知识联系贯通起来。

(三) 培养目标的角色定位

任何一种师资培养模式都必须回答这样一个问题:如何对预期培养目标的角色定位进行恰切、准确的描述?我们倡导的基于案例库的"实践型"国际汉语教师培养模式,重视反思意识的培育,坚持以反思为前提和基础的实践,除了语言教学和中华文化传播之外,强调跨文化交际领域的实践行为,由此,我们将国际汉语教师的角色定位概括为——反思性跨文化实践者。这一定位要求,在案例库建设中,应着重突出"教师综合素质"库和"文化与交际"库中相应二级库的建设。

教师成长仅有经验是不够的。Posner(1989)[1]指出,没有反思的经验是狭隘的经验。如果教师仅仅满足于获得经验而不对经验进行深入思考,那么其发展将在很大程度上受到限制。需要说明的是,本节所说的反思是指向行动和实践的反思,而非缄默式的反思,因此反思性首先指教师对教学中的成败得失进行评估,既包括对行动的反思,即教学前的设计和教学后的总结,也包括行动中的反思,指教学过程中如遇突发事件或超出预期的情境,

---

[1] Posner, G. J. (1989). *Field Experience: Methods of Reflective Teaching*. New York: Longman.

能有效实施课堂管理,迅速做出调整,以保证教学效果。[1]

着眼于此,在师资培养和培训中,应围绕案例中的典型情境、任务和问题,例如趋向补语教学的难点如何突破、文化教学如何渗透于语言教学之中等,启发学员进行多维度、深层次分析和阐释,然后通过积极的行动研究设计教学方案,以提升批判性思维能力,形成良好的实践性知识。另一方面,撰写案例的过程就是反思教学、提高实践能力的过程,由此,更有针对性的做法是在案例库建设中,重视教师所做的反思记录,收集教师通过课程观摩、集体讨论等方式对自己的教学经验进行的反思,撰写反思日志或建立自身成长档案,在"教师综合素质"库中构建理论融于实践的、具有示范意义的"反思经验"库。

反思性还包括对课堂内外遇到的涉外交流问题进行反思,这就涉及到了跨文化交际问题。汉语教师无论在国内还是赴海外从事汉语教学,自身都是跨文化交际者。在国内教学时,学生来自不同国家,因而教师必须了解多国文化知识、具备多元文化观以及对异域文化的理解和包容,具有鉴别和处理不同文化背景问题的能力。仅就课堂教学而言,汉语教师应当理解和适应学生文化的多样性,在教学内容与教学策略上有针对性地加以调整。江新和郝丽霞(2011)[2]的研究显示,新手与熟手教师比较明显的差异表现在跨文化交际方面,熟手教师在课堂管理和教学中能够自如调动和运用更多的跨文化知识。当然,在国外教学还要具备与

---

[1] 唐纳德·A.舍恩《反映的实践者——专业工作者如何在行动中思考》,夏林清译,教育科学出版社,2007年。

[2] 江新、郝丽霞《新手和熟手对外汉语教师实践性知识的研究》,《语言教学与研究》2011年第2期。

异域文化家长沟通的能力。

因此,有必要对"国际汉语教师"中"国际"一词的含义做进一步说明:国际汉语教师是公共外交的一员,是国家外交不可或缺的组成部分,承担着展示中国形象的任务。这一说明对提升汉语教师的责任感和使命感,突显汉语国际推广和中华文化传播的塑造中国形象的作用具有重要意义。基于此,在"文化与交际"案例库建设中,应将"跨文化交际"作为重点二级子库来构建,通过搜集课堂内外的跨文化交际典型案例,系统分析其中的重要知识点,采取讲解与互动交流相结合的方式开展实践能力训练。

(四)教学过程描述

前文围绕案例应用的层次性厘清了汉语教师应具备的知识、能力和素质之间的关系与运作方式,以及培养目标的角色定位,这为观察和描述实践型汉语师资培养的教学过程奠定了基础。

实践型培养模式强调教学的情境性,知识和技能、过程和方法、情感和态度并重,教师、学生、教学内容、教学环境四因素整合在一起,教学实质上被塑造为四个因素之间持续互动的过程。根据对案例库建设的说明并参考《标准》,这一视角下的教学过程有四个展开维度,分别是语言、教学、文化和技术维度,学科结构知识、素质与综合能力分化在这四个维度的训练和提升实践中。

由于教学所依托的案例均为海内外汉语教学实际出现的典型例子,其中的任务和问题对课程内容起着统摄和整合作用,课程内容由此并非离散的知识碎片。因而,可根据是学历教育还是短期培训,有针对性地开展教学:当着重于知识的系统学习时,有条理、分层次地将知识从案例中分解出来;当着重于能力的提高时,结合案例分析精讲。

在教学过程中，以启发学生借鉴案例中的他人经验建构自己的实践性知识和能力为原则，重视师生之间、生生之间的互动，鼓励互助学习，取长补短，不断反思。从社会心理学角度看，以实践能力培养作为终极目标，尽量为学员提供真实的学习环境，在交际过程中完成学习任务，体现了以学员为中心的交际型教学理论。就此而言，基于真实案例的教学过程与微格教学的操作一致，也是建筑在交际型教学理论、视听理论和现代化技术手段的基础上，主张教学是一个有控制的实践系统，以系统培训教学技能为目的。案例教学强调讲解、互动并重，实质上是一种拟化训练。其中案例的讲解可以采取"以点带面"的方法来处理。"点"指的是重点、难点，以及案例中的教师应关注而事实上忽略了的教学问题，如能够衔接、串联多个语言项目的语言点，能够将多种语言和文化要素整合起来的材料；"面"指由这些点拓展开去，横向关联的语言和文化教学项目。例如，前文讨论的"上星期我画了一幅竹子"这句话，就可以从句法、修辞、文化等不同角度进行解析，能够起到以点带面、举一反三的作用。

就教学方式而言，案例教学既可以采取先集体观摩、讨论、再总结、模拟的方式，也可以先由教师向学生布置案例中的教学任务，学生经过研讨提出自己的教学方案，再向学生展示案例，最后通过案例和方案之间的比较，做出评价并提出相应的改进意见。例如，可以将案例库中所有的"把"字句教学课程集中在一起，开展专题研讨，针对导入、讲解、操练各环节的处理方式，是否区分"把"字句的必用和可用等问题进行详细比较、评讲和总结。在这样的拟化训练中，学员的身临其境的体验会转化为实践性知识和能力的提升：首先对教学有了感性认识，然后在分析、评价中发现自己的不足，认识到他人的长处，促使思维和操作技能上产生质的飞跃。

从教育心理学角度看，本培养模式的设计符合"五阶段学习过程"理论，即学员从完全依赖、逐渐摆脱依赖、功能性独立、选择性独立到完全独立[①]。根据五个阶段的认知心理，案例教学可以顺势利导，帮助学员进行自我管理、自我规划、自我完善——学员接触、观摩案例可视为完全依赖，经过对案例的研读、分析，逐渐领会理论和概念，就是在慢慢摆脱依赖，撰写课件或教案并模拟试讲意味着走向功能性和选择性独立，当完成课件或教案，并最终登台授课时，已进入完全独立的阶段。

事实表明，以案例库建设为基础、以案例教学为主线的培养模式不仅可以使学员在真实、直观、生动、具有启发性的情境活动中迅速获得实践性知识，掌握应对各类教学情境的具体方法，而且能系统掌握方法背后的理论和原理，因此是一种有效的实践能力培养方式。

（五）文化资源处理

国际汉语教师应是具有中华文化传播能力的跨文化实践者，作为文化信息输出方，除了掌握较丰富的中国文化知识、具备一定的人文艺术素养、了解和包容异域文化之外，更应该有自觉、明确、主动的中华文化传播意识、使命感和责任感，并能够将这种意识、使命和责任转化为实际行动。

当前的汉语国际教育中，中华文化传播方面存在的突出问题

[①] 央青《浅议 5P 国际汉语师资培养模式的创新性》，《民族教育研究》2011 年第 2 期。

是文化元素过于单一、平面化，文化传播的广度和深度不足。教材中通常涉及的是"太极拳、京剧、长城"等少量标志性和通用性符号，一般情况下，这些元素的语词形式是为了满足语法结构和日常交流功能的需要而进入句子或语篇中的，课堂教学的既定任务和目标限制了这些文化元素的活动空间，过滤了其历史纵深，使之实质上失去了文化传播的活力。

实践型培养模式可以通过案例库建设和开展基于案例的文化传播专项训练解决这两个方面的问题，可采取的具体措施包括：加强地域特色文化资源的引入，进一步开拓和挖掘通用性文化资源。

文化在时间长河中积累和沉淀，在地域空间中展开和丰富。地域文化资源作为中华文化的重要组成部分，应在国际汉语教师培养模式中占有明确的位置，尤其是在海外本土教师的培养和培训上，增加典型的优秀地域文化资源尤为重要。因此，为了进一步推介中华文化，加强世界不同文化之间的对话和交流，充实国际汉语教师培养体系，丰富教材和课堂教学中的文化元素，充分发挥地域文化资源的作用，案例库建设应突出区域特色。在"文化与交际"库的建设中，不同地区的学校除了设立通用、核心、基本的"中国文化"二级库之外，还应该根据所处的地理位置、当地社会经济发展的情况、国际汉语教师培养和培训的需求，因地制宜、有针对性地开设拓展性的"中国地域文化"三级库，如"上海文化库""河南文化库""陕西文化库"等，以提升未来汉语教师的文化素养，便于更好地从事语言教学和中华文化传播工作。

基于案例开展通用性文化资源传播的专项训练，可以从横向和纵向两个维度来实施：横向开拓主要指中华文化的海外传播，学员通过模拟在国外的学校、社区举办各种各样的文化活动传播中华文化，进一步训练和提高文化组织能力。例如，围绕案例库中的专题案例"一次成功的中国文化日活动"，了解活动的策划、宣传、设计、组织等环节的具体工作，研习如何根据所在国的文化特点、受众的认知特点安排活动内容，怎样制订应对突发事件的预案，如何分工协作、与各方沟通和交涉等。纵向挖掘兼顾海内外，指从某一文化元素出发，或者做追本溯源式的发掘，还原其历史纵深，或者与其他类型的文化进行多维度、深层次的比较和对比，以训练并增强学员的文化分析能力。例如，共同研讨专题案例"从一双筷子认知中国文化"，观察筷子除了实用功能之外，自身凝聚了哪些能够显示中国文化特色的思维方式、伦理观念，为了使外国学生容易理解和接受，教师对这些文化内涵采取了怎样的处理方式；比较太极拳和瑜伽在美国传播的现状；分析书法、国画和中国文化的关系等。

（六）推广应用展望

基于案例库的"实践型"国际汉语教师培养模式预期可作为国际汉语教师培养体系的组成部分，应用于学历生的培养和进修师资的培训。其中学历生的培养主要涉及硕士研究生层次的汉语国际教育硕士专业学位课程（包括中外学生）、语言学及应用语言学专业对外汉语方向课程，以及本科生层次的对外汉语专业课程。在培养模式的尝试应用阶段，首先在试点高校的汉语国际教育硕士专业学位研究生培养中实施。在此过程中，听取专家、学者、一线师生反馈的意见和建议，对培养模式进行必要的修正和调整，如扩大案例库、细化纲要文本。在培养模式的推广阶段，一方面在国内院校进行推广，另一方面依托国内高校在海外合作建设的孔子学院和孔子课堂，以及公派汉语教师进行推介，并不断因应教学环境及其他因素的变化做出相应调节。

在案例库建设过程中，由于根据案例的实践性对《标准》所描述的教师应具备的知识、能力和素质做了重新梳理，以案例教学为主线的培养模式简化了培养程序，缩短了培养周期，一定程度上降低了培养难度，这就使得国别化汉语师资培养更易于实施，更切实可行，因此便于与通过培训发展海外本土教师尤其是面向中小学汉语教师的培训、基于互联网的汉语教师培训相衔接。以此为基础，进一步探讨培训的整体规划、培训团队的建设及培训方式的多样性等亟待解决的问题，可以为汉语国际教育事业的可持续发展提供坚实的保障。

三、结语

国际汉语教师的培养模式只有与汉语国际教育的目标、任务、进度保持一致，才能满足时代的需要和事业发展的要求。随着中国经济的发展和国际影响力的提升，"汉语热"不断升温，海内外学习汉语的人数持续增加，教学规模日益扩大，对汉语教师的需求也因之而倍增，目前汉语国际教育的基本矛盾是汉语教学对师资的大量需求和事实上培养产能较低之间的不相适应。如何提高国际汉语教师的培养效能，既是摆在我们面前的时代使命，也是关系到汉语国际教育这门学科建设和发展的关键问题。

本节从国际汉语教师职业的强实践性这一基本事实出发，首先分析了知识型和应用型培养模式中存在的问题，然后结合国家汉办发布的《国际汉语教师标准》对开展汉语教学、传播中华文化应具备的知识、能力和素质的描述，对如何提高师资培养效能进行了学理分析,最后提出了以影像和文字案例库的建设为基础、以案例教学为主线,强调知识和能力两个方面实践性的"实践型"国际汉语教师培养模式,分析了新模式下培养目标的角色定位和教学过程,探讨了文化资源的拓展处理等问题。

  本节讨论的兼顾学历教育和短期培训的实践型师资培养模式仅是提高国际汉语教师培养效能的可能性之一。我们希望借此讨论引起学界及相关职能部门的关注,将教师问题的研究逐步引向深入,探索出更多、更有效的解决办法。

第三节　国际汉语教师培养国际化与本土化之关系[①]

一、国际汉语教师培养理念再议

(一)国际汉语

  "国际汉语"一词近年来日趋流行,很大程度上取代了传统的"对外汉语"。由于人们对该概念的认识和理解角度不同,[②]

  [①] 本节选自张新生《国际汉语教师培养的理念与模式——国际汉语教师培养国际化和本土化关系探讨之三》,《国际汉语教育》2014 年第 1 辑。

  [②] Hong, Lijian. Teaching Chinese as an international language. *Chinese Studies Review*, 2007(2);李明芳《国际汉语和英国大学汉语教学》,载洪历建主编《全球语境下海外高校的汉语教学》,学林出版社,2012 年;张新生《英国中小学汉语教师培训的本土化》,载《国际汉语教育人才培养理论研究》,北京语言大学出版社、中央广播电视大学音像出版社,2012 年。

因此据此而形成的汉语教师培训观念和实践也不尽相同。了解对国际汉语概念的不同认识，对于明确国际汉语教师培养观念，选择国际汉语教师培养模式以及规划和制定国际汉语教师培养计划及国际汉语发展策略，都具有重要的理论意义和现实意义。

国际汉语从教学的角度来看，至少包含两层含义：一是扩大其地域覆盖面的"国际"的汉语教学，二是拓宽其使用领域的"国际汉语"的教学。前者往往要通过汉语母语国及相关机构的努力，推动汉语在非母语国家与地区的教学，以实现让汉语走向世界而国际化的愿景；而后者则可通过借助各种渠道之努力，推动汉语教学，拓展汉语的使用领域，包括汉语的本土化使用，使其成为一种国际通用语，让汉语融入世界。尽管两者在提高汉语国际地位的最终目标上完全一致，但在侧重点和理念上的差异则会导致在某个阶段里汉语教师培养理念和模式上的不同。

从发展的角度来看，国际汉语主要是对外汉语理念和实践在空间上的延续和扩展。对外汉语教学作为一个学科，其定位是外语教学，[①] 英文译为 Teaching Chinese as a Foreign Language。但因其主要基地在中国，是一种对在华外国人进行的汉语教学活动（因此才是"对外"汉语教学），它实际上是一种在母语国进行的（二语）教学，即 Teaching Chinese（as a Second Language）to Speakers of Other Languages in China。20 世纪 80 年代至今，在中国进行的这类教学和研究活动大都是在对外汉语的观念和实践基础上进行的。21 世纪初"国际汉语"概念的提出，其宗旨是强调

[①] 吕必松《对外汉语教学概论（讲义）》，《世界汉语教学》1992 年第 2 期；刘珣《也论对外汉语教学的学科体系及其科学定位》，《语言教学与研究》1999 年第 1 期。

汉语教学的"国际推广"(该词也一度出现在国家汉办的名称里),扩大在海外进行的汉语教学活动,其国际性在于强调汉语教学地域覆盖面的拓展。孔子学院的诞生和随后出现的汉语国际教育硕士课程都是为配合这一战略的实现而制定和设置的。

(二)国际汉语教师培养

语言推广是实现语言国际化的重要手段,政府往往在该过程中扮演着重要的角色。近年来,为了配合汉语"走出去"的战略,国家汉办在国际汉语教师培养方面投入了大量的资源和力量,也在形式上采用了多种方法和途径。已经历十余年并遍布全球各地的千余所孔子学院和孔子课堂,亦已成为实现汉语走向世界和国际汉语教师派出及培养的重要平台。而在孔子学院问世不久后推出的《国际汉语教师标准》和设立的汉语国际教育硕士课程,均为国际汉语教师培养的重要举措。

和对外汉语专业硕士相比,以海外汉语教学为主要市场的汉语国际教育硕士课程(Master of Teaching Chinese to Speakers of Other Languages,简称 MTCSOL)在设置上更注重时效(课程为两年)和实效(内容设计上注重受训者实际操作能力的培养),目的在于为全球的汉语国际推广多快好省并有针对性地培养一批可以胜任海外汉语国际教育工作的专业教师。此后不久推出的《国际汉语教师标准》(以下简称《标准》,同时出台的还有《国际汉语教学通用课程大纲》和《国际汉语能力标准》),在原则(国际汉语教师培养及资格认证)和内容(五个模块十大标准)上描述了国际汉语教师的标准框架。《标准》在原则和内容上都主要是从汉语母语国的角度,为实现国际汉语第一层面的目标,即汉语的国际推广而制定的。这一特点也从某种程度上决定了依此设立的汉语国际硕士课程和其他相关国际汉语教师培训项目的培养内容和模式。

国际汉语教师培养如何在内容和制度上满足包括孔子学院在内的海外当地汉语教学机构和学生的要求？孔子学院如何准确地在海外定位？即孔子学院是海外国际汉语推广机构还是本土的汉语外语教学机构，或是两者兼而有之？如果是后者，两者间的关系应该如何处理？这些都是孔子学院研究者和实际工作者所关注和面临的问题。

（三）国际汉语和"通文化"交际能力

语言推广往往因强调学习者对目的语及文化的掌握，培养其单向的跨文化交际能力，而忽视学习者在该过程中自身语言和文化对语言学习的影响和作用。如上所述，汉语国际教育硕士及《标准》都具有明显的母语国语言推广特征，这也决定了其语言和文化教学内容上何为主、何为次的主从关系。即在语言上强调普通话的正统性和权威性，在文化上注重传播中国历史人文精神和传统，通过和汉语学习者母语及文化的对比，培养汉语学习者和汉语使用者进行跨文化交际的能力。从某种意义上说，该课程和《标准》在很大程度上都继承了对外汉语教学的观念和思路，其文化内容大都是本着跨文化交际的原则安排的。

在母语环境里进行的对外汉语教学与在海外非母语环境里进行的汉语外语教学有着很大的区别，这一点已为大多数海内外汉语外语教学工作者所认可。在不同地区、不同语言及文化和语言政策环境里，人们对文化的理解和交际能力培养的需求不尽相同。现在海外语言文化教学往往更注重主客文化平等的"通文化"

（Inter-cultural）[①]交际能力培养。美国、加拿大、英国和澳大利亚等国对母语为汉语的中文教师进行的调查都不同程度地表明，这种对文化能力认识和培养的差异，是妨碍这些中文教师在当地进行有效的汉语外语教学的主要因素之一。[②]

语言和文化的关系密不可分，国际汉语教师自然也担负着弘扬文化的使命，但在海外汉语外语教学中文化教学的方法不必单一。[③]注重学习者通文化交际能力的培养事关国际汉语教学的可持续发展，因为这种本土化的汉语教学是汉语国际教育的根本。汉语国际教育硕士课程如何"走出去"融入海外当地主流，国际汉语教师培养如何结合海外当地汉语教学的实际需求和条件，灵活地应用《标准》的有关内容，使其达到有的放矢、事半功倍的效果，英语的国际化历史及其教师培养经验对国际汉语教师的培养或许有所启示。

---

① 虽然大多数学者都认同 Cross-cultural Communication 和 Inter-cultural Communication 之间有着很大的不同，但中文通常都译为"跨文化交际"。近期国内有学者提出可译为"跨文化互际学"，参见任端《"跨文化交际学"抑或"跨文化互际学"？》，《中国科技语》2012 第 2 期。笔者认为"通文化交际"或许更能表达该概念的内涵。

② Xu, H. (2012). *Challenges Native Chinese Teachers Face in Teaching Chinese as a Foreign Language to Non-native Chinese Students in US Classroom.* MA thesis, University of Nebraska-Lincoln; CILT, The National Centre for Languages (2007). *Mandarin Language Learning: Research Report DCSFRW019.* London: Department for Children Schools and Families; Medwell, J., Richardson, K., & Li, L. (2012). Working together to train tomorrow's teachers of Chinese. *Scottish Languages Review*, 25; Zhang, F. (1992). Native Chinese speakers and teaching Chinese as a second language. In Kam, L. (ed.). *New Developments in Chinese Language Teaching and Teacher Training.* Melbourne: Key Centre for Asian Languages and Studies.

③ 张英《如何看待目前的海外文化教学》，http://forum.myechinese.com/2012/2013/03/08/ 中国文化教学 /.2013-11-11。

二、国际英语教师培养新动向

（一）国际英语的兴起和英语的本土化

从历史的角度看，早期殖民时期的英语化政策以及二战后同为英语国家的美国的崛起，是造成世界今日英语五花八门和广泛使用这一现状的重要因素。但今日英语的广泛使用，更多是由于英语日益彰显的实用价值和广泛应用。就是在极为强调语言平等和文化多元化的欧洲，英语作为一种实用工具性语言，也正得到越来越广泛的使用。世界上不少国家和政府之所以专门制定一系列鼓励英语教学的语言政策，正是为了利用英语这个语言工具。正因为如此，英语教学才形成了一个真正的全球性市场。

今日国际英语的特点之一，就是它已经成了越来越多使用者所共同拥有的语言。国际英语早已不再是单一形式的语言，而是具有多种变体的英语。英语的国际性也恰恰体现在这种多元性和本土性特点之上。英语的多种存在形式，尤其是其广泛的使用领域，正在使国际英语逐渐失去其原有的民族文化性。而作为外语的英语的跨文化交际正日益被作为国际英语的文化间交际需求所替代。国际英语这一实际而多样的需求，无论对英语学习者还是英语教学者来说，都和传统的英语外语教学有着很大的不同。

（二）国际英语教师培养面临的新挑战

英语使用的上述变化，即从外语英语走向国际英语，从单一外语走向多元功能英语，也给国际英语教师的培养提出了新的挑战。纵观已有 70 余年历史的英语教师培养史，其现状可谓是层次全面、种类繁多、形式多样，从一般的短期培训到高学历的博士课程，应有尽有。虽然像英语母语国英国等国家的国际英语师资培养体系依然在国际英语教师培养中占有极为重要的地位，尤其是著名的英语教学证书（CELTA）和英语教学文凭（DELTA）课程，但是，由于各地对英语使用需求的不同，对英语教师的要求也就不尽相同。而这种不同的需求及统一课程所具有的局限，在进入21世纪后引起了越来越多的英语教师培养业内专家人士的注意。英语教育界的重要人物维德逊教授就指出，在不同的国家、不同的地方和不同的教室里，英国的外语状况也不尽相同。因此，英语教学需要考虑当地的情况和条件来进行。[1]

事实上，包括中国在内的世界上大部分国家的英语教师均是由自己本土化的师资机制所培养的。虽然像英美等英语母语国也参与或提供这类本土化的师资培训工作，但国际英语教学的可持续发展很大程度上还是靠这种本土的师资培养与培训来实现的。作为英语母语国，在其国际英语教师培养方面所做出的相应调整，也在于其对教师培养本土化问题的认识的转变，其中，针对海外英语教师的短期英语教师进修课程就是个很好的例子。

（三）海外英语教师进修课程

近年来，为了加强海外英语教师的本土化培训，英国出现了许多针对海外从事英语教学活动的短期培训课程，如海外英语教师英语教学课程（Teaching English for Practicing Overseas Teachers[2]）和海外英语教师进修课程（English Language Teacher

---

[1] Interview with Henry G. Widdowson, http://www.eltnews.com/features/interviews/2005/12/interview_with_henrygwiddows.html, 2013-9-7.

[2] Teaching English for Practicing Overseas Teachers（TEPOT），http://www.englishlanguagehouse.co.uk/index.php/courses/teacher-training/tepot, 2013-9-7.

Development Programme[①]）等。这类课程基本都是两个星期，约50个课时。内容上主要包括英语教学法、英语语言、英语教学资源及使用、E 学习工作坊、课堂观察评估、英国文化、英语教学材料展示和英语语言测试等。这些课程的一个突出特点就是有机地结合了英国作为英语母语成员国对英语推广的努力，以及现代英语教学工作者对学习对象及其相关环境和因素所应给予的重视。

尽管在英国本土进行的这些英语教师培训在内容上十分自然地包括了对英国文化的介绍，但该类课程都强调，参加培训的教师应该认真了解和研究他们当地的相关情况，并根据本地的具体情况，灵活运用课程所涉及的教学方法，而不是一味照搬课程上学习的理论和方法。同时，课程非常注重培养教师的职业反思意识和能力，鼓励他们根据自己的现实教学，不断提出问题，寻求答案，追求更好的教学效果，并依据实践大胆地挑战现有的权威观点和理论，提出自己的见解和感想，和同事同行进行及时的交流。目前欧洲的语言教师培训都极其重视反思型教师的培养。也就是说，一个优秀的教学工作者，同时也应该是一个活跃的行动研究者（Action Researcher）。

三、英国汉语教师培养计划的现状

（一）千人汉语教师培训计划

英国的汉语外语教育在近十余年里有了长足的发展。[②] 根据

[①] English Language Teacher Development Programme，http://www.sheffield.ac.uk/eltc/tesol/eltdp, 2013-9-7.

[②] Zhang, G. X., & Li, M. L. (2010). Chinese language teaching in the UK: present and future. *Language Learning Journal*, 38. London: Routledge.

英国教育部的建议规划英国的公立小学从 2014 年起将全面提供现代外语教育,汉语也在现代外语之列。目前英国小学的外语教育绝大多数为法语教育,虽然近几年学习汉语的人数在不断大幅增加,但和主要的欧洲语言相比,比例依然十分微小。同时,合格汉语师资的匮乏也将是小学汉语外语教育发展的制约因素之一。汉语外语教师的培养问题,很早就受到了相关机构的重视,如笔者当时所在伦敦大学亚非学院早在 2003 年就率先推出了英国首个汉语教师证书课程,而后又和伦敦孔子学院及英国专长学校联合会孔子学院一起参与了 2010 年中英政府签署的中小学千人汉语教师培训计划(2011—2016)的制订和执行工作。

千人汉语教师培训计划是在对英国汉语师资情况的调查和汉语教学发展需要的预测[1]基础上提出来的,其内容主要包括对在职汉语教师的短期轮训、对在职并有意转教汉语的其他语种合格外语教师的汉语培训以及教师资格培养三个部分。尽管两个孔子学院后来的实际参与并没能按计划进行,但千人汉语教师培训计划的提出和执行对培养和解决英国汉语教师长短期培训问题有着重要的意义。该计划目前主要由伦敦大学教育研究院和转到该院的中小学孔子学院(原英国专长学校联合会孔子学院)负责牵头推进。

(二)短期汉语教师培训

短期在职汉语教师轮训的主要对象是在职的母语为汉语的汉语教师,内容以在英国学校教学所需的汉语本体知识、中小学汉语外语教学法、英汉语对比、教育技术等实用知识技能为主。每

---

[1] 张新生、李明芳《英国大学汉语教师和教学法现状调查》,第十届国际汉语教学研讨会论文,2010 年。

期通常为 60 课时，并可作为今后参加正式外语教师培训或研究生课程之准备。自计划开始以来，已经举办了数期。此外由于对语言需求的变化，近年来英国学校对某些外语的需求有所下降，一批具有合格教师资格并富有教学经验的外语教师面临工作调整或专业转向的问题，其中有些教师有兴趣开始学习汉语，转而成为初级汉语教师。针对这些教师，现在已经开设了多期在华暑期汉语强化课程，参与的教师十分踊跃，效果也相当不错。他们中间的一些人已经开始教授汉语，更重要的是他们几乎都是汉语外语学习者，这不但为日后的汉语外语教师做了一定的储备，也是汉语外语教师本土化的重要发展。

除了这些针对中小学汉语教师的培养和培训，数所大学也已开始提供针对成人市场的汉语外语教学研究生课程（如谢菲尔德大学、伦敦大学亚非学院和诺丁汉大学等）。此外，英国不少孔子学院及社会培训机构也在提供和从事着相关的一些汉语外语教学课程和活动。

（三）汉语教师资格证书

合格汉语教师资格是所有在职和将要在中小学从事汉语教学工作的教师所应具备的，目前英国汉语教师资格证书主要由两种途径获得。已经在职从教但还没有合格汉语教师资格的可以通过参加大学毕业生教师培训项目（Graduate Teacher Programme，GTP）的培训取得合格汉语教师资格。该项目通常为期一年。虽然大部分时间是在学校，但也必须接受正式培训机构（通常为大学师资培训单位）的培训，在进行教学的同时，还需在有经验的教师指导下完成一系列的预定任务并通过外部评审。该项目 2014 年将为新的学校直接培训计划（School Direct Training

Programme）所替代。

对于尚未开始教学的人来说，获得合格教师资格最为常见的方法就是参加教育研究生课程（Post Graduate Certificate in Education，PGCE），这也是英国教师培养的主要方法。该课程为一年的全日制学习，其中一半左右的时间是在学校实习，也有为期两年的非全日制课程。目前提供这类课程的大学已由2007年的三所[①]增加到目前的伦敦大学教育研究院、伦敦大学金斯密学院、谢菲尔德大学、诺丁汉大学、华为大学、爱丁堡大学、智山大学等十余所学校，在学人数近百人。

四、对国际汉语教师培养模式的思考

（一）国际汉语教师培养层次的多元化

国际汉语教师队伍，有"正规军"和"杂牌军"之分，但海内外对其定义不尽相同。在国内，所谓"正规军"是指接受四年以上对外汉语教学专业教育的本科生、研究生，[②]而在英国，则主要指在英国接受并完成英国教师资格培训课程并取得英国教师资格的中文教师。[③]事实上，这种对"正规军"定义的不同恰恰反映了国内外对汉语教师培养在认识和实践上的差异。从目前的

---

① GILT, The National Centre for Languages (2007). *Mandarin Language Learning: Research Report DCSFRW019*. London: Department for Children Schools and Families.

② 《孔子学院热难掩后援不足 教汉语须培养本土化教师》，http://www.l77liuxue.cn/info/20l0-6/107962.html，2013-9-7。

③ 孙晓满《英国主流学校中文教学的现状》，http://www.ncwtq.com/onews.asp?id=l093，2013-9-7。

情况来看，国内培养的国际汉语教师正规军，无论是对外汉语还是汉语国际教育毕业生，直接进入海外汉语教师正规军队伍的人数较少，所以，毕业生在国内供过于求，而海外大多数地方正规军教师则严重不足。同时，我们也应该考虑，现阶段国际汉语的海外市场是否都需要有正式学历的正规军汉语教师？要找到这个问题的答案，就必须首先对海外汉语学习者的构成和需要进行调查和分析，因为这些因素不但会影响到他们对学习的需求，也会影响到对汉语教师的需求。

如果新的国际汉语教师资格证书是以《标准》所提内容和要求为基础，那其水准一定在专业研究生水平之上。而相比之下，英语教师证书的准入门槛就要低得多，这也是为什么仅剑桥考试委员会的英语教师证书，全球每年的准备应试课程就有900多个，有1.2万人通过分布在全球近50个国家的250余个中心举行的考试，获得职前英语外语教学证书[①]。因此，以《标准》为依据的国际汉语教师证书，最好也能考虑到国内外市场需求的不同，参考国外外语教师培训的经验，在统一的认证体系里，分为前后连贯的数级（如初、中、高），并以此设计不同的培训课程，为多元化的市场提供多元的选择。国际汉语教师的培养，就和国际汉语事业一样，绝非能仅依靠政府或某个机构的努力就能完成。各种形式的合作，尤其是中外相关机构的合作，是实现国际汉语事业目标，即国际汉语教学（本土化）的必要途径。

---

① CELTA: http://www.cambridgeenglish.org/exams-and-ualifications/celta/，2013-9-7，该证书相当于大学二年级的水平。

（二）国际汉语教师培养模式的多样化

笔者在第二届国际汉语教师培训会议上提到，鉴于国际汉语的阶段性特点，在很长的一段时间里，在海内外汉语教师培养上，还会有国际汉语教师和汉语外语教师的差别。作为汉语外语教学的汉语教师，他们对汉语本体知识结构的需求，他们对当地汉语学习者以及相关文化和语言政策等的了解，都是目前国际汉语教育硕士和本土教师培训所难以满足的。但海外汉语教师匮乏的问题，可以通过三个步骤来逐步加以解决：汉语教师短期培训和长期培养相结合（如英国千人汉语教师培训计划）；国内和国外汉语教师培训机构的互相合作；逐步建立一个层次分明、前后连贯、结构灵活的国际汉语教师培训及分级考核与认证制度。而中外合作及本土化培训是兼顾上述两类汉语教师培养的理想途径。欧洲外语师资培训主要重视教师对教育体制及其规定要求的了解和遵守，重视教师对外语教学理论的掌握和教学实践能力的培养，但在教师应具备的外语能力的培养方面相对薄弱，包括对所教授语言的实际驾驭、了解、分析和教授能力，而这方面正是对外汉语和汉语国际教育课程的强项，因此与欧洲相关汉语教师培训机构合作有着很大的空间和互补性。比如，可将有关的课程植入欧洲汉语教师培养体系，也可考虑借鉴其他学科专业的合作办学模式（如双学位），增强机构间学生及教师的交流与合作。

以上提及的中外合作还有一个好处，就是可提高面向海外的国际汉语教师培养的本土化程度，加快海外汉语外语教师培训的本土化进程。事实上，海内外的本土化汉语教师培养所面临的共同问题，就是如何解决由于汉语和当地语言差异而造成的汉语难学及如何有效教授汉语的问题，以及如何解决在多元文化环中汉语跨文化和文化间交流能力的教学问题。通过合作教学和研究项目，不但可以提高汉语教师教育者及汉语教师对这些问题的意识和认识，而且也会增强他们自觉寻求解决问题的方案的兴趣和能力——因为欧美师资培训较为注重培养教师即研究者的行动能力，从而不断改进汉语教学效果，实现国际汉语教学的可持续发展。

（三）国际汉语教师教育者的培养问题

2012年第二届国际汉语教师培养论坛上，首次提出了国际汉语教师教育者的问题，即国际汉语教师教育者应该具有什么样的资质和经验，他们是否也应该接受培训，并有一定的资格认证。这个问题的提出，在国际汉语教师培养的认识上，向国际接轨和合作又迈进了一步。只要比较一下国际英语和国际汉语教师培训就不难看出，它们之间的主要差别在于最关注的是知识本体还是学习对象。无论是对外汉语还是汉语国际教育，以及后来制定的《标准》，它们最为重视的都是系统的知识及理论和研究能力的培养。加上中国文化传统的影响，授业和师表就成了国际汉语教师培养的基本原则。因此，对国际汉语教师教育者的期望也往往如此。而在英语教师培养体系中，不仅一般培训课程的教育者都是相关教学经验丰富的老师，就是重视理论研究的正规研究生课程，很多内容，尤其是实际教学技能课程，都是由那些有多年在中小学或成人教学机构里教学的有经验的教师来担任的。他们中的很多人还经常往返于这些教育机构课程之间，大部分研究也是以这些实际的课堂实践为基础进行的，脱离教学而进行的所谓教学研究为数甚少。正因为如此，他们讲述的教学实例和提供的具体教学方法才较具有实用性，也符合作为应用语言学分支的语言教学学科的特点。

作为面向海外市场的国际汉语教师培养，目前国内的对外汉语和汉语国际教育课程均因地域环境的制约，有着相当的局限性。在海外进行汉语教学往往需要教师具有良好的双语水平，对两种文化有较深刻的认识和了解，具有相关的教学和管理技巧。[①]国际汉语教师教育者应意识到这方面的局限性，通过各种合作及教学实践活动，扬长避短，突破局限。国际汉语教师教育者应注重开展基于教学实践的应用性研究或行动研究，同时对自己的教研工作积极反思，结合实际工作的需要，不断探索行之有效的汉语教学方法，并在国际汉语教师的培养中，坚持这些原则和实践，不但使学生学有所获，而且使自己也切实教有所获。有关方面可以借鉴国外语言教师教育者的培训经验，考虑建立国际汉语教师教育者的意识培训制度和能力认证体系。

五、结束语

国际汉语在实践上应兼顾汉语的国际推广和汉语的国际应用双重任务，在拓展汉语教学与使用地域覆盖的同时，通过推动汉语教学的本土化，实现汉语在海外多语社会中教学和应用的常态化。从可持续发展的角度来看，汉语的国际推广只是手段，而汉语的国际应用才是目的。国际汉语教师培养目标和规划，都应在明确现阶段国际汉语的目标和定位的基础之上来制定和

[①] 高保强《澳大利亚华语教师与文化教育差异》，载洪历建主编《全球语境下海外高校的汉语教学》，学林出版社，2012年。

实施。

汉语应用的国际化离不开汉语教学和汉语使用的本土化，更离不开汉语教师培养的本土化。[①] 因此，在扩大以培养国际汉语推广为目的的国际汉语教育硕士课程的同时（包括招收海外学生），国际汉语教师培养模式还应该考虑如何应对世界语言文化多元化的现实，真正走出去，通过各种渠道和途径，融入当地汉语教师培养和培训的主流系统。这首先需要国际汉语教师培养政策和计划的制定者在观念上有所改变，并加强对当地社会语言使用状况及政府相应语言政策的研究和了解。在汉语教师的资格认证及培训上，根据不同的教学目标和需要，设计不同的汉语教师培养和培训项目，培养不同类型的汉语教师。这些不同层次的多样化国际汉语教师培养和培训，相互之间并不矛盾，而是相互补充、相辅相成的。此外，也应该对国际汉语教师教育者的问题给予应有的重视，并逐渐建立一套相应的培训和认证体系。国际汉语教师教育者应具有一定的理论基础和研究能力，但更重要的是具有丰富的相关汉语教学经验。

---

① 《孔子学院热难掩后援不足 教汉语须培养本土化教师》，http://www.l77liuxue.cn/info/2010-6/107962.html，2013-9-7。

第四节 培训策略

壹 课堂教学观摩在师资培养中的目的与作用[①]

一、观摩课堂教学的目的

国际汉语师资培养与培训的课程设置已经从知识性课程为主导转向知识性课程和能力性课程并重的阶段,一些知识性课程本身也自觉与能力培养相结合。课堂教学及教学技能类的课程在一般高校都设为必修课,课堂管理组织能力、课堂控制行为能力、对突发事件应变能力、引导学生积极的课堂行为能力等也已作为教师培养和教师发展的重要目标。由于"对外汉语教学活动是实践性和情境性的,对外汉语教师的专业发展不能仅局限于抽象概念的学习,而应是在具体的课堂情境中,在专业不断发展的过程中,关注教学实践中所产生的那些知识"[②],课堂成为最好的展示、体现实践性和情境性特点的场所。观摩课堂教学对培养学生的课堂教学意识以及展示教学法、教学技巧的特点有着无可替代的作用。

观察者身份不同,对课堂教学活动评价的方式和结果会有差

[①] 本节壹选自刘元满《课堂教学观摩在师资培养中的目的与作用》,吴应辉、牟玲编《汉语国际传播与国际汉语教学研究(下)——第九届国际汉语教学学术研讨会论文集》,中央民族大学出版社,2011年。

[②] 王添淼《成为反思性实践者》,《语言教学与研究》2010年第2期。

异，丁安琪（2006，2007）[①]考察了专职对外汉语教师的评价、各国留学生（欧美、日本）的评价并考察了他们的评价是否一致。曹贤文、王智（2010）[②]分析了教师与欧美留学生对"有效教师行为"的评价异同，发现学生更重视学习地道的汉语，期待教师要求更加严格并能及时为他们的学习提供可靠的帮助；而教师对学生的语法错误则表现得较为容忍，更倾向采用交际性的教学方法。

本部分则从准教师（这里指接受职前培养的研究生）的角度对教学活动进行观察。在对外汉语师资培养过程中，观摩课堂教学者构成一个群体，他们观摩课程比教师同行之间观摩的机会更多。

观摩教学的途径可以有两种，一种是观摩教学录像，一种是进入教室进行隐身式听课。而教学录像一般又可分为两种，一种是经过剪辑制作，将教学过程浓缩，更多地体现教学环节的处理，或者是重点突出某种技能的训练；一种是自然教学课程录像，从起课到结束不加剪辑，这种录像往往只把镜头对准教师，仍不能够真正展示课堂内部活动全貌。江新、郝丽霞（2010）[③]认为传统的教师培训课程缺乏对录像中授课教师的教学思想的讨论，或者讨论缺乏有关材料的支持，故建议阅读教师回忆报告的转写文本以了解教师教学活动背后的思想。

进入课堂进行观摩则可以对教师和学生进行全方位观察，对

[①] 丁安琪《欧美留学生对课堂活动有效性评价的分析》，《汉语学习》2006年第5期；丁安琪《关于日本本科留学生对汉语课堂活动有效性评价的分析》，《世界汉语教学》2007年第1期。

[②] 曹贤文、王智《对外汉语教师与欧美留学生对"有效教师行为"的评价》，《语言教学与研究》2010年第6期。

[③] 江新、郝丽霞《对外汉语教师实践性知识的个案研究》，《世界汉语教学》2010年第3期。

教学处理过程的了解更为直接。但观摩的目的和作用长期以来比较模糊。如何充分利用该活动能够提供的资源，让准教师从中获得最大收获是我们应该考虑的问题。

观摩教学必须有明确的观课目的并制订具体的听课计划，训练学生对课程进行较为职业性的评价，这样不仅能够使准教师运用其他课程中所学到的硬性理论知识去解释课堂活动，而且能够使准教师观察到一些离开课堂就无法感知的软性课堂表现，准教师常常会设身处地设想自身的教学或者结合已有的教学实践进行反思。"对外汉语教学理论与实践"课程是北京大学对外汉语教育学院开设的研究生必修课，作为环节之一，要求研究生必须观摩含完整教学环节的课程。2010年春季笔者为14名对外汉语教学科学硕士讲授该课程。考虑到语言班听课人数的容量限制并回避研究生自己选课的冲突，为了保证听课效果，观摩课程的时期延至八周。之后进行观课口头报告和集体讨论，学期末提交观课记录和课堂教学活动分析。一个学期共观摩熟手教师约30名，为了验证研究生对所观摩教师的评价是否具有现实价值，笔者还对应考察了留学生在学期末结束时对教师的评估结果，发现二者存在不少共性，但也因角色不同而表现出一定特色。

二、观摩课堂的实施原则和要求

课堂观摩具有使一些基本概念和知识具象化的作用。在师资培养目标中，教师的基本能力应该包括课堂管理组织能力、课堂控制行为能力、对突发事件或敏感话题的课堂应变能力、引导学生积极的课堂行为能力。基于这样的目标，我们可以制定相应的课程观摩程式和每一步的观摩任务。如在教学组织与教学管理方面，可以观摩如何制定课堂规范、明确教学进度和教学要求等。在课堂管理的策略与技巧方面，可以观摩监控与反馈、课堂语言、手势及体态语，了解小组活动方式和效果、体会学习者情感需求表现、考察师生或生生之间的沟通方式等。在学生的问题行为方面，可以观摩问题的具体表现及教师如何进行处理等。

吕兆格（2009）[①]对汉语教师志愿者提出了一些观摩建议，笔者借鉴了其中一些做法并结合学院长期使用且比较稳定的教学评估项目，指出研究生在听课时要注意的方面。除必须了解课程的基本信息，课堂教学活动步骤和过程之外，对以下内容进行记录和分析：（1）教师如何控制和驾驭课堂？（2）如何安排课堂活动？（3）如何使用教材？（4）怎样对待学生错误？（5）如何控制课堂时间和秩序？（6）对教学重点和难点的选取及处理方式？（7）对突发事件的处理方式？（8）该课的独特之处？

使用合作性学习方式，研究生自建3—4人听课小组，按初中高分出阶段，按综合课和口语课分出课型，小组分工合作，以案例分析的形式做口头报告，对课程进行描述和评价，概括性说明教师值得学习或借鉴的地方，以及不足或需改进之处，设计自己怎么处理某些问题。全班课堂讨论则进一步展开，不同案例的观课成果得以共享，为研究生即将进行的课堂模拟试讲打好基础。

---

① 吕兆格《汉语教师志愿者如何进行课堂教学观摩》，《高等教育研究》2009年第3期。

三、观摩课程的实践意义

由于提供的观摩时间周期比较长,且可供观摩的教师人数比较多,一个学期结束时,14名研究生观摩教师共约30名。他们非常珍惜这个机会,有一名学生听了5位老师的共计15次课。由于与自己选课时间冲突,有些课程未能听完一个完整过程,但每人都保证有自己负责水平段的完整听课过程。

某小组3人共同观摩了同一名教师的课程,尽管口头报告是合作进行的,属于集体成果,但从提交的观课笔记可以发现他们个人所关注的内容也有所不同。以下简要列出其特别不同的感受,并对应该班学生对自己教师的评价。

A	老师进行教学的方式包括组织课堂活动都比较合适,如每次开始上课就有预习生词;每个教学步骤都安排一段时间让学生找出自己不明白的地方并提出问题;让学生分组做练习和讨论对学生的学习进步非常有利。设想自己上课会找内容相关的多媒体资料,补充更多学习活动,如以歌曲或游戏为主导,使学生学习到更多的生词,并比较容易地把生词记住。这类活动也会让课堂变得更轻松有趣。
B	学生的迟到、旷课现象很严重,老师的管理可以更有力一些,在学期之初就建立起课堂秩序。在随堂考试的成绩问题上需要明确规则,才能保证实施起来没有阻力。老师在讲课时很少走动,只是站在讲台上,有时后面的学生举手提问,而老师没有看到,学生由于腼腆也就没有追问。纠错有一个容忍度的问题,纠错时要抓住主要矛盾。教师还需要具备听懂学生"难懂"的表达的能力。老师能够有意识地控制自己的语言,例子需要准确而巧妙,既能恰当地切合某个词语或句型的意义和表达功能,又要与学生的生活实际相联系。

C	课堂活动的安排以及课堂上的生词练习很好,在时间控制方面教师也做得非常完美。但教师举例子时会用男女朋友类似的例子。有时不等学生用汉语解释完就直接给一个英语的意思。今后当老师要准备好课,对自己、课程和学生要有信心,对字词有一定的了解,授课时要设计好时间的安排,课堂活动,强调和补充学生容易犯错或容易误解的部分。更重要的是课后对自己的反思。
留学生	主要是肯定的,如生词和句子讲得很清楚;回答问题很耐心;非常喜欢她的教学方法;课堂气氛很好;跟老师交流很舒服,不管是课上还是课下;有很多补充材料;上课的时候有结构;课间注意培养和学生的关系;我最好的老师,练习很多直到我们都理解了;生词的小考很有用。只有一条意见是作业很多,要多一点儿复习。

作为观摩者听课的研究生与作为语言学习者的留学生对该教师总体的评价是一致的,都认为这是一个好老师,但他们的评判角度有很大不同。研究生观摩一个阶段之后就离开了,而留学生整个学期都在该班学习,他们更关注自己的收获和学习过程的愉悦程度,其情感性因素会起相当大的作用。研究生更关注教师的教学环节处理过程和方式,并抱有一种天然的批评态度,这正是我们乐于看到的。这个思考过程使得他们逐渐具备了职业敏感性。

有一个小组对教平行班的两位口语教师进行了对比。下表中,AB 代表研究生,ab 代表教师。

A	教师的精神面貌非常好,体态语丰富,课堂气氛和谐融洽,有利于激发学生的潜能和学习兴趣。教师驾驭课堂的本领也比较出色。a 班的课堂气氛非常活跃,以练为主,老师亲和力强,非常注意鼓励学生,帮助学生树立信心,但是课堂节奏较为松散;b 班坚持精讲多练的原则,讲练结合,重点突出,安排紧凑,但较 a 班略显沉闷。

B	a班对学生错误的容忍度高，b班纠正学生错误的次数较多。两位老师在课堂时间的控制和学生秩序的组织上都做得非常好，只是有些环节的时间分配还需要进一步调整。 a班最大的亮点在于练习的灵活多样以及学生很高的参与度；b班教授生词的方式灵活，对声调的强调帮助学生在初级阶段打好了语音基础；连环式提问帮助学生很好地理解了并能流畅地进行复述。
留学生	a班：鼓励我们自己造句子和对话；能抓住我们的注意力；让课变得很有趣；解释得很好；非常亲切友善令人愉快；思想开明，知识渊博，经验丰富；她鼓励我们用词汇和语法写我们自己的对话和问题，这是学习新词和词汇的最好的方法；气氛很好；非常清楚；鼓励我们用不同的方式来用学过的知识；总是回答我们有关汉语口语的问题。 该课一个缺点是有时候英语说得有点儿多，"除此之外，她是个完美的老师"。 b班：无主观评价。 （注：该教师评估成绩高于平均线，说明学生是对其持肯定态度的。）

两个班的教师讲授同样级别的平行课，这成为极好的对比案例。教师风格不同，课堂气氛也会不一样。从上面的评语可以看出，研究生和留学生都很关注课堂气氛。尽管两位教师都很好地完成了教学任务，但研究生从不同的教学风格中寻找亮点，留学生显然更偏爱课堂上的愉悦氛围。一位同学连续七次才听完一个完整的综合课。除了教师的长处，她也尖锐地指出："最大的问题就是课上得有些拖沓、不紧凑，给人的感觉就是'赶不动'，我曾经问过老师这个问题，这也是他最大的苦恼之一。我认为，这种

现象的出现可能跟没有安排学生课下预习和某些学生的水平偏低有关，当然，与老师本身也有一定的关系。"

从这个案例可以发现，进入真实的教学实践后，学生观察到很多书本中没有提及的现象。在与教师的交流中，往往会对教师行为背后的思想产生兴趣，一些疑问在与教师交流后得到了解答，而一些疑问则继续留存下来，促使学生进一步寻求解答，一定程度帮助学生逐渐建立起良好的职业习惯。

四、观摩课程对师资培养的启示

观摩课程可以作为一个窗口，在这里可以观察到教师自身的知识能力、课堂教学能力等。以上分析也表明，作为师资培养对象的研究生虽还不是专职的汉语教师，但已经开始具备了一定的职业敏感，能够以准职业者的眼光进行评判。在对课程的思考中，既有领悟性的（过去没有想到过），又有反思性的（过去以为是这样的）。

研究生观摩课程是一个渐进性过程。过去的做法一般是树立样板告诉学生什么是优秀课程，学生也常常会以为那种优秀课程一定是最好的。但通过广泛观摩课程，研究生们了解到教学现实，不是所有的熟手教师都处处优秀，但优秀的教师一定是经验丰富，经历过不同生涯阶段才达到某一境界。要让学生观摩更多的课程，了解自然课堂是什么样的，让他们自己对优缺点进行判断，提高对课堂教学进行评价的能力。要破除研究生脑中对教学方式的思维定式，在掌握基本要素的基础上，从多种教学风格中吸收那些好的、精华的东西，而避免那些不良的、无效的教学行为。观摩多人的教学可以促使学生建立多元化思想,避免教学趋同。"教师每时每刻都要和学生接触,产生各种各样的教学经验,遇到许许多多的教学困境,如何应付不同的教学困境,帮助学生取得进步,不同的教师在教学观、学生观以及处事方式上都会存在差异。"[1]学生自身也认识到了教学处理的不同,如对零起点的学生,有的教师主要采用汉语授课,有的则大量使用英语。有的教师有错必纠,有的则更关注学生所谈的内容。观课者常常会不自觉地想到自己会怎么处理,"作为旁观者,挑错永远是相对容易的。在听课时我总是问自己:如果换成我呢?我能做得更好吗?"这样的疑问可以帮助研究生对自身进行演练,主动提高教学能力。

固然在课程观摩过程中,研究生能够掌握不同教学对象的课堂管理实用技巧,预防并及时处理学生的问题行为,从而在教学活动中创造积极的课堂环境,提高学习效率。然而受益的并不只是研究生,对教师来说,从事着实践性很强的教学活动,自身几乎就是一个表演者。除了对教学进行自觉反思外,还需要有较多的评估源来反观自己的教学。课堂观摩反馈意见对教师本身的专业知识和教学能力的提升有着极大的参考价值,因此应该通过适当方式向教师进行反馈。

---

[1] 王添淼《成为反思性实践者》,《语言教学与研究》2010年第2期。

贰 微格教育与对外汉语师资培训[①]

一、对外汉语师资培训的基本模式和存在的问题

对外汉语教学是一门蓬勃发展的学科，近年来发展很快，国内外对对外汉语师资的需求量都很大。很多高校都开设了对外汉语系，培养了一定数量的对外汉语教师。传统的对外汉语教师培训内容主要包括以下几个方面：汉语言和文学文化知识；外国语言和文学文化知识；对外汉语教学法相关课程，包括第二语言教学的相关理论；一定时间的教学实习。这种培养模式经过多年发展，已经比较完善，通过这种方式培养出来的学生基础扎实、适应能力强。各高校也的确培养出了一大批优秀的对外汉语教师。目前，对国内外在职或者兼职对外汉语教师培训基本上也采用这种模式进行，只是课时进行了相应的压缩，基本上是微缩版的大学对外汉语系课程。

这种模式的优点固然很多，可是缺点也是十分明显的。

首先是整个培养计划偏重基础理论，基础理论的学习比重较大，而实践阶段的比例比较低。以一个本科生为例，一般在四年的学习中只有六个星期左右的实习期，所占的比例相当低。国外来华进修的教师一般受到的实践课程方面的训练也很少，一般不到10%。随着"汉语热"的兴起，不仅国内的对外汉语师资需求十分旺盛，国外也需要大量的对外汉语教师。中国政府也推行了

[①] 本节贰选自刘弘《微格教育与对外汉语师资培训》，载《汉语国际推广论丛》（第1辑），北京大学出版社，2006年。

"志愿者"计划,以推动国外的汉语教学。这些培训的共同特点是培训时间短,受训的学员基础差,而一旦完成培训,就要马上投入到汉语实际教学中去,基本没有比较长时间的实习过渡期。如果用传统方式培养,虽然学生有了一定的基础理论知识,但是对具体教学过程和方式的认识仍然显得不足。一旦投入实际教学,会产生很多问题。

其次,对课堂教学方式的培训方式较为简单。目前的教育实践主要有两种方式,听课和试讲。即先让受训学员去听老教师的课,然后选择某一篇课文由青年教师试讲,最后由听课教师对听课对象进行点评。这样整个教育实践的过程就比较长,如果受训学员从前没有过对外汉语教学实践,那么需要试讲的课程就比较多,以便培养他讲授多种课程的能力,以适应国外的教学需求。在参与培训的过程中,我们发现从来没有从事过对外汉语实践的青年志愿者往往是带着好奇去听课的,他们在听完课以后,不能对所听的课程进行总结,不能发现老教师在教学中的良苦用心,更不能把所学到的理论马上应用到教学中去。学员在准备试讲时,自我摸索的部分比较多。而听课教师讲评时,由于受到时间的限制只能指出学员存在的某些明显问题,并提供教学方法,这种随堂讲评的方式带有一定的偶然性,缺少系统性。这样的培训方式费时,而且相应的效果不一定很好。

再者,由于对外汉语教学的特殊性,采取试讲这样的培训方式本身有一定的局限性。试讲需要把外国学生作为实际的教学对象,这样的实习方式即使对国内高校来说,也不是非常容易做到的。因为比较长的时间使用经验不丰富的教师,常常会引起留学生的不满。而只上一两次课,又无法让受训学员获得完整的教学感受，因为通常的汉语课都不是在一个课时内完成的。社会上以商业为目的开设的汉语培训机构为了保证自身教学质量，避免引起学生的不满，更不可能采用这种把外国留学生作为"试验品"的方式进行师资培训。因此，在试讲的时候，高校经常采用的办法是：受训的学员作为教师站在讲台上，指导教师扮演学生坐在下面听课。可是这样受训的学生在心理上无法转换（特别是从来没有教学经验的学生），他们无论是在讲课的语速上，还是在讲解的内容上，都无法同真正的对外汉语课相同。而且由教师假扮的学生提出的问题根本同实际的课堂中留学生提出的问题有很大的差别，指导教师实际上无法真正了解受训学员的上课能力。

最后，传统的培养方式特别适合从零开始的学员，而我们目前对外汉语教师的在职培训，尤其是对海外教师的培训，用这种方法不太合适。因为对这些教师来说，传统的教学知识和理论已经掌握，他们需要的是教学手段的创新和掌握最新教学理论在课堂上的应用。笔者在同参与培训的海外汉语教师的交流中也了解到，他们非常迫切地需要在教学手段和技巧方面得到训练，而我们目前的培训中，这方面的内容比较少。

因此我们感到，在理论学习和课堂实践中，需要一种新型的培养手段，一种好像桥梁一样能把这两个部分联系起来的手段，那么，微格教学正好可以解决这个问题。

二、微格教学的一般过程

（一）微格教学产生的背景

微格教学，或称微型教学，是指为分析和发展特定的教学技能而使用的方法。它是自20世纪六七十年代末常被西方教育界采用的一种师资培训办法。它是一种集教学理论知识讲授和教师职业技能训练为一体的教学方式。

微格教学1963年产生于美国斯坦福大学。20世纪五六十年代，美国进行了教育改革，教育学院试图改变以往"教师讲，学生听"的教学方法，而对"角色扮演"这种教学方法（相当于试讲）进行了改革，采用摄像机进行反馈。这种方法和当时美国教育学家采用的教师教学效果研究相结合，从而形成了微格教学。

微格教学在教师职业技能训练方面具有显著成效。教师的职业技能除了专业知识方面技能等教学基础行为技能外，还包括教学技术行为技能和人际关系行为技能。就对外汉语教学而言，它大致包括教学设计、教学组织运用、教学教具的使用、课堂管理技能以及组织游戏和活动等技能。

微格教学从1963年提出以后，很快推广到世界各地。美国和欧洲的一些国家都相继采用微格教学来培训师范生。微格教学在中国香港、日本和澳大利亚都有了相当的发展。澳大利亚悉尼大学开发的微格教学课程被世界各地的学校广泛使用。中国大陆也在20世纪80年代把微格教学引入师范生教育，还在1988年到1989年进行了微格教学的对比试验。结果证明，微格教学对在职教师进行培训的效果优于传统的培养模式。

（二）微格教学的一般过程

利用微格教学进行培训时，指导教师一般花10—15分钟的时间，着重于教学的一个特定方面教自己的几位学生，紧接着便在指导教师、学生以及相关录音、录像资料的协助下，分析这个微课程。然后再利用这次微格教学所得到的反馈和自己对该教学的反思，再教一遍微型课。因此，微格教学通常分为三个阶段、八个步骤：

第一阶段是准备阶段，有三个步骤：（1）学生应该在课前阅读教材的相关章节与有关书籍，为上好微型课做充分准备。（2）教师讲清教学要点。教师简略地对有关教学注意事项或专题所涉及的教学原则、方法、组织形式等进行讲解示范。（3）集体备课。对某一个教学专项，其中包括训练某种教学技术和行为等进行课前准备。学生备课不仅要熟悉教材，还要考虑应采取的教学方法、途径及活动方式等，并写好教案。

第二阶段就是微课程教学阶段，包括三个步骤：（1）在小组范围内上微型课。每组五六人。其中一人充当教师，三四人充当学生听课，一人充当观察员对"教师"和"学生"的活动情况进行记录，还可以录音或摄像。由于是微型课，教师讲课通常只花较短时间，因而不仅有很完整的教学片断，又使其他同学也有练讲机会，使常规的一堂课的效益得到显著提高。（2）在小组范围内评议微型课。学生根据自己所扮演的角色也相互交流感受和看法，对录像进行细致讨论和分析。（3）在全班范围内上微型课。在小组评课基础上推荐出某些微型课在班上重讲一遍。

第三阶段是讨论和评改阶段，有两个步骤：（1）先让学生在班上开展评课活动，并写一份总的观察报告，使学生直接参与评课以训练他们的思维能力，发现和解决有关教学问题。（2）教师做评课小结。内容包括：这堂课使学生学到了什么？学生是否喜欢这堂课？在知识性、趣味性和多样性等方面是否令人满意？新的教学内容与旧知识是否有联系？是否在巩固旧知识的基础上学到了新知识？这堂课是否给以后的课堂教学打好基础？

（三）微格教学的内容

现有的对外汉语教学师资培训中，相关的教学法课程多是两门：对外汉语教学通论和对外汉语教学法。前者是概述性质的，而后者是从课型出发的。微格教学可以更加具体地对教学的技巧和手段进行训练。我们认为，在对外汉语师资培训中，至少有以下八个方面的技能需要对教师进行培训：（1）导入技能。通过一定的方式使学生进入学习状态。（2）展示技能。告诉受训学员应当如何展示词汇和语言点。（3）操练技能。让受训学员掌握操练语言点的方法，特别要尽量采用交际性的方法。同时既要让学生掌握语言点的形式，更要让学生了解使用的语言环境。（4）提问技能。告诉受训学员在课堂上提问的方法和注意事项。（5）设计和组织语言活动的技能。帮助受训学员设计出既符合学生水平又符合现代语言教学观念的各种任务和活动。（6）简笔画技能。简笔画是帮助留学生理解的重要方法。受训学员应该掌握某些常用名词和动作的简笔画画法。特别要教给受训学员怎样用简笔画讲解语言点知识。（7）应变技能。使受训学员能够正确处理课堂上出现的某些出乎意料的情况。（8）结束技能。如何让学生在结束这一节课的时候对下节课充满期待。

在实践中，我们发现：利用微格教学对这八个方面进行训练以后，受训学员教学技能提高得很快。他们在接受完培训后，上岗的成功率很高，进步的速度也非常快。

三、微格教学在对外汉语师资培训中的作用

首先，微格教育对对外汉语教师的岗前培训方面有明显的效

果,能够在短时期内有效提高实习的效果。微格教学的效果比常规的试讲阶段要好得多。这是因为常规试讲时间比较短,对学员的训练并不充分。学员一般不可能在教学的每个具体环节都得到指导。而微格教学作为教师技术行为的实验场,不但模拟了真实教学,而且对复杂的教师职业技术行为进行了切分,使学员增加了体验的机会,同时也增强了他们练好各种教师职业技能的信心。微格教育也减少了实习生在教育实习和以后教学工作中产生教学"失败"的风险及其造成的代价。在微格教学时,教师对学员所训练的每项教学行为片断均已经做了监控和监测。通过反馈、反思、分析和评课,学员已经学会了如何进行教学的方法。因此,从某种意义上说,当学员通过微格教学体验并基本掌握了教师职业技术行为后,他们将那些行为连贯起来并贯穿到实际的课堂教学中就容易得多,这样他们就有足够的信心在完整的一堂课中取得教学的成功。为了满足国外对汉语教学师资的要求而进行的对外汉语教师志愿者培训就可以采用微格教学的方式对受训学生进行教学技能方面的训练。

其次,微格教学在对外汉语教师的继续教育培训中也发挥很大的作用。目前对外国来华的教师进修团都可以采用这种方式进行师资培训。一般来说对外汉语教师在踏上工作岗位之后就面临大量而且繁重的教学任务,由于对外汉语教学发展很快,很多新的教学方法如任务型教学法对许多长期从事教学的教师来说也是一个新的内容,结果造成教师技能难以进一步培养、提高。教师总是在原有的教学手段和方法上止步不前。微格教育可以就某些特定的教学技能如教学设计技能、先进的教学使用技能(如多媒体等)、交际教学法以及如何组织课堂、应用简笔画、设计考卷及撰写科研论文等对教师进行培训。微格教学需要的时间不很长,这样,来华受训的教师能够在十几天的培训中,在教学技能方面得到较大的提高。受训教师在学习了新的教学理论以后,能够通过微型课加以实践,通过指导教师的评价以及受训者之间的评价、反馈,真正接受和掌握那些新的教学方法,为他们回国后在教学中应用和推广新的教学法打下良好的基础。

最后,微格教学对日常的教研活动也有一定的促进作用。通过在对外汉语教研活动中引进微格教学理论,即在集体备课的过程中,由各个教师分工,分别就某一课时的教学设计和理论依据,通过微型课讲给其他教师听,然后再根据教师们听后的意见和建议进行修改,从而形成了集体智慧结晶的教案,供教师们上课参考和使用。参加教研活动的教师对共同的问题进行各自充分的、不受限制的设计,并经过讨论的形式使各种教学设计、创意互相激励、启发,并进行分析、比较、归纳、综合。互相取长补短,完善教学设计,这样使学校的教研活动内容充实,生动活泼,而不是流于形式。

四、微格教育的不足之处和解决办法

笔者多次参与各类对外汉语师资的培训,也曾经帮助策划过一些对外汉语师资培训活动,在实际的培训中,发现微格教育也不是完美的,也有一定的不足之处。

微格教育最大的缺点就是微格教学只是一种微技能的训练,而一名对外汉语教师要想把课堂教学搞好,首先应该对每一篇课文的总体教学过程有所把握。微格教学的优势在于把教学活动分解成几个可以单独训练的部分，对受训的学员进行专业化的训练。对于有一定教学经验的教师来说，这样的培训方式可能够了，而对外汉语教学师资培训的特殊性在于有相当一部分学生根本没有对外汉语教学的经验，他们对教学的整体把握可能存在问题。还有，某些受训学员过分重视某个环节，而对教学的整体考虑不够。指导教师在指导受训学员时如果不能在培训的某个阶段就对学生的整体上课计划做出评价和修正，那么受训学员就可能在教学的大方向上产生问题。

微格教育无法解决教师教学语言训练的问题。微格教学是在受训学员和指导教师之间进行的，这样的环境，仍然不是真正的语言教学环境。对其他学科的教学来说，这无所谓，因为我们假设真正的学生在理解力上不会有大的问题。而对外汉语教学中，学生的语言能力可能相当差，教师采用一般的语言是无法使学生理解的，教师必须采用"保姆式语言"才能让学生理解，在微格教学中无法使受训学员这方面的能力得到锻炼和提高。

由于微格教学基本上是在模拟的环境下进行的，无法让受训学员正确估计未来学生的水平，从而带来的一个普遍问题是：受训学员设想的语言教学活动常常存在难度偏高的问题。比如，笔者在一次指导中，要求学员设计一个让学生去裁缝店做衣服的语言活动计划。这个活动是为了配合课文而进行的。由于受训学员对学生汉语水平的判断有限，无法正确预估这个活动的难度和需要的时间，以至于他设想的30分钟的活动在实际的课堂中花费了两个半小时。由于在微格教学中不会直接体现教学效果，某些学员对教师的指导意见将信将疑，只有在实际教学中，他们才会认识到自己的问题。

微格教育存在不足，因此有必要对微格教育进行一定程度的改进。其中一个解决方法就是在微格教育中增加"说课"这一个环节。说课对于那些从未有过教学经验的受训者效果更好。[1] 这个说课环节我们通常放在整个微格教育的最后。当受训学员队在教学的很多细节方面有了相当程度的认识之后，我们再安排一次说课，请受训学员告诉我们他上某篇课文的整个构思。这样，我们从课堂教学的微观和宏观两个方面都对受训学员进行了训练。当然，也可以把说课这个环节放在整个培训的一开始。

叁 关于建立国际汉语教师档案袋评价体系的思考[2]

一、国际汉语教师评价体系现状与问题

随着国际汉语教师队伍的不断壮大，教师素质的提升已经成为制约国际汉语教育事业和学科发展的主要"瓶颈"。构建一个完善的教师评价体系是促进教师发展的有效保障。国家汉办已经

---

[1] "说课"是受训学生在备课的基础上，面对其他受训学生或指导教师系统地谈自己的教学设计及理论根据，然后由听者（包括学员和指导教师）评价分析，达到相互交流、共同提高的目的。一般来说，说课包括下面几个部分：a. 介绍教学思路与教学环节安排。说课者要把自己对教材的理解和处理，打算如何来组织教学的基本教学思想说明白。不仅要讲教学内容的安排，还要讲清"为什么这样教"的第二语言教学理论依据等。b. 说明教与学的双边活动安排。说明怎样运用现代语言教学思想指导教学，怎样实现教师和学生的互动等。c. 说明教学中的重点与难点的处理，要说明在教学过程中是怎样突出重点和解决难点的。d. 说明采用哪些辅助教学手段。e. 说明板书设计。

[2] 本节叁选自王添淼、林楠《关于建立国际汉语教师档案袋评价体系的思考——基于美国的经验》，《东北师范大学学报》（哲学社会科学版）2016年第1期。

意识到了教师选拔和评估的重要性,于 2010 年颁布了《国际汉语教师标准》,2012 年又进行了修订。2014 年 10 月恢复了国际汉语教师资格证书考试,2015 年在考试中增加了面试环节,以进一步考察申请者的教师潜质,弥补传统纸笔测试的不足。这次面试"试水"显示了国家汉办在完善国际汉语教师选拔与测评的征程中迈出了重要的一步。但问题在于,现有的考试制度仍旧没有将教师日常教学能力和成果的展示纳入到评价体系中来,难以全面测评出教师的"软性"素质。具体而言,目前国际汉语教师评价体系存在以下三个问题:(1)评价目的单一,重结果轻过程,期望通过终结性评价对教师进行选拔和评优,对教师的专业化发展重视不够。比如,目前的考试主要关注对申请者的专业知识的考察,文化层面仅仅考察诸如剪纸、书法等中华文化技能的水平,忽视了对教师内在修养的评价。(2)评价标准单一,缺乏具有可操作性的评价实施方案。《国际汉语教师标准》的颁布的确为国际汉语教师教育提供了一个宏观而全面的框架。但是,该标准"对国际汉语教师需要具备的知识、能力和素养的描写过于平均用力,相关规定缺乏层次性"[1]。同时,标准的目的更像是塑造一名"全能的"教师,如此高的要求势必会影响教师培养与评价的效果。(3)学校管理者和教师的地位并不平等,教师是教学评价的被动接受者,缺乏反思的意识和手段,主动性不能发挥。比如,在汉语国际教育硕士和新手教师的教学实习中,指导教师通过写评语的方式对实习学生或新手教师的教学、工作态度等方面的表现

---

[1] 李泉《国际汉语教师培养规格问题探讨》,《华文教学与研究》2012 年第 1 期。

进行点评，主观性较大，实习教师完全处于被动的地位。国际汉语教师教育存在的这些问题导致了国际汉语教师缺乏专业发展的自主性，这也大大制约了教师自身的专业化发展，更加制约了国际汉语教育事业和学科的进步。

美国作为世界上最早重视外语教师专业发展的国家，在经历了近50年的发展之后，已经形成了较为完备的二语教师资格认证制度，并受到社会各界的广泛认可。教师档案袋是该制度中重要的评价工具。教师档案袋这一发展性评价工具突破了传统评价模式的弊端，能够动态而真实地反映教师的教学过程，并让教师反思自身的教学行为，参与到评价之中，是美国二语教师评价体系的重要组成部分。教师档案袋是具有强烈个性化特征的评价工具，它集"量化"评价和质化评价于一体，更具有真实性和科学性。[1] 国际汉语教育事业的发展目前正是需要这样的评价工具来完善国际汉语教师的管理和教师的专业化发展，弥补我国传统教师评价的不足，更加真实地测评出教师的实践性知识，尤其是教师的内在情感和态度。因此，我们认为，关注和研究教师档案袋评价制度对国际汉语教师和国际汉语教育的发展颇有裨益。

二、教师档案袋与教师档案袋评价的内涵

教师档案袋是将教师的教学经验"外显化"的最佳方式。教师档案袋评价的独特之处在于，它集合了诊断性评价、形成性评

---

[1] 刘冬梅《思考与借鉴——美国教学档案袋评定》，《当代教育论坛》2005年第5期。

价和终结性评价，评价的主体包括教师自身、同行和专家群体，是一种非常值得借鉴的评价方式。

（一）教师档案袋的内涵

国内外学者从不同角度对教师档案袋进行了界定。美国国家教学专业标准委员会（NBPTS）网站对该名词的定义是："教师档案袋用来捕捉教师在现场和真实环境中的教学情况，从而使评价者能够检测出教师将知识和理论转化成实践的过程。"[1] 美国学者坎贝尔（Campbell）认为，教师档案袋"是一个有组织的、目标驱动的、个体在复杂的学习和教学活动中表现出来的作品编集。档案袋不但是一个作品编集，更是一个正在成长着的专业人员所拥有的大量知识、技能和性向的有形证据。并且，档案袋作品记录是自我选择的、反思性的……体现着个性特征和自主性"[2]。国内学者王斌华则认为，教师档案袋"通过开放的多层面的评价，让教师充分感受自己进步的过程、特点、经验教训，是提高教师反思能力，促进教师专业发展的一种成长记录册"[3]。从以上国内外比较认可的教师档案袋的定义中，我们可以归纳出以下两点：（1）教师是档案袋的主体，教师依据一定的标准对档案袋的内容进行选择，这也决定了教师档案袋是各具特色、有差异性的；（2）教师档案袋是教师进行回顾与反思的有效工具，具有评价功能和价值判断功能，有利于教师实现专业发展。

---

[1] 高旭阳《英语教师培训档案袋的设计》，《上海教育科学》2006年第2期。
[2] Campbell, D. M., Cignetti, P. B., Melenyzer, B. J., Nettles D. H., & Wyman R. M., Jr. (2001). *How to Develop a Professional Portfolio: A Manual for Teachers*. Boston: Allyn Bacon.
[3] 王斌华《教师评价：绩效管理与专业发展》，上海教育出版社，2005年。

（二）教师档案袋评价的内涵

档案袋评价是当前教育实践中应用十分广泛的一种发展性评价。教师档案袋评价是以教师按照一定的评价标准和自身特点所收集的系统信息资料为介质，通过整合自评和他评来促进教师主动参与、积极反思和教师自身持续发展的质性评价方式，它的终极目的是促进教师专业发展。[①] 因此，教师档案袋评价不同于以往的传统量化评价制度。首先，它通过收集教师日常的教学材料、反思日志和学生作品，展示出教师的教学过程；其次，通过学生、同行教师、教学管理者、校外人员的评价和反馈，真实地再现教师的职业道德、终身学习能力和创新能力。这些都是传统的量化教学评价所无法反映的内容。教师档案袋所提供的充分的证据和资料，使教师专业化评价更为全面和真实。

三、美国教师档案袋评价的发展过程与特点

美国政府非常重视教师的专业化发展，并且"为学科教师制订相关的资格标准等政策方面所表现的整体性、详细性、严谨性和先进性，在世界范围内都居领先地位"[②]。美国教师档案袋评价体系已较为成熟与完善，并得到社会广泛认可。

（一）美国教师档案袋评价的发展过程

美国建立教师档案袋评价制度，主要是基于以下两方面原

[①] 黄淑艳《美国教师档案袋评价研究》，东北师范大学硕士学位论文，2010年。

[②] 贾爱武《美国外语教师教育及专业资格标准政策研究》，《外语界》2006年第2期。

因：（1）教师教育理念的改变。19世纪70年代出现的能力本位的教师培养计划开始用选择题进行教师的专业知识和教学知识的考察，甚至还广泛应用于国家教师考试之中。但实践证明，很多教学能力是无法通过选择题测出来的。同时，教师评价受传统思想制约，主要重视测评教师在一段时间内的工作效果，一般在学期或学年末对教师进行总体评价，评价结果将决定教师的奖惩、评级等。这种指令性、单向性的评价将所有教师用一把尺子、一套标准来衡量，忽视了教师的个体的差异性和真实想法，也难以真实反映出教师的教学反思能力，更不利于教师的长远发展。因此，我们应该树立一种将教育、教学的质量保证与教师的专业发展和素质提高结合起来的发展性评价理念。传统评级模式的弊端与新的评价理念的产生促使人们探索新的教师评价方法。20世纪80年代末，美国斯坦福大学教师评价项目组的詹姆斯·巴顿（James Barton）和安吉洛·柯林斯（Angelo Collins）进行了新的尝试。他们首次将档案袋评价应用于教育领域，并开启了教师评价的新途径。[①] 此后，教师档案袋的开发与研制工作逐渐展开。（2）教师评价改革运动促成了教师档案袋评价的产生。1983年，美国教育优异委员会（NCEE）通过了《国家在危急中——教育改革势在必行》的报告，提出要改进师资培养模式，使教师成为受人尊敬的职业。这一报告标志着教师评价改革运动的开始。1986年，卡内基教育与经济论坛的报告《准备就绪的国家——21世纪的教师》（*A Nation Prepared: Teachers for the 21st Century*），建议

---

① J.巴顿，A.柯林斯《成长记录袋评价》（中译本），中国轻工业出版社，2005年。

建立美国国家教师专业标准委员会（National Board for Professional Teaching Standards，NBPTS）。该组织在美国教师评价方面具有重要作用，并且运用教师档案袋作为教师评价的手段。1996年，全美教学与美国未来发展委员会（NCTAF）出版了《什么最重要：为美国未来而教》（*What Matters Most: Teaching for America's Future*）报告，该报告体现出美国教育界为了实现教育目标而做的努力，即通过一系列方式，招聘、培训、指导和奖励美国所有学校中的优秀教师，以优化教育质量。[①] 以上三个报告掀起了美国教育改革的热潮，并逐步确立了教师档案袋评价制度的重要地位。

（二）美国教师档案袋评价的特点

1. 美国教师档案袋评价的主体性契合了教师专业化发展理念的主体性需求。

美国教师档案袋的构建理念强调教师本人是档案袋的主人，构建档案袋是教师自己的事，它将影响教师自己的发展，因此该方法注重教师的自觉性和主动性，充分调动了教师的自主创新意识。[②] 一方面，教学档案袋的内容能够直接反映教师个体的教学经验，其中包含的材料来自于教师的日常教学，在构建档案袋的过程中，教师需要主动思考教学情境、实施过程以及要达到的教学效果，极大地发挥了教师的主观能动性。档案袋也要充分展示教师自身的能力和以往教学的成果，这都关乎教师今后的职业发展，这种"以人为本"的理念能够充分调动教师的积极性和热情。

[①] 马海涛《美国教师教学档案袋评价的研究》，华东师范大学硕士学位论文，2003年。

[②] 魏志春、季磊《美国教师档案袋应用实践及其启示》，《外国中小学教育》2007年第8期。

美国教师档案袋评价的独特之处在于它是以教师的自评为主,通过分析档案袋所包含的内容,提高教师的自我反思能力,从而进一步提升教学质量。另一方面,教师档案袋的构建过程是教师进行自我监控、自我评估的过程,选取的材料都是能够证明自身教学实力的最优成绩,因此这也是促进教师做好自身发展规划、终身学习的动力。

2. 档案袋评价的真实性展示了教师专业化发展的外部情境和内部需求。

一名教师是否具备优秀教师的素质,只有在真实的、动态的、长期的教学环境之下才能表现出来。[①]因此,教学评价者需要结合真实的教学情境和教学事件才能做出正确的评价。档案袋评价的真实性体现在两方面:(1)评价者可以看到某一教师在某一段时间教学工作的过程及教学真实情境,如教师的知识技能背景、课堂教学情境、学生的水平与进步情况等。如果仅仅用统一的标准来评价教师的教学,忽略当时的教学状况,就很难客观地判断教师采取的教学策略是否得当,教学设计是否合理。而教学档案袋通过对教学的多角度、多层次的反映,使评价者可以全面地了解教师的教学情况,做出相对客观的评价。教师档案袋中可以放置多种材料,比如 NBPTS 英语教师申请档案袋中应该包括学生作业、课堂实录、申请者的成就记录三类内容,这些内容可以反映出教师将教育学知识转化为实际教学的程度。[②](2)教师档案袋能够反映教师的真实需求和内在效能。传统的量化评价缺少对

---

① 蓝曦《教师资格认证:档案袋评价与教育实习相结合》,《理论与实践》2013 年第 1 期。
② 同①。

教师内心需求的关注，而教学档案袋中包含着教师在教学过程中的实时思考，瞬间迸发的教学灵感，以及自己真实的心路历程。教学评价者通过教学档案袋能够准确地把握教师的内心情感动态，使评价更为客观、更具人文关怀气息。

3.档案袋评价的多元性保证了教师专业化发展的全面性和层级性。

美国教师档案袋评价与传统的"管理主义倾向"[①]的自上而下的评价模式不同，它具有多元性的特点。（1）评价主体具有多元性。传统的评价体系主要以教学管理者评价和同行评价为主，教师无法发出自己的声音。而教师档案袋给了教师一个自我表达的机会，通过精心制作档案袋，向评价者展示自己的教学成果和自己的成长历程，证明教师自身的语言教学实力。这样，传统的教师评价就转变成集合教师、同行、教学管理者共同参与的活动。（2）评价内容具有多元性。根据档案袋评价的基本框架，教师可以在档案袋中收录展示日常教学工作的一系列材料，如学生作业、教师教学录像、教师教案、反思日志、他人评价以及教师认为应该收录的其他材料，从专业知识、教师效能、情感态度、具体的教学行为等诸多方面进行详尽记录，成为一部生动的"教师成长日记"。（3）评价维度的多元性。档案袋评价不仅仅局限于基础知识和教学技能的测评，更重要的是"以人为本"，关注教师对自身职业和对所在学校、所教学生的情感，注重教师内驱力的评价。

4.档案袋评价的反思性印证了教师专业发展的最终目的。

近年来"反思性教学"受到教育领域极力推崇，它是指"教

---

① 张民选《回应、协商与共同建构："第四代评价理论"评述》，《外国教育资料》1995年第3期。

学主体借助行动研究，不断探究与解决自身和教学目的，以及教学工具等方面的问题，将'学会教学'与'学会学习'结合起来，努力提升教师教学实践合理性，使自己成为学者型教师的过程"①。反思这一行为是主动的。教师在这一过程中能够体认自我价值，寻找并解决教学过程中的问题，在这个过程中，教师的能动性与主体性得以体现。教学档案袋本身就是具有反思性的工具。它通过记录教师的教学足迹，帮助教师回顾、研究和反思自己的教学行为，修正不足，不断发展自身的专业知识和技能，最终形成独特的教学理念，逐步由新手教师向学习型、研究型和反思型教师迈进，并将此过程以档案袋的形式记录下来，呈现给评价者，不仅可以较为全面地阐述自己的实践、进行自我评价，而且可以在专家评价时为自己辩护。因此，教师不再是教书匠，而是主动掌控自身发展的"研究者"。

四、构建国际汉语教师档案袋评价体系的有效路径

通过对美国教师档案袋评价制度的回顾与分析，不难看出，教师档案袋评价已经成为美国教师评价制度中的重要评价工具，并成功地为教师提供了深入反思自身教学实践、实现专业化发展的重要途径。我们可以根据中国的国情和国际汉语教师教育现状，借鉴美国教师档案袋评价的优长，突破传统国际汉语教师评价方法的限制，增强国际汉语教师评价的真实性和全面性，以及国际汉语教师的专业自主性，从而建立一套更为完善的国际汉语教师

---

① 熊川武《反思性教学》，华东师范大学出版社，1999年。

评价体系，使国际汉语教师教育真正与国际接轨，更好地适应国内外汉语教学的需求。构建国际汉语教师档案袋评价体系的有效路径包括以下几方面：

（一）树立正确的教师评价理念，突出教师在评价中的主体地位

不论是现今的国际汉语教师资格认证还是用人单位招聘，以及教师的评估等，大都停留于传统的量化纸笔测评和新加入的面试测评，评价的全面性、真实性和客观性仍显不足。评价主体也局限于教学管理者、同行教师和学生，教师的自我评价非常少，主观能动性受到抑制。自上而下的评价忽视了教师自我实现的需要，不利于国际汉语教师教育持续健康发展。实际上，教学是一个需要不断反思与调整的过程，通过了解教学评价的反馈，教师可以发现自己教学中的优势和不足，从而不断提升与创造，把握自身职业的发展方向。教师档案袋正是教师进行自我监控、自我反思、自我评价的载体。在美国教师档案袋的构建和评价过程中，教师始终是主人，教师的自我评价也被放在了突出的位置。教师档案袋是教师教学智慧的结晶，而不只是进行评优、奖惩的工具。这充分重视了教师作为"教学者"和"研究者"的双重身份，而非囿于被管理和被控制的等级框架之中。所以，为了建立国际汉语教师档案袋评价体系，我们首先要树立正确的评价理念，尊重教师，发挥其主观能动性，使其成为评价体系中的主体。

（二）档案袋内容与评价应以规范的、统一的、专业的教师评价标准为基础

制定评价标准是建立教师档案袋评价体系的关键环节。以美国教师档案为例，它其中一类就是基于标准的档案袋（Standardbased Portfolio），即按照一定的专业标准进行创建。教师在搜集档案袋证据时，必须明确所要达到的各项专业标准是什么，从而更有针对性地设计档案袋的内容。可供参考的标准有很多，例如 NBPTS 是负责全美在职教师的专业发展机构，专门对优秀教师的知识能力进行评价。它制定了优秀教师的知识、能力和性向方面的五项核心标准，并由此延伸出教师应具备的四类知识。各州和各教师教育项目也要据此制定各自的档案袋开发和评价的基本依据。在此标准之下，NBPTS 要求教师档案袋应包含学生习作、教师教学的课堂实录以及反映申请者教学能力的成就记录这三大类材料。此外，申请者还要上交一份说明性材料，对档案中包含的每一个教学实践记录进行描述、分析与反思。[1] 另外，档案的具体要求也会因学科的不同而有所区别。虽然，我国的《国际汉语教师标准》还不够成熟，但基本总结出了国际汉语教师应该具备的知识和能力，为国际汉语教师的培养、培训、资格认证与评估提供了依据。在建立国际汉语教师档案袋评价标准和内容时，我们可以参考《标准》提出的语言基本知识与技能、文化与交际、第二语言习得与学习策略、教学方法、教师综合素质等五个模块，以及提出的十项具体要求。比如，以《标准》提出的"中外文化比较与跨文化交际"能力为例，国际汉语教育就是一种跨文化交往的过程，因此教师可在档案袋中放置自己文化教学或者处理课堂文化冲突的视频、教学日志或者相关研究的论文等材料。

---

[1] 蓝曦《教师资格认证：档案袋评价与教育实习相结合》，《理论与实践》2013 年第 1 期。

（三）树立发展性教师评价观，使档案袋成为伴随教师终身的长期性考察

国际汉语教师是一门具有专业化倾向的职业，需要在日常工作中积累反思自身的教学心态和教学不足之处。[1] 传统的终结性评价体系已经不适合新时期国际汉语教师教育的革新与发展。因此，转变观念，建立发展性教师评价观将是今后国际汉语教师专业化发展的新趋势。发展性教师评价是一种形成性评价，它强调的是对教师教学过程的评价，注重对教师的动态监控，既关注教师现有的教学水平，也关注教师教学水平逐步提高的过程。教师档案袋评价所关注的正是教师长远的发展，以及由此带来的更为优化的教学效果。如前文所述，国际汉语教育具有极强的实践性、复杂性和多变性。因此，要对教师进行客观合理的评价，就更需要动态了解教师的教学进步。同时，这也说明国际汉语教师仅仅拥有理论知识和教学技巧是不够的，还需要在漫长的职业生涯中积累教学中的"实践性知识"[2]。

"一朝受教，终身受用"的时代已经过去，国际汉语教师更要树立终身学习的理念。[3] 随着汉语国际教育专业在全国众多高校的设立，国际汉语教师的队伍逐渐呈现年轻化的态势，在读硕士、博士以及非科班出身的汉语教师更需要在实践中去磨炼、去反思、去成长，逐渐形成自己的教学风格，使教学达到专业化境界。

---

[1] 王添淼《成为反思性实践者——由〈国际汉语教师标准〉引发的思考》，《语言教学与研究》2010年第2期。

[2] 陈向明《实践性知识：教师专业发展的知识基础》，《北京大学教育评论》2003年第1期。

[3] 王添淼《国际汉语教师专业发展现状及其对策》，《东北师范大学学报》（哲学社会科学版）2015年第2期。

所以，我们建议利用教师成长档案袋这一载体，建立伴随教师终身的、长期性教师评价体制。

（四）建立以专家为主的教师档案袋评价团队

由于地方分权和学术自治的传统，美国在教师培养和质量保障方面起关键作用的主要是州政府和全国性的专业团体。[①]NBPTS就是以教师为主体的非政府组织，主要提供全美优秀教师资格的认证服务，并颁发优秀教师资格证书。

NBPTS主要采取同行评价机制，[②]委员会的每一位成员首先要接受系统严格的训练与考核，之后他们以前文提到的五个核心理念为标准，给档案袋的每一部分评分。档案袋采用加权评分方式，将"原始分数"和"权重"相乘得出最后的评分结果。档案袋评价的分数在所有考核项目中比重最大。最后，申请者还会拿到一份委员会提供的反馈报告（拿到最高等级分数的申请者除外），这份报告会明确指出档案袋的不足之处，以帮助申请者实现今后更大的进步。

国际汉语教师档案袋评价体系的建立同样需要以专业团队为主。建立专家团队能够更好地凸显国际汉语教师评价的专业性。目前，同行评价是国际汉语教师评价体系所缺少的部分。因此，我们需要建立同行评价机制，建立国际汉语教师档案袋评价团队。团队需要由已经经历过档案袋评价培训且具有丰富教学经验、扎实理论功底和娴熟教学技巧的专家组成，从而更好地指出档案袋

---

① 林凯华、孙曼丽《美国优秀外语教师档案袋评价及其启示》，《教育测量与评价》2011年第4期。

② 秦立霞《美国教师资格认证制度及其效应研究》，陕西师范大学博士学位论文，2008年。

的不足，帮助教师实现专业化发展。

（五）注重考察国际汉语教师实践与反思能力

实践与反思能力对于国际汉语教师专业发展而言尤为重要。国际汉语教师档案袋评价也应该注重考察教师的实践与反思能力。教师档案袋的内容切不可空泛，可通过教学计划、教学情境的照片录像、同事和学生的访谈等体现教师在教学认知、教学技能和教学能力方面的真实表现。在反思能力的考察方面，建立档案袋的过程就是反思的过程，教师作为"旁观者"，运用批判思维审视自己的教师之路，洞察自己专业成长经验的过程。在档案袋评价过程中，我们可以通过一些具体的问题来考察教师的反思能力，比如，教师制作档案袋时所依据的教育理念和标准，档案袋所包含材料的取舍原则，档案袋需要改进的地方，以及让教师自己对档案袋中的某一种材料进行评价等。

（六）国家汉办和地方院校等教育管理机构的行政与资金支持

美国教师档案袋评价的建立，很大程度上是专业团体和社会机构在经过社会验证之后，得到普遍认可而推广起来的。但是，根据中国的国情，国际汉语教师档案袋评价体系的建立需要国家汉办和地方院校等教育管理机构的大力支持与倡导，自上而下地推动档案袋评价的实施。比如，将教师档案袋评价作为教师考核和国际汉语教师资格认证的一部分。通过资金投入，建立国际汉语教师电子档案袋的专业网站，专门为国际汉语教师提供档案袋制作平台和模块化的档案袋产品，如 NBPTS 网站上的"档案袋制作指南"，确保档案袋的格式统一，保证评分的公平性；教师还可在网站上提交已建档案袋，寻求专家的指导和帮助；教师也可以在网站上进行网络档案袋评价。此外，教育管理机构需要提供档案袋评价的技术支持、宣传推广，对评审专家和参评教师进行培训，组织专门人员审定、保存和研究国际汉语教师的档案袋资源。

第五节　信息技术与教材建设

壹　信息技术支持下的国际汉语教师专业发展[①]

一、新形势下国际汉语教师专业发展面临的挑战

（一）国际汉语教师专业化

国际汉语教师教育的专业化发展是汉语国际教育发展的根本需求。国际汉语教师职业的专业化，涉及两个方面：一是国际汉语教师资格的专业化。我们知道，与汉语教师专业化问题密切相关的，是汉语教师专业化标准的制定，2007年颁布的《国际汉语教师标准》用来评价教师是否达到专业化的要求。二是作为专业发展、汉语知识提高以及汉语教学实践改进的专业化。

（二）国际汉语教师专业发展

我们都知道，一名汉语教师要满足《国际汉语教师标准》的

[①] 本节壹选自熊玉珍《信息技术支持下的国际汉语教师专业发展》，载姜明宝主编《汉语国际教育人才培养现状与对策》，北京语言大学出版社、中央广播电视大学音像出版社，2013年。

要求，经过一定时间的专业培训和训练就可以达到。然而，汉语教学专长是经过长期教学实践而获得的，其内涵也是不断发展的。随着汉语国际教育的发展，汉语教育的多元化需要、知识增长的需求、汉语教学条件的改变，要求国际汉语教师专业知识与实践性知识不仅要关联，更要不断更新。汉语教师专业发展包含两层含义：一是汉语教师专业发展表现为纵向发展上的专业提升，二是表现在横向素质的全面提升。[1] 由于现代信息技术的发展和新的教育理论的出现，信息技术不仅丰富了知识表征、传授途径、知识的获取方法，还跃升为教育中最具变革性的要素。因此，信息时代下，如何应用技术迎接国际汉语教学新挑战，加快信息技术应用于汉语教师专业的发展显得尤为迫切。

（三）新形势下汉语教师专业发展的新需求

国际汉语教育新形势下的教师培养，不仅要培养达到专业化标准的教师，更要促进国际汉语教师专业发展，推进国际汉语师资队伍建设，适应汉语国际教育事业发展的需求。为此，针对汉语教师培养对象的复杂性、培养层次多样性、培养模式多方式等特点，各级政府、各级各类学校和国外教育机构都做了大量的工作，有学者曾论述了近10年学界针对对外汉语教师素质、教师培训和专业人才培养的研究，同时指出新形势下汉语教师培养方式的转变。[2] 显然，汉语教师专业发展超越了一般培训的内涵，从学习方式上，涵盖了正式的和非正式的学习方式；从教师自身的职业需求上，是教师出于自身的需要主动的、自觉的行动；从学

---

[1] 郭睿《汉语教师发展》，北京语言大学出版社，2010年。
[2] 张和生《对外汉语教师素质与培训研究的回顾与展望》，《北京师范大学学报》（社会科学版）2006年第3期。

习内容上,不仅要丰富专业性知识,更要提高实践性知识。此外,新形势下国际汉语教师专业发展面临以下几个方面的问题:

1. 专业知识与教学实际问题的解决。

在世界汉语教学发展的背景下,由于汉语学习者与教学内容的特殊性和复杂性,如面对来自世界各地不同文化背景、不同知识层次、不同学习目的的学习者,汉语教师仅仅掌握《国际汉语教师标准》规定的专业知识和教师应用按照固定"模式"和"操作方法"进行教学将很难满足复杂的汉语教学的需要,特别是如何帮助汉语教师应用专业知识处理教学实际问题,提升教学技能是汉语教师专业发展的基本问题。

2. 自身专业持续发展与阶段性学习。

就目前汉语教师的培养方式而言,不管是学历教育,如对外汉语和华文教育本科学历,汉语国际教育硕士和语言学及应用语言学研究生学历,还是非学历教育,包括短期培训,汉语教师的培养都具阶段性。在汉语教师专业的发展过程中,汉语教师专业发展显得更具持续性,持续性学习是汉语教学能力持续培养的过程,甚至是一种终身学习,然而,如何提供汉语教师专业发展的持续学习方式,这是核心问题。

3. 教师教育情景性与实践性的关联。

陈向明(2003)[①]认为"实践性知识是教师专业发展的知识基础"。成人学习的最佳方式,是不断将实践性知识应用到当前所面临的问题情境,不断得到来自共同体的反馈。我们调查发现,为汉

---

① 陈向明《实践性知识——教师专业发展的知识基础》,《北京大学教育评论》2003 年第 1 期。

语教师教育提供情景性的学习，最重要的是创造适合课堂使用、能够亲自实践、提供教学帮助的实践性学习环境。我们应考虑如何为汉语教师提供情境性学习环境和资源来支持解决实际教学问题。

4. 汉语教师的认知和有效学习。

汉语教师专业发展过程不仅要求教师持续学习和自我反思，同时更强调有效、高效的学习。汉语教师要承受教学工作的压力，同时要处理工作和自身进修、不断发展的矛盾，因此有效和高效学习方式同样是汉语教师的追求。相对于传统的教师教育，如何构建满足教师教学行为的认知和有效的学习模式是帮助教师在已有的经验上主动寻求专业发展的动力。

5. 个性发展需求与群体协作发展的关系。

有效的教学需要创新、灵活、创造，不断改进、研究并解决问题，以满足学生的不同需求和个性化特点。这不仅需要适应特定学习者的学习需求，为汉语教师提供个性需求的"资源推送"和优化的"学习路径"，提供个性化的学习内容和方式，使学习者能灵活控制学习进度；更是要借助技术采用群体协同教学模式强化教师的技能，通过共享国际汉语教师智慧，包括共享教学活动、资源和经验，以广泛连接取代孤立的教学实践，以求汉语教师群体协作发展。

二、信息技术支持汉语教师专业的现状分析

随着世界汉语教育的发展，现代信息技术已在汉语教育领域中的汉语研究、辅助汉语课堂教学、汉语技能训练、汉语水平测试、汉语教材建设、教学过程管理等方面得到广泛的应用，并产

生了深刻影响。技术不仅跃升为教育中最具变革性的要素，同时也是教师所面临的最主要的挑战和应对对象之一。焦建利等（2009）[①]认为，技术与教师专业发展之间的关系无非体现在两个方面：技术是教师专业发展的内容之一；技术构成了教师专业发展的手段、途径、方式、方法和环境。综观以上分析，汉语教学的信息化需求推动汉语教师专业必须在现代信息技术支撑下进行和发展。信息技术可以作为汉语教师支撑知识建构的工具；新技术带来汉语教育资源形态和分布结构的变化；技术还作为背景支持汉语教师"做中学"；同时，信息技术带来汉语教育系统各种关系要素之间关系的变化，信息技术还作为智能伙伴支撑汉语教师在反思中学习。

信息技术支持的国际汉语教师专业发展其目标在于帮助汉语教师适应汉语信息化教学，促进汉语教师自身的专业发展和提升汉语教育质量。通过信息技术不仅可以帮助有志于从事对外汉语教学工作的人士做好从业的知识技能储备，又能为国际汉语教育从业教师和相关专业学生在进一步提升专业知识和能力方面提供助力。郑小军（2010）[②]论述了信息技术在促进教师专业素养提升、加快教师专业发展进程、推动教师专业发展方式变革、提高教师绩效、引发教育变革和促进教育观念转变等方面的作用。

目前信息技术支撑汉语教师专业发展的模式主要有面授培训和远程培训。通过远程网络实现优质教育资源的共享，大规模地开展教师继续教育，构建不受时间、地点、水平、条件等限制的

[①] 焦建利、汪晓东、秦丹《技术支持的教师专业发展：中国文献综述》，《远程教育杂志》2009年第1期。

[②] 郑小军《信息技术支持的教师专业发展：从应然走向实然》，《现代教育技术》2010年第7期。

教师学习方式。从目前的实施情况来看，各地的汉语教师教育在丰富培训方式、整合培训资源、扩大培训规模等方面具有明显的优势。

与此同时，我们也应该清醒地认识到，目前绝大多数的汉语教师教育网络并没有充分发挥现代信息技术的优势，汉语教师终身学习体系的构建仍然只是停留在观念层面，优质教育资源没有得到充分的共享、教师培训效果低下等问题仍然没有得到完全的解决。造成以上现象的原因主要有以下几个方面：

就培训观念而言，培训—考核—实践的线性培训观念仍然占主导地位，即使是利用远程网络开展汉语教师教育，无论是网络的体系架构还是资源建设等，都没有将培训与后续汉语教学实践有机地结合起来，没有为教师的日常教学实践提供有效的支持，没能为教师的持续性发展提供支持。

从培训模式来看，以"教师为中心"占主导地位，仍然采取"教师讲、学员听"的方式，就算用信息化手段，也没有真正实现培训模式的实质性创新。汉语教师在整个专业发展上处于被动发展的地位，无论是培训的需求还是计划，培训的内容和方式都是由教育行政部门或学校决定的。这种模式显然只关注教师接受新理论、新方法、新技能的灌输，忽视了教师的创造性和主动性。一般意义上的信息化教师培训只是这一模式中的另一种培训形式，并没有真正促使教师教育模式的根本性变革。

从教师教育网络的技术支撑环境来看，大多采用传统的网络技术，没有在异构资源的有效聚合、个性化学习服务的提供等方面取得关键性的突破。

而大量的成人教育、教师教育研究成果及培训实践揭示，认知内隐理论比认知外显理论对教师培训有着更为直接的指导作用。有学者认为，教师的内隐理论直接影响其判断和知觉，进而会影响其教学行为。[①] 按照认知的内隐理论，真正指导个性的认识和行为的还是个体自己内在的认知结构。对于汉语教师而言，培训不完全是接受知识的过程，汉语教师的知识是他们的已有经验与新的要求、新的实践之间形成矛盾并在解决矛盾的过程形成的。因此，这一过程中汉语教师通过探究、反思实践以及与他人之间的互动使自己的内隐知识不断清晰化、理性化从而同化新的知识和技能，形成新的经验结构。这就要求必须尊重教师的经验，重视理论与实践的结合，教师经验是培训的重要基础，既是教师培训学习的起点，也是培训过程中的宝贵资源。再从教师个体来看，培训不是为了使教师成为更好的"教书匠"，而是为了使其作为一个不断成长、需要发展的个体，通过培训获得自身的提高。

三、汉语教师专业发展对现代信息技术提出新需求

（一）支持汉语教师专业知识和实践知识的教育资源按需共享的需求

汉语教育资源涉及范围广泛、层次多样、类型复杂，有适用于汉语教学的汉语语料、多媒体素材、题库、网络课件、网络教材、教师培训课程和教学案例等；有关于汉语知识系统的语音、汉字、词汇和语法等以及按语言技能训练的听、说、读、写等的教学

[①] 黄四林、林崇德、王益文《创造力内隐理论研究：源起与现状》，《心理科学进展》2005 年第 13 期。

资源等。这些资源在存在形式、管理方式、共享方式、使用途径以及应用方式等方面都体现出形态异构性、资源自主性和地理分布性等特点。因此迫切需要建立统一的汉语教育资源信息共享、交换规范和描述模型,实现各类网络汉语资源的优化配置和按需共享。

(二)个性化学习支持服务问题

近年来,针对汉语教学的学习目标多样化,学习要求多层次化,汉语教师对网络汉语教育资源的应用模式和程度需求不尽相同。另外,在海外汉语语用环境很少的情况下,随着世界汉语教育工作重心从外国人"请进来"学汉语,向汉语加快"走出去"转变,更需构建汉语交流环境为学习者开展汉语技能训练。要解决上述问题,需要对个性化汉语教育资源的推送服务提出更高的要求。

(三)汉语教育领域的协同协作需求

国际汉语教育推广工作往往需要多领域、多机构、多组织协作完成。优秀的汉语教育团队在汉语机构之间、多学科工作者之间、学习者之间协同协作开展教学和科研活动,因此,跨组织的资源共享和协同应用是一种共性的需求。

四、构建"培养""研究"和"应用"一体化服务模式的网络平台

综上所述,针对当前国际汉语教师专业化发展模式,主要包括集中短期培训、网络平台支持下的远程培训、专家指导与引领等,这些模式在促进教师专业化发展,提升教师的教学水平和教学能力中发挥了积极的作用,但在一定程度上会受到时间、空间的限制,不够系统化,且培训过程中出现了重复投入、效果不佳、

与实践相脱节等问题。如何将培训中所学的知识有效地向教学实践技能迁移，形成实际的教学技能？如何保证高质量的支持服务与交流互动？如何解决教师培训过程重复投入的问题？这些问题与难点的有效解决需要实现教师专业化发展"培养""研究"和"应用"一体化，如图1所示。

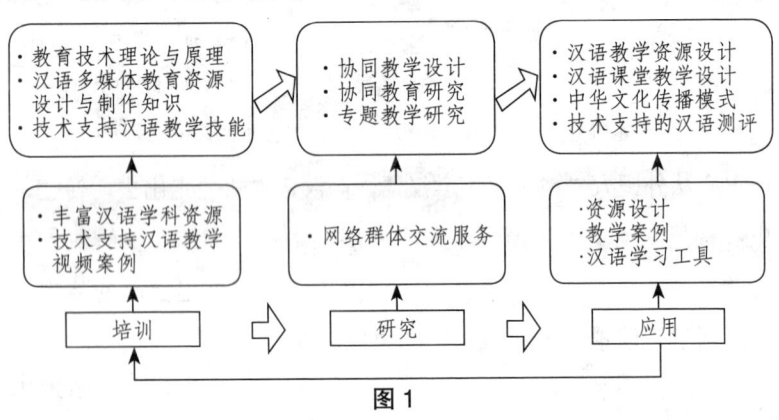

```
┌─────────────────┐    ┌─────────────┐    ┌─────────────────┐
│·教育技术理论与原理│    │·协同教学设计 │    │·汉语教学资源设计 │
│·汉语多媒体教育资源│ ⇒  │·协同教育研究 │ ⇒  │·汉语课堂教学设计 │
│ 设计与制作知识   │    │·专题教学研究 │    │·中华文化传播模式 │
│·技术支持汉语教学技能│    │             │    │·技术支持的汉语测评│
└─────────────────┘    └─────────────┘    └─────────────────┘

┌─────────────────┐    ┌─────────────┐    ┌─────────────────┐
│·丰富汉语学科资源 │    │             │    │·资源设计        │
│·技术支持汉语教学 │    │·网络群体交流服务│    │·教学案例        │
│ 视频案例        │    │             │    │·汉语学习工具    │
└─────────────────┘    └─────────────┘    └─────────────────┘
       ↑                    ↑                    ↑
    ┌─────┐              ┌─────┐              ┌─────┐
    │ 培训│      ⇒       │ 研究│      ⇒       │ 应用│
    └─────┘              └─────┘              └─────┘
```

图 1

（一）基于资源的汉语教师学习

汉语教师专业发展网络平台有效整合国际汉语教育资源网与汉语名师网络课堂，汇聚海量精华资源，解决了资源"量多不精"的重要问题；同时随时随地随需的教育服务解决了优质资源获得性较低的问题。平台提供的资源主要依据相应的教学情境、教学问题来组织，以具有"短、快、精"特色的"微资源"形式呈现，增强教师学习的情境性，实现"碎片式"学习，促进有效并高效的教师学习。

（二）国际汉语教师的协同教研

网络可以联合跨区域的教师，实现教育信息资源的公平获得性。但是传统网络下的教师协同多数仅是资源的简单共享，是一种静态的学习，只停留在专业知识层面，没有与教学实践相结合，而且很难保证高质量的支持服务与交流互动。基于汉语教师协同教研模式的网络平台，以将知识与技能转化为实际的教学能力、提升教学质量为目标，一方面汇聚了大量的人员和资源，形成一个协作社群，更有利于促进国际教师的协同教研；另一方面提供强大的协同教研平台、工具软件与关键服务，可保证汉语教师之间高质量的交流互动与协同教研。在平台上，教师在学习优质资源的过程中根据协同浏览与文档共享等功能，找到与自己学习风格、兴趣相同的教师形成一个教师群；汉语教师对教学问题进行研讨，共同完成学习、教研活动，在活动过程中形成学习共同体。平台侧重的是实践的问题，且提供技术服务支持。协作教学设计、实施教学，进行协作教学评价等活动，有助于教师在协作实践中通过感悟、模仿，优化自身的"实践性知识"，将存在于教师个体中的只能"默会"的"实践性知识"通过协同教研活动进行提取、交流与传播，最终实现教师的专业化、个性化和持续发展。

（三）国际汉语教师的校本研修

"基于学校，立足学校，为了学校"的"校本研修"是顺应时代发展、服务国别化汉语教学、实现教师专业化发展的有效途径。当前汉语教师培养普遍采用的"请进来、走出去"模式一定程度上满足了校本研修的需要，但是也存在以下问题：观念与方式的脱节，先进的理念没有技术的支持；忽视教师已有的教育观念、教育经验等背景，无法满足教师个性化发展的需要；花销费用大且不可持续等。汉语教师教育平台能为校本研修提供平台支撑、内容资源、产品服务和工具软件。

一是提供强大的校本研修平台，支持大规模的校内、校际学习。基于平台，可实现学校群体进行联盟，实现优势互补。

二是提供海量的视频案例等优质教育资源,解决资源匮乏的问题。

三是系统提供校本研修课程,学校也可自主开发特色校本研修课程。系统能实现对校本课程进行学习管理的功能,自动统计教师的学习小时数及学习进度。保证研修课程的学习质量。

五、总结

汉语教师的专业化发展是一个持续的、终身学习的过程,需要不断解决在实践中面临的各种问题。新形势下的汉语教师专业发展更需要在行动中学习,并不断反思和提高。汉语教师的专业发展需要系统化、情境性、个性化、协作化的培训。信息技术引入汉语教师专业发展始终围绕教师专业发展的特点来进行,同时也要考虑到汉语教师工作的职业特点以及教师作为学习者的特点,实现现代信息技术为汉语教师在实践过程中进行自我的专业化发展提供有效的支持。

贰 利用网上实境教学体验及多元化评量模式进行教师培养[1]

近年来,受到多媒体蓬勃发展的影响,语言教学已不再局限于传统教室里师生之间面对面的互动,科技与网络的运用、新的教学方法与技巧不断地创新开发,教学结合科技的方式也从线上

---

[1] 本节贰选自刘宜君、曾金金《利用网上实境教学体验及多元化评量模式进行国际汉语教师培养》,《国际汉语教学研究》2016年第2期。

异步的教学平台变成能让多人实时同步的教学平台。此外,教学实习也不再受限于一定的学习空间,海外及远程实习的模式已日趋普遍。显见科技的发达不但拓展了语言学习的渠道,更促使教师思考如何有效地结合网络教学,为学习者提供多样化的课程活动和有效的学习方式。

为了提升国际汉语教学的品质,本研究利用网上实境教学和多元化评量结合的训练模式,为职前教师提供充分的机会了解线上互动的教学要领,引导职前教师以不同角度反思教学过程及内容,以掌握理论与实践结合的诀窍。同时透过检讨各个评量的执行方式与结果,探讨是否可提升职前教师的自我效能,以及多元模式之有效性。

一、理论基础

本研究的理论基础主要源自 Bandura(1994)及 Putnam 和 Borko(2000)的理论。[1]Bandura 提出教学场域对教师自我效能(Self-Efficacy)具有关键性的影响,实习场域的品质是影响职前教师自我发展与专业经验培养的重要因素,而专业教学经验之多寡影响实习教师的学习动机和面对挑战的态度;若实习场域可为职前教师提供丰富的专业训练机会,不但可提升教师的专业自信,

---

[1] Bandura A. (1994). Self-efficacy. In Ramachandran, V. S. (ed.). *Encyclopedia of Human Behavior* (Vol.4). NewYork: Academic Press, 71–81; Putnam, R. T., & Borko, H. (2000). What do new views of knowledge and thinking have to say about research on teacher learning? *Educational Researcher*, 29.1: 4–15.

更可帮助其面对各种状况，预见自己未来可能的表现[1]。Putnam 和 Borko 发现，若实习场域能提供多角度的学习经验评量与分享，可加强个体学习经验的深度与广度。且不论是情境学习或实地学习经验的培训，目的都是要让实习教师意识到实际教学可能会面临的挑战与可能的互动情况，若能引导实习教师养成解决问题及省思的能力，亦可帮助其了解如何善用各种不同的教学策略，进而增强其教学自信。[2] 换言之，一个有效的教师训练环境，除了提供专业知识与实际的教学实习体验外，透过自评、同侪评鉴与专业指导，更能直接促进教师的专业成长，以及自我省思能力的提高。

（一）教学环境与教师培养

有效的学习环境除了教授学习者应有之正确理论外，也必须提供实际的临场经验。Bandura（1994）[3] 指出，个人的专业经验与知识是影响自我效能发展的重要因素，其影响范围包括学习动机、态度、认知发展及对未来表现之期待。而培养专业经验的关键在于实习场域，因为其所提供之教学演练，若能让实习教师经历各种不同的教学技巧之运用、挑战、压力及决策上的正确选择，累积足够的教学实践经验，不但可增强教师的自信心，

---

[1] Ching, L. C. (2002). Strategy and self-regulationin struction as contributors to improving students' cognitive model in an ESL programme. *English for Special Purposes*, 13: 261–289; Mills, N., Pajares, F., & Herron, C. (2007). Self-efficacy of college intermediate French students: relation to achievement and motivation. *Language Learning*, 57.3: 417–442.

[2] Cole, K. S., & Watson, D. (2013). Academic writing within an online learning environment: assessing the impact of peer evaluation on lesson planning, execution & assessment. *Journal of International Education Research*, 9.2: 115–126.

[3] Bandura, A. (1994). Self-efficacy. In Ramachandran, V. S. (ed.). *Encyclopedia of Human Behavior* (Vol.4). NewYork: Academic Press, 71–81.

更可提升其教学效果。[1] 研究发现，教师的教学效能直接影响教学者的行为，也是左右教学效率的主要变量，[2] 与教师的决心、热忱、投入教室里的行为，以及学生的学习成就与动机密切相关，而教学效能的高低主要是受其训练及培养的影响。然而，有效的国际汉语教师培养包含教学对象的真实性、针对性、二语教学理论、二语教学法的训练，以及透过多元化评量模式实现教学精进。其中，多元化评量模式是本研究的重点。本研究所建构的多元化评量模式能帮助职前教师找出教学问题、学习解决问题、接受同侪互评及专业教师的指导，进而提升教学能力与自信。

（二）多元化评量与教学效能的提升

近年来对于教学评量的研究多着墨于自评（Self-assessment）[3]、

---

[1] Tschannen-Moran, M., & Hoy, A. W. (2001). Teacher efficacy: capturing an elusive construct. *Teaching and Teacher Education*, 17.7: 783–805.

[2] Gibson, S., & Dembo, M. H. (1984). Teacher efficacy: a construct validation. *Journal of Educational Psychology*, 76.4: 569–582; Ashton, P. T., & Webb, R. B. (1986). *Making a Difference: Teachers' Sense of Efficacy and Student Achievement.* White Plains, NY: Longman Inc.; Henson, R. K, Kogan L. R., & Vacha-Haase, T. (2001). A reliability generalization study of the teacher efficacy scale and related instruments. *Educational and Psychological Measurement*, 61.3: 404–420.

[3] Dochy, F., Segers, M., & Sluijsmans, D. (1999). The use of self, peer and co-assessment in higher education: a review. *Studies in Higher Education*, 24.3: 331–350; Orsmond, P., Merry, S., & Reiling, K. (2000). The use of student derived marking criteria in peer and self-assessment. *Assessment & Evaluation in Higher Education*, 25.1: 23–39; Xu, Y. (2004). Teacher portfolios: an effective way to assess teacher performance and enhance learning. *Childhood Education*, 80.4: 198–201; Coryell, J. E., & Clark, M. C. (2009). One right way, intercultural participation, and language learning anxiety: a qualitative analysis of adult online heritage and nonheritage language learners. *Foreign Language Annals*, 42.3: 483–504; Xu, X. (2013). Empirical study on the English listening learning anxiety. *Theory and Practice in Language Studies*, 3.8: 1375–1380.

他评（Peer-assessment）[1]及教师的省思过程[2]，然而 Brannan

---

[1] Dochy, F., Segers, M., & Sluijsmans, D. (1999). The use of self, peer and co-assessment in higher education: a review. *Studies in Higher Education*, 24.3: 331–350; Orsmond, P., Merry, S., & Reiling, K. (2000). The use of student derived marking criteria in peer and self-assessment. *Assessment & Evaluation in Higher Education*, 25.1: 23–39; Cho, K., & Schunn, C. D. (2007). Scaffolded writing and rewriting in the discipline: a web-based reciprocal peer review system. *Computer and Education*, 48.3: 409–426; Cole, K. S., & Watson, D. (2013). Academic writing within an online learning environment: assessing the impact of peer evaluation on lesson planning, execution & assessment. *Journal of International Education Research*, 9.2: 115–126; De Smet, M., Van Keer, H., De Wever, B., & Valcke, M. (2009). Studying thought processes of online peer tutors through stimuiated recall interviews. *Higher Education*, 59.5: 645–661; Canto, S., Jauregi, K., & van den Bergh, H. (2013). Integrating crosscultural interaction through video-communication and virtual worlds in foreign language teaching programs: is there an added value? *ReCALL*, 25.1: 105–121.

[2] Falchikov, N., & Goldfinch, J. (2000). Student peer assessment in higher education: a meta-analysis comparing peer and teacher marks. *Review of Educational Research*, 70.3: 287–322; Emmer, E. T., & Stough, L. M. (2001). Classroom management: a critical part of educational psychology, with implications for teacher education. *Educatonal Psychologist*, 36.2: 103–112; Carol, R., (2002). Defining reflection: another look at John Dewey and reflective thinking. *The Teachers College Record*, 104.4: 842–866; Robles, M., & Braathen, S. (2002). Online assessment techniques. *The Delta Pi Epsilon Journal*, 44.1: 39–49; Achinstein, B. (2005). Conflict amid community: the micropolitics of teacher collaboration. *Teachers College Record*, 104.3: 421–455; Brooekfield, S. D., & Preskill, S. (2005). *Discussion as a Way of Teaching: Tools and Techniques for Democratic Classrooms* (2nd ed.). San Franciso, CA: Jossey-Bass; Burke, B. M. (2006). Theory meets practice: a case study of preservice world language teachers in U.S. secondary schools. *Foreign Language Annals*, 39.1: 148–166; Brock, C. H., Moore, D. K., & Parks, L. (2007). Exploring pre-service teachers' literacy practices with children from diverse backgrounds: implications for teacher educators. *Teaching and Teacher Education*, 23.6: 898–915.

(2005)[1]建议，有效的线上评量必须至少包括四种互动学习：学生与教师、学生与学生、学生对学习内容的了解以及学生对科技运用的熟稔程度。因为教学评量必须能够让职前教师多方审视教学状况、教学成效、专业知识的运用，以及检讨其教学缺失及因应策略，以精进教学效能。

Orsmond，Merry 和 Reiling（1996）[2]研究发现，自评与他评可提供重要的指数解析，能强化个体对其工作内容及目的的意识，更可让职前教师明确掌控其工作的范围，及其工作机构对他们的期许。Dooly 和 Sadler（2013）[3]指出，有效的评量可以适度地让个体认知其教学的优缺点，反映其实际表现与理论之间的差距。而不管是何种评论或省思方式，都必须涵盖相当的衡量范围，[4]提供职前教师全面而具体的方向去思考一个完整的教学过程须包含的结构，以及应该注意的细节，以利于其未来的教学表现。

此外，由指导教授所引导的讨论，可以提供较具体的回复，体会更多会影响教学及与学生互动之因素；[5]与有经验的教师对谈，可使职前教师重新思考其教学策略、与学生沟通的方式及实

---

[1] Brannan, T. A. (2005). Learner interactivity in higher education: comparing face-to-face, hybrid, and online instruction. *Distance Learning*, 2.2:1–8.

[2] Orsmond, P., Merry, S., & Reiling. K. (1996). The importance of marking criteria in the use of peer assessment. *Assessment & Evaluation in Higher Education*, 21.3: 239-249.

[3] Dooly, M., & Sadler, R. (2013). Filling in the gaps: linking theory and practice through telecollaboration in teacher education. *ReCALL*, 25.1: 4–29.

[4] Falchikov, N. (1995). Peer feedback marking: developing peer assessment. *Innovations in Education & Training International*, 32.2: 175–187.

[5] Yu, F. Y., & Wu, C. P. (2013). Predictive effects of online peer feedback types on performance quality. *Journal of Educational Technology & Society*, 16.1: 332–341.

际教学的需求。[1] 尤其在网络教学上，教师更需要构思如何有效地于虚拟空间中教学，同时评估学生学习状况，以帮助其投入不同的教学情境。[2] 因此，本研究同时包括了自评与他评，让职前教师直接反思自己并观察他人的教学状况，在不断的省思与分析中了解有效教学需要涵盖的基本因素；亦包含了专业教授所带领的主题式讨论、在职教师的评论与教学分享，以及学生所给予的回馈，共五个不同角度的评量来检测职前教师的教学效能，刺激其以不同的方式省思，促进其专业知识及素养的发展。

二、研究方法

本研究通过国际网络汉语教学合作计划，进行网上实境教学并搜集教学影片内容，以执行教学场域训练（包括多元化教学评量）（如图1）。本计划设定的目标对象是美国学习汉语的大学生，来自美国宾夕法尼亚州立大学与得克萨斯州大学阿灵顿分校，与之互动的职前教师则为台湾师范大学华语文教学研究所的研究生。本计划运用 Adobe Connect 网络平台，配合该校既有课程，进行了一学期的互动教学，并将教学实况录制成影片，进行教学场域的实况记录，系统评量与讨论教学实习（如图2），以提升职前教师之专业能力。

---

[1] Gayton, J. (2005). Effective assessment techniques for online instruction. *Information Technology, Learning, and Performance Journal*, 23.1: 25–33.

[2] Robles, M., & Braathen, S. (2002). Online assessment techniques. *The Delta Pi Epsilon Journal*, 44.1: 39–49.

第五节 信息技术与教材建设

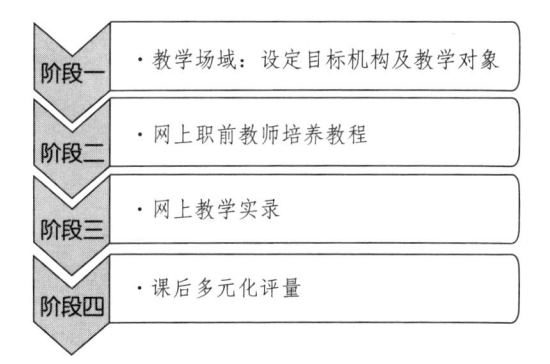

- 阶段一：教学场域：设定目标机构及教学对象
- 阶段二：网上职前教师培养教程
- 阶段三：网上教学实录
- 阶段四：课后多元化评量

图1　网上国际汉语教师培养程序

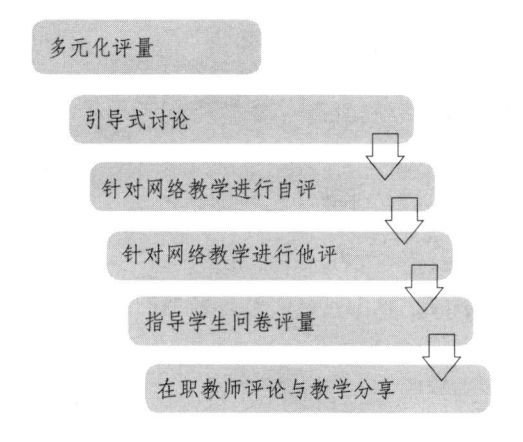

- 多元化评量
- 引导式讨论
- 针对网络教学进行自评
- 针对网络教学进行他评
- 指导学生问卷评量
- 在职教师评论与教学分享

图2　多元化评量程序

本次合作计划总共收集了38部有效的教学影片，每次都由在职教师带领职前教师进行教学，并配合当地学校教学内容及进度，设计辅助的教学课程。职前教师针对自己的教学影片进行自评，也对同侪进行他评；再由资深教师抽取一部职前教师的教学影片进行他评，由研究者比较职前教师与资深教师对同一部影片的他评差距。教学实习期间，指导教授定期在课堂上引导职前教师进行群组讨论，并邀请资深教师及教学研究员针对影片内容参与讨论。除此之外，也对汉语学习者进行个人背景资料及教学满意度调查。

（一）自评与他评

自评、他评，以及在职汉语教师与分析者（语料撰写者）使用同一评量格式进行评论（如表1），分析者必须依据不同的时间点所发生的教学事件进行评论，包括提供语言教学项目与教学技巧类别、主要相关教学点，并给予评定分数、评定理由与建议做法，以及是否有教学谬误。语言教学评定的项目已设定参考清单，包含听、说、读、写、词汇、语法与文化；教学技巧分析的参考清单则有区辨、引导联结、纠错、提问、解说与应用练习，分析者亦可提供其他评定项目；评定分数最高为5分，最低为1分。

（二）引导式讨论（教学场域训练）

引导式讨论可归类为七项主题（表2），第一个主题是在职前教师线上教学前执行的，目的是希望他们能熟悉所使用的平台，并注意时差、上课的时间，在上课前要提交他们的教案，每次上课都要录像，课后要提交自我评鉴报告，并于下次讨论前提交指定教学影片的评鉴；会后教师们必须参加 Adobe Connect 的学习工作坊，了解及运用此平台的各项功能。

表 1 评量格式

A	B	C	D	E	F	G	H	I	J	K
分析时间	投影片页数	语言项目	子类别	教学类别	子类别	教学点	评价指数（1=低，5=高）	评价理由	建议做法（评价3以下适用）	教学过程是否出现谬误
00:00—01:05	动物意涵_1/22	词汇	词义	解说	举相似词、翻译	特质	5	学生不懂"特质"的意思，老师带出"特性""个性"等相似词让学生理解	N/A	无
01:05—03:02	动物意涵_2/22	口说	句子	解说	课堂用语	请你再说一次/请说大声一点/请说慢一点/这是什么意思/我懂了	4	因为学生念第一个句子时有点不清楚，老师重复一次希望学生可以跟着重复，学生愣了好几秒也没回应，老师就直接跳过教下一句，但是之后学生发音不清楚、有纠音	N/A	无
03:02—04:40	动物意涵_4/22	口说	词汇	引导联结	联想	老鼠	3	前面已经说好不再说英文，在这里问学生老鼠有哪些特质时又使用了英文	可以说"老鼠有什么样的特质？什么样的特性？它特别的地方在哪里？"	在等待学生回答时，有太长的空白时间，老师应该提出指引

（续表）

A	B	C	D	E	F	G	H	I	J	K
04:40 | 05:42	动物意涵_4/22	词汇	词义	解说	造句	胆小	2	直接说"在中国，我们说一个人像老鼠一样意思是很胆小，但是一直都没有解释"胆小"的词义，提醒学生三声变调，并用手势辅助	最一开始可以举个例子让学生精测词义，例如"他很胆小，什么都害怕"	无
05:42 | 08:54	动物意涵_5/22	口语	词汇说	引导联结	联想	牛	3	学生不知道什么是田，老师解说是种稻子的意思，又给学生更多生词，学生更多生词，学生更感困惑，最后还是使用英文解释	如果很难解释，可在PPT上放上牛犁田的图片让学生更具体地看到什么是田或稻子	无
08:54 | 11:49	动物意涵_5/22	词汇	词义	解说	区辨	勤劳	3	用我们一般所认知的牛的勤劳的意思对比作为形容词的中国流行语"牛"；回家作业的部分请学生搜寻一个生词，应该打出来或者写在白板上让学生可以看到	N/A	不应该把google当作一个动词放在句子里

（续表）

A	B	C	D	E	F	G	H	I	J	K
11:49 | 12:41	动物意涵_5/22	词汇	词义	解说	造句	朴实	2	举了一个例子"牛除了勤劳以外还很朴实"，但是从这个句子仍然看不出"朴实"两个字的语义	应先给个有意义的例句："他赚了很多钱，但是仍然过着朴实的生活"	无
12:41 | 16:30	动物意涵_5/22	口说	词汇	引导联结	联想	在美国，牛有什么样的特质？	3	老师讲解时用了太难的词汇例如"金色""股市"，学生越感困惑，因此最后还是使用英文说明	要讲解这个点比较困难，老师可以搭配华尔街金牛的图片以及股市上升的图片帮助学生了解	老师举了一个例子，说到牛在美国代表着经济很好，当学生回答economics时，又说是stockmarket

(续表)

A	B	C	D	E	F	G	H	I	J	K
16:30—19:10	动物意涵_6/22	口说	词汇	引导联结	联想	虎	5	老师纠了几个错误，包括虎的声调以及提醒学生老虎不是虎子，之后再请学生重复几次正确的	N/A	无
19:10—21:06	动物意涵_6/22	词汇	词义	解说	造句	凶猛	4	发现学生觉得说长句很困难，这时鼓励赞美他	N/A	无
21:06—22:00	动物意涵_7/22	词汇	词义	解说	造句	狼/贪婪/暴力	3	虽然PPT上已经有生字的英文翻译，但是老师只念一下生字，带过去之后没有讲解意思也没有给有意义的例句，学生看一下就忘了	讲解意思并给例，例如"他非常爱钱，哪里有钱他就往哪里去，是一个贪婪的人"	无

第五节　信息技术与教材建设　273

表 2　主题式引导讨论

主题一	确定上课时间、主要进行流程及 Adobe Connect 的使用
主题二	课堂用语的重要性及涵盖范围、范例
主题三	文化对于语言学习的重要性
主题四	新手教师常犯的错误
主题五	教师的用语、表达及使用规范化汉语的重要性
主题六	如何应付网络问题、临时发生的状况
主题七	如何有效使用线上互动平台进行汉语教学

课堂用语的重要性及有效的课程设计则是另一讨论主题。指导教授利用他评的影片列出实用的句子作为参考，鼓励职前教师通过他们实际的经验，提出其他课堂用语，建立共同的范本，让每位职前教师于上课时能指导学生使用一些常用的语句，使课程进行更加顺畅。

第三个主题是关于不同文化因素对语言认知与学习互动的影响。指导教授指出节庆与流行文化是职前教师们最喜欢讲授的两个主题，但教学时不能只是单方面地输出中华文化，而应该了解双方的文化，通过学生熟悉的主题，增加师生之间的互动，提升学生的兴趣，以便实现成功的跨文化沟通。

在第四个主题中，指导教授指出教学影片里新手教师常犯的错误，包括教学用语、发音、语速与赘语。教师表达的方式、口音，会影响学生的学习与理解，教师还须注意自己的用语、表达方式及学生的表情与反应，确定他们是否理解课程的内容。

使用规范化的汉语及其重要性为第五个主题讨论的重点。指导教授指出学生是否学习到标准化的汉语，或只是地方化的汉语，会影响学生的学习表现及其对语言的认知。因此，鼓励职前教师提出个人的经验,利用教学影片中相关的例子,来检讨常发生的错误,以便随时警示自己。

第六个引导主题是关于网络教学常发生的状况及应变能力的重要性。指导教授要求与会的职前教师提出网络教学中常见的突发情况及解决方式,并利用一部教学影片说明教师应该如何继续与学生互动,即使教学过程中音频信号中断,仍可利用打字、肢体语言,搭配教学影片继续跟学生沟通,不中断教学。

最后一个主题为如何突破时间与空间进行有效教学。讨论中指出学习包括隐性与显性的学习,课程的活动设计须善用这样的特性,与学生做有效的互动,即便是纠错,教师也应思索如何在不影响学生情绪的情况下回复或提供正确的答案,以提高学生对语法形式、目标语言表达的注意力,进而提升其学习效能。

(三)在职教师的评论与教学分享

至于在职教师在此多元化评量的贡献,除了参与他评以外,亦提供教学上的经验分享,包括课程的设计模式及如何善用网络平台进行教学。参与的在职教师利用其设计的教材为例,帮助职前教师了解每次课程活动设计应有的单元及流程,以便在有限的时间内提升教学的效率。此外,在职教师亦分享其网络教学影片,解释不同的平台模式,所呈现的师生间的互动与反应亦有所不同。

(四)汉语学习者问卷调查

在线上教学结束后,本研究亦对参与的学生进行问卷调查,其内容总共包含 10 个问题,主要针对学生的学习经验、与教师之间的互动、学习成就及其对此线上学习的肯定与否。

在搜集所有评论与讨论后,本研究:(1)分析每次评论内容之间的变化,检视职前教师的省思历程;(2)分析每次引导式讨论的主题与职前教师们讨论的情况，从他们的讨论中了解职前教师对实际教学情况的吸收程度，并比较教师们在自评与他评中的表现；（3）分析在职教师、教学分析者与职前教师的评价差异，比较与探讨有无实际教学经验对教学评价与关切的方向是否有所影响；（4）分析汉语学习者的问卷回答内容及其对所学之经验与教师表现的评价与建议；（5）反复检测各项评价与分析，确定有无忽略的主题，并整合出主要的评价模式，[①]了解参与者的思考层面并检讨各项评量的有效性。

三、结果分析与讨论

（一）自评与他评教学内容的评量结果

在语言教学整体的评鉴中，职前教师们评论的方向主要聚焦于词汇的教学（如表3），从第一次的56%到最后一次的36%，评论内容大都在探讨词汇的解释及用词的恰当性，也有教师提及语言解释的方式及英文解释用词的适当性，例如蛟龙与中国人认知上的龙有何不同；口语表达（听说读写技能中的说）与文化则分别占了7%及8%，但在第七次因提及一则传统故事，文化教学的评论占29%；读与听各占5%，但并非每次的评论都会检测到读与听的教学表现；汉字与写的教学占的比例最低，分别为2%与1%，显示出职前教师普遍认为网络平台教学可能较难指导学生学习汉字与写作练习。

---

① Saldana, J. (2009). *The Coding Manual for Qualitative Researchers*. Los Angeles, CA: SAGE Publications Ltd.

表3 语言教学评鉴的结果 （单位：%）

	一	二	三	四	五	六	七	平均
词汇	56*	55	45	60	56	43	36	50
汉字	3	3	0	10	0	1	0	2
发音	9	8	5	2	0	0	0	3
语法	14	1	18	5	38	9	1	12
读	2	20	1	10	0	0	5	5
说	11	3	21	8	5	0	0	7
写	0	5	0	3	0	0	1	1
听	5	0	0	1	0	5	25	5
文化		33(1)	9	1	2	1	29	8
班级管理		6(1)						

* 数字粗体表示出现的比例特别显著。

整体来看，文化非语言教学中的评论重点。原来只有一名职前教师在第二次评鉴中大量地探讨文化融入教学的重要性(33%)，但由于在一次引导式讨论中，文化之于教学的重要性曾激起不少的回应，因此，接下来的评论都陆续有教师提及或注意到文化在教学中的显现与运用。此外，另有一名职前教师于语言教学项目中列出关于班级管理的评论，其评价的理由为影片中的教师忽略了学生关于"凶狠"一词的询问，而这可能会影响到学生的学习与认知。

在评鉴的过程中，教师们对评鉴项目的认知及归类有些许的不同。数名职前教师将部件教学归类为汉字教学，但有些教师将其列于词汇教学。对于发音与口语的教学归类，也有些认知上的不同，如反复阅读让学生熟悉新词的发音，似乎是对发音的教学方式做评论，但有些教师则认为其应属于口语方面的练习。经多次评鉴后，评论的项目从一开始囊括各个细节，到后来只针对几个大项。如词汇一直都是主要评价的项目，汉字、发音、阅读、口语、书写，占的比例都比较低，甚至有些评鉴没有或较少注意到这几项语言技能的教学方式。

（二）自评与他评教学策略的评量结果

针对第一阶段对于语言教学的评鉴用语不一，教学策略的评鉴于第二阶段才开始进行（如表4）。结合曾使用过的评鉴项目，列出几项主要和常用的教学策略，职前教师亦可自行额外补充。

表4　教学策略的评鉴　　　　　　（单位：%）

	一	二	三	四	五	六	七	平均
解说		41*	45	61	55	41	64	51
引导联结		14	12	2	13	19	21	14
区辨		8	4	1	6	3	0	4
纠错		6	4	2	1	3	0	3
应用练习		7	12	22	18	22	3	14
提问		18	21	12	7	11	9	13

*数字粗体表示出现的比例特别显著。

教学策略中解说占51%，比例最高，其次为引导联结与应用练习（各为14%），此外提问也占了13%。虽然提供了评价项目，但每个人的评论内容却包含不同的方向或类别。即使是同一段落的教学，策略解读的方向也甚少一致，如一段2分钟的阅读教学，有人认为是运用引导联结的方式教学，有人解析为领读，有人直接称其为课文朗读，有人发现了三种不同策略的运用，包括引导联结、提问及解说。有一名职前教师亦特别指出图片使用于网络教学策略的重要性，他甚至在评论中标出"终于有图片了！"来强调图片对线上学习的重要性。

教师们选择的教学点也不尽相同，有些只挑选较明显的主题来讨论，有些对细节也提出他们的见解；有人洋洋洒洒提出60个教学点进行评论，有人只提供15项要点讨论。至于评分及理由的部分，可能因为是同侪的关系，大部分都给予4分或5分的评价，少数有3分及2分的评价，提供的理由虽不一致，但多偏向正面。只有少数评鉴出现了些许负面的评论及较明确的建议。举例来说，共有三份评鉴对一部影片中"丑"的教法提出评论，有人提出"提问不佳，对'丑'的解释也不明确，'丑'并非只能形容人"；然而，另两位则称赞其利用反义词让学生"联结两个不同单词的意义"，及"问学生什么是丑的，引导学生表达她想说的"。

语言技巧教学与策略的评鉴结果显示，自评与他评明显地帮助职前教师将观念与理论化为实际，反思如何将学习的理念应用于教学之中。同时，此结果亦显示出：（1）词汇对语言学习有其重要性，而解说又是另一重要方式，帮助学习者了解字词的含义及用法，因此，教学者与评鉴者在上课与评论的过程中，便容易着墨其重要性，而疏忽了其他语言技巧与教学方式。（2）职前教师需要更充分地了解完整而有效的教学需要包含哪些要点，并熟悉各评鉴之子项目的意义为何，其应包含哪些教学特色。（3）推测可能是因为评鉴过于频繁，评论的结果渐渐地就流于重点式的心得感想，这也是为什么一开始会有20到60项的评论项目，到最后只有9到48项的要点于评鉴中探讨的原因了。

（三）主题讨论的效果与反映

在引导讨论中，除了第一次是因为讨论线上教学的过程要点，且于教学前执行，职前教师无法反映实际教学状况及感想外，接下来的主题讨论，每位职前教师发言的频率逐次升高，他们针对影片中各种优缺点提出想法，并与参与的同侪及教师分享其教学的经验。例如，讲到缀语现象时，教师纷纷提出不同的例子，如"有"字句在教学影片中使用极为频繁；当提及标准汉语的重要性时，一名教师便以"伴手礼"与"礼物"为例，指出"伴手礼"明显地为地方性的用法，是教师在教学时特别要注意的；而讨论网络教学可能会发生的状况及如何应对时，职前教师不但提及他们困窘的经验，更指出网络教材设计的重要性，因为视觉的内容可以协助教师在没有声音的状况下，仍可通过图片、肢体动作及打字继续进行教学与互动。

此讨论方式激发出多样的见解，且帮助职前教师注意到更多自己与同侪教学课程设计及互动方式的细节。主题式的讨论确切地带领职前教师以不同的角度省思，从讨论中，反思之前的教学经验与他评里在职教师的教学过程，不但提高其专业的认知，亦使其思考如何设计更为完善而有效的课程内容。

（四）资深教师评量回馈

在职汉语教师提出的评鉴内容，较偏于大方向的讨论，语言教学评论大部分仍是以词汇教学为主，提及的策略包括引导联结、解说及应用。然而，因为他们的评论并未被提出讨论，只能当作研究比较。反而是他们在引导式讨论会中所提出的建议，获得较多的回馈，并提供了职前教师有效的教学范例。如一名在职教师于会中提供了其主要的教学与课程设计，并示范其教学的流程，使得在场的职前教师纷纷表示，这给了他们明确的课程设计方向以及相关教学活动设计方向。又如另一参与的在职教师提供其所录制的教学影片，分享其研究的经验，以及如何善用 Adobe

Connect 的各种显示功能，创造有效的线上互动，让与会的教师可直接目睹不同功能所制造出的效果，并学习如何使用平台上的各项功能。

此外，教师教育学者的评论角度比较偏向于如何刺激更多的互动，而非依赖大量的解说，例如提问可能为促进互动的有效策略，但是职前教师的评论多倾向于教师的询问方式，或应注意的教学、执行模式，如"看影片前，先提出学生需注意的问题，让学生有方向地观看影片，建立故事脉络"，而学者的角度主要是针对师生的互动过程，探讨问题的有效性及学生在此问答中的反应。如纠音亦是一重要策略，可以看出师生的互动关系，然而职前教师大都只提及影片中教师的指导方式，像是"拆解发音，并让学生重复练习"或"教导学生正确发音"，学者则指出学生的表情反应，以及"教师发现学生的发音有误，试图以分解发音的方式，明确地示范如何发每个单音，以方便让学生清楚地了解正确的发音方式，重复地练习之后，学生也能正确地跟上"，清楚地描述出互动的过程，以及其教学执行的效果。然而，这样的教学差异并没有与实习教师分享，因而也失去其在此多元化评量中的有效性。

（五）学生问卷评量

至于参与的学生所交回的问卷结果，都偏向于正面回应，100% 表示极乐意继续参加此项网络学习活动，显示了此次跨国教学的成功，不但让汉语学习者能直接与母语者沟通，而且能在课余时间继续练习目标语言。

四、结论

本研究整合在线教学与多元化评量,试图建立一个有效的学习模式以提升汉语职前教师的教学效能。研究结果发现,自评、他评、指导教授所领导的讨论,以及资深教师的示范教学与分享,激发出较多的省思,职前教师会针对各个不同教学的细节、互动的方式、语法点的表达与运用,以及文化的差异来表达他们的想法;一方面省思自己教学的设计、过程及互动,深化他们的专业认知,另一方面比较其教学与在职教师之间的差距,进而构筑一个较适合海外汉语学习者的学习模式。而每一主题的讨论,不但与职前教师们分享一些专业的概念,更通过重点讨论加深他们对教学理论与实际操作的理解。

然而,因为资深教师及教师教育学者的评估结果未带入群组或课堂讨论,指导学生的回应亦都偏向正面,所以相对地影响力便较低。因此,未来的研究应该思考如何善用这些评论的结果,甚至与参与的汉语学习者面谈其学习经验,以期更透彻地了解他们对线上学习的观点,以便让职前教师听到更多不同的声音,提高他们的教学效能。

整体来讲,此多元化训练模式的确可提升职前教师的教学效能与自信。在此过程中,教师们从线上累积自己的教学经验,亦从在职教师的影片中学习到不同的教学历程;在多重的评量过程、互动中,教师表现出他们对理论的理解与运用,并且不断地反思、分享其个人的经验。因此,此模式可强化教学场域的效能,亦提升了职前教师的自我效能。

叁　对外汉语师资培训教材及编写原则[①]

一、现有教材分析

近些年来，对外汉语师资培训教材逐渐多了起来，从已出版的部分教材来看，这些教材可以说各有特色。

针对东南亚地区汉语教师的需要和汉语教学中存在的问题，人民教育出版社2004年专门为该地区汉语教师培训出版了《中华文化研修教程》《现代汉语研修教程》《汉语教学法研修教程》和《汉语阅读与欣赏研修教程》等。由于这些教材是专门针对东南亚地区汉语教师培训编写的，因此无论是教学内容还是教学方法都具有很强的针对性。如《汉语教学法研修教程》从东南亚地区汉语教师的知识结构和教学需要出发，首先介绍了最基本的语言教学理论，然后从语言要素和语言技能两方面对具体的教学方法和教学技巧进行了较为详细的介绍，最后还介绍了汉语教师应该具备的课堂技能、知识结构和能力结构等。此外，该书在介绍汉语普通话语音的教学法时，考虑到东南亚地区有些教师普通话语音不够标准，编写时非常重视粤闽方言及东南亚语音与普通话语音的联系与区别，并进行针对性的训练。

商务印书馆2006年出版了《汉语可以这样教——语言要素篇》和《汉语可以这样教——语言技能篇》，分别从语言要素和语言技能两个方面介绍了教学目的、层次、原则、环节、方法和技巧

[①] 本节叁选自杨德峰、刘芬、李占《对外汉语师资培训教材分析及编写原则刍议》，载《汉语教学学刊》（第5辑），北京大学出版社，2009年。

等,为汉语教师提供了"汉语应该怎样教"的方法和实例,具有较强的实用性。该套教材还单设章节特别强调对外汉语教学的层次性、阶段性和教学环节。如《汉语可以这样教——语言技能篇》在第二章和第五章介绍口语课和写作课等技能训练的方法与技巧时,专门强调了初、中、高级三个不同层次的训练重点和训练目标等;在介绍口语、听力和阅读课等技能训练时,还分节重点介绍了教学环节。这些都说明商务馆师资培训教材不仅重视具体的教学方法和技巧,还重视课堂教学的过程,注重指导对外汉语教师从整体上把握教学。美中不足的是,该社出版的教材只有两本,用两本书介绍语言要素和语言技能的众多教学方法和技巧等,略显不够充分。

北京语言大学出版社自 2007 年,也开始出版包括语言要素和语言技能等方面教学法的师资培训教材。从已出版的《汉语综合课教学法》《汉语听力课教学法》《汉语阅读课教学法》可以看出,这套教材按初、中、高三个阶段分别介绍了各种课型的教学任务和教学方法,还特别介绍了不同教学阶段教材的选择和使用、练习题题型、教案示例、板书设计以及与课型相关的测试内容、范围、题型等,具有很强的实用性,便于汉语教师直接应用到教学中去。该套教材不仅丰富了师资培训教材内容,而且把对外汉语教学的整体性和过程性提到了一个非常高的高度。但是,该教材定位不够明确,缺乏针对性。

北京大学出版社从 2007 年开始出版包括《汉语网络教学理论与方法》《中国文化教学理论与方法》和《汉语报刊教学理论与方法》在内的 11 本师资培训教材,该套教材涵盖内容范围更广。除了语言要素和语言技能以外,还设专书介绍了文化、现代教育技术及应用等。每本教材附有相关的 DVD,为师资培训教材内容走向系统性迈出了十分重要的一步。但从目前已出版的《汉语阅读教学理论与方法》《汉语报刊教学理论与方法》和《汉语听力教学理论与方法》等看出，该套教材注重理论和知识的讲授，虽然也都涉及了教学法，但相对比较薄弱。

华东师范大学出版社从 2007 年底开始分别出版了两套师资培训教材，从已出版的《怎样教阅读——阅读教学理论与实践》《怎样教语法——语法教学理论与实践》《对外汉语语音教学》和《对外汉语教学心理学》可以看出，这两套教材比较偏重理论知识的介绍，教学法介绍不多，实用性不够。

总的来看，最近几年对外汉语师资培训教材从无到有，发展迅速，取得了一定的成绩。不但有语言技能培训教材，还有语言要素培训教材；不仅有语言技能和语言要素相结合的教材，也有语言教学理论和教学方法相结合的教材。应该特别指出的是，师资培训教材对对外汉语教学的整体性和过程性越来越重视。不过，在肯定成绩的同时，也应该看到师资培训教材还存在一些不足，像编写时存在一定的随意性。应该包括哪些内容、编排多少本等，各出版社出版的教材均不同；现有教材除了人民教育出版社的是专门针对东南亚汉语教师培训编写的以外，大都没有明确的针对对象；还有些教材定位不明确，实用性不强。

二、师资培训教材的编写原则

（一）师资培训对象的特点

欧美地区（含澳洲）的师资大部分接受过高等教育，学历普遍比较高，但大多非中文类出身，缺乏汉语本体知识，更缺乏第二语言教学理论和教学方法。张英（2007）[1]对参加2006年国家汉办在美国汉语师资培训的304名学员做了调查，发现具有博士学位和硕士学位的占50.3%，但中文专业的只有20.3%。加拿大、澳大利亚的师资情况也基本如此。[2]亚洲日韩的师资与欧美有相似之处，但还存在教师非汉语母语者的特点。[3]在大学里"地道的中国教师也不多……比如东京外大10名专任里，8名是日本人，只有2名是中国人"[4]。东南亚区师资主要表现为学历层次低、专业结构欠合理等特征。[5]特别值得指出的是，无论欧美、日韩还是东南亚，都普遍存在教师专业化、职业化程度低，流动性大的特点。

培训对象的教学对象比较复杂，有的是幼儿园的孩子，有的是小学生、中学生、大学生，还有的是社会人员等。特别是随着汉语热的升温，学员的构成越来越复杂。

从培训对象的需求看，非专业化、非职业化的师资特点决定

---

[1] 张英《AP中文5C目标与师资培训》，载陈爱民、何文潮、牟岭主编《对美汉语教学论集》，外语教学与研究出版社，2007年。

[2] 李宝贵《加拿大华裔中文教学现状分析》，《世界汉语教学》2005年第1期；朱志平、卢伟《澳大利亚中小学汉语教师培训与教学考察报告》，《海外华文教育》2006年第1期。

[3] 郭春贵《日本的大学汉语教育问题》，《世界汉语教学》2005年第4期；鞠玉华《日本大学中国语教育现状调查与对策研究》，《国际汉语教学动态与研究》2006年第3期；古川裕《日本"中国语"教学的新面貌》，《云南师范大学学报》（对外汉语教学与研究版）2008年第2期；孟柱亿《韩国汉语教育的现状与未来》，《云南师范大学学报》（对外汉语教学与研究版）2008年第2期。

[4] 郭春贵《日本的大学汉语教育问题》，《世界汉语教学》2005年第4期。

[5] 蔡赞榜《印尼华文师资从伍现状及其培训市场》，《世界汉语教学》2006年第3期；陈记运《泰国汉语教学现状》，《世界汉语教学》2006年第3期；熊琦、张小龙《缅甸汉语教学概况》，《世界汉语教学》2006年第4期；张艳萍《对来华泰国汉语教师汉语学习情况的调查》，《云南师范大学学报》（对外汉语教学与研究版）2007年第2期。

了欧美及亚洲师资都对汉语本体知识有需求。张英（2007）[①]对美国学员的调查显示，在希望培训的本体知识一栏"语法"项，美国师资选择的比例为50%。东南亚地区学员也存在同样的本体知识需求。[②]同时这一特点也必然决定所有受训学员迫切希望获得教学法、教学技能培训，特别是希望能亲身观摩、实践这些方法或技巧，杨俐（2005）[③]对老挝学员的调查显示"几乎全部学员都对教学法有需求"。张英（2007）[④]的调查中，"教学法"选项选择比例达到了50%。

（二）师资培训教材的编写原则

1. 针对性。关于对外汉语教材的针对性，不少学者都有论述。[⑤]尽管学者对针对性的看法不尽相同，但是多数学者都认为针对性主要是针对学习者的自然情况。[⑥]佟秉正（1991）[⑦]指出，近年来讨论汉语教材的论文，都把针对性看作教材编写的首要原则。虽

[①] 张英《AP中文5C目标与师资培训》，载陈爱民、何文潮、牟岭主编《对美汉语教学论集》，外语教学与研究出版社，2007年。

[②] 杨俐《老挝中小学汉语师资培训研究》，《世界汉语教学》2005年第4期；张艳萍《对来华泰国汉语教师汉语学习情况的调查》，《云南师范大学学报》（对外汉语教学与研究版）2007年第2期。

[③] 杨俐《老挝中小学汉语师资培训研究》，《世界汉语教学》2005年第4期。

[④] 张英《AP中文5C目标与师资培训》，载陈爱民、何文潮、牟岭主编《对美汉语教学论集》，外语教学与研究出版社，2007年。

[⑤] 李更新等《编写〈高级汉语〉的指导思想和原则》，《语言教学与研究》1983年第4期；佟秉正《初级汉语教材的编写问题》，《世界汉语教学》1991年第1期；赵贤洲等《建国以来对外汉语教材研究报告》，载《第二届国际汉语教学讨论会论文选》，北京语言学院出版社，1988年；赵金铭《论对外汉语教材评估》，《语言教学与研究》1998年第3期；李泉《论对外汉语教材的针对性》，《世界汉语教学》2004年第2期。

[⑥] 李泉《论对外汉语教材的针对性》，《世界汉语教学》2004年第2期。

[⑦] 佟秉正《初级汉语教材的编写问题》，《世界汉语教学》1991年第1期。

然这些学者所讨论的针对性是就对外汉语教材而言的，但我们认为这一原则也同样适用于师资培训教材。道理很简单，因为师资培训教材也是一种教材，也是供一定的教学对象使用的，这些教学对象的自然情况也各不相同，存在着很大的差别。我们在对外汉语教学中强调"因人施教"，教师培训中也同样应该强调这一点。如果编写的师资培训教材不能满足培训对象的需要，不能帮助他们解决教学中存在的问题，那么这样的教材是没有价值的。

编写师资培训教材，不仅要考虑参加师资培训教师的情况，还得把参加培训的教师的教学对象考虑进去。只有这样，编写出来的教材才具有真正的针对性。这是因为参加培训的教师参加培训不是最终目的，他们的终极目的是要把自己在培训中所学到的知识或方法运用到自己的教学中，去完成教学任务，这就要求师资培训教材要把针对性延伸到参加培训教师的教学对象上去。目前，受训教师的教学对象非常复杂。从社会身份看，有大学生、中小学生、幼儿、社会各阶层人员；从学习经历及学习环境看，他们有的有汉语基础，有的没有汉语基础，有的有华裔背景，有的无华裔背景；从学习目的看，有的是学历教育（如各国大学汉语专业的本科生），有的是想到中国来旅行或者是对中文或中国感兴趣；从学习机构看，有的是在一般国民学校接受教育，有的是中文补习学校、周末学校、语言中介机构等。这些因素都是受训学员将要直接面对并且在教学中必须考虑的，编写培训教材时也必须把这些因素考虑进去，并在教材中体现出来。比如说，教学对象为大学生的教师和教学对象为中学生的教师，前者所需要的"知识"和后者所需要的"知识"在量上和质上都有很大的不同，不能把大学教师所需要的教授给中学教师；相反，也不能把中学教师所需要的教授给大学教师。否则，前者就会不够用，不能满足教学的需要；后者就会用不上，造成资源浪费。教学法也是如此，前者的教学对象是成年人，后者的教学对象是非成年人，不能把适用于成年人的教学方法教授给中学教师，也不能把适合中学生的教学方法教授给大学教师。当然，我们这么说不是否认教学方法上的相通性，教学方法虽然有很多共同之处，但是我们也应该看到并不是所有的方法都适合于所有的对象。

2. 实践性。对外汉语教学强调实践性，师资培训也同样应强调实践性，即要少介绍理论，多介绍汉语教学的程序和步骤，特别是教学方法，使他们能够很快进入教学状态，在较短的时间内成为"匠"。有调查显示，学员们都不满足于目前教学法培训的"你讲我听"的培训方式。他们都希望能亲身实践、观摩。澳大利亚学员反馈"希望能有机会自己动手分析字词或动手使用多媒体"[1]，李嘉郁（2008）[2]的调查显示"63.4%的学员提到，希望教师在授课中增加示例和示范，尤其希望多观摩教学，直观地接触、借鉴各种教学和组织方法"。因此，师资培训的实践性势在必行，必须打破传统的教材模式，把培训教材编写成实战教材，让参加培训的教师学了以后就能够上讲台，能够知道怎么上课，能够上好每一节课。现有的教材有的把教案编写进去，就不失为一种很好的办法。但从教学的角度来看，光有教案还不够，因为教学是一个环节，它包括了课堂教学需要的教材的选择、备课、课堂组织、讲课、作业、考试等各个方面，是一个动态的过程，

---

[1] 朱志平、卢伟《澳大利亚中小学汉语教师培训与教学考察报告》，《海外华文教育》2006年第1期。

[2] 李嘉郁《海外华文教师培训问题研究》，《世界汉语教学》2008年第2期。

师资培训教材应该加大这方面的内容，全方位给以展示，让受训教师掌握教学的完整流程。

3. 实用性。实用性是对外汉语教材的一个重要原则，师资培训教材也不例外。所谓实用性，首先要满足受训教师的需求，他们教学中需要什么，我们就给他们什么。具体说来，他们需要知识就给知识，需要教学方法就给教学方法，需要课堂组织流程就给课堂组织流程。总之，让他们学了以后能够由不知道变成知道，由不会教学变成会教学，教学效果由不好变好。现有的教材多强调系统性，照顾到汉语教学的方方面面。像对外汉语教学理论、对外汉语教学的历史和现状，这些对于受训教师来说虽然很重要，但并不实用。它们只是一种知识储备，不能解决教学中的实际问题，更不能让教师很快进入教学状态。培训教材中应该不编或少编这方面的内容。其次，编写的培训教材要适合培训时间。教师培训一般都是强化培训，培训时间短，一门课往往只有一两周左右，这就要求培训教材必须短小精悍，能在有限的时间内把受训教师需要的内容讲授完毕，不能一味追求大而全。最后，要急用先学。培训教材要优先安排受训师资急需的内容，一些不急用的要安排在后或不安排。

4. 系统性。前文显示，教师培训的对象十分复杂，培训对象的需求也不同。因此，从教师培训角度来看，我们必须编写系列教材，不仅要编写精读课教学教材、口语课教学教材、汉字课教学教材、听力课教学教材等技能教学教材，而且要编写语音教学教材、词汇教学教材、语法教学教材、汉字教学教材等语素教学的教材。不仅如此，还应该编写技能教学和语素教学相结合以及语素教学和理论相结合的教材等，以满足各种受训教师的需要。

总之，要使得教材具有系列性，让有各种需求的教师都能找到合适的教材。目前的教材已经注意到了这一点，但是我们觉得还不够，系统性还不够强，还有待加强。

5. 层级性。目前，受训教师以及受训教师的教学对象非常庞杂，应该根据不同的专业背景、不同的教学对象，编写出适合受训教师使用的教材。具体说来，既有适合于本专业出身的教师使用的教材，也有适合于相关专业和理工科出身的教师使用的教材；不但有适合于大学教师培训的教材，也有适合于中学、小学教师培训的教材，还有适合于幼儿园教师培训的教材。只有这样，才能使培训落到实处，培训才能达到预期的目的和效果。刘珣（1996）[①]倡议在课程设置等方面要做弹性处理，有时干脆由对方"点菜"，我们觉得要做到这一点，必须编写不同层级的教材，否则就会出现无"菜"可点的局面。

三、结语

师资培训教材的编写是一个系统工程，牵涉面比较广，涉及的因素非常多，这里所提出的一些原则我们认为是师资培训教材编写的主要原则，只要在编写中坚持了这些原则，并充分了解培训对象、培训时间，制定周密的编写方案，一定会编写出科学、实用、高效的培训教材。我们相信，随着对外汉语教学事业的发展及成熟，师资培训教材也将会得到发展，并逐步走向成熟。

[①] 刘珣《关于汉语教师培训的几个问题》，《世界汉语教学》1996年第2期。

第四章

教师认知研究

第一节 教师认知与教师发展[1]

教师认知（Teacher Cognition）是一个比较宽泛的概念，主要指教师的心理世界，即他们的信念、思想、知识结构及其对教学实践的影响等。西方教育界关于教师认知的研究始于20世纪70年代，而第二语言教学领域的教师认知研究则出现于20世纪90年代，其中一个标志是1996年有5本关于教师认知研究的英文文集和专著出版。[2] Johnson（2006）[3] 指出："许多因素促进了对第二语言教师的认识，但没有一个比现在称之为教师认知研究所带来的影响大。……这一研究使得我们窥见教师的复杂面：

---

[1] 本节选自孙德坤《教师认知研究与教师发展》，《世界汉语教学》2008年第3期。

[2] Bailey, K., & Nunan, D. (eds.). (1996). *Voices from the Language Classroom*. Cambridge: Cambridge University Press; Freeman, D., & Richards, J. C. (eds.). (1996). *Teacher Learning in Language Teaching*. Cambridge: Cambridge University Press; Nunan, D., & Lamb, C. (1996). *The Self-directed Teacher: Managing the Learning Process*. Cambridge: Cambridge University Press; van Lier, L. (1996). *Interaction in the Language Curriculum: Awareness, Autonomy and Authenticity*. London: Longman; Woods, D. (1996). *Teacher Cognition in Language Teaching: Beliefs, Decision-Making, and Classroom Practice*. Cambridge: Cambridge University Press.

[3] Johnson, K. E. (2006). The sociocultural turn and its challenges for second language teacher education. *TESOL Quarterly*, 40(1): 235–257.

他们是谁？他们知道什么、信奉什么？他们如何学习教学？他们如何在自己的教师生涯中面对多样的环境进行教学工作？"

教师认知研究基于这样一种认识，即教师是课堂教学活动中的最终决策者或者主导者，教什么、怎样教全看教师。而教师的决策有意无意地受到多方面的影响。这包括他们当学生的经历、教师职业培训或教育、当前流行的教学思潮、对教与学的看法、他们所处的教学环境等。因此教师的认知及其教学活动是一个极其复杂、多样的过程。教师认知研究的目的在于确定教师认知包括哪些方面、其认知过程是如何发展的、哪些因素影响教师认知的形成与发展、教师认知与课堂教学是一种怎样的互动关系等。教师认知研究的成果将有助于教师反思他们的教学理念与实践，从而提高教学及职业发展的自觉性；有助于师资教育与培训机构深入理解教师发展过程，以便更有的放矢地改进教师培养模式；有助于教学主管部门特别是教师所在学校认识影响教师发展的因素，进而为教师职业发展营造良好环境，提供相应支持。

我们拟从以下几个方面综述西方关于教师认知研究与教师发展的状况，以期促进对汉语教师认知的研究和汉语师资教育的发展。我们先概述教师认知研究的缘起及其发展，然后讨论教师认知研究的主要议题，教师认知研究与教师发展的关系，最后讨论教师认知研究在汉语国际推广中的意义。教师认知研究有近40年的历史，这里不可能对其进行全面介绍，我们试图勾画一个大致的轮廓，全面的介绍请参看 Borg（2006）[1]。

---

[1] Borg, S. (2006). *Teacher Cognition and Language Education: Research and Practice*. London: Continuum.

一、教师认知研究的缘起

教师认知研究始于教育界。Freeman（1996、2002）和 Borg（2006）对其缘起和发展过程提供了比较详细的概述。[1]Freeman 和 Johnson（1998）[2] 更注重教育研究和教育界对教师这一角色在观念、认识上的变化，更具启发性，因此将以此文为基础，简要介绍这些变化，为我们深入了解教师认知研究及其教师发展提供一个背景。

简要地说，20 世纪 70 年代中期以前，教师被视为他人想法的实施者，教师的角色是实施由他人制定的教学大纲、采用由他人规定的教学方法等。基于这种认识的教学模式是"传输模式"（Transmission Model），教师是一个传输者，即将知识传输给学生。当时的教学研究注重的是教学行为（Teaching Behaviours）以及由此产生的学习结果（Learning Outcomes），即所谓的"过程—产出"范式（Process-product Paradigm）。这个范式认为教与学之间的关系是一种因果关系，即教师的教学行为导致学生的学习效果。在这种范式指导下的教学研究目的在于探索教师的行为如何影响学生的学习。基于这种"过程—产出"范式的师资教育着重于保证师范生掌握他们将要教授的课程知识以及有效教授这些

---

[1] Freeman, D. (1996). The "unstudied problem": Research on teacher learning in language teaching. In Freeman, D, & Richards, J. C. (eds.). *Teacher Learning in Language Teaching*, Cambridge: Cambridge University Press; Freeman, D. (2002). The hidden side of the work: Teacher knowledge and learning to teach. A perspective from north American educational research on teacher education in English language teaching. *Language Teaching*, 35(1): 1–13; Borg, S. (2006). *Teacher Cognition and Language Education: Research and Practice*. London: Continuum.

[2] Freeman, D., & Johnson, K. E. (1998). Reconceptualizing the knowledge-base of language teacher education. *TESOL Quarterly*, 32(3): 397–417.

知识的教学方法,[1] 通常是三部曲：学习师资课程、课堂观察和实习、正式上岗执教。

虽然不能否认"过程—产出"范式存在的合理性及其在教育研究和师资教育中所起的作用，但是应该指出这种范式忽略或看轻受训教师的个体经验和他们的看法。这种范式将人类互动之间的复杂关系简单化、抽象化，把复杂的教学过程简化为一串可以量化的行为。而且教师应具备何种知识教师自己没有发言权，而是由那些学院式的研究人员来决定的。这些研究人员将教学视为离散的行为，将他们的研究结论与由此产生的环境剥离开来，对教师的观点和看法置之不理。

20 世纪 70 年代中期，对教师的认识开始发生变化，教师行为背后的心理活动——他们的思维、判断、决策心理过程开始得到注意。Jackson（1968）的《课堂生活》和 Lortie（1975）的《学校教师：一项社会学研究》对这种转变起到了很大的促进作用。[2] 这个阶段教师被看成是一个有思想的人，他们在课堂上的决策是理性的，他们对教学环境的了解和考虑，对教与学原则的认识都对他们的决策产生影响。不过这个时期虽然研究重点从"教师做什么"转向"教师为什么这样做"，但研究的目的仍然在于从有经验的教师中找出一套有效的思维模式，以便把这套思维模式传授给新教师，让这些新教师按照这套思维模式去处理课堂教学。

---

[1] Johnson, K. E. (2006). The sociocultural turn and its challenges for second language teacher education. *TESOL Quarterly*, 40(1): 235–257.

[2] Jackson, P. (1968) *Life in Classrooms*. New York: Rinehart and Winston; Lortie, D. (1975) *Schoolteacher: A Sociological Study*. Chicago: University of Chicago Press.

师资教育仍然是"传输模式",只不过在传输技能和知识的基础上加上传输思维模式。

20世纪70年代中期至80年代,在认知学习理论和"信息处理"模式(Information-processing Models)的影响下,教师在备课和课堂教学中的决策制定(Decision-making)成为一个研究热点。这个期间民族志研究方法(Ethnography)被引入课堂观察,以便客观地考察课堂的实际状况和教师的实际教学表现。研究结果显示,课堂活动和教学过程远不如先前想象的那么简单,而是非常复杂,有些甚至可以说是"杂乱无章"的。教师教学与决策过程的复杂性开始得到正视,教师做学生时的经历、他们的个体实践知识以及他们的价值观、信念均对其教学实践产生影响。进入90年代,教师任教的工作环境,包括社会大环境和社区、学校小环境被认为是影响或形成教师教学理念与教学实践的重要因素,教育研究也越来越重视个体化。进入21世纪的教育研究呈现出多样化、复杂化、个性化、环境化的特点。

在第二语言教学界,教师认知研究开始于20世纪90年代。Woods(1996)[1]对语言教学界研究重点的变化做了一个简要的描述。20世纪语言教学研究充满了对有效教学方法的寻求,Stern(1985)[2]称之为"世纪痴迷"(Century-old Obsession)。这期间不同的教学方法层出不穷,对这些方法的分析、试验、比较、评估也是应运而生,但是结果表明没有一种方法可以适用于所有

---

[1] Woods, D. (1996). *Teacher Cognition in Language Teaching: Beliefs, Decision-making, and Classroom Practice*. Cambridge: Cambridge University Press.

[2] Stern, H. H. (1985). Review of methods that work: A smorgasbord of ideas for language teachers. *Studies in Second Language Acquisition*, 7: 249–251.

的教学对象或环境，过去没有，今后恐怕也不会有。[①]于是20世纪70年代研究的焦点开始转向学生，探讨学生语言学习和习得的过程，第二语言习得研究应运而生。20世纪80年代语言课堂研究成为一个热门领域，这是因为虽然第二语言习得研究有助于我们了解语言学习过程，语言课堂作为正规语言教与学的主要场所有不可忽视的作用，因而应该得到一定的重视。[②]一旦语言课堂成为研究的一个焦点，那么教师作为课堂教学的决策者，他们的认知过程——他们的所知、所信、所想势必要予以探究，教师认知研究于是成为20世纪90年代的一个研究领域，如在"引言"中提到的，1996年便有5本关于教师认知研究的英文文集和专著出版。

第二语言教学现在处于所谓的"后方法时代"（Post-method

[①] Stern, H. H. (1985). Review of methods that work: A smorgasbord of ideas for language teachers. *Studies in Second Language Acquisition*, 7, 249–251; Nunan, D. (1991). *Language Teaching Methodology: A Textbook for Teachers*. New York: Prentice Hall; Brown, H. D. (2002). English language teaching in the "post method" era: Toward better diagnosis, treatment, and assessment. In Richards, J. C., & Renandya, W. A. (eds.). *Methodology in Language Teaching: An Anthology of Current Practice*. New York: Cambridge University Press.

[②] Long, M. (1980). Inside the "black box": Methodological issues in classroom research on language learning. *Language Learning*, 30: 1–42; Allwright, R. (1983). Classroom-centred research on language teaching and learning: A brief historical overview. *TESOL Quaterly*, 17(2): 191–204; Chaudron, C. (1988). *Second Language Classroom: Research on Teaching and Learning*. Cambridge, UK: Cambridge University Press; Woods, D. (1996). *Teacher Cognition in Language Teaching: Beliefs, Decision-Making, and Classroom Practice*. Cambridge: Cambridge University Press.

Era）。[1] 后方法时代的教师是一个自主性的个体（An Autonomous Individual），自主性教师应能根据他们所处的教育环境和社会政治条件下的独特性建立和实施他们自己的教学理念，从而为这种独特性服务。[2] 社会文化思潮（The Sociocultural Turn）影响下的师资教育和培养也把理解教师的心理放在一个重要位置。[3] 教师认知研究旨在通过改进师资教育模式和促进教师自身发展，从而提升教学效果。[4]

二、教师认知研究的主要议题

教师认知研究主要探讨以下议题：教师认知包括哪些方面，其认知过程是如何发展的；哪些因素影响教师认知的形成与发展，特别是他们的生活经历比如做学生的经历、学习语言的经历、师资教育等的影响，他们所处的社会大环境和社区、学校小环境的

---

[1] Kumaravadivelu, B. (1994). The postmethod condition: (E)merging strategies for second/foreign language teaching. *TESOL Quarterly*, 28: 27–48; Richards, J. C., & Rodgers, T. S. (2001). *Approaches and Methods in Language Teaching.* (2ed.). Cambridge: Cambridge University Press; Brown, H. D. (2002), English language teaching in the "post method" era: Toward better diagnosis, treatment, and assessment. In Richards, J. C., & Renandya, W. A. (Eds.). *Methodology in Language Teaching: An Anthology of Current Practice.* New York: Cambridge University Press.

[2] Kumaravadivelu, B. (2001). Towards a postmethod pedagogy. *TESOL Quarterly*, 35: 537–560.

[3] Mann, S. (2005). The language teacher's development. *Language Teaching*, 38, 103–118; Johnson, K. E. (2006). The sociocultural turn and its challenges for second language teacher education. *TESOL Quarterly*, 40(1): 235–257.

[4] Freeman, D. (2002). The hidden side of the work: Teacher knowledge and learning to teach. A perspective from north American educational research on teacher education in English language teaching. *Language Teaching*, 35(1): 1–13.

影响，教师认知与课堂教学是一种怎样的互动关系，等等。Borg（2006）[①]曾给出一个具体框架来说明教师认知研究关注的方面及其相互关系，从该框架可以看出教师认知研究涉及许多方面，下面只择其要点，并结合笔者正在进行的课题做些介绍。这个课题是用定性个案研究（Qualitative Case Study）方法调查三名新西兰中学汉语教师的认知过程。

（一）学生经历对教师认知的影响

许多教师认知研究对教师自己做学生的经历，包括做语言学生的经历，对其认知的影响进行了调查。研究表明教师做学生的经历，Lortie（1975）[②]所谓的"观察的学徒期"（Apprenticeship of Observation），无论正面的还是负面的，对这个教师的教学理念和方法都有很强的影响。Bailey et al.（1996）[③]让七个硕士研究生通过写自传的方式来反思他们自己学习语言的经历对他们当前教学理念和实践的影响。下面是一些对他们产生正面影响的方面：教师的人格和教学风格对他们的影响大于教师的教学方法；教师对学生的关心和用心，对学生有明确的期望值；教师尊重学生同时被学生尊重；作为学生，他们的学习动机帮助他们克服教师教学方面的不足；积极的课堂环境有助于学习。通过这个反思过程，这些学生能够谈论、检视他们的教学实践和理念，探讨其

[①] Borg, S. (2006). *Teacher Cognition and Language Education: Research and Practice*. London: Continuum.

[②] Lortie, D. (1975). *Schoolteacher: A Sociological Study*. Chicago: University of Chicago Press.

[③] Bailey, K. et al. (1996). The language learner's autobiography: Examing the "apprenticeship of observation". In Freeman, D., & Richards, J. C. (eds.). *Teacher Learning in Language Teaching*. Cambridge: Cambridge University Press.

形成根源，从而帮助他们更自觉地改进、提高教学方法。

下面是教师做学生的经历对其教学理念和实践的影响，案例来自笔者的研究项目。冯老师（化名）是在新西兰出生长大的华人，目前在新西兰一个大城市的女子中学教汉语。从我们的面谈中得知她在教学中首先考虑的是培养学生的自信心，给她们鼓励和支持，让每个学生都有参与的机会。她在高中时代学法语的正面经历和上英文课的负面经历是她决定这么做的主要原因。在我们的一次面谈中她这样说：

冯：我很爱上她[法语教师]的课。我非常喜欢学法语，真的很喜爱，我想是她对学生的态度让我喜爱这门课。

孙：什么样的态度？

冯：嗯，她总是鼓励人，总是鼓励人，我的意思是那时候在学校学法语可不像现在学习语言，非常非常的正统，你要学动词，要学词形变化，要学习词语，但是她总是鼓励我们。我认为这一点对任何老师来说都很重要。真的，因为我记得在英文课堂，我可没有什么乐趣。那是相当于现在十一年级的英文课，因为在我这个学生眼里，那个老师只鼓励好学生，聪明的学生。我们学习莎士比亚，而我不大懂莎士比亚。我总是记得[那时的情景]。

在另外一次面谈中她这样描述当时的情景：

那里坐着一个中国小姑娘，她很害羞，中国小姑娘都害羞，在心里哭着喊着"老师，叫我吧，叫我吧！"，但从来没有叫到过。

（二）师资教育

师资教育（包括学历教育、岗前培训和在职教育）对教师的认知影响一直是一个研究重点。这一点并不奇怪，因为教师认知研究的一个主要动因来自师资教育研究，目的在于提高师资教育的针对性和有效性。因为无论是师范学生还是在职受训人员，他们都不是白板一块。师资教育/培训项目是否、多大程度、如何形成或改变教师已有的理念和行为一直是一个研究重点。研究发现它们之间的关系非常复杂。多数研究报告表明师资教育课程对受训者有一定的正面影响,尽管影响大小因项目的不同而不同,就是同一个项目也会因人而异。有的研究则表明这种影响甚微。

这一领域的研究是很复杂的,需要纵向(Longitudinal)研究,因为教师对所学的东西有一个消化、吸收的过程。另外教师对师资教育和培训项目的某门课程甚至授课老师的反应也会不一样。比如笔者课题中的另一位教师杨老师(化名)是一位有经验的汉语教师,她认为教育学院的许多课程是"纸上谈兵",她觉得对她帮助最大的是教学实习。她还发现有些在教育学院课堂上能侃侃而谈的师范生,一旦进入实习课堂就变得不知所措,有些甚至最后发现自己不适合做教师。上面那位冯老师,在被问及教育学院的学习对她的教学有何种帮助时,她的第一反应是,这简直是浪费她的时间和金钱。但是在后来的面谈中,她又提到教育学院的课程对她的帮助,比如课堂管理那门课,比如教学如同表演,教师如同表演者的课程等,这两门课是同一个教师上的。后来发现,她对教育学院的期望值在于提高她的汉语教学,在这方面她几乎没有什么收获。这方面的失望让她对整个项目持一种否定态度。

Borg(2003)[1]在小结这一部分时指出,教师的个体差异是研究师资教育与教师认知关系必须考虑的因素。师资教育和培训项目是否、多大程度、如何形成或改变教师的理念和行为因人而

---

[1] Borg, S. (2003). Teacher cognition in language teaching: A review of research on what language teachers think, know, believe, and do. *Language Teaching*, 36(2): 81–109.

异，因环境而异，同时也会因时间而异，因此需要更多的纵向研究。另外，需要区分教育项目对教师行为层面和认知层面的影响，有的项目或项目的部分可能临时改变了教师某些教学行为，但并没有改变教师固有的认知层面，一旦回到他们原有的学校和课堂，他们可能仍是我行我素。对教师培训和师资教育来说，这一方面的研究显然是迫切需要的。而要深入这方面的研究，研究方法，特别是确定何种数据、如何收集这些数据来说明教师的认知受到影响或没有受到影响就显得至关重要。

（三）教师认知与课堂实践的互动关系

教师认知如何指导他们的课堂实践，课堂实践又如何反过来影响他们的认知，这种互动关系是教师认知研究的重点，这是因为教师认知与课堂实践是一种"共生关系"（Symbiotic Relationships）。[1] 研究者试图从不同方面考察这种关系。有些试图考察教师教学中最关心的是什么；有些试图探寻教师课堂教学所遵循的教学原则、理念或信念；有些试图揭示环境对教师思考和教学的影响；有些尝试对教师教学法知识（Pedagogical Knowledge）进行分类分析；还有一些是对教师的"个人实践知识"（Personal Practical Knowledge）进行描述，并考察如何指导教师的教学。

Borg（2003）[2] 指出，这类关注教师认知与课堂实践相互影响的研究来自两种相对照的观点：一种采取"决策制定"

---

[1] Foss, D. H., & Kleinsasser, R. C. (1996). Preservice elementary teachers' views of pedagogical and mathematical content knowledge. *Teaching and Teacher Education*, 12(4): 429–442.

[2] Borg, S. (2003). Teacher cognition in language teaching: A review of research on what language teachers think, know, believe, and do. *Language Teaching*, 36(2): 81–109.

（Decision-making）的观点，另一种采取"个人实践知识"（Personal Practical Knowledge）的观点。虽然这两种观点都认为教师认知左右课堂活动，"决策制定"是以一种技师（Technicist）的观点来看待教学，重在确定影响教师课堂决定的因素，描述决策过程的有效性。而"个人实践知识"方法则更趋于整体地考察教学，将诸如情感、道义以及情绪等因素对教师课堂实践的影响也考虑进去。下面主要讨论教师的教学原则或理念对教学实践的影响。

什么东西在有意无意地指导教师的教学实践？在研究领域对此有不同的说法，有的认为是教师所关心的（Concerns）和所考虑的（Considerations）东西，比如 Breen（1991）[1] 归纳出他调查的教师所关注的三个大的方面：关于学习者——关心学生的情感、背景知识以及有助于学习的认知过程；关于课程知识——关心语言用法和使用；关于教师自身——关心如何指导和课堂组织。Johnson（1992）[2] 调查的教师关于课堂教学有以下八类考虑：学生的参与和动机，教学组织，课程之间的整合，学生的情感要求，教学内容，学生是否理解，学生的学习技巧和能力，教学策略是否恰当。有的认为教师自有一套原则或原理，比如在 Richards（1996）[3] 的调查中，教师们解释他们做出教学决定是基于以下原理：参与——照顾学生的兴趣以保证他们的参与；备课——计

---

[1] Breen, M. P. (1991). Understanding the language teacher. In Phillipson, R., Kellerman, E., Selinker, L., Sharwood, M., & Swain, M. (eds.). *Foreign/Second Language Pedagogy Research*. Clevedon, UK: Multilingual Matters, 213–233.

[2] Johnson, K. E. (1992). Learning to teach: Instructional actions and decsions of preservice ESL teachers. *TESOL Quarterly*, 26(3): 507–535.

[3] Richards, J. C. (1996). Teachers' maxims in language teaching. *TESOL Quarterly*, 30(2): 281–296.

划教学并试着按教案进行教学；秩序——建立课堂纪律并保持课堂秩序；鼓励——寻求鼓励学生学习的方法；准确——致力于学生输出的准确性；效率——最大限度使用课堂时间；一致——保证教学按要求的教学方法进行；赋权——给予学生主动权。

以上的研究均侧重教师认知的某一方面，因此有的研究试图以一种整体的（Holistic）观点来研究教师的认知。这方面的代表作是 Golombek（1998）[1] 沿用 Elbaz（1981）[2] 的研究框架对两个英语教师的"个人实践知识"（Personal Practical Knowledge）进行的调查。她的这项研究不是局限于课堂或某一知识结构，而是探讨教师的四类知识范畴：关于自我，关于教学内容，关于课堂教学，关于环境——如何相互制约、相互影响。这类研究将注意力集中在教师所处的特定环境与其教学理念和实践的相互制约、相互影响。

无论是教师的关心点还是他们遵循的原理，各项之间的关系都不是线性的、平面的，而是一种交叉的、立体的，深入分析会发现其中有些核心理念在左右其他方面。杨丽娇（2006）[3] 提供了一个现成的中文教师案例。

> 洛杉矶 Harvard-Westlake 中学周老师的中文教学，仅从课堂教学来看，和以学生为中心的教育理念有点背道而驰。我们听的课都以他自己的讲解为中心，特别强调汉字教学，读写能力培养领先。但是周老师有自己的一套理论，他认为听说能力不够好有办法补救，在学生心里种下中国文化以及汉语入门（汉字）的根，才可望树苗的长大。

---

[1] Golombek, P. R. (1998). A study of language teachers' personal practical knowledge. *TESOL Quarterly*, 32(3): 447–464.

[2] Elbaz, F. (1981). The teacher's "practical knowledge": Report of a case study. *Curriculum Inquiry*, 11(1): 43–71.

[3] 杨丽娇《美国外语教育印象散记》，《语言文字应用》2006 年增刊。

……［他举了两个例子，其中一个］是他设计的学生暑期旅游学习项目——"沿着斯诺的路走延安"。他让学生在美国先读斯诺《红星照耀中国》的某一章，提出问题，然后和学生带着问题到中国，到延安，寻找问题的答案，了解中国现代社会结构的演变。另外是在中国广交朋友，听民间音乐，感受多姿多彩的民间文化。由于能在真实语境下和中国人面对面交流沟通，这些孩子的听说能力在很短的时间里突飞猛进；又由于培养了孩子们终生学习汉语的兴趣，周老师认为自己真正遵循了5个"C"的教学标准，而且做得很好。

周老师这个案例颇有启发性，可以让我们思考很多问题。他有自己的理论指导着他的实践，"在学生心里种下中国文化以及汉语入门（汉字）的根，才可望树苗的长大"，可以看作是指导他教学活动的核心理念。许多因素会影响他形成这种理念，其中和他任教的环境可能有一定关系：在美国教汉语——汉语听说环境有限，机会不多。这把我们带入下一个议题：教师认知与环境。

（四）教师认知与环境

无论是教育界还是语言教学界，环境（Context）因素从来没有像现在这样受到重视，其中一个原因应该是语言教学的多样化，对外汉语教学的现状便是一个佐证。因此环境因素现在是教师认知研究的一个中心议题。Borg（2003）[1]指出，一项关于教师认知和实践的研究如果不考虑教师所处的环境，将不可避免地对这个教师及其教学特点做出片面的描述和分析。他同时指出当前的教师认知研究几乎集中在以外语为母语的教师，他们或在大学或在私立语言学校，以小班形式教授成人学习者。他呼吁将研究扩

---

[1] Borg, S. (2003). Teacher cognition in language teaching: A review of research on what language teachers think, know, believe, and do. *Language Teaching*, 36(2): 81–109.

大到中小学语言课堂,外语为非母语教师教授青少年外语的环境。

的确,中小学外语教学与高校、私立语言学校的教学在环境上存在很大差异。从大的社会环境看,一个国家的外语教育政策会对中小学的语言教学产生很大影响。许多国家,比如新西兰,在中小学外语是选修课,这意味着学生可以不选外语课,或只要不高兴就可以中途停止学这门外语。另外一所中学通常都是开设有好几门外语供学生选择,其中法语、德语、西班牙语还有日语都开设了有些年头,奠定了一定根基,汉语教师必须从中争取生源。除此之外,汉语难学已是名声在外,至少在英语国家是如此,所以如何激发学生学习汉语的兴趣并保持这种兴趣,可以说是每个汉语教师首要考虑的问题。道理很简单,没有学生,没有饭碗,用我所调查的老师的话说。前面提到的杨老师说,九、十年级的学生(新西兰中学从九年级至十三年级),特别是九年级的学生,许多虽然选学汉语但实际上对汉语及其文化一无所知,她们选汉语是因为父母认为汉语重要,或是听姐姐或同学说觉得不错,等等。所以从语言项目的层面上讲,她首先关心的是如何引起学生对汉语的兴趣,排除或至少减低学生对汉语的恐惧感,这种考虑对其汉语课程的设计、课堂教学内容及其教学方法有着直接的影响。陈绂(2006)、李凌艳(2006)和杨丽娇(2006)对美国中学汉语教学的类似情况均有记录。[①]

这种社会大环境的另一因素是国家考试的反拨效应(Washback Effect)。毋庸置疑,教育现在仍然采用基于结果的

[①] 陈绂《赴美考察总结》,《语言文字应用》2006年增刊;李凌艳《汉语国际推广背景下海外汉语教学师资问题的分析与思考》,《语言文字应用》2006年第2期;杨丽娇《美国外语教育印象散记》,《语言文字应用》2006年增刊。

评估方式（Outcomes-based Assessment），[1]学生在国家考试中的成绩如果不是首要的，起码也是评判一个学校和任课教师的一项重要标准。如果所教外语，比如汉语被纳入国家考试系统，那么这个考试就变成了一只隐形的手左右教师的教学。还是以新西兰为例，汉语现在是新西兰国家考试系统《国家教育成绩证书》（National Certificate of Educational Achievement，简称 NCEA）的考试科目，应该说这是通过一定的努力才争取到的地位。反过来这一考试也成为评估一个学校汉语教学效果的尺子，中学汉语教学基本上是围绕 NCEA 组织和展开的。这一点无论是从课程设置还是教师的教学安排都能反映出来。在与老师的面谈中她们也坦诚地表明了这一点，因为 NCEA 中文考试词汇表成了一个事实上的中文教学大纲。陈绂对美国 AP 中文对美国汉语教学的影响和教师的复杂感情有报道。[2]我所调查的老师对 NCEA 基本上持肯定和支持的态度。试想一下，如果国家考试的设计理念和命题模式与教师的教学理念相左，教师是否要屈就于考试的压力而调整他们的教学实践？

如果说社会大环境在宏观上影响教师的认知，那么教师每天工作的小环境则是直接影响教师的教学实践。比如新西兰，中学有公立和私立学校之分，有男校、女校也有男女混校；公立学校

---

[1] Brindley, G. (1998). Outcomes-based assessment and reporting in language learning programmes: A review of the issues. *Language Testing*, 15(1): 45-85; Brindley, G. (2001). Outcomes-based assessment in practice: Some examples and emerging insights. *Language Testing*, 18(4): 393-407.

[2] 陈绂《赴美考察总结》，《语言文字应用》2006 年增刊；陈绂《对国内对外汉语教学的反思》，《语言文字应用》2006 年增刊；陈绂《从 AP 中文课程看美国外语教学的标准》，《语言文字应用》2007 年第 3 期。

因全校整体学生家庭背景（家庭收入）划分为十等，十等最高，一等最低。对于成人语言课堂，教师通常对课堂秩序没有太多担忧，但在中小学，特别是西方中小学，能否控制住课堂，创造一个良好的课堂环境，这是许多教师首先需要面对的挑战，特别是在中国出生、成长的中国移民教师，由于语言和文化的差异，这种挑战尤为明显。上面提到的杨老师是一位中国移民，但持有新西兰教育文凭。她的教学风格严谨，教学过程一环扣一环，有板有眼。她自己就说她任教的学校是等级为十的女校，是一个学习气氛很浓的学校，学生都很"乖"（用她的话说），所以她可以这样教。她的这种教学风格在另一个等级为三的男女混校可能是行不通的。另一位许老师（化名），也是中国移民，出国之前是大学英语教师。先前在一个等级为五的女子中学教汉语，目前在一所私立女中教汉语。在面谈中她说在先前的那所学校的两年简直是痛苦死了，许多时间要花在维持课堂秩序上，她在日记中记载着在那里教书的怨愤。她说今年在这所私立学校才有了一点教学的乐趣，起码不用花太多精力维持课堂秩序，即便有学生会有一些不良行为，只要你说，她至少会听的。除此之外，教师所处的其他环境，比如社区甚至家庭等均会对教师的认知产生这样那样、直接间接的影响。Borg（2003）[1]提供了更多相关的案例。

教师认知研究，特别是第二语言教学的教师认知研究，虽然时间不长，但是已经形成了一个明确的研究领域，已经出现一批

---

[1] Borg, S. (2003). Teacher cognition in language teaching: A review of research on what language teachers think, know, believev, and do. *Language Teaching*, 36(2): 81–109; Borg, S. (2006). *Teacher Cognition and Language Education: Research and Practice*. London: Continuum.

研究成果。这是一块复杂多样的、充满活力和希望的研究领地。由于它的研究对象是语言教师,因此教师认知研究是教师发展研究的一个重要部分,这正是下面要讨论的。

三、教师的专业发展与个人发展

在英文文献中讨论与教师队伍建设有关的议题时,常常出现这样一些术语 Teacher Training(教师培训)、Teacher Education(师资教育)和 Teacher Development(教师发展)。这些术语看起来相似,其实蕴含不同的理念,代表不同的模式。教师培训着重向受训者传授操作技能,诸如如何组织课堂教学、如何提问、如何纠正学生的错误等教学技巧。师资教育着重未来教师或在职学习的教师知识和理论素养的培养,包括语言理论以及教学理论等。这两者都将受训者和教师视为被动的技能和知识的接受者,而忽略了他们自身的"发展"部分。教师发展强调的是教师自我提高的自主性,即教师自觉地积极反思自己的教学实践,不断改进自己的教学实践,更新自己的教学理念。[①] 教师培训和师资教育具有对受训者和准备入职的教师提供教学准备以便他们顺利进入职场的功能,因此对于教育行业的发展是一个必要的阶段。但是在"培训"和"教育"的过程中"发展"的元素都应该有机地结合进去,从而提高教师的自主学习意识和自我反思的能力,以便他们能从容面对不同的环境,解决特定的问题。

[①] Crandall, J. A. (2000). Language teacher education. *Annual Review of Applied Linguistics*, 20: 34–55; Elbaz, F. (1981). The teacher's "practical knowledge": Report of a case study. *Curriculum Inquiry*, 11(1): 43–71.

这里有必要区分另外几对相关术语，一对是 Professional Development（专业发展）和 Teacher Development（教师发展）。专业发展是以职业为导向的，蕴含很浓的工具性、功利性，通常是由某机构（如教师工作单位、政府教育部分）组织的。而教师发展则包含更多个人的、道德上的元素在里面，更多的是教师一种自发的个人行为。这里就牵涉到另外一对术语：Professional（专业的）和 Personal（个人的）。以往的教师培训和师资教育注意的是"专业"技能和知识，而教师发展把"个人的"价值观、道德观也纳入考虑的范围，扩大了师资队伍建设的视野。这是因为教师不是一个被动的机器，教学过程不是一个机械的过程，教师生活在现实生活中，面对的是活生生的学生，他们的价值观、道德观、职业观一方面会受到他们所处环境的影响，反过来也会影响他们对环境的反应，影响他们的教学实践。[1] 我们似乎可以把这种强调教师自身发展的师资建设称之为"个人发展观"。

基于这种个人发展观的教师队伍建设是一个自下而上的过程；重视教师自己的观点而不是外人的看法；强调教师的自主性；是一个不断反思自己的教学理念和实践的过程；它不只限于专业发展，同时包括个人的、道德的、价值层面的元素。个人发展观的核心是教师的自主意识、探索精神和反思能力，其中反思能力是自我发展的关键。

反思是一种内省的过程，在这个过程中教师以一种自我批评的眼光来审视自己的教学行为和教学理念。通过这个过程教师可

---

[1] Mann, S. (2005). The language teacher's development. *Language Teaching*, 38: 103–118.

能会发现一些问题，或一些值得深究的议题，或希望对某些方面做一些改变，或尝试一些新的方法。从中教师可能确定一个研究题目，开展"行动研究"（Action Research）。事实上反思是教师发展的一个先决条件，而研究是教师发展一个理想的途径。不过 Allwright（2005）[1]认为"研究"是以解决问题为导向的，要求学术上的"严谨性"，容易让教师望而生畏。他倡导用"探索"（Exploration）的方式来帮助教师反思。如第二部分所述，认知研究在于探索教师的所思、所信、所为，其中一个根本目的就是通过各种方式和途径帮助教师将他们那些常常只可"意会"或甚至没有"意会"到的地方"言传"出来，通过这个"言传"过程，教师不但能够"知其然"还能做到"知其所以然"，将自己的认识和实践提高到一个新的高度。因此教师认知研究是教师发展的有机组成部分。

四、教师认知研究与汉语国际推广

汉语国际推广目前已成为一项中国国家和民族的事业，无论是国内的对外汉语教学还是海外的汉语教学，师资都被视为这项事业成败的"瓶颈"之一。[2]政府部门也充分认识到教师队伍建设的紧迫性，比如中国国家汉语国际推广领导小组就将加强师资

---

[1] Allwright, D. (2005). Developing principles for practitioner research: The case of exploratory practice. *The Modern Language Journal*, 89(3): 353–366.
[2] 许嘉璐《放开眼界，更新观念，让汉语走向世界》，《语言文字应用》2006年增刊；许琳《汉语国际推广的形势和任务》，《世界汉语教学》2007年第2期。

队伍建设列为当前汉语国际推广的六个重点工作之一。[1] 对外汉语教学界也呼吁把对教师的研究提到日程上来。"毫无疑问,任何称得上教学的活动都离不开教师。教师是教学活动的操持者、引导者。课堂教学进行得如何,效果如何,绝大程度上取决于教师;提高教学质量和效率,绝大程度上依赖于教师。因此,对教师进行全方位的研究,包括教师的素质、学识、品德、教学观、敬业精神、知识结构、教学方法等等,其意义应该是不言而喻的。"(李泉主编,2006)他进而引述束定芳等(1996)[2] 的论述提请注意,在强调教学"以学生为中心"的同时,不要忽略了教师的地位和作用。的确对外汉语教学几十年来得出的教学原则之一是"以学生为中心"和"以教师为主导"相结合,[3] 或称"教师为主导,学生为主体"[4],其中教师的"主导"地位是不容置疑的。

陈绂(2005)[5] 在讨论对外汉语教学硕士研究生的知识结构时强调培养综合性人才的重要性,并把知识结构、自身学养以及研究才能摆在一种三足鼎立的重要位置,这是一种全面的人才发展观。陆俭明(2005)[6] 就是要唤起教师的自主意识,这是当前教师认知和教师发展研究的主旋律。李凌艳(2006)[7] 在分析、

---

[1] 许琳《汉语国际推广的形势和任务》,《世界汉语教学》2007年第2期。
[2] 束定芳主编《现代外语教学——理论、实践与方法》,上海外语教育出版社,1996年。
[3] 刘珣《迈向21世纪的汉语作为第二语言教学》,《语言教学与研究》2000年第1期。
[4] 赵金铭《对外汉语教学理念管见》,《语言文字应用》2007年第3期。
[5] 陈绂《谈对外汉语教学硕士研究生的知识结构》,《语言文字应用》2005年第3期。
[6] 陆俭明《汉语教员应有的意识》,《世界汉语教学》2005年第1期。
[7] 李凌艳《汉语国际推广背景下海外汉语教学师资问题的分析与思考》,《语言文字应用》2006年第2期。

思考汉语国际推广背景下海外汉语教师师资问题时指出,"强烈的自主学习意识和较强的自主学习能力是在不断变化的对外汉语教学工作中脱颖而出的过硬素质",这是因为"对于某些地区或环境中的海外汉语教学师资人员来说,所从事的很可能是一项在当前'前无古人'的工作,没有现成的经验可以借鉴,没有铺好的路可以走。在这种情况下,教师就要善于通过观察和学习,利用各种可能的资源、渠道和信息,以各种可能的方式,通过各种方法,不拘一格,大胆开创并不断丰富当地汉语教学和文化推广的工作"。

以教师为研究对象的教师认知研究必须调动教师的积极性,必须有教师的参与,必须在观念和体制上珍视而不是轻视教师的经验,必须倡导教师从自己的教学经验中形成自己的教学理念。这是"后方法时代"、社会文化思潮下师资建设的必由之路。许嘉璐(2006)[1]在北京师范大学纪念开展对外汉语教学40周年大会上的讲话中对此均有非常直白但也非常精辟的论述。他说:"什么是学术?任何学术都是从实践中来的。汉院40年来,全国是50年来,对外汉语教学事业蓬蓬勃勃,随着改革开放登上了一个新的台阶。我们的前辈积累了那么多的经验,写了那么多的论著。现在形势发展了,就需要我们更年轻的人来适应这种形势,投入到这次的大潮里去,做实践者:教材编写者和教学者。积累了经验之后,归纳总结,学习前辈,上升为规律和理论。这就是学术。"他倡导开展调查研究,"不带任何自己学术经验的主观性去调查。……但是,要做到毫无主观、完全客观的调查,很难。

---

[1] 许嘉璐《放开眼界,更新观念,让汉语走向世界》,《语言文字应用》2006年增刊。

常常有这种情况：调查到的情况是以前从没有想到过的，很容易产生'这叫什么呀？'的疑问。可是，有时候你觉得不是什么的东西可能就是什么东西"。他同时建议将调查研究中的活动和感受记录在案，以便思考总结，做理论提升。以上这番论述几乎概括了"扎根理论"[①]的全部精髓：认识论基础（理论来于实践〈数据〉），数据收集的方法论（尽量客观、不带先入为主的观念），形成理论的方法（通过现场记录、通过撰写备忘录促进思考）。这种基于理论来源于实践、"实践出真知"的认识论研究方法正是现在社会科学广泛使用的定性研究方法之一。

除了以上理论上、政策上的倡导之外，我们也看到对外汉语教学界已有人开始这种实践。崔永华（2005）[②]记录了作者20多年来对对外汉语教学学科及其教学实践上下求索的过程和结果，其中《以问题为导向的对外汉语教学学科建设刍议》反映了他的学科建设观，《语言课的课堂教学意识略说》则反映了他的教学观，而贯穿他的整个求索过程的是"解决教学问题、提高教学质量"这一核心理念。这是一个立足教学实践、不断反思、不断尝试、不断升华的范例。吕玉兰（2004）[③]、吕玉兰和张若莹（2005）[④]在开展对外汉语课堂教学实践研究的过程中已将教师的认知过程纳入资料收集的范围，并采用教师参与、合作研究的方式。教师

[①] Glaser, B. G., & Strauss, A. L. (1967). *The Discovery of Grounded Theory: Strategies for Qualitative Research*. Chicago: Aldine Pub. Co.

[②] 崔永华《对外汉语教学的教学研究》，外语教学与研究出版社，2005年。

[③] 吕玉兰《试论对外汉语课堂教学实践研究》，《世界汉语教学》2004年第2期。

[④] 吕玉兰、张若莹《对外汉语课堂教学实录资料的编撰及应用价值》，《语言教学与研究》2005年第1期。

参与、合作研究正是教师认知研究倡导的研究模式，这不仅是为了保证课题的顺利进行和最终成果，更重要的是基于"个人发展观"的教师认知研究不是为了研究者和研究成果，而是为了研究对象（教师），着重研究（参与）过程，最终目的是在研究过程中让教师通过讲述他们的教学，反思他们的教学理念和实践，从而帮助他们成为自己教学理念的"自觉"实践者。这种新型的研究模式中，事实上已没有了研究人员和教师之分，教学与研究是一体的，教师在施教的时候是教师，在反思教学的时候变成了研究人员，如果我们不把研究仅看作是一种专职的、研究机构的职业。其实我们有必要重新检讨"研究"一词，去掉"研究"的神秘面纱，让"研究"走出象牙塔，成为广大教师的一种自觉行为。

五、结语

中国《全国教育科学研究"十一五"规划纲要》已将"关注教师教育体系的变革，研究培养高素质专业化的教师队伍的方法，探索提高教育教学质量和效益的有效途径"和"加强优秀教师成长经验的研究和新入职教师专业成长指导的研究"列入重点研究领域。当前汉语国际推广事业也对教师队伍建设提出了紧迫要求，教师认知研究因此不仅具有教育学上的理论意义，更是响应时代的要求。无论教师认知研究还是教师发展，其核心都在促进教师的思考。Thompson 和 Zueli（1999）[1] 的一个类比很富启发性，

---

[1] Thompson, C., & Zueli, J. (1999). The frame and the tapestry: Standards-based reform and professional development. In Darling-Hammond, L., & Sykes, G. (eds.). *Teaching as a Learning Profession*. San Francisco: Jossey-Bass.

引述如下:"思考之于学生的知识犹如光合作用之于植物的养分。植物并不是从土壤中获取养分,而是利用水和来自土壤的营养素以及来自阳光的能量通过光合作用制造养分。没有光合作用,便没有养分。学生并不是从教师、书本或传承下来的经验中获取知识,而是利用信息、经验通过思考建立知识。没有思考,便没有学习。"

第二节 教师认知构建与汉语教师职业发展[①]

一、"应然"研究与"实然"研究

解决"三教"中教师问题的根本在于教师自身的发展与成长。在汉语作为第二语言/外语教学界,关于师资的培养与培训,以往的研究主要集中在汉语教师应具备的(基本、专业)素质、知识结构、能力结构、意识、从业应达到的标准,以及知识和能力的关系等方面。吕必松(1989)[②]提出,对外汉语教师必然有不同的类型和不同的层次,比如有单纯从事教学工作的,有既从事教学工作又从事科研工作的,还有兼任教学、科研组织领导工

[①] 本节选自吴勇毅、凌雯怡《教师认知构建与汉语教师的职业发展》,载《第十一届国际汉语教学研讨会论文选》,高等教育出版社,2013年。

[②] 吕必松《关于对外汉语教师业务素质的几个问题》,《世界汉语教学》1989年第1期。

作的，因此素质的要求上应有所区别。张和生（2006）[①]概括，对外汉语教师的基本素质研究主要论述教师应具备的意识，应拥有的知识结构与能力结构，以及应掌握的教学基本功。陆俭明（2005）、李泉（2005）、崔永华（1990）认为，汉语教师应有的职业意识包括学科意识、研究意识、自尊自重意识、课堂教学意识等。[②]崔希亮（2010）[③]指出，教师要生存，要发展，要有成就感，就必须考虑知识发展（知识准备）、素质发展（素质养成）、专业技能发展（专业技能）和职业生涯发展（生涯规划）四个方面的问题。

2007年国家汉办研制并颁布了《国际汉语教师标准》，它是"对从事国际汉语教学工作的教师所应具备的知识、能力和素质的全面描述，旨在建立一套完善、科学、规范的教师标准体系，为国际汉语教师的培养、培训、能力评价和资格认证提供依据"。赵金铭（2007，2011）[④]提出，要培养合格的国际汉语教师，除了应具有一整套科学的培养程序之外，还必须有一套完备、合理、规范的测评标准。国际汉语教师标准，从语言教学和语言学习、汉语教学法、中国文化与跨文化交际、汉语课堂教学组织与管理、

---

① 张和生《对外汉语教师素质与培训研究的回顾与展望》，《北京师范大学学报》（社会科学版）2006年第3期。

② 陆俭明《汉语教员应有的意识》，《世界汉语教学》2005年第1期；李泉《对外汉语教学理论思考》，教育科学出版社，2005年；崔永华《语言课的课堂教学意识略说》，《世界汉语教学》1990年第3期。

③ 崔希亮《汉语国际教育"三教"问题的核心与基础》，《世界汉语教学》2010年第1期。

④ 赵金铭《汉语作为外语教学能力标准试说》，《语言教学与研究》2007年第2期；赵金铭《国际汉语教育研究的现状与拓展》，《语言教学与研究》2011年第4期。

第二节 教师认知构建与汉语教师职业发展

汉语教师素质与自我发展等方面衡量教师。这个标准可以用来提供汉语教师资格认证，也可以作为评估教学质量的标准，还可以用来评估课堂教学与管理。

不难看出，这些研究或研制，都是论述或讨论"应然"的，即"汉语教师应该具备什么，应该怎么样"等（从某种意义上说，这是专家等的"一面之词"）。到目前为止的教师培训内容，无论是对国内的对外汉语教师还是对海外的本土汉语教师，也都是以"应然"为标准，比较之下或根据需求，教师欠缺什么就补什么。[1] 当然，这些都是必要的，但换一个角度，我们更关心的是"处于'实然状态'的教师知识而不是处于'应然状态'的教师知识，即：'教师实际上具有什么知识'而不是'教师应该具有什么知识'；'教师是如何表达自己的知识的'而不是'教师应该如何表达'"[2]。这方面的研究，汉语作为第二语言/外语教学界才刚开始。[3]

从教师自身（作为主体）出发，以认知的视角，研究其知识结构、能力结构是如何建构和发展起来的，看其意识和素质是如何养成的，即教师的认知是如何构建的，其来源是什么，而它又是如何影响教师的教学实践的，不仅对我们理解教师的（课堂）教学行为和教学策略会很有帮助，因为"理解教师认知是了解教

---

[1] 虞莉《美国大学中文教师师资培养模式分析》，《世界汉语教学》2007年第1期；吴勇毅《海外汉语教师来华培养及培训模式探讨》，《云南师范大学学报》（对外汉语教学与研究版）2007年第3期。

[2] 姜美玲《教师实践性知识研究》，华东师范大学出版社，2008年。

[3] 孙德坤《教师认知研究与教师发展》，《世界汉语教学》2008年第3期；江新、郝丽霞《对外汉语教师实践性知识的个案研究》，《世界汉语教学》2010年第3期；江新、郝丽霞《新手和熟手对外汉语教师实践性知识的研究》，《语言教学与研究》2011年第2期。

学过程的关键"[1]，而且对教师自身的职业/专业发展和专业水平的提高具有重要的意义，对我们改进目前以"应然"为主的教师培训模式也极有裨益。

二、教师认知及汉语教师的认知来源

教师认知指的是在教学中观察不到的教师头脑中的认知特征，即教师的所知、所信和所想。[2]裴淼（2009）[3]引自 Borg（2006）[4]的观点认为，教师认知这一概念的含义较为广泛，包含教师的信念、知识、原则、理论、态度以及教师在课前、课中、课后所做的思考、判断和反思。孙德坤（2008）[5]也认为，它是一个比较宽泛的概念，主要指教师的心理世界，即他们的信念、思想、知识结构及其对教学实践的影响等。

尽管我们处在一个以学生为中心的时代，但教师认知、教师思想主导着教学实践和教学活动（包括课堂教学）的全过程的看法却得到了越来越多的认同和支持。于是，教师认知的来源，及其在此基础上的认知建构就成为教师认知研究的重要内容之一。

---

[1] 徐晓晴《西方语言教师认知研究焦点之评述》，《山东外语教学》2010年第5期。

[2] Borg, S. (2003). Teacher cognition in language teaching: A review of research on what language teachers think, know, believe and do. *Language Teaching*, 36(2).

[3] 裴淼《教师认知及其在第二语言教育领域中的研究》，《教育研究与实验》2009年第3期。

[4] Borg, S. (2006). *Teacher Cognition and Language Education: Research and Practice*. London: Continuum.

[5] 孙德坤《教师认知研究与教师发展》，《世界汉语教学》2008年第3期。

教师认知的来源是多元的，吴勇毅、孙希（2012）[①]的一项关于教师与学生汉语语法教学观念的对比研究显示，在受调查的 42 位教师中，有 76.2% 的教师承认"我的语法教学理念来自我积累的教学经验"（Q40）（Q 代表题目，Q40，表示第 40 个题目，以下同）（21.4% 基本同意），认同度很高；64.3% 的教师同意"我从专业学习中得到语法教学理念"（Q38）（23.8% 不同意）；50% 的教师认同"我的语法教学理念受到学术界理论研究的影响"（Q37）（31% 不认同）；38.1% 的教师赞同"我的语法教学理念很大程度上来自以前的外语学习经历"（Q35）（35.7% 不赞同）；只有 19% 的教师认为"我从职业培训中得到语法教学理念"（Q42）（59.5% 反对）。由此可得出序列 Q40 > Q38 > Q37 > Q35 > Q42，从中可以看出教师职前/在职培训的缺失（新教师在访谈中普遍反映需要职前培训和在职培训）和一线教学实践对教师教学理念形成的重要性。比如，在同一研究的访谈中，教师 F 说："我教语法的理念是从课堂教学中琢磨出来的，第一适合我，第二学生掌握好，比较轻松。"

国外的研究发现，二语教师的语法教学理念很大程度上来源于自己的语言学习经历而非二语习得理论，教师很少根据理论或者某种教学法来调整自己的教学策略。[②] 这项研究的结果与国外

[①] 吴勇毅、孙希《第二语言教学：形式与意义的博弈（二）——教师与学生汉语语法教学观念的对比研究》，The Third International Symposium on Chinese Applied Linguistics（ISCAL），April 27-28, 2012, in Iowa City, Iowa, USA，美国爱荷华大学。

[②] Eisenstein-Ebsworth, M., & Schweers, C. W. (1997). What researchers and practitioners do: Perspectives on conscious grammar instruction in the ESL classroom. *Applied Language Learning*, 8.

的研究结果存在很大的差异，中国人的传统观念"实践出真知"和教师的专业背景（调查对象有中文专业的、英文专业的，但更多的是对外汉语本科或研究生专业的）或可解释为什么排在前三位的是 Q40、Q38 和 Q37。相比教师汉语语法教学理念的来源，学生的语法学习观念的来源则很不相同。

笔者研究发现，教师的学习/教育背景（学校教育、校外学习），包括语言学习经历和专业学习经历、课堂教学实践、职前与在职培训、从业/从教学校的体制和课程要求等都是建构教师认知的重要来源。比如，Kerstin 是一位在中国的德国学校（国际学校）从事汉语教学的母语非汉语教师（NNS），她在访谈中说："在学习上，我可以成为他们的榜样，我也是外国人，我还是能学好汉语。而且我的学习汉语的经历使我知道他们在哪儿可能有困难，比较难掌握。"

在毫无汉语教学经验的情况下，Kerstin 早期汉语学习的体验构成了她教师认知的最初来源。她在教学中常常以自己过去学习汉语的经历为参考依据，在备课时，她回忆自己的经历，预测学生可能出现的难点，并分配时间。同时她也从学生们的反应中意识到，自己学习汉语的经历不但为其个人教学提供了参考依据，同时还可以对学生起到激励作用，所以她常常有意识无意识地将学生同过去的自己进行类比。

又如，Li 也是国际学校的汉语教师，但她是母语为汉语者（NS）。Li 过去学习的专业是教育学，在国际学校主要从事低年级孩子的汉语教学工作。她多次表示自己是学校为数不多的拥有教育学背景的汉语老师。她认为学校学习到的许多技能对现在组织教学和完成教学相关活动非常有用："我就是学教育学、心理学还有各种教学法,都是很实用的东西。"

再如,Li 和 Kerstin 对自己课堂教学的叙述:"……还有第二节课,我让他们举卡,因为第二节课他们都累了,所以我就让他们举卡比赛,……这个他们就马上紧张起来了。"(Li)"下午的课学生们都很累了,但纪律还不错,虽然积极性不高,所以课上我就说得多些。"(Kerstin)

教育学的研究表明,教师认知与课堂教学实践存在着"共栖关系"(Symbiotic Relationships)。[1] 上述例子中的两位老师,都注意到了学生上课时出现的疲倦神色,于是对自己准备好的课进行了调整。Li 采用比赛(活动)的形式,调动学生的竞争意识,以激发他们的学习热情;Kerstin 则认为,既然学生上了大半天的课已经十分疲倦,就不要违反人的自然规律,用过多的手段"强迫"学生打起精神,她选择让学生进行不那么耗费体力的听读学习,增加教师说的比重。教师选择调整的方式不同,如果奏效,那么这种"经验"就会逐步积累到教师认知结构中去。课堂教学中出现的非预设事件,需要教师不断地做出教学决策的选择,同时也不断增加着教师的实践(性)知识(Teacher Practical Knowledge)。[2]

---

[1] Foss, D. H., & Kleinsasser, R. C. (1996). Preservice elementary teachers' views of pedagogical and mathematical content knowledge. *Teaching and Teacher Education*, 12(4).

[2] 吴勇毅、石旭登《CSL 课堂教学中的非预设事件及其教学资源探讨》,《世界汉语教学》2011 年第 2 期;杨翠蓉、胡谊、吴庆麟《教师知识的研究综述》,《心理科学》2005 年第 5 期。

三、教师的职业发展：教师成长史

刘学惠、申继亮（2006）[①] 从历时的角度把教师认知研究的内容归为：信息加工视角下的教师临床思维研究，包括教师的教学计划与课堂决策研究、专家—新手教师的信息加工能力对比等；以 PCK（Pedagogical Content Knowledge，学科教学知识）为核心的教师知识研究；现象学范式的教师个人知识研究，主要是教师（个人）实践（性）知识的研究；"教师反思"——教师的反省思维之研究；教师生涯发展——对教师成长的自然探索，主要包括教师发展阶段研究、个人经历与教师发展研究等；教师学习及其促进，这是新的研究趋势。

这里我们用叙事探究（Narrative Inquiry）/讲故事的方式（目前非常流行的一种研究范式）"叙述"一位汉语为非母语的教师（NNS）（从事汉语教学的德国人）如何从一个新手教师成长为一名优秀教师的片段，从中可以看到她认知建构的过程以及实践（性）知识的积累和发展：

背景／场景：

Claudia（我们的主角）20 世纪 70 年代出生在西德一个中产阶级家庭，从小接受较好的德国传统教育。"德国传统教育同中国现在的教育有点像""德国看重证书"（Claudia），教学主要是以传统的教师为主导的教学方式展开。在德国，学生从三年级开始学习英语直到十年级，十年级之后学生可以根据自己的情况

[①] 刘学惠、申继亮《教师认知研究回溯与思考：对教师教育之意涵》，《教育理论与实践》2006 年第 6 期。

选择是否继续修读。期间，在五年级的时候学生被要求学习另外一门外语，高中毕业考试必须要考一门外语，一般学生都会选择英语，除非有特殊语言背景。由于德国对于外语学习极为重视，外语教师大多受过专业培训，而且学生在高中阶段可以选择一年到英国交流学习。Claudia 的家人分布在欧洲其他国家，有时候她会随同父母去其他国家看望亲人和朋友，此时英语成为其主要交流语言。Claudia 在德国完成了从小学到高中的教育。（最初的外语学习经历和体验课程可能成为她后来作为汉语教师认知建构的来源之一。笔者插话。）

20 世纪 90 年代，德国的大学教育还没有独立的本科教育，所有学生都必须用 5—8 年不等的时间完成本科、硕士一体化的学习，即学生毕业时拿到的学位是硕士。最初两年 Claudia 主修国际贸易、辅修中文，从第三年起根据自己的兴趣，她将国际贸易学习范围缩小为中德国际贸易，同时将更具专业性的汉学作为自己的辅修专业。在与汉语有关的课程中，第三、四年主要是基础学习，有口语课、汉字课、听力课等，学习所有的基础知识，后头两年学习历史和与中国有关的宏观、微观经济学。除了汉语口语课等少部分课程外，Claudia 的外语教师（汉语教师）大多采用翻译法，主要以德语为媒介语言进行教学。1991 年到 1992 年，Claudia 在中国上海某所高校做交流生，主要是提高汉语能力。在留学期间，她利用业余时间去上海另一所以德语教育为特色的高校兼职教授中国学生德语及德国文化。这是 Claudia 第一次接触实际课堂（从事德语教学的体验成为她后来作为汉语教师认知建构的来源之一。笔者插话）。在中国期间她遇到了后来成为其丈夫的 Macro。Macro 是俄罗斯人，所以起初他俩的交流主要以汉语和英语进行。回到德国后 Claudia 继续完成大学课程，两年后毕业，之后在德国某中德合作公司任职。工作一两年后，Claudia 在家照顾孩子。2001 年，由于 Macro 被外派到中国上海工作，2002 年 Claudia 全家迁居上海：

"我是 2002 年来上海的，那时候德国学校在找德国籍的汉学家，我有个朋友的女儿正好在德国学校学习，经过推荐，那时候的校长面试了我。那时候德国学校只有三位中国老师教汉语，而且都是随便教教的，没有系统。校长希望我去制定教学大纲。"（这里可以看到学校体制和课程要求对 Claudia 认知建构的影响。笔者插话。）

教学生涯起步：

2002 年德国学校已经成立五年有余，汉语教学也有三年的历史了。但是因为不满意教学质量，学校当时的校长急于在中国找到一位既有汉语背景又懂德国教育的专家型老师（此时的 Claudia 只是理论上的专家型教师。笔者插话）。事实上，这样一位老师即便是在现在的中国也并不容易找到，所以当校长面试 Claudia 后，立即邀请能说一口流利汉语并有着汉学专业背景的 Claudia 加入学校中文部，并诚恳希望她能帮助编写学校的中文教学大纲。尽管 Claudia 当时因为自己没有汉语教学经验而有所犹豫，但凭着对汉语的热爱，也感谢校长的邀请，她正式开始了她在德国学校 10 年的汉语教学经历：

"我在德国大学学习的是汉学，但没有什么教学经验，只好一点点来。一开始是很困难，什么都没有，教材没有，参考的也没有，德国教育局对汉语教学也一点要求也没有。但我很愿意自我挑战一下。"

没有任何汉语实际教学经验的 Claudia 一开始就遇到了一个棘手的难题，她必须在最短的时间内对学校汉语教学有个全面的了解并做出评估，还需要针对学校的特殊性，结合汉语教学的特色制定一份可操作的教学大纲，即便是拥有多年教学经验的专家型教师，在没有任何外部支持的情况下独自制定大纲也是一件困难的事。但一开始 Claudia 对自己很有信心，并且很乐于接受挑战。

为了更快熟悉学校的教学环境、了解课堂教学，Claudia 每周都将自己的课表排得满满的。起初，Claudia 希望学生在最短时间内学会更多的知识（这是她最初的教学理念。笔者插话）。所以她做了很充分的备课工作，但事实上效果并不好：

"我给学生挤很多东西，但是我后来觉得不好，他们不学习了，不喜欢汉语。"

除了预期和现实的巨大反差以外，Claudia 还发现德国学校的孩子上课都很调皮，一开始她对学生比较宽容，但课堂上经常是闹哄哄的。后来她变得十分严厉，但孩子们开始对学习产生反感，这令 Claudia 很困扰。对自己要求很严格（教师个性对其认知建构的影响。笔者插话）的 Claudia 一开始并没有意识到德国学校的孩子同之前上过她德语课的中国大学生的差别，而一度将所有的责任归结于自身，产生非常强的自责感：

"以前如果没有上好课，我会做噩梦的。"

除了来自教学的压力，Claudia 还迷惑于学校的课程管理安排。在德国学校，汉语课是作为选修课的，除了高中学生因为 Abitur（高中毕业考试）的关系比较重视外，低年级的学生，尤其是初中生只是将汉语课作为一种兴趣课看待。有时候当其他学科的老师要求学生完成某项任务时，学生会理所当然向汉语老师请假去实验室或参加其他学生的任务讨论。另外汉语课以前还常常被安排在下午第一节课（显然，教学体制和汉语课的重视程度对她有不小的影响。笔者插话）：

"下午上课，他们（学生们）已经很累了，你不能让他们学习很多东西。"

最初来到学校时，由于是新人，Claudia 对学校的某些安排感到奇怪。2011 年，笔者第一次来到德国学校时，Claudia 还多次对学校的某些课程安排和学生因为其他原因缺席汉语课产生意见：

"学校总是将汉语课安排在下午，那时候大家都很累了。都没有心思学习了。学生们常常会在汉语课的时间去做一些其他老师布置的任务，……打乱了我的教学，我不能在他们不在的时候上新的东西。"

出现拐点：

虽然第一学期的课 Claudia 对自己的表现非常不满意，但随着经验增多，Claudia 开始尝试各种方式对自己进行调整。她渐渐从消极的思维中走出来，开始回头思考自己的"错处"，并及时做出适当的调整（有了反思和反思后的行动，这里拐点出现的关键是学会反思。笔者插话）：

"但是我后来觉得（太多内容）不好，他们（学生）不学习了，不喜欢汉语，所以我慢慢地东西少了，活动多了，让他们多动动也学得更快。"

Claudia 渐渐意识到一味多教知识并不是好的方法，汉语教学需要关注学生的反应。越是小的学生自觉性和动机就越弱，为了维持他们的注意力，就必须使用不同的方法，比如针对低年龄孩子的游戏和较大孩子的任务教学。在关注学生接受度的同时，

Claudia 也有意识地培养学生对于汉语的兴趣，所以在选择教学主题时，会考虑学生的兴趣点：

"这样比较好，虽然学的不多，但学生们对于学习有兴趣，我觉得很好。"

"我以前教过成人，但是孩子和大人不一样，我一开始遇到很多问题，孩子们很调皮，上课不听，动机不够，所以要调整，让他们动起来，感到学习汉语有意思，而且有用。"

有意识培养学生对于汉语学习的兴趣成了 Claudia 的教学主导思想之一。虽然每学期的学生都有变化，但 Claudia 总结出一套学生感兴趣的主题，每学期开始她会根据学生的具体情况，调整教材的时间分配，有时会适当补充相关内容。同时 Claudia 也认识到汉语教学应该以实用为主，只有如此，才能不断激励学生继续学习。（这里我们可以清楚地看到她的多种教学理念的转变，以及从关注自己到关注学生。笔者插话。）

Claudia 的另外一大变化是认识到每个学生个体的不同，以及自己在课堂中的角色。Claudia 意识到学生和学生之间会有很多不同。有的学生学习很快（第一个班级中有一个女生 Anna，说得特别好）；有的学生口语好，但书写不好（她说得很好，但是写得不太好）；有的学生有一定的个人的喜好（他俩是同班同学，但是 V 很反感别人以为她和 M 是朋友，这个情况不是所有老师都知道的）。当认识到有些教学结果并没有达到预期效果的真正原因后，Claudia 不再是一个最初的完美主义者，一味自责，而是开始接受现实，辩证地看待问题，尝试寻找其他方法解决：

"（我以前会做噩梦），但现在我不会了，因为我知道课如果上不好，他们（学生）也是有原因的，太累了，太调皮了，等等，但我也是有原因的,是不是这个话题学生不感兴趣,还是活动太少了,我会调整。"

在工作之余,Claudia 还积极参与学校提供的各项培训活动。作为中文组组长,她常常通过各种社会关系邀请有名的专家、学者来学校做讲座。(继续学习、在职培训对建构其认知系统有很大的作用。笔者插话。)关于测试的设计和使用就集中体现了在职培训的成果:

"还有一个改变是关于测试的,一开始我也不知道怎么给他们考试,因为没有标准,而且学生情况也不一样,后来参加培训,你也参加了的,我知道需要给学生多一点点小测试,这样他们会重视起来。而且平均分数应该设计在 70% 学生处。"

起初,Claudia 坦言她觉得根据自己的经验(这种经验可能来自自身的外语学习经历或从事德文教学的实践等。笔者插话)过多的考试无益于学生的学习,所以每学期一般只有两三次测验。后来在培训中,她提出了这个问题。学校培训师告诉她,德国学校的孩子学习比较轻松,一定的测试可以相对调动他们的积极性,而且考试的压力来源于学生本身,学生需要对汉语学习投注更多的关注度。事实证明,这是对的,通过测试不断督促了学生及时复习所学内容,而且为教师了解学生学习情况、进一步改进教学提供了可靠的参考。

热心和成熟期:

除了对所教内容的改进,更加了解学生,更合理地使用教学手段等方面以外,Claudia 的另外一大改变是在对于学校管理制度的重新审视。随着对学校的认识不断加深,她也开始寻求最大可能地改善汉语教学课程安排。经过她的努力,有些汉语课被安排到了上午，学生们也拥有了更多的时间进行汉语的项目活动。几年前她建议校长可以利用德国学校的特殊地理位置，开设一些有中国特色的活动，由此，出现了小学部的 China Tag（中国日）和中学部的 China Project（中国项目），并取得了成功。校方在获得来自学生、家长、教师对这些活动的一致好评后，决定将这些中国特色活动列为常设活动，学校拨款，每年进行，以期望学生能够更亲密地接触所在国的文化。Claudia 坦言，不但学校对中文教学越来越重视，学生及家长也更愿意选择中文课了：

"现在情况好多了，校长很支持，越来越多的中国体验活动，校长规定学生必须参加，八年级和十一年级必须参加三天的中国文化体验课。

学生也越来越多，上学期 150，这学期 260，……选中文课的人翻倍了。家长也越来越重视……"

对于所取得的成就，Claudia 很欣喜，但同时她也意识到自己"还有很多，做得不好，本来还可以做得更好的。比如多组织些汉语的活动，如汉语口语演讲比赛、唱歌比赛什么的。还可以有更多的。"通过实践，Claudia 对于汉语教学的实用性这一理念有了进一步加强。这一点集中体现在她对教材的选取上：

"关于教材的问题，一开始没有教材，我们现在用《轻松学汉语》这套教材挺好的，首先是德语的，而且孩子们真的能学到东西，……因为这很实用。"

作为中文组组长，Claudia 除了完成基本的课程教学任务外，还得协调各部门间的联系，而选择教材是制定教学大纲的一个重要环节。这些年来，大纲的制定一改再改。Claudia 希望能够呈现一个更适合实际教学的、具有前瞻性的校本教学大纲：

"所以八年来,(教学大纲)从没有到有,有很多都改进了。"(大纲第一版成稿于八年前,之后不断修订,笔者插话。)

十年的教学工作使 Claudia 发生了很多变化,但对汉语教学的实用性和趣味性的教学理念进一步得到了加强。而教学大纲的制定工作体现出 Claudia 的严谨态度,也使其对学校的汉语学科发展有了一个更全面的期望。

"关于教师变化的研究可分两类,一类是描述教师随其个人职业和生活经历而发生的自然改变,即教师成长或教师生涯发展研究;另一类是探究在一定人为条件下的教师变化与发展。"[1]前者可以使我们看到教师生涯的发展轮廓:她的教学行为→职业成长史→个人教学理论→职业自我概念,并了解到影响这名教师成长的关键事件、关键人物和关键时期[2]。教师认知的构建是一个动态的过程,随着职业发展和终身学习的进程,教师认知结构也会不断地更新和发展,从而使教师从一个新手逐渐变成一名熟手,乃至优秀教师,当然,由于各种因素和条件的影响,也可能失败。

从以上叙述的教师成长史"片段"就可以看出,教师认知的建构是一个动态的过程,是教师在外部条件的刺激下不断反思"已有",并做出调整,不断补充和添加新知的过程。由于个体差异的存在和经历的不同,没有一种完全一样的认知结构存在于两个不同的个体内,因此教师认知结构的建构和形成并不是一个简单

---

[1] 刘学惠、申继亮《教师认知研究回溯与思考:对教师教育之意涵》,《教育理论与实践》2006 年第 6 期。

[2] Kelchtermans, G. (1993). Teachers and their stories: A biographical perspective on professional development. In Day, C., Calderhead, J., & Denicolo, P. (eds.). *Research on Teacher Thinking: Understanding Professional Development.* London: The Falmer Press.

的过程，涉及多种复杂因素。我们认为教师认知会决定其教学实践活动及其职业发展轨迹，而教师的职业发展进程又会受到各种因素的影响，反过来促进其认知的建构，两者是互动的。但追寻教师的成长轨迹，探究其发展规律，发现"实然"，对改进我们目前"应然"的教师培训模式具有重要的参考价值。个案的研究仍然非常需要，因为共性寓于个性之中。

随着教育教学改革的日益深化，"随着世界各国对教师选拔与在职培训重要性的认识不断深入，认识和理解教师教学专长、提高教师职业化水平已成为教师教育领域的重要研究课题，受到了各国政府和教育专家的高度重视"[1]。我们认为教师认知及其与汉语教师职业/专业发展的关系的研究，也是其中的一个重要课题。

第三节　国际汉语教师的角色认知[2]

教师认知是近二三十年来教育界和第二语言教学界共同关注的一个重要研究领域，近年来更成为一个热门话题。孙德坤（2008）指出："教师认知是一个比较宽泛的概念，主要指教师的心理世界，即他们的信念、思想、知识结构及其对教学实践的影响等。"[3]受其启发，结合汉语和汉语作为外语或第二语言教学的实际，我

---

[1] 张学民、申继亮《国外教师教学专长及发展理论述评》，《比较教育研究》2001年第3期。

[2] 本节选自李泉、金香兰《国际汉语教师的角色认知》，载《第十一届国际汉语教学研讨会论文选》，高等教育出版社，2013年。

[3] 孙德坤《教师认知研究与教师发展》，《世界汉语教学》，2008年第3期。

们还可以进一步做如下诠释：认知即"通过思维活动认识、了解"。教师认知即认识、反思和了解教师，其认知内容包括教师的信念、知识、能力和素养等与教学活动有关的各个方面。教师认知研究即考察和探讨教师既有和应有的信念、知识、能力和素养等与教学活动有关的各个方面。

简言之，教师认知及其研究，即反思、调查和研究教师的所信（既有与应有的教学观、教师观、学生观、学习观、语言观、职业观等信念），所知（既有与应有的有关所教授的语言及文化知识，与语言教学相关的语言学、教育学、心理学、文化学等知识），所能（既有与应有的教学组织和课堂掌控、目的语理解与阐释、教法选择与运用、跨文化意识与交际、教学评估与教学反思等能力），所为（既有与应有的知识、信念、能力与素养等的体现）。其中，教师的"所信"与"所知"中即包含对教师的角色认知，而教师的"所能"与"所为"则是这种角色认知在教学实践中的体现。

本节拟探讨国际汉语教师（包括在国内外从事汉语作为外语或第二语言教学的教师，下同）应有的角色认知，简言之即教师应如何看待自己、定位自己、发展自己。教师对自己的角色认知支配着教学实践的全过程，影响着师生关系的和谐程度、课堂气氛的融洽程度和教学实施的实际效果，不可谓不重要。

一、相关研究简述

20世纪80年代以来，对外汉语教学界就不断有研究教师的

成果问世[1]（举例详见脚注①）。这些成果广泛涉及教师培训的课程设置和培训模式，教师的专业知识、教学能力和职业素养，

---

① 赵智超《教学效果好的外语教师所应具备的主要条件》，载《第一届国际汉语教学讨论会论文选》，北京语言学院出版社，1986年；韩孝平《试论对外汉语教学工作的评估》，《语言教学与研究》1986年第4期；王还《和青年教师谈谈对外汉语教学》，载《门外偶得集》，北京语言学院出版社，1987年；吕必松《关于对外汉语教师业务素质的几个问题》，《世界汉语教学》1989年第1期；崔永华《语言课的课堂教学意识略说》，《世界汉语教学》1990年第3期；邓恩明《谈教师培训的课程设置》，载《第三届国际汉语教学讨论会论文选》，北京语言学院出版社，1991年；刘珣《关于汉语教师培训的几个问题》，《世界汉语教学》1996年第2期；卞觉非《21世纪：时代对对外汉语教师的素质提出更高的要求》，载《语言教育问题研究论文集》，华语教学出版社，1999年；刘晓雨《对对外汉语教师业务培训的思考》，载《第六届国际汉语教学讨论会论文选》，北京大学出版社，2000年；张德鑫《功夫在诗外——谈谈对外汉语教师的"外功"》，《海外华文教育》2001年第2期；黄宏《浅议对外汉语公派出国教师的跨文化交际问题及其策略》，《海外华文教育》2002年第2期；孙德金《对外汉语教学语言研究刍议》，《语言文字应用》2003年第3期；杨惠元《试论课堂教学研究》，《语言教学与研究》2004年第3期；陆俭明《汉语教员应有的意识》，《世界汉语教学》2005年第1期；丁安琪《专职对外汉语教师对课堂活动看法的调查》，《语言教学与研究》2006年第6期；张和生主编《对外汉语教师素质与教师培训》，商务印书馆，2006年；何文潮、唐力行《美国汉语作为外语教学的教师证书要求》，《国际汉语教学动态与研究》第1辑，外语教学与研究出版社，2006年；虞莉《美国大学中文教师师资培训模式分析》，《世界汉语教学》2007年第1期；赵金铭《论教案及相关问题》，载《汉语研究与应用》第1辑，中国社会科学出版社，2003年；赵金铭《汉语作为外语教学能力标准试说》，《语言教学与研究》2007年第2期；孙德坤《教师认知研究与教师发展》，《世界汉语教学》2008年第3期；孙德坤《我会摸索出一条合适的路子——一位中国汉语教师探索经历的叙事研究》，载《第九届国际汉语教学讨论会论文选》，高等教育出版社，2010年；李晓琪《新形势下的汉语师资培养研究》，载《第九届国际汉语教学讨论会论文选》，高等教育出版社，2010年；王添淼《成为反思性实践者——由〈国际汉语教师标准〉引发的思考》，《语言教学与研究》2010年第2期；王添淼《文化定势与文化传播——国际汉语教师的认知困境》，《中国文化研究》2011年第3期；孙立峰《从海外汉语教学看汉语国际教育硕士的培养》，《学术论坛》2012年第1期。

教师的职业意识、职业发展和专业技能发展，教师的能力标准和优秀教师的条件，教师课堂教学的方法、教学语言、教学评估，教师跨文化交际能力、教学反思能力和教师认知研究等，其中有许多观点颇值得深思，许多意见颇有导向性。这些研究不仅本身具有一定的理论和应用价值，也为进一步研究奠定了基础。

总体上说，我们对教师的所信、所知、所能和所为的调查和研究还很不够。以1985—2010年由世界汉语教学学会等组织的历届国际汉语教学讨论会及出版的10部论文选为例，在总共948篇论文中，有关教师研究的论文只有20余篇，仅占2.1%。根据我们的阅读印象和随机检索来看，其他对外汉语教学研究的书刊中，有关教师研究的文献比例亦只占2.0%—2.5%。可喜的是，近年来，随着汉语作为外语或第二语言教学学科建设及师资队伍自身建设的需要，特别是汉语国际教育硕士培养、汉语教师志愿者和海外汉语教师培训工作的开展，对教师问题的研究越来越受到重视。其中，围绕汉语国际教育专业硕士的培养问题，发表了不少有关教师研究的文章。这些研究主要集中在对教师专业培训问题的探讨上，对教师应具有的知识、能力和素养的讨论，对教师教学方法、能力标准和资格认证的研究等。这些研究都是十分重要的，而支配和影响教师教学行为、教学实践和教学效果的教师角色认知，同样十分重要且值得探讨。

二、教师角色认知的内涵

这里所说的教师角色认知，不是指在广泛的社会关系和社会分工视野中对教师社会地位、社会身份的了解和体认，而是指在学校、课堂和师生角色关系的语境中教师应该如何认知自己、定位自己，进而发展自己。

教师角色认知是教师认知研究范畴的重要组成部分。因此，在进一步加强汉语教师的知识、方法、能力的培养培训，加强教师标准完善和教师发展研究的同时，应积极开展教师角色认知的研究，以丰富教师认知研究的内涵，进一步提高教师的素质和汉语教学的效果。

教师角色认知的基本内涵应该是：教师如何看待自己的职业、定位自己的角色、发展自己的技能。进一步来说，教师如何看待自己的工作、职业角色以及跟学生之间的角色地位关系，如何看待所教授的目的语及其相关文化，进而如何看待自己的职业发展；教师应该具有什么样的角色观念、角色认知，如何确立和发展恰当的教师观、角色观，进而优化课堂教学中的教师行为及师生人际关系，等等。简言之，教师既有的角色认知和应有的角色认知及其对教学实践的影响，都应该成为教师角色认知研究的基本内容。

从教学实践来看，无论教师是否意识到乃至是否承认，实际上都有一个对自身角色的认知问题。教师的这种角色认知或称教师观，既体现在教师的心理世界，更体现在教师的教学活动和教学行为中。教师的这些角色心态和角色认知，是支配其教学工作、教学行为和职业发展的根本动因。正所谓思想影响行动，教师只有正确地认识自己、恰当地定位自己，才能更好地发展自己，也才能更好地发挥教师的作用。也正因此，教师的角色认知研究当成为教师认知研究的重要内容。

特别需要指出的是，在汉语教学加快走向世界的当今时代，加强以汉语为母语的国际汉语教师的角色认知研究，不仅是跨文化教学工作的现实需要,亦有着源自中国文化和教育传统方面的动因。跨文化教学工作要求国际汉语教师应进行恰当的角色认知和角色定位,亦应摒弃或调整源自中国传统教育观念中的某些不适当的教师观。

三、教师应有的角色认知例析

(一)职业认知

职业认知指有关人员对自己所从事的职业的看法、体会、情感与定位。从事任何工作都有一个职业认知的问题,以对外汉语教学为职业的教师亦不例外。国际汉语教师的职业认知,既存在于教师的内心世界,更体现在教师的教学工作中。

根据我们的观察和了解,国内现有的专职对外汉语教师队伍中,无论原有的专业背景为何,也无论加入这一行列的时间早晚,绝大多数教师在从事这一职业后,都能对对外汉语教学是一门汉语作为外语或第二语言教学的学科有明确的认识和深刻的体会,特别是随着专业理论知识及教学经验的不断丰富,对对外汉语教学这一职业认知越加全面和深入;同时工作态度积极、爱岗敬业、责任心强,并在教学和科研中不断获得成就感和乐趣;不仅教学能力强、效果好,而且能围绕教学工作开展研究,从而形成良性互动,教学和科研日渐精进,他们中的许多人业已成为本行业的专家、学者或优秀教师。

但是,毋庸讳言,也有少数教师虽多年从事对外汉语教学工作,但由于职业认知不当,对工作缺乏热情,未能给予应有的重视和投入,导致教学能力不强、教学效果平平,在教学实践中也难有成就感和职业乐趣。其相关的职业认知和工作态度主要表现为：或是认为对外汉语教学是个小儿科，甚至不算什么学科，没什么学术和学问可言，以致觉得自己大材小用；或是看不起自己的工作，觉得教外国人汉语比教中国的本科生、研究生要容易得多，甚至觉得自己从事的工作低人一等（陆俭明曾批驳过上述不恰当的认识[①]）；或是从不有意积累和总结教学经验，虽身在"曹营"多年但从不问"曹营"之事，而是上这边的课，做那边的研究，有人干脆宣布"我不是搞对外汉语教学的"；或有极端者不仅始终对工作心不在焉，甚至腻烦自己的教学工作，厌烦和惧怕学生提出的各种语言问题，对待上课就如同"做一天和尚撞一天钟"，如此等等。这样一些主观态度和工作表现，其形成的原因是多方面的，或者是自己对专业缺少应有的职业信念和责任感，或者是来自社会对这项工作的偏见的影响。而不管是什么原因造成的职业认知不当，其结果都表现为对教学工作马马虎虎，始终未能真正走进行业里来，也无法从教学工作中获得成就感和乐趣。极少数教师的这些心态和表现，最终使自己成为"业界里的局外人"和"行业里的外行人"。

根据以上正反两个方面情况来看，国际汉语教师至少应具备如下职业认知：

1. 行业认知。国际汉语教师首先应该自尊自立，不为外界的偏见所影响，而应一如常言所谓"干一行，爱一行""三百六十行，行行出状元"，而所出的"状元"首先要热爱自己的行业，并且为之付出心血和汗水，否则不可能成为行业状元。因此，国际汉

---

① 陆俭明《汉语教员应有的意识》，《世界汉语教学》2005 年第 1 期。

语教师首先自己要看得起这一职业,要喜爱自己所从事的对外汉语教学工作。事实上,由于习俗和成见等多种原因的影响,要真正做到自尊自立,发自内心地喜爱自己的工作也并不是件很容易的事,这需要我们有强大的自尊自信的内心世界,更需要我们在教学实践中找到可以抵御任何偏见的成就感和职业乐趣。这是国际汉语教师最起码的行业认知。

2. 学科认知。要充分认识到自己所从事的国际汉语教学,即汉语作为外语或第二语言的教学是一门学科,跟英语等作为外语或第二语言的教学学科属性完全相同。国际汉语教学既然是一门学科,就有其特定的教学理论、教学方法和教学规律。从事这项工作需要教师具备系统的汉语知识,必备的外语教学的理论和方法,必要的语言学、教育学、心理学和跨文化交际学等相关学科的知识。因此,应尽可能全面地掌握汉语及与语言教学和语言交际相关的中国文化知识,应虚心学习和探索国际汉语教学的教学原理与教学规律,并在教学实践中创造性地运用和发展这些理论和方法。至少不能对汉语的语法知识、语音知识、汉字知识和必要的中华文化知识茫然无所知或一知半解,至少不能无视和违背国际汉语教学是一门学科这一事实及其应有的教学要求。这是国际汉语教师最基本的学科认知。

3. 教学认知。由于多方面的原因,国际汉语教师队伍的构成是多元化的,即教师的专业背景不仅有汉语和对外汉语教学方面的,也有来自文学、史学、哲学、教育学、心理学、新闻学以及各类外语专业等学科的。这虽然跟其他学科的师资队伍构成有所不同,却也是对外汉语教学是一门跨学科的应用型学科的一种体现。来自不同学科的教师,在学术研究的学科内容取向上应该是自由的、不受限制的。但身在对外汉语教师的行列，应将自己的研究领域和具体的研究内容尽可能地靠近对外汉语教学理论和教学实践的需求。不过，这只是一种导向和呼吁，教师完全可以从事自己熟悉的、原有的学术研究领域。然而，从教师职业认知的角度看，不管何种专业背景出身的教师，无论个人的研究兴趣在哪里，都必须首先把教学工作做好，必须学习和熟悉国际汉语教学最基本的理论、知识和方法，必须掌握必备的汉语和文化知识，必须做到成为一名合格乃至优秀的汉语教师。简言之，个人的学术研究方向可以自由，但教学工作是有特定要求的，即首先并且始终要把教学这个"饭碗"端好。这是国际汉语教师最必需的教学认知。

（二）定位认知

在国际汉语教师的角色认知中，最为基本和重要的认知应该是教师的角色定位认知。也就是说，教师应从教育学和跨文化教学的角度来思考、认识和定位自己的角色。教师角色定位问题的提出源于以下两方面的考虑：其一，教学过程是一种认识过程，学生是这一过程的真正主体，是教学实践及认识活动有目的的承担者；教材及教学内容是客体，是教学实践活动和认识活动的对象，是主体实现目的的必要条件和手段；教师实际上是作为助体而存在的，是主体实现目的的过程中必要的设计者、引导者和解惑答疑者。简言之，教师的作用就是辅助主体（学生）更好地实现教学活动所要达到的目的。[1] 也就是说，从教学活动中主、客

---

[1] 李泉《试论对外汉语教学的教学原则》，载《中国对外汉语教学学会北京分会第二届学术年会论文集》，北京语言文化大学出版社，2001年。

体关系的角度看，教师实际上是教学活动中的助体，是主体学生在认识和学习客体内容过程中的帮助者、服务者，而不是学习活动的真正主宰者和学习任务的承担者。其二，中国的文化和教育传统讲究"师道尊严""以师为贵""以师为尊""师讲生听"，强调尊重教师和发挥教师的作用，重视教师的"教"，甚至有"严师出高徒""一日为师，终身为父"的古训。这些理念不一定都是错的，其中不乏积极和合理因素，但是，西方的文化传统和教育理念却与此不同，讲究"以学生为中心""师生平等"，重视学生的"学"，强调自主学习，鼓励学习者发展个性，教学方式以启发式为主。中西方历史、文化和教育观念上的差别，要求深受中国文化和教育传统影响的国际汉语教师必须思考自己的角色地位、角色作用以及教育观念和教学方式的转变和调适，以更好地适应海外的教学实际。

基于以上两方面的考虑，我们对国际汉语教师应具有的定位认知做如下讨论：

1. 助体地位。明确教师在教育和教学过程中的助体地位，鼓励学习者积极参与教学过程及其相关的活动，避免"一言堂""满堂灌"式的教学方式，避免将"我讲你听"的教学模式全面地带到海外的汉语教学课堂中去；突出学生在学习活动中的主体地位，凸显教师解惑答疑的助体地位。实际上，强调教师的助体地位并不意味着降低教师的作用，而是要求教师改变不符合教学这种特殊认识活动的某些心态、观念和做法，改变不适合海外教学传统和教学方式的某些理念和做法。事实上，以学生为中心和主角来组织教学比以教师为中心和主角来组织教学要难得多，教师要付出的精力更多，对教师教学能力的要求更高。因此，教师角色地位的转变不仅不是对教师要求的降低,反而是对教师提出了更高的要求。其中较大的转变是教师从"前台"走向"幕后",从"独角戏"变成"群口相声",从教学活动的"表演者、讲解者、示范者"更多地转向教学活动的"设计者、启发者、引导者"。我们相信,思考、认识和反思国际汉语教师的角色地位,有助于我们改变某些既有的观念和惯常的做法,有助于更好地适应海外的教学传统和教学方式,从而更好地发挥教师的作用。

2. 师生平等。在中国传统的文化和教育观念中,师生的角色地位关系实际上是不平等的。教师是"权势者",学生是"被权势者";教师是地位高的一方,学生是地位低的一方;教师是说了算的一方,学生是"被说了算"的一方。在传统的私塾教学和师徒关系中,教师更是一言九鼎的绝对权势者。尽管现代教育制度和教育理念也强调师生平等,特别是人格上的平等,但是,中国的传统文化及其教育观念对中国教师的影响仍然是深刻而广泛的,"以师为贵""以师为尊""我讲你听"等传统观念在一些青年教师那里也很有市场。尊师重教、热爱师长是中国传统的美德,今后也仍将传承这种美德,强调发挥教师的作用更不为错。但是,在跨文化教学中,国际汉语教师应树立更为恰当的角色观,应对师生之间的地位关系有一个更为恰当的体认。我们的初步建议是:国际汉语教师应从主观上和行动上树立和践行师生平等的观念,力避有高高在上的感觉,力戒"权势者"的形象,千万不要以权威和专家自居,即使是对汉语、汉字和中国文化也要虚心谨慎,因为就是在这些方面我们不了解和不清楚的地方远远比我们知道的和懂得的要多得多,至少对笔者来说是这样。千万不要有意无意地摆出"私塾先生"的架势,尽可能地去掉自身过浓过重的"师"的味道,尽可能用"我"而不用或少用"老师"来指称自己,避免张口闭口以"老师"来称呼自己。如此这般,则有利于淡化教师跟学生之间的距离感,有利于建立起融洽的师生关系,有利于更好地适应和开展海外的汉语教学活动。

3.服务意识。明确学习是发生在学习者身上的事,教师的"教"是为了帮助学生更好地"学"。学习的目的不仅仅在于掌握教师和课本上所传授的知识,更在于培养学生发现知识的能力。因此,在教师的角色认知和定位中,应明确教师是为学生服务的。树立服务意识,增强服务意识和服务能力,这对于在中国文化和教育传统下培养起来的国际汉语教师尤其不容易,可是却也尤其重要,特别是到海外从事汉语教学工作。事实上,在海内外从事对外国人的汉语教学工作,本质上都是为国家和民族的事业服务,是为学习汉语和了解中国文化的外国人服务,而这种服务是光荣的,是可以令我们自豪的。树立服务意识不仅有助于我们"放下身段""放下包袱",从而减少在教学中可能遇到的角色和地位的"失落感",更有利于我们去拓展和增强服务的能力和服务的效果。要想自尊、自信地做好服务工作,就不仅要有满腔热情和虚心服务的态度,更要具备扎实和过硬的服务本领。为此,就需要我们投入更大的热情,付出更多的心血和智慧,而投入和付出是取得成就的必要条件,更多地投入和更多地付出就会取得更大的收获和成就。

(三)形象认知

形象是一种客观存在。言谈举止、行为作风、性格情感、思想观念、诚信德行、知识和能力等多种因素可以构成一个人的形象。国际汉语教师形象认知问题的提出主要基于以下几方面的考虑：其一，教师作为社会人必然有个人形象问题，有在外国学习者面前树立什么样的中国教师形象的问题。其二，国际汉语教师还有一个跨文化的中国教师的形象问题，有一个跨文化人际交往和人际关系的问题。如何在双向文化交流的过程中确立一个良好的国际汉语教师的形象，是值得探讨的问题。其三，当今的中国与世界各国在经济、政治、外交、文化等方面的交往日益频繁密切，中国已经并将进一步走向世界舞台的中心。中国公民在以各种方式和途径走向世界的同时，实际上也在承担着向世界展示中国、说明中国的公共外交的义务。不断走向世界的国际汉语教师，也必然自觉不自觉地承担着这种公共外交的义务。事实上，在对中国普遍缺乏了解的外国人面前，汉语教师的形象就是他们心中的中国人的形象，许许多多的外国人对中国和中国人的了解就是从对汉语教师的认识和了解开始的。因此，国际汉语教师已经不可能也不应该"两耳不闻窗外事，一心只教汉语书"。尽管教汉语是我们的本职工作，需要全心全意地去做好，但是，在必要、需要和各种可能的场合客观地向外国公众介绍一个真实的中国、介绍中国的真实情况，也是国际汉语教师的一项义务。在研究和探讨国际汉语的角色认知、角色功能时不应回避或忽略这一问题。

根据以上背景分析，我们可以对国际汉语教师应具有的形象认知做如下讨论：

1. 个人形象。无论是在国内还是在国外从事汉语教学工作，作为一名汉语教师都有个人形象的问题，并且是个无法回避的问题，也是一个值得探讨的问题。从教师角色认知的角度看，国际汉语教师首先要意识到自身的形象问题，并有意识地塑造一个举止得体、文明礼貌、亲和友善、言行诚信、工作认真、专业知识丰富、教学方法得当、教学组织能力强的良好的教师形象。虽然看起来教师的个人形象跟具体的教学实践似乎没有直接的关系，但是，注意个人形象并且给学生一个良好的印象，则有利于获得学习者应有的尊重与支持、理解与信任，从而有利于教学工作的顺利开展。相反，如果给学生一个"不怎么样"的印象，则不利于得到学生的配合和支持，不利于教学工作的开展。如果把包括汉语和文化等教学内容在内的专业知识的丰富程度及教学方法的熟练程度也看作教师个人形象的构成要素的话，那就更应重视个人形象的塑造。事实上，良好的教师形象绝不仅仅限于穿着得体、举止文明、谈吐不俗等外在性的因素，其中必然包含对工作充满热情、甘于投入和奉献、业务熟练、方法灵活、教学水平高等有关教学态度和教学能力方面的因素，并因此而构成教师形象的内在因素。举例来说，假如我们对教学工作缺乏热情甚至心不在焉，那么很难想象学习者会热情高涨、全身心地投入学习；而如果我们对教学工作干劲十足、充满激情，则不仅会对学习者产生积极的影响，工作中的许多困难和不足都可以得到解决和弥补。可以说，个人形象问题是国际汉语教师最必要的形象认知。

2. 人际形象。从跨文化交际的角度看，国际汉语教师在跟学生课上课下以及跟海外同事、汉学家、学生家长等的人际交往和语言交流中，必然也会涉及汉语教师的人际形象问题。所涉及的主要问题包括：国际汉语教师跟外国人交往中的文化适应问题、文化的坚守与趋同问题、与人交往的得体性问题、跨文化人际关系的处理问题等。在诸多的问题和人际交往中，汉语教师给外国人的印象即是汉语教师的人际形象。如果汉语教师能从跨文化交际的角度处理好人际关系，树立起个人的良好形象，对于在海外的生活、教学和工作的开拓将起到积极的作用。孙立峰（2012）[①]指出："汉语教师在海外的教学、工作和生活会面临诸多意想不到的困难和麻烦，具备较强的海外社交能力对化解这些难题至关重要。从在机场和接机的外方同事初次见面开始，个人的人脉和社交圈子就开始形成了。若擅长交际，拥有人格魅力，社交圈子会不断扩大；反之，不注意发展社交能力，就会使自己处于相对孤立甚至隔绝的境遇。"可见，注意个人的人际形象问题，并积极发展海外社交能力，应成为国际汉语教师形象认知的重要方面。当然，如何确立良好的人际形象，如何发展海外社交能力，是需要探索和探讨的问题，但是否有这样的意识和行动，效果会大不一样。人际形象问题是国际汉语教师最基本的形象认知。

3. 公众形象。毫无疑问，国际汉语教师应以从事汉语教学为本职工作和第一要务，以搞好汉语教学为核心工作。这应当是国际汉语教师前提性的角色认知和职责认知。但是，"改革开放30年来，随着中国自身的发展，以及与国际环境关系的日益密切，增进国外公众对中国基本国情、价值观念、发展道路、内外政策的了解和认识成为当务之急，加强和开拓公共外交是中国在新形势下完善国家整体外交布局的必然要求"[②]。换一个角度来说，在全球化时代的今天，中国已经并正在进一步融入国际社会，中国已经进入公共外交的时代。国际汉语教师虽然没有承担中国公共外交的职责，但一批批走向世界各国的汉语教师和汉语教师志愿者，客观上已经成为非政府组织的民间外交的一个组成部分，

---

① 孙立峰《从海外汉语教学看汉语国际教育硕士的培养》，《学术论坛》2012年第1期。

② 赵启正《公共外交与跨文化交流》，中国人民大学出版社，2011年。

并在各种类型和各种层次的汉语教学活动以及各种场合的社交活动中，自觉不自觉地承担着向外国公众解说中国国情、说明中国的实际状况、化解外国对中国的某些不解之处、影响外国公众对中国的态度和看法的义务。当然，如何向世界说明中国的实际情况同样是一个需要探讨和探索的课题，但至少需要我们更多地内知国情、外知世界，需要具有国际化的视野，需要学会与异文化者互动并掌握互动的话语方式和技巧，"公共外交不是刚性的单向宣传或说教，而是柔性的双向互动"[①]。同时，更需要具有客观自信的态度，需要既说中国的成绩和进步，也说明中国存在的问题和不足。总之，在新形势下国际汉语教师这种"被外交"的情形，也是国际汉语教师角色认知研究中不可忽视的一个方面。

四、结语

毫无疑问，对教师的认知研究是非常重要的，因为任何称得上教学的活动都离不开教师。教师是教学活动的操持者和引导者。课堂教学进行得如何，效果如何，绝大程度上取决于教师；提高教学质量和效率，绝大程度上依赖于教师。因此，对教师进行全方位的研究，其意义应该是不言而喻的。[②] 目前对国际汉语教师角色认知的探讨还不多见，而教师自身的角色反思和定位又是一个非常重要的问题，正所谓"知己知彼，百战不殆"。"知彼"

[①] 吴勇毅《孔子学院与国际汉语教育的公共外交价值》，《新疆师范大学学报》（哲学社会科学版）2012年第4期。

[②] 李泉《对外汉语教学理论和实践的若干问题》，载《对外汉语研究的跨学科探索》，北京语言大学出版社，2003年。

不容易，"知己"更难，只有对自身的角色、地位和作用有更加清晰的认识，有更加贴近海外教学实际的认识，才可能更好地开展教学。本节初步探讨了国际汉语教师角色认知的基本内涵，并结合海内外汉语教师角色认识的实际重点讨论了国际汉语教师应有的职业认知（包括行业认知、学科认知和教学认知），地位认知（包括助体地位、师生平等和服务意识），形象认知（包括个人形象、人际形象和公众形象），希望能起到引玉之效用。

第四节 教师实践性知识

壹 对外汉语教师实践性知识的个案研究[①]

研究教师在教学实践中真正运用的实践性知识，是教师专业发展研究领域的重要课题之一。对教师实践性知识的研究源于对"教师实际上知道什么、在课堂上运用了什么"的关注。传统的教师培训课程主要向教师输入外在的教学理论和技能，而教师的内在知识却没有得到应有的关注。随着教师教育领域研究的不断深入，研究者开始认识到，教师实践性知识在教师教学活动中起关键作用。它依赖于教师过去的经验，存在于教师当前的教学生活中，并预测着教师未来的教学活动。教师实践性知识是教师专

---

① 本节壹选自江新、郝丽霞《对外汉语教师实践性知识的个案研究》，《世界汉语教学》2010年第3期。

业发展的主要知识基础。

但是，在对外汉语教师研究领域，教师实践性知识还是一个几乎全新的概念，有关研究尚未引起对外汉语教学界的关注。本部分通过对四名对外汉语教师实践性知识的个案研究，探讨对外汉语教师的实践性知识，以期引起人们对对外汉语教师实践性知识的关注和研究，并为汉语教师发展研究和教师培训提供启示。

一、教师实践性知识的定义及其相关研究概述

（一）教师实践性知识的定义

教师实践性知识指教师在教学实践中使用或表现出来的对于教学的认识。它融合了教师个人的观念、价值、技能、策略、情感等因素。教师实践性知识的构成包括以下六个方面的内容：[1] 教师的观念、教师的自我知识、关于学生的知识、情境知识、策略性知识和批判反思知识。

实践性知识具有五个特征：[2] 情境性，即它在特定的教学环境中产生；具体性，即它是具体教学情境的具体回应；综合性，即在教学过程中各种知识相互作用，知识不是根据类型而是根据问题来组织的；经验性，即它受个体工作、生活经验的影响；情感性，即它不是纯客观的，每一位教师实际所拥有的知识都具有价值、情感、审美等特征。有些实践性知识属于内隐知识，不能

---

[1] 陈向明《实践性知识：教师专业发展的知识基础》，《北京大学教育评论》2003年第1期。

[2] 杨翠蓉、胡谊、吴庆麟《教师知识的研究综述》，《心理科学》2005年第5期。

通过语言、文字或符号进行逻辑的说明，只能在行动中展现、被觉察、被意会。[1]

实践性知识的概念最早由 Elbaz（1981）[2] 提出，她认为这是教师以自己独特的方式拥有的一种特别的知识，强调教师知识的"实践性"。Clandinin（1985）[3] 提出"教师个人实践性知识"的概念，强调教师实践性知识的"个人"特点。Golombek（1998）[4] 也使用这一概念。

在中国，陈向明（2003）[5] 根据教师知识实际存在方式的不同，把教师知识分为理论性知识与实践性知识，认为"理论性知识通常可以通过阅读和听讲座获得"，包括"学科内容、学科教学法、课程、教育学、心理学和一般文化等原理性知识"，实践性知识"是教师真正信奉的并在其教育教学实践中实际使用和（或）表现出来的对教育教学的认识"。还有学者[6]从知识的功能性出发研究教师知识的构成，认为教师知识可以分为本体性知识、条件性知识和实践性知识等三类。

---

[1] 陈向明《实践性知识：教师专业发展的知识基础》，《北京大学教育评论》2003年第1期。

[2] Elbaz, F. (1981). The teacher's "practical knowledge": Report of a case study. *Curriculum Inquiry*, 11: 43–71.

[3] Clandinin, D. J. (1985). Personal practical knowledge: A case study of teacher's classroom images. *Curriculum Inquiry*, 15: 361–385.

[4] Golombek, P. R. (1998). A study of language teacher's personal practical knowledge. *TESOL Quarterly*, 32: 447–464.

[5] 同[1]。

[6] 辛涛、申继亮、林崇德《从教师的知识结构看师范教育的改革》，《高等师范教育研究》1999年第6期。

(二) 英语教师实践性知识研究概况

20世纪60年代中期至70年代中期，受行为主义理论的影响，教师研究关注的主要是教师有效的教学行为，忽略了支撑教学行为的知识结构。由于认知心理学的兴起，70年代中期，教师研究的焦点转向了教师认知过程的研究。

Shulman（1987）[1]提出的有经验的教师的知识框架，为教师知识的研究奠定了基础。他和同事通过对在职教师的个案研究，归纳出了教师知识的七种类型，即学科内容知识、一般教学知识、课程知识、学科教学知识、关于学生及其特征的知识、教学环境知识和关于教育目标的知识。但一些学者认为，Shulman罗列出的教师各类知识过于抽象概括，很难与教学实践相结合。Elbaz（1981、1983）[2]提出实践性知识的概念，并对它进行了研究，此后许多教师研究者也将研究视角转向教师的实践性知识。[3]

在英语作为第二语言教学（TESOL）领域，关于教师实践性知识的研究开始于20世纪90年代。研究者认识到，仅仅研究教师外显的课堂行为是不够的，还需要研究教师知识。[4]这方面的

---

[1] Shulman, L. S. (1987). Knowledge and teaching: Foundations of the new reform. *Harvard Educational Review*, 57: 1–22.

[2] Elbaz, F. (1981). The teacher's "practical knowledge": Report of a case study. *Curriculum Inquiry*, 11: 43–71; Elbaz, F. (1983). *Teacher Thinking: A Case Study of Practical Knowledge*. London: Croom Helm.

[3] Connelly, F. M., Clandinin, D. J., & He, M. F. (1997). Teacher's personal practical knowledge on the professional knowledge landscape. *Teaching and Teacher Education*, 13: 665–674.

[4] Freeman, D. (1996). The "unstudied problem": Research on teacher learning in language teaching. In Freeman, D., & Richards, J. C. (eds.). *Teacher Learning in Language Teaching*, 351–374. New York: Cambridge University Press; Richards, J. C. (1998). *Beyond Training*. Cambridge: Cambridge University Press.

研究主要关注教师的实践性知识,即关注教师"实际上知道什么"和"在教学实践活动中使用和表现出来什么"。

自 20 世纪 90 年代始,西方关于英语教师知识的实证性研究迅速增加。Golombek（1998）[①] 采用课堂观察、课后访谈与刺激性回忆报告的方法研究了两名在职学习的年轻英语教师的个人实践性知识,将教师个人的道德、情感和审美因素也纳入实践性知识的范畴。

Gatbonton（2000）[②] 采用刺激性回忆报告的方法对七名有经验的普通英语课教师的实践性知识进行了研究,发现有七类教学思想占主导地位,它们占教师所报告的思想的 64%,具体为:（1）语言处理（Language Management）,即对学生的语言输入和输出的了解和处理。语言处理类思想出现频率最高,占 20%。(2) 关于学生的知识（Knowledge of Students）,即关于学生个性特征、能力、需要等的知识。(3) 检查教学过程（Procedure Check）,即了解学生是否正在完成学习任务。(4) 评估学生的进展（Progress Review）,即了解学生是否完成学习任务、完成任务的方法是否恰当。(5) 观念（Beliefs）,即教师关于语言、语言学习和语言教学的观念。(6) 注意学生的反应和行为（Note Student Reaction and Behavior）,即了解学生反应、行为。(7) 做出决策（Decision）,即在教学过程中如何决策的知识。

[①] Golombek, P. R. (1998). A study of language teacher's personal practical knowledge. *TESOL Quarterly*, 32: 447–464.

[②] Gatbonton, E. (2000). Investigating experienced ESL teachers' pedagogical knowledge. *Canadian Modern Language Review*, 56: 585–616.

Mullock（2006）[1]对 Gatbonton 的研究进行了部分重复，她的研究结果与 Gatbonton 的发现有一致之处，表明英语作为第二语言教学的教师具有大致相同的实践性知识。虽然 Mullock 在研究中提到了只有三个月 TESOL 经验的教师与其他三位教师相比差别很小，但她没有系统比较经验少的教师与经验多的教师的实践性知识的差异。

在中国，本世纪初有不少学者开始研究英语教师的实践性知识，[2]多数研究采用叙事研究的方法探讨英语教师的实践性知识，这与国内其他学科教师的相关研究[3]在理论和方法上是基本一致的。但还没有看到采用刺激性回忆报告的方法对教师实践性知识的研究。

（三）对外汉语教师实践性知识研究现状

近些年在汉语作为第二语言的教学领域，汉语教师作为汉语国际推广"三教"难题中的关键，吸引了越来越多的研究者的关注。但关于汉语教师的讨论大多集中于对外汉语教师应该具备什么样

---

[1] Mullock, B. (2006). The pedagogical knowledge base of four TESOL teachers. *The Modern Language Journal*, 90: 48–66.

[2] Zhang, L. (2004). Exploring EFL teacher's personal theories: A reconceptualization of language teacher education. PhD. Dissertation, Beijing Foreign Studies University；李峻《英语教师实践知识的叙事研究》，西北师范大学硕士学位论文，2006 年；金晓敏《外语教师个人实践知识的叙事研究——以一位大学英语教师为个案》，《柳州职业技术学院学报》2008 年第 2 期；崔丽涛《大学新手英语教师实践知识的叙事研究》，西北师范大学硕士学位论文，2009 年。

[3] 鞠玉翠《教师个人实践理论的叙事探究》，华东师范大学博士学位论文，2003 年；彭凤琴《对教师个人实践知识的叙事研究》，华南师范大学硕士学位论文，2005 年；李佳琳《初任教师与经验教师实践性知识比较个案研究》，东北师范大学硕士学位论文，2008 年。

的知识结构、能力和素质,[①] 还没有看到探讨汉语教师"实际上拥有什么知识"的论文,也没有看到直接从教师的具体教学活动出发,探讨汉语教师的实践性知识的研究,可以说关于汉语教师实践性知识的研究尚属空白。

令人高兴的是,孙德坤(2008)[②] 将教师认知研究的术语和理论引入对外汉语教学界,认为开展教师认知研究,探讨教师观念、思想、知识结构及其对教学实践的影响的研究,对促进汉语教师的发展、推进汉语国际推广事业,有着非常重要的意义。而且,孙德坤在讨论语言学习经历、师资教育、环境等因素对教师认知的影响时,还提供了自己研究的案例。这篇论文在某种程度上预示着教师认知、教师思维、教师实践性知识、教师观念等研究课题将引起对外汉语教学研究者越来越多的关注。

(四)本部分研究的具体问题

本部分针对目前对外汉语教师教育研究存在的问题,借鉴国内外有关英语教师知识研究的理论和方法,特别是 Gatbonton 和 Mullock 的框架和方法,对对外汉语教师的实践性知识进行研究。为了比较的方便,在下面的具体研究中,我们采用 Gatbonton 和 Mullock 研究中"教学思想"(Pedagogical Thoughts)这一术语来指代教师在课堂教学中实际思考、运用的"实践性知识"。

本部分探讨的主要问题为:(1)对外汉语教师运用的教学思想类型中哪些占主导地位?是否跟英语教师基本一致?(2)新

[①] 张和生《对外汉语教师素质与培训研究的回顾与展望》,《北京师范大学学报》(社会科学版)2006 年第 3 期;张洁《对外汉语教师的知识结构与能力结构》,北京语言大学博士学位论文,2007 年。

[②] 孙德坤《教师认知研究与教师发展》,《世界汉语教学》2008 年第 3 期。

手与熟手汉语教师的主要教学思想类型有何异同？研究这些问题，探讨汉语教师在实际课堂教学实践中思考、使用的教学思想即实践性知识，可以帮助我们认识、了解汉语教师实践性知识的特点及其发展过程，细化汉语教师知识研究的框架，为促进汉语教师的专业发展以及汉语教师教育的研究提供参考。

二、研究方法

（一）研究对象

我们以北京语言大学四名对外汉语教师为研究对象，其中两名从事对外汉语教学 11 年的教师作为熟手教师（称为教师 A、B），已获语言学专业的硕士或博士学位；两名课程与教学论专业硕士生（属于对外汉语教学的职前教师、学生教师）作为新手教师（称为教师 C、D），已作为兼职教师从事了为期 3 个月的汉语教学，其中教师 C 还有过四年中学语文的教学经验。这四名教师均为女性，所授课程为初中级汉语综合课。教师 A、B、C、D 授课的教材分别为《成功之路·顺利篇》（北京语言大学出版社，2008）、《汉语教程》第二册（下）（北京语言文化大学出版社，1999）、《成功之路·跨越篇》（北京语言大学出版社，2008）、《阶梯汉语·中级精读 1》（华语教学出版社，2004）。她们教授的学生主要来自欧美和东南亚国家，年龄在 18 到 35 岁之间，每个班有 8 至 20 名学生。

（二）资料搜集过程

本研究采用刺激性回忆（Stimulated Recall[①]）的方法收集资料，即对教师的课堂教学进行录像，然后以教师本人的教学录像为刺激物，请教师观看录像并报告其教学活动过程中的想法，研究者对教师的回忆报告进行录音、转写和分析，从教师所报告的教学思想中归纳出教师的实践性知识。该方法的使用基于如下假设：（1）教师课堂上的行为有其思想或心理上的根源；（2）教师对其专业思考有一定程度的了解，并且这种思考可以用语言来报告。[②] 刺激性回忆报告是目前研究者常用的了解教师思维过程的方法之一，[③] 而且，由于教师的课堂教学是教师实践性知识最集中的表现，因此刺激性回忆报告也是研究教师实践性知识的较为有效的方法。

搜集资料时，首先对每名教师一个半小时（两节课）的自然课堂教学进行录像，教师没有为此做特别准备。除教师 B 以处理练习为主外，[④] 其他三名均以讲授新课为主。在录像的当天或第二天，请教师边看录像边回忆教学行为背后的思想，将她们的口头报告用 MP3 录音，然后转写为文本，作为编码和分析的原始资料。转写的文本共计八万多字。

[①] Gass, S. M., & Mackey, A. (2000). *Stimulated Recall Methodology in Second Language Research*. Mahwah, NJ: Erlbaum.

[②] Calderhead, J. (1987). Developing a framework for the elicitation and analysis of teacher's verbal reports. *Oxford Review of Education*, 13: 183–189.

[③] Mullock, B. (2006). The pedagogical knowledge base of four TESOL teachers. *The Modern Language Journal*, 90: 48–66.

[④] 由于录像时设备或操作有些问题，教师 B 的录像在观看时发现只有图像而打不开声音，研究者第二天又对教师 B 的课重新进行了录像，但那天的课有很多处理练习的部分。

(三) 资料分析

对资料的分析参照 Gatbonton 和 Mullock 的方法和框架进行，并征求了一名对外汉语教学专家的意见。教师的教学思想类别的分析框架见表1，实际分析中共包含23类教学思想。①

具体分析包括以下步骤：第一步，将转写的文本进行切割、命名和分类。即将文本切割为小的单元，然后根据教学思想对每个单元命名，称为思想单元（Thought Units）；第二步，剔除与当时教学活动无关的思想单元，确定和保留本研究要分析的资料；第三步，根据分析框架（见表1）对保留的思想单元进行教学思想类别的划分。文本的切割、命名和分类工作由研究者和几名对外汉语专业二年级研究生完成。

表1 教师的教学思想类别的分析框架

教学思想类别	具体说明或举例
1. 语言处理	给出与动词搭配的名词；引导学生说出目标句
2. 关于学生的知识	学生A不活跃；学生B在班里水平最高
3. 注意学生的反应和行为	发现学生还想往下说；注意到有几个学生点头了
4. 检查教学过程	上课首先查看预习情况；明确生词处理环节结束了
5. 评估学生的进展	少部分学生明白了；学生C没听懂
6. 做出决策	决定改变方法；决定换一个学生回答问题
7. 观念	听写是集中学生注意力的一种方式；听写不能完全没有
8. 情感	不挫伤学生的积极性；对比较差的学生很宽容

---

① Gatbonton 的框架共包含20类教学思想。我们在实际分析的过程中发现"准备教具""利用手势"以及"利用并评价多媒体设备"无法归入 Gatbonton 的框架，因此增加了这三个新的类别。

（续表）

教学思想类别	具体说明或举例
9. 自我反思	反思自己的个性、喜好；反思自己上课的特点
10. 小组活动	安排学生两两问答；组织小组讨论
11. 监控时间	学生D读的时间太长；1分钟后还有学生没有写完
12. 内容	"V+不了"是前一课的很重要的语法；"接送"是本课新词
13. 自我批评	批评自己的失败和缺点；课上意识到准备不够充分或某部分没处理好
14. 过去的经验	学生当堂能复述课文但第二天一般就做不到了；学生的错误常常有共性
15. 检查可理解程度	发现学生可以或不可以理解
16. 是否为计划好的行动	是计划好的或临时想起来的
17. 适应教学阶段与课程	考虑学生在初级阶段而不主动区别近义词；考虑初级阶段只要求掌握基本语法
18. 考虑并评论机构、制度	考虑所在单位对汉字的要求；评价考试对上课的影响
19. 评论材料	评价材料的难度；评价课文的特点
20. 搜索知识	思考近义词的区别；思考如何解释学生的句子不合理

我们以下面的文本的分析来说明文本切割、思想单元的命名和教学思想类别的划分方法：

"这个法国学生呢[1]，问题很大，他的发音[2]。但是我觉得在这里你要是一个字一个字地纠音首先是浪费时间[3]，再一个对于他的自尊心是一种伤害[4]，所以我就用一两个（停顿）[5]，选一两个词纠音[6]，我在他的一句话里面纠正了两个词[7]。"（教师C）

这段报告被切割为七个部分，每个部分代表一个教学思想单元。单元［1］被命名为了解学生的国别，归为"关于学生的知识"的教学思想类别；单元［2］被命名为了解学生的发音情况，仍归为"关于学生的知识"类；单元［3］是考虑逐字纠音浪费时间，归入"监控时间"类；单元［4］是保护学生的自尊心，归入"情感"类；单元［5］话未说完不归类；单元［6］是决定选一两个词纠音，归入"做出决策"类；单元［7］纠正学生的发音，归入"语言处理"类。

最后，对已分类的资料进行定量统计，即统计每位教师报告的各类教学思想的频次，并将新手与熟手教师进行比较。

三、结果

（一）占主导地位的七类教学思想

在四名教师的刺激性回忆报告中，各种不同的教学思想总共出现 1977 次，平均每位教师每分钟报告 5.5 个教学思想。

在本研究建立的 23 类教学思想中，处在前七位的教学思想的频率之和占 78%，在教师所报告的教学思想中占主导地位，其余 16 类占 22%。这七类教学思想分别是语言处理、关于学生的知识、注意学生的反应和行为、做出决策、检查教学过程、评估学生的进展和观念。而且，在这七类占主导地位的教学思想中，语言处理类所占的比例远远高于其他六类（见表 2）。

表 2　教师报告的占主导地位的七类教学思想的频次、比率和排序

教学思想	频次/次	比率/%	排序
1.语言处理	558	28	1
2.关于学生的知识	258	13	2

（续表）

教学思想	频次/次	比率/%	排序
3.注意学生和反应和行为	212	11	3
4.检查教学过程	124	6	5
5.评估学生的进展	116	6	5
6.做出决策	174	9	4
7.观念	101	5	7
其他	434	22	—
总数	1977	100	—

（二）新手与熟手的教学思想

表3显示了四名教师各自报告的不同教学思想的频率。从表3可以看到，四位教师报告的前七类思想及其排序总体上是一致的，但也存在一些差别。新手教师报告语言处理类的频率远远高于熟手教师，另一类"是否为计划好的行动"的频率也明显高于熟手。而且新手的前七类教学思想中包含自我批评，熟手不包含。

观念在熟手教师报告的思想频率等级中进入前五位，但新手教师的这类思想并未进入前七位。此外，熟手报告的关于学生的知识、过去的经验的频率都明显高于新手教师，特别是熟手教师B对过去的经验的报告占到了6%，在这位教师的思想频率等级中这一类排在了第六位。

表3 四名教师进入前七位的教学思想的频率（%）和排序 *

教学思想类别	熟手教师 A 频率	排序	B 频率	排序	平均 频率	排序	新手教师 C 频率	排序	D 频率	排序	平均 频率	排序
1.语言处理	27	1	18	2	22.5	1	33	1	33	1	33	1
2.关于学生的知识	11	2	23	1	17	2	9	4	13	3	11	3

(续表)

教学思想类别	熟手教师 A 频率	熟手教师 A 排序	熟手教师 B 频率	熟手教师 B 排序	熟手教师 平均 频率	熟手教师 平均 排序	新手教师 C 频率	新手教师 C 排序	新手教师 D 频率	新手教师 D 排序	新手教师 平均 频率	新手教师 平均 排序
3. 注意学生的反应和行为	8	3	13	3	10.5	3	11	2	14	2	12.5	2
4. 检查教学过程	7	6	5		6	6	8	5	2		5	6
5. 评估学生的进展	6		6		6		5	7	7	5	6	5
6. 做出决策	8	3	8	4	8	4	11	2	9	4	10	4
7. 观念	8	3	7	5	7.5	5	2		2		2	
8. 情感	3		3		3		2		3	6	2.5	
9. 自我反思	3		<1		2		<1		3	6	2	
10. 小组活动	3	1			<1		0		<1		<1	
11. 监控时间	2		2		2		1		3	6	2	
12. 内容	<1		0		<1		0		0		0	
13. 自我批评	4		1		2.5		7	6	3	6	5	6
14. 过去的经验	3		6	6	4.5		<1		1		<1	
15. 检查可理解程度	0		0		0		<1		<1		<1	
16. 是否为计划好的行动	<1		<1		<1		5	7	3	6	4	

* 注：空格表示排序不在前七位之内。

四、讨论

（一）占主导地位的七类教学思想在教师之间存在共性

本研究发现，教师报告的频率最高的七类教学思想为语言处理、关于学生的知识、注意学生的反应和行为、做出决策、检查教学过程、评估学生的进展和观念。这七类思想的总频次共占78%，占主导地位。而且，四位教师的前七类思想及其频率排序在很大程度上是一致的，即七类占主导地位的教学思想在不同的教师之间存在共性。

值得注意的是，本研究所发现的前七类思想及其频率排序与 Gatbonton 和 Mullock 的两项研究的结果非常一致（见表 4）。

表 4　与前人研究中教师所报告的占主导地位的教学思想比较

排序	本研究	Gatbonton 的研究	Mullock 的研究
1	语言处理（28%）	语言处理（20%）	语言处理（25%）
2	关于学生的知识（13%）	关于学生的知识（11%）	关于学生的知识（21%）
3	注意学生的反应和行为（11%）	检查教学过程（9%）	检查教学过程（10%）
4	做出决策（9%）	评估学生的进展（8%）	评估学生的进展（7%）
5	检查教学过程（6%）	观念（7%）	注意学生的反应和行为（7%）
6	评估学生的进展（6%）	注意学生的反应和行为（7%）	情感（5%）
7	观念（5%）	做出决策（7%）	监控时间/自我反思（4%）
总计	78%	69%	79%

七类占主导地位的教学思想在本研究的四位教师之间总体上一致，而且本研究与前面的两项研究的结果也基本一致，这表明，这些教学思想是大部分语言教师在课堂上广泛使用的。从三项研究的数据来看，这种共性不但在一定程度上超越了学生语言能力水平、课程类型、课程重点、教师的经验以及环境背景等因素，更重要的是，它还表明，英语教师和汉语教师的占主导地位的教学思想类型是基本一致的。

在七类占主导地位的教学思想中，"语言处理""关于学生的知识"在三项研究中都排在了前两位。首先，"语言处理"的频率高居首位，这可能与关于语言教学的一个合理的假设有关：

语言教学的性质决定了教师不可避免地将大量的注意力放在语言项目的处理和语言技能的培养上，教师总是尽可能地为可理解的输入和输出提供机会。由于语言教学中语言既是教学内容又是教学媒介，教师自然会对语言处理投入更多关注。并且，在语言教学法中的交际法的广泛而深刻的影响下，教师也可能会在课堂上为语言输入和营造尽可能真实的交际活动而投入更多的注意力。

其次，"关于学生的知识"排在第二位。前人的很多研究已经有类似发现。例如 Breen（1991）[1]发现教师在教学中所使用的将近一半的方法都可以用"关注学习者"来解释；Mullock（2003）[2]发现一个好的 TESOL 教师被提到最多的特点是了解并理解学生，了解学生的需要、优点和弱点。此外，Gatbonton（2000）[3]和 Mullock（2003）[4]的研究也一致表明，有经验的 TESOL 教师的一个重要特点是了解自己的学生并能调整自己的教学以适应学生的需要。这一发现在普通教育学领域也得到印证。[5]在我们的研究中，对外汉语教师在教学中也频繁使用"关于学生的知识"，这是可喜的现象。

---

[1] Breen, M. P., (1991). Understanding the classroom teacher. In R. Phillipson, Kellerman, E., Selinker, L., Sharwood-Smith, M., & Swain, M. (eds.). *Foreign and Second Language Pedagogy Research*, 213–233. Clevedon, UK: Multilingual Matters.

[2] Mullock, B. (2003). What makes a good teacher? The perceptions of postgraduate TESOL students. *Prospect*, 18: 3–25.

[3] Gatbonton, E. (2000). Investigating experienced ESL teachers' pedagogical knowledge. *Canadian Modern Language Review*, 56: 585–616.

[4] 同[2]。

[5] Clark, C. M., & Peterson, P. L. (1986). Teacher's thought processes. In M. Wittrock (ed.). *Handbook of Research in Teaching* (3rd ed.), 255–296. New York: Macmillan.

（二）新手与熟手教师的教学思想存在差异

本研究发现，"语言处理""自我批评"和"是否为计划好的行动"这三类思想被新手报告的频率明显高于熟手。可能刚接触对外汉语教学实践的新手更专注于对语言项目的处理，因而在语言处理上分配了较多的注意力；自我批评在新手报告的思想中排在第六位，而在熟手的报告中并没有进入前七类。这跟新手的自信程度远远低于熟手可能有很大关系。在报告中，新手教师 C 提到自己"信心不足"，新手教师 D 则说"心里总是很紧张，总是觉得备课没备好，怕被学生问倒"，并且学生质疑时"就想赶快承认错误"。相反，熟手教师 B 则这样评价自己"很自信，学生随便问，不管怎样都能自圆其说"。

新手报告的"是否为计划好的行动"明显高于熟手可能因为新手在课前有更多的设计，两位新手都花了很长的时间备课，而熟手则已经"自动化"了，特别是熟手教师 B 解释那套课本"已经上过很多遍，很多东西不用准备了"。熟手教师在课堂上不会像新手教师一样比较多地考虑课前的设计和准备。

熟手教师报告的"观念""关于学生的知识""过去的经验"这三类思想的频率都明显高于新手教师。"观念"被熟手报告的频率排在第五位，但新手教师的这一类思想则并未进入前七位。这一结果并不令人意外，Clark 和 Peterson（1986）[1]认为成熟的专业的教师的特点是他们更有能力将他们对学习者、课程、主题

---

[1] Clark, C. M., & Peterson, P. L. (1986). Teacher's thought processes. In M. Wittrock (ed.). *Handbook of Research in Teaching* (3rd ed.), 255–296. New York: Macmillan.

和教师任务的隐性理论和观念明晰化。在 Gatbonton（2000）[①] 对两组有经验的教师的研究中，"观念"被报告的频率也都排在了前七位，本研究中的熟手教师的数据也为此提供了支持证据，而新手教师似乎还不具备这一"成熟的专业的特点"。

熟手教师运用了更多关于学生的知识，在课堂上考虑学生的情况的频率更高，这可能是经验丰富的或者优秀的教师的特点，Mullock（2003）[②] 也已经发现"知道并理解学生"是一个好的 TESOL 教师被提到最多的特点。关于过去的经验这类教学思想，熟手教师有更多可以报告的内容并不令人奇怪，长期的实践自然使他们拥有比新手丰富得多的经验。

新手与熟手教师的上述差异除了我们讨论过的原因之外还可能有很多解释，包括四位教师所使用的教材、课程重点和目标、学生群体以及所在的教学单位不同，还有不同的教师之间的个体差异等，这些都需要进一步研究。

五、本研究的启示与可进一步研究的问题

（一）本研究对汉语教师研究和教师培训的启示

1. 要重视教师实践性知识的研究。

教师实践性知识是教师专业发展的主要知识基础。传统的教师培训课程主要向教师输入外在的教学理论和技能，而教师的内

[①] Gatbonton, E. (2000). Investigating experienced ESL teachers' pedagogical knowledge. *Canadian Modern Language Review*, 56: 585–616.

[②] Mullock, B. (2003). What makes a good teacher? The perceptions of postgraduate TESOL students. *Prospect*, 18: 3–25.

在知识却没有得到应有的关注。有关教师实践性知识的研究提示我们，教师实践性知识在教师教学活动中起关键作用，"开发教师的实践性知识也许比灌输学科知识、教育理论以及模仿教学技艺更重要"[1]。因此，教师培训课程要关注教师实践性知识的研究。我们不能只关心"教师应该知道什么""教师应该具备哪些能力"，而更要关心"教师实际上知道什么""教师在教学中实际表现出来什么"。教师培训者要认识到，"实践性知识既来自教师自己个人经验的积累、领悟（直接经验），同行之间的交流、合作（间接经验），也来自对'理论性知识'的理解、运用和扩展"[2]。应当认可、理解教师具有自己独特的实践性知识，"教师不只是知识生产线终端的被动消费者，他们也是知识的生产者，每时每刻都在生产着自己的实践性知识"[3]。

2. 教师的教学录像及其刺激性回忆报告的转写文本可作为教师培训课程的资料。

在教师培训课程中，可以使用教学录像以及教师所做的刺激性回忆报告的转写文字、分析等。使用自然的课堂录像及其回忆报告等材料有很多好处：这些材料可以向新手教师（包括学生教师）展示教师在课堂活动中教学思想的复杂性；为新手教师进行教学提供参考的模型；有助于新手教师反思、修正自身的一些关于教学的不正确的、模糊的、矛盾的思想。不同教师的自然课堂录像及其回忆报告可以展示多元化的教学模式，借此可以帮助新

---

[1] 陈向明《实践性知识：教师专业发展的知识基础》，《北京大学教育评论》2003年第1期。

[2] 同[1]。

[3] 同[1]。

手教师消除这样的思想：只有一种最好的对外汉语教学的方法。例如，在本研究中，熟手教师 B 称自己"刚上课想法比较死板，我们单位有比较成熟的套路，我就觉得那是唯一的最好的方法，现在（上课上了）这么长时间以后，不管什么方法觉得都可以拿来一试，教学思想很开放"。一种开放的教学理念会使教师受益匪浅，而类似教师 B 的这种观念的转变，既可以通过多年的实践之后实现，也可以在教师培训课程的帮助下实现或加快观念的转变。

传统的教师培训课程也经常使用教学录像，但是缺乏对录像中授课教师的教学思想的讨论，或者讨论缺乏有关材料的支持，即培训者对教师教学活动背后的思想的分析是否符合教师的真实意图，难于证实。阅读教师回忆报告的转写文本是必要的，因为"有时候你听课你未必能听到教师的意图"（教师 A）。

3. 应注意培养教师关注学生的意识。

本研究以及前人时贤的研究都发现"语言处理"是课堂上教师考虑最多的教学思想。但在课堂上关注学生的重要性丝毫不亚于语言项目的处理和语言技能的训练，甚至更为重要。调整、改进教学要在注意、了解学生的基础上才能实现。在教师教学专长发展的三阶段理论中，关注学生是在关注生存、关注情境的阶段之后出现的，是教师发展的最高层次。意识到关注学生的重要性并付诸实践有利于促进教师的发展。

4. 要重视建立教师的自信心。

本研究发现，与熟手教师相比，新手教师的"自我批评"类的思想频率较高，这可能反映出新手教师自信心的不足，而自信心不足又使新手教师在面对学生时紧张、害怕被问倒，并且学生一旦质疑教师就想赶快认错（正如研究中的教师 D 所报告的），显然这种状态并不利于教学活动的开展。教师自信心的重要性在传统的培训中并没有得到足够重视。在教师培训课程中培养、建立新手教师的自信心是非常重要的。

（二）可进一步研究的问题

1. 教师样本的问题。

首先，本研究为个案研究，教师的样本量很小，只有四名教师，新手和熟手教师各两名。因此本研究所发现的结果，包括新手与熟手的差异的结论，需要进一步的研究来检验。其次，本研究中的新手教师为正在学习的学生教师，学生教师与第一年从事教学的正式教师（即传统意义上的新手教师）之间可能存在一些差异，因此未来的研究可选择第一年从事教学的正式教师作为新手教师。

2. 课型和班级的问题。

本研究只关注初中级阶段综合课的教师的课堂教学，并不包括其他的水平、其他课型。在高级阶段，或者口语、听力等课型上，教师运用的教学思想是否与本研究的发现一致，存在哪些差异，也值得更深入地研究。

3. 教学思想的分类框架问题。

本研究对汉语教师教学思想类别的分析框架，主要借鉴西方学者关于英语教师的分类框架，还有一些不合理之处，例如在教学思想类别的框架中，一些类别不容易界定，还有一些类别相互有交叉。在未来的研究中要进一步探讨更为合理的分类框架，更好地研究汉语教师与英语教师实践性知识的共性和个性。

贰 国际汉语教师个人实践性知识个案研究[①]

>"我不想让学生一直用错误句子,这不是我的教法。我有我自己的教法来立即纠正学生的错误。""如果我下次教类似的内容,我还会用这种教法。对,我有我自己的教法。"
>
> (引自国际汉语教师访谈录)

在与中学汉语教师就她们的汉语教学理念与实践进行访谈时,笔者发现她们多次使用"我的教法"或"我自己的教法"这种说法。这种说法引起了笔者的兴趣,因为这似乎表明这些教师都有自己特有的教法。那么,这些教师所说的"我的教法"是什么?有什么特点?"我的教法"是如何形成的?它对这些教师的教学实践又有哪些影响?是否可以通过揭示这些教师的"我的教法"来探索教师的自我发展过程?当检索教育学和第二语言教学关于师资教育与发展的研究文献时,笔者发现兴起于20世纪80年代初的关于教师实践性知识(Practical Knowledge)[②]或个人实践性知识(Personal Practical Knowledge)[③]的研究,事实上是以个体

[①] 本节贰选自孙德坤《国际汉语教师个人实践性知识个案研究》,《世界汉语教学》2014年第1期。

[②] Elbaz, Freema (1981). The teacher's "practical knowledge": Report of a case study. *Curriculum Inquiry*, 11: 43–71; Elbaz, Freema (1983). *Teacher Thinking: A Study of Practical Knowledge*. London: Croom Helm.

[③] Clandinin, D. Jean (1985). Personal practical knowledge: A study of teachers' classroom images. *Curriculum Inquiry*,15(4): 361–385; Clandinin, D. Jean (1986). *Classroom Practice: Teacher Images in Action*. Philadelphia: Falmer; Connelly, F. Michael, & D. Jean Clandinin. (1985). Personal practical knowledge and the modes of knowledge: Relevance for teaching and learning. In Eisner, E. (ed.). *Learning and Teaching in the Ways of Knowing* (Vol. 84th yearbook of the National Society for the Study of Education, 174–198). Chicago: University of Chicago Press.

教师的个人教学理念与实践，也就是以上国际汉语教师所说的"我的教法"为中心议题的。

本研究所报告的是对两位中学汉语教师的个人实践性知识进行的个案研究，目的是通过探讨她们的教学理念及其对教学实践的指导作用，了解教师的专业发展过程，为国际汉语教师培养与培训提供启示。本项目之所以以"个人实践性知识"为理论框架，是因为该框架提供了一个综合考察教师教学理念与实践的方法。下面将首先讨论这一理论框架，然后陈述研究方法与步骤，报告和分析两个案例，最后讨论这两个案例的启示，指出本研究的意义。

一、理论框架

个人实践性知识这个理论框架是由 Clandinin 和 Connelly（1987）[①] 在 Elbaz（1981）[②] 关于教师实践性知识研究的基础上发展出来的。Elbaz 认为教师实践性知识是一种建立在教师对学校和课堂的理解和实践基础上的知识，这种知识旨在解决他们在教学工作中面临的问题。Elbaz 的教师实践性知识强调的是教师知识的"实践性"，而 Clandinin 和 Connelly 的教师个人实践性知识则突出教师知识的"个人性"。Clandinin（1985）指出，"个人"这一词语的使用有利于将注意力集中在考察那些影响和形成教

[①] Clandinin, D. Jean, & F. Michael Connelly (1987). Teachers' personal knowledge: What counts as "personal" in studies of the personal. *Journal of Curriculum Studies*, 19: 487–500.

[②] Elbaz, Freema (1981). The teacher's "practical knowledge": Report of a case study. *Curriculum Inquiry*, 11: 43–71.

师知识的诸多个人因素，比如个性、个人成长背景等。[1] 在研究方法上，Elbaz 侧重通过分类来构建教师的实践性知识；Clandinin 和 Connelly 则强调通过教师的叙事来理解教师的经历和经验，并解释说，要想理解教师的个人实践性知识，教师的经历，包括从业经历和个人经历，都必须纳入考察的范围。他们认为要做到这一点，最好一方面观察分析教师的教学实践，另一方面通过叙事来重建教师的经验，这是因为教师个人实践性知识是一种经验性知识（Experiential Knowledge），它存在于教师的生活之中，并通过教师的不断叙事而重建、再重建。[2] 他们因此倡导并采用叙事探究（Narrative Inquiry）这一方法来研究教师的个人实践性知识[3]。

个人实践性知识突出教师的个体性和自主性，但这并不意味着看轻社会性。相反，Connelly 和 Clandinin（1995）[4] 十分强调社会环境对个人实践性知识的影响，并因此提出了"专业知识场景"（Professional Knowledge Landscape）这个概念。专业知识场景指教师工作的文化与社会环境。提出这样的概念是为了强调教

---

[1] Clandinin, D. Jean (1985). Personal practical knowledge: A study of teachers' classroom images. *Curriculum Inquiry*, 15: 361–385.

[2] Clandinin, D. Jean, & F. Michael Connelly, (1987). Teachers' personal knowledge: What counts as "personal" in studies of the personal. *Journal of Curriculum Studies*, 19: 487–500.

[3] Connelly, F. Michael, D. Jean Clandinin, & Ming Fang He (1997). Teacher's personal practical knowledge on the professional knowledge landscape. *Teaching and Teacher Education*, 13: 665–674.

[4] Connelly, F. Michael & D. Jean Clandinin (1995). Teachers' professional knowledge landscapes: Secret, sacret, and cover stories. In D. Jean Clandinin, & F. Michael Connelly (eds.). *Teachers' Professional Knowledge Landscapes*, 3–15. New York: Teachers College Press.

师的工作环境以及教师与他人的关系如何影响个人实践性知识的发展，乃至这种知识反过来如何影响教师对环境的反应。[1] 因此要全面理解教师个人实践性知识，必须将其置身在教师所处的社会环境中，即专业知识场景中考察。

由于个人实践性知识的发展是与教师工作的社会环境密切相关的，因此 Connelly 和 Clandinin（1999）[2] 又认为教师个人实践性知识的发展与教师身份认同是紧密相连的，即教师知识的发展会影响教师对自己身份的自我意识；而教师对自我身份的意识反过来会影响他们的教学实践，进而影响他们知识的进一步形成。Beijaard 等（2004）[3] 关于教师专业身份认同研究的综述也表明，教师关于自己的身份认同过程或多或少与教师的个人实践性知识发展有关。

上文提到，在研究方法上 Clandinin 和 Connelly 提倡并采用叙事探究的方法来研究教师个人实践性知识，为此他们发展了一套概念来描述个人实践性知识的特点，比如"规则"（Rule）、"原则"（Principle）、"个人哲学"（Personal Philosophy）、"比喻"（Metaphor）、"节奏"（Rhythm）等。[4] 他们特别指出"意象"

---

[1] Xu, Shijing, & F. Michael Connelly (2009). Narrative inquiry for teacher education and development: Focus on English as a foreign language in China. *Teaching and Teacher Education*, 25: 219–227.

[2] Connelly, F. Michael, & D. Jean Clandinin (1999). *Shaping a Professional Identity: Stories of Education Practice*. London: Althouse Press.

[3] Beijaard, Douwe., Paulien C. Meijer, & Nico Verloop (2004). Reconsidering research on teachers' professional identity. *Teaching and Teacher Education*, 20: 107–128.

[4] Connelly, F. Michael, D. Jean, Clandinin, & Ming Fang He (1997). Teachers' personal practical knowledge on the professional knowledge landscape. *Teaching and Teacher Education*, 13: 665–674.

（Image）这一概念的重要性。Clandinin（1985）[1]解释，由于意象凝聚着教师个人经验，连接教师新旧知识的整合，宏观地指导着教师的教学实践，可以视作教师个人实践性知识的核心理念，因此可以通过确定、分析教师意象来了解教师个人实践性知识的特点及其成因，从中探索教师专业发展过程。

教师个人实践性知识理论提供了一个从教师个人背景、教师工作环境以及教师身份认同等多角度探索和理解教师经验性知识的途径。本研究将要报告的个案研究因此选择其为理论框架，同时采用"意象"这一概念来抓取教师个人实践性知识的核心，因为如上所述，该概念有利于概括教师教学理念与实践的主要特征。

二、研究方法和研究步骤

本报告的个案研究于 2007—2009 年由笔者独立进行。这一研究试图回答两个问题：这两名教师的个人实践性知识的特点是什么？哪些因素影响她们个人实践性知识的形成？本研究采用个案研究方法，是因为这种方法通过划定研究范围和对象，有利于对研究对象进行全面、深入的考察与分析，以期取得对研究对象的深入了解。两名汉语教师分别任教于新西兰两所不同的中学，其中一名是当地出生的华裔，一名是来自中国的移民。有关她们的个人及任教学校的具体信息将在下面的个案研究报告中提供。

本研究报告依据的语料主要是笔者分别与两位教师一对一、

---

[1] Clandinin, D. Jean (1985). Personal practical knowledge: A study of teachers' classroom images. *Curriculum Inquiry*, 15: 361–385.

面对面访谈，其他语料如课堂观察及其录像、笔者的研究日志以及教师的教案、学生的作业样本等作为参考。与每位教师的访谈一共四次，均采用半开放式方式（Semi-structured），即事先只拟定一些话题范围，在实际访谈中给教师空间去自由展开，或从访谈中提取新的话题进行交谈。第一次访谈以教师的个人和职业背景、任教环境以及中文项目为主；第二次以教师的教学理念与实践为主。接下来是课堂观察，共两个星期（6—8次）。然后是第三次访谈，主要围绕课堂教学的录像片段进一步讨论教师的教学理念与实践。最后一次访谈侧重教师专业发展。每次访谈时间1—2小时。与华裔教师的访谈用的是英文，与移民教师的访谈用的是中文，笔者的母语。在第一访谈开始之前，笔者已分别同两位教师进行过多次沟通，包括面谈、向她们介绍课题内容、征得她们愿意参与本课题的书面同意。在进入课堂观察之前，笔者也事先获得校长、学生及其家长的书面许可。

所有访谈录音首先由研究助理（汉语母语者，中英双语大学本科生）转写成文字，然后笔者根据录音对其进行仔细校对。系统分析是从阅读这些转写文字开始的。首先，通过通读这些语料标出一些有代表性的关键词、短语或句子，同时确定重点片段进行逐句标注，以确保得出的结果来源于语料，避免遗漏重要信息。接着对标注的语料进行比较、分类，在此基础上建立这些类别之间的联系，以确定代表各教师个人实践性知识的主导意象（Dominant Image）。通过多次阅读文字语料、观看课堂录像、聆听访谈录音，在反复分析、比较的基础上，两位教师的主导意象最终浮现出来，成为解读教师个人实践性知识，即教学理念和实践的核心理念。关于研究方法和研究步骤更详细的说明，请参看 Sun（2010）[①]。下面将分别以两位教师的主导意象即核心理念为红线来报告、分析她们的教学理念与实践。需要说明的是，本研究重点在于揭示国际汉语教师个人实践性知识的特点，分析其成因，而不是寻求和探讨最佳教学模式。因此不在意被调查的个案教师是否为优秀教师，分析过程中也避免对其教学方法做优劣评判。

三、个案报告与分析

（一）冯老师个案报告与分析

1. 冯老师个人及任教学校背景。

冯老师（化名）出身新西兰华人家庭，父母均来自中国香港。不过她的第一语言是英语，只能说有限的广东话。她在新西兰完成中学学业之后便参加了工作，并很快结婚生子。待孩子们稍长大一些后，冯老师于1994年又出来工作，在她现在的学校做半职秘书。这是一所等级为6的公立女子中学，[②] 在校学生约1000人，来自不同民族背景的家庭，是一所典型的多元文化背景学校。1998年该校决定开设中文课，让她出任中文教师并负责建立该校

[①] Sun, Dekun (2010). *Developing "My Way" in Chinese Language Teaching: Qualitative Case Studies of Teachers' Personal Practical Knowledge* (PhD. dissertation), Victoria University of Wellington.

[②] 新西兰学校有公立与私立之分。公立学校按照学生家庭收入的平均水平划分为10个等级，10等为最高收入家庭，1等为最低收入家庭。中学有男校、女校和男女混校之分，包括9—13年级（13—17岁）。新西兰中小学通常在1月下旬开始新的学年，12月中旬学年结束。一学年分为4个学期，每个学期为10周，学期间有2周的假期。中学一般早上9点上课，下午3点半放学。http://www.minedu.govt.nz/NZEducation/EducationPolicies.aspx。

的中文项目,因为冯老师是华裔,该校只有她能说汉语。① 她对这个决定很吃惊,因为她认为自己的汉语水平很有限。她在 30 岁左右才开始在当地的社区夜校学习汉语,后来于 20 世纪 80 年代末在当地的一所大学选修了两门中文课。以她有限的汉语学习经历和汉语水平,冯老师对这一角色没有信心。不过在学校的信任和家人的鼓励下,她还是勇敢地接受了这一挑战,开始了边学边教的汉语教学生涯。

该校的中文项目于 1998 学年从 9 年级开始,有 17 名学生,每周 2 小时。随着项目的发展,冯老师教的年级也逐年增多,从 9 年级到 11 年级。不过当学生进入 12、13 年级时,便由另外一个老师接手,因为冯老师觉得自己的中文程度不足以胜任高年级中文课程。2005—2006 年冯老师脱产完成了本科学位和教育文凭教育,于 2007 年回到学校继续教汉语,并接手 12、13 年级的课程,由她一人负责该校 9—13 年级全部中文课程。不过她觉得非常紧张,因为过去 12、13 年级是由一个汉语为母语的教师教的,而作为汉语非母语的汉语教师,冯老师对自己的汉语水平仍然缺乏自信。

2. "培育学生的自信心"——冯老师的教学理念与实践。

在访谈中,冯老师反复强调她最关心的是培育学生自信心,不要挫伤她们学习汉语的积极性。根据对冯老师语料的全面分析和课堂观察,可以确定"培育学生的自信心"为冯老师个人实践知识的主导意象,成为指导她教学的核心理念。在这一核心理念的指导下,冯老师坚持三项教学基本原则:设法降低学生的焦虑情绪;从最简单、最基本入手,循序渐进;创造条件、鼓励学生参与。

---

① 本文所用"汉语""中文"均指普通话。

学习任何一门外语都不轻松,对于英语背景的学生来说,学习汉语则更富挑战,因为汉语难学早已名声在外,因此,如何缓解学生的焦虑情绪是冯老师首先考虑的问题。她认为如果学生处于焦虑状态,总是担心下面会发生什么,她们就不可能集中精力去听、去学。所以,一开始冯老师就帮助学生树立学习汉语的积极态度,杜绝学生说"难"这个词。她解释,一旦学生说"难"这个词,她们的大脑就会下意识地出现屏蔽现象,再要激活她们的兴趣就很费事。为了建立学生的积极态度,冯老师一方面用自己学习汉语的经历鼓励学生,另一方面努力避免挫伤学生的士气,比如她在纠正学生的语言错误时就格外小心。首先,在课堂上她很少直接纠错,通常以重复学生话语的方式来纠错;其次,她让学生明白出错是学习语言的必然过程,不要难为情。

在教学内容和进度的把握上,冯老师秉承从基础开始、循序渐进的原则,避免给出的内容过多,让学生一下子头就大了。她感慨那些汉语为母语的人体会不到学习汉语的艰辛,认为汉语可以很快地被理解、被吸收。她说完全不是这么回事。作为一个汉语学习者,她理解学生的难处,所以她宁可从小处着手,一点一点积累。比如在教10年级"购物"时,她只给出最基本的几句:

顾客:这件毛衣多少钱? 售货员:五十块。
顾客:给你钱。 售货员:谢谢。
顾客:再见。 售货员:再见。

冯老师解释,在这个阶段我就给出这么几句,如果过多就会吓住学生。在教学进度上,冯老师也是宁慢勿快,而且从不认为学生会一下子掌握所教的内容,总是通过各种手段检查学生的学习进度和存在的问题。冯老师特别注意观察那些反映学生已经到了学习下一个内容的先兆。比如刚开始学习汉语的时候，冯老师只用拼音。当越来越多的学生开始问"我们什么时候学那些图画的东西（汉字）"的时候，冯老师认为是接触汉字的时候了。由于学生已经通过拼音学习了一些词语，在教汉字的时候常常有学生兴奋地大叫："我懂这个汉字的意思！"冯老师认为这种成功的兴奋会极大地提升学生学习汉语的自信心。

冯老师发现许多学生，特别是9、10年级的学生，总是担心自己说错，被别人笑话，所以不大愿意说汉语，因此她在课堂上尽量创造学生使用汉语的机会。比如在10年级的课堂上，在课前点名时她总是在叫学生的名字之后跟上一句诸如"你住在哪里？""你喜欢什么颜色？"之类的问句，用的都是最近学过的句子。这样做除了复习学过的内容，还营造了汉语气氛，让学生迅速进入状态。冯老师称这些进入课堂使用的句子为"入堂句子"。而在课堂结束时学生也不是一走了之，冯老师会把住大门，每个学生必须说出一句当堂学过的句子或短语，而不是简单的"再见"，才能离开。冯老师称这些句子或短语为"离堂句子"。她说开始学生不大乐意，经过一段时间这变成了她们的习惯，如果她没来得及站到门口，学生会自觉等在那儿。冯老师说当学生一边说学过的句子或短语，一边高高兴兴地离开教室的时候，她们会有一种成就感，这无疑会增进她们的自信，保持学习汉语的兴趣。笔者在课堂观察中目睹过这样的情景。看到学生们争先恐后的兴奋状态，冯老师由衷地感到一种欣慰。

3. 冯老师核心理念的成因分析。

从上面的报告可以看出，"培育学生的自信心"作为主导意象，代表了冯老师教学的核心理念，指导着她的所思所为。而上述三项原则则是该核心理念在教学实践中的具体应用："缓解学生的焦虑情绪"考虑的是 Krashen（1982）[1] 所指的学生"情感过滤"因素；"从最简单、最基本入手，循序渐进"关注的是教学内容的呈现和教学节奏的把握；而"创造条件、鼓励学生参与"则着眼于营造语言实践机会。它们之间是相互联系、互为支撑的。那么，是什么因素形成了冯老师的这一核心理念？从对冯老师的访谈分析可以确定以下三个方面：冯老师的个性；冯老师自己做学生的经历；冯老师对自己汉语水平的感受。

冯老师说她是一个生性害羞的人，在做学生的时候她特别害怕在课堂上问问题，因为她担心自己会问一些傻问题，所以当她开始教中文的时候，总是鼓励学生提问，不要觉得自己的问题会被人笑话。她还积极鼓励她的学生参加当地举办的中文演讲比赛，她说当看到自己的学生登台演讲时她是既佩服又欣慰，因为这是她自己做学生的时候想做而又不敢做的事。与害羞相伴的是焦虑感。冯老师说每当自己感到焦虑的时候，连最简单的汉字也写不出来，这就是为什么她那么在意让学生有一个放松的心态来学习汉语。

我们已经看到冯老师很注重学生的参与，并总是给她们以鼓励，这与她做学生时正面和负面的经历有关。她回忆说，在中学的时候她特别喜欢上法语课，其他同学也喜欢，因为法语老师总是鼓励她们。而在英文课上就不一样了，她感觉自己完全被英文教师忽略了。她至今还记得多少次她在心里哭着喊着希望老师能叫到她，但是从来没有过。所以，当她教汉语的时候她一定确保

---

[1] Krashen, Stephen D. (1982). *Principles and Practice in Second Language Acquisition*. Oxford, New York: Pergamon.

不让任何学生受冷落,对那些害羞而不大公开提问的学生,她时常走到她们的身边问她们有没有问题。

如果说冯老师的个性和学生经历影响了她的自信心,那么她对自己作为汉语非母语的汉语教师的敏感、对自己汉语水平的担心则加重了她对自己的不自信。在一次访谈中她说:"因为汉语不是我的母语,我总是担心我教的东西有没有错。我不是一个母语汉语教师,这种意识总是在我脑后转。"事实上,从她开始任教的第一天起,她就对自己的汉语水平没有信心,虽然她自己一直在努力提高自己的汉语水平。这种压力不仅来自校内,也来自校外。在她任教的地区,其他中学的汉语教师都是中国移民,汉语是他们的母语,这给她造成一种无形的压力。

上面的分析让我们看到冯老师身上的一种"逆向"现象,她自己的负面经历和负面感觉促使她尽一切可能去保证她学生获取正面经历;她对自己缺乏信心,所以她努力帮助她的学生建立自信。一方面她不让学生说"难"这类负面的词,另一方面她自己不断提醒自己是一个汉语非母语的汉语教师,自己的汉语水平有限。冯老师的经历表明,教学的确是一个高度情感化的职业,[1]教师个人实践性知识融入了教师的个性特征。[2]

---

[1] Richert, Anna E. (2002). Narratives that teach: Learning about teaching from the stories teachers tell. In Lyons, N. & LaBoskey, V. K. (eds.). *Narrative Inquiry in Practice: Advancing the Knowledge of Teaching*, 48–62. New York: Teachers College, Columbia University.

[2] Clandinin, D. Jean (1985). Personal practical knowledge: A study of teachers' classroom images. *Curriculum Inquiry*, 15: 361–385.

（二）杨老师个案报告与分析

1. 杨老师个人及任教学校背景。

杨老师（化名）出生在中国东北一个海滨城市，并在那个城市完成大学本科学业，主修法语，副修英语。大学毕业后曾在一家在中国的法国公司做过两年翻译，于 1995 年移民新西兰。2000 年她以优秀成绩在当地的一所教育学院取得了中学教师文凭，并于 2001 年 8 月开始在现就职学校担任全职汉语教师。这是一所等级为 10、拥有约 100 年历史的公立女子中学，在校学生 1200 人左右，学生的学业成绩在当地乃至新西兰都有良好的口碑。

该校的中文项目在杨老师接手的时候已经全面建立起来了，从 9—13 年级均开设中文课：9—10 年级每周 4 节，11—13 年级每周 5 节。从课时数量可见该校对中文项目的重视。杨老师曾在这所学校实习 5 个星期，由她的前任中文教师做指导教师，所以杨老师比较熟悉该校的教学环境和中文教学情况。她的前任中文教师也是中国移民，杨老师对她是赞赏有加，这不仅因为这位前任为该校建立起完备的中文项目，还因为她培养了学生对汉语的兴趣、良好的学习态度，特别是对中国汉语教师的信任和尊敬。除此之外，杨老师也很认可这位前任的教学风格，认为跟自己的风格很吻合。由于这些因素，杨老师在这所学校的教学生涯开始得很顺利。杨老师从 2003 年开始被她的母校（教育学院）聘为指导教师，至 2007 年她已指导过 8 名实习教师。

2. "一切进行得很顺畅"——杨老师的教学理念与实践。

笔者在观察杨老师的课堂时发现课堂秩序井然：学生表现很"乖"，教学一环扣一环，一切进行得很顺畅（Everything Goes Smoothly），用杨老师自己的话说。的确，"顺畅"（Smooth）

或"圆滑度"（Smoothness）是杨老师在访谈中使用频率很高的词，可以视为杨老师个人实践性知识的主导意象，代表杨老师的核心理念，成为她教学追求的目标。她的这种追求既体现在对 9—13 年级整体课程设置上，又体现在她的课堂教学实践中。

在设置 9—13 年级中文课程时杨老师十分重视各年级之间的有机衔接与过渡，用她的话说要保证这个过渡渐进地（Gradually）和圆滑地（Smoothly）进行。为此，她将培养学生学习汉语的兴趣作为 9 年级教学重点，教学中多用游戏的方式。10 年级则逐渐引进一些跟 NCEA[①] 考试有关的内容，但不要内容过多吓着学生，等到她们进入 11 年级时，就不会觉得 NCEA 考试很难。对于 12、13 年级的学生，由于她们已经相对成熟，这个阶段则更多培养她们学习的自主性，如果还是一味地以游戏方式为主，强调乐趣，她们反而会认为教师还把她们当小孩而产生反感。杨老师认为前三年是保住学生汉语学习兴趣的重点阶段，而第一年则是建立学生兴趣、养成良好习惯的关键。

对"顺畅性"和"圆滑度"的重视更具体地体现在杨老师的教学实践中。下面笔者将引述杨老师对 9 年级教学的描述来展示她这一核心理念在教学中的体现。之所以大段引述，出于三种考虑：杨老师的讲述可以作为对其教学的一种"民族志描述"（Ethnographic Description），让我们洞察她的课堂组织、教学过程及其理据；通过大段引述可以具体再现杨老师教学理念的多维

---

① NCEA（The National Certificate of Educational Achievement，国家教育成绩证书）是新西兰政府为该国 11—13 年级中学生制定的国家考试系统，涵盖中学绝大部分课程，包括中文。该考试系统共分 3 级：通常 11 年级考 1 级，12 年级考 2 级，13 年级考 3 级。http://www.nzqa.govt.nz/ncea。

性、综合性与完整性；下面的引述体现杨老师在课堂教学上已经达到的熟巧度，因为这段引述是即兴的、一气讲下来的。为阅读方便，我们对杨老师的叙述做了适当编辑，包括删除一些重复的词语、调整某些句子的位置、用中文替换夹杂的英文等。

9年级学生刚开始学习汉语，她们是一片空白的，我怎么教？我从拼音开始。我宁可用将近一整学期的时间来教她们拼音，在学拼音的时候穿插一些简单的问候，"你好"什么的，做大量的拼音练习，然后就慢慢走到课本[①]的正轨上，开始"我的家"单元。我根据这个教材的内容，根据我自己的经验，同时要了解学生的需求，我问问她们，尊重她们，你们想学什么。根据她们需要的和我认为她们应该学的，确定这个单元20个左右的单词，比如说"爸爸、妈妈、哥哥、姐姐、阿姨、叔叔"这样的，这些都是家庭成员的词语。

我先教她们拼音怎么读，汉字怎么写。但是怎么能记住呢？我就会用她们喜欢的、常玩的游戏、活动来帮助记忆，就是避免她们觉着没意思，死记硬背，在兴趣当中她们就记住了。单词部分你得用几节课的时间帮她们把这些单词熟记了。她们单词没问题了，很自信了，我就给她们教一些简单的句型，怎么把这些新词运用到句型当中，比如说"她是我妈妈。""这是我爸爸。"，就是汉语我们怎么说，跟英文有什么区别，学一些简单的句型。

在熟悉这些句型的基础上再把它们变成问句，比如说"他是我的爸爸。"变成"他是谁？"，用一些疑问句型。用了疑问句型就适用于做一对一活动了，那么一个学生就可以问了，另一个学生就可以答了，这样她们就可以做对话了。她们就可以你一句我一句，慢慢就构成一个对话了。

然后对话没问题了，她们的口语没问题了，你就可以进入写了，

---

① 杨老师所说的课本是指她按照教学大纲自编的教材。新西兰学校通常没有国家或学校指定的教材，均由教师根据教学大纲自己准备或选用其他教学材料。

写一段话，比如说我家有几口人，他们是谁谁谁，这样的。有了这个基础之后我就觉得该接着讲宠物了，因为这些都是家庭成员啊，她们这边就是很重视这个宠物，与上个话题衔接，在宠物方面也有差不多20个单词。

但是语言跟文化是有关的。像我们中国文化里有十二生肖，给她们讲一讲，让她们上网查一下，比如说今年生的是什么年，特征是什么。她们会觉得好玩儿，就是引起她们的兴趣，然后再做大量的游戏。我自己也准备很多卡片、图片，我们可以对照。这样她们在自我介绍部分就可以加上我属狗，有什么特点，等等，然后就可以写对话或是短文了。

接下来我就根据这个教材的内容，由浅到深，加宽加大，因为到了下一部分就是讲我的班，我的学校，然后不仅仅介绍你家有几口人，你属什么，你得描述你的爸爸妈妈，漂亮啊，高或是矮啊，同时你要讲到你的学习生活。这样一年下来她们基本上在自我介绍方面或是说做一个简短的演讲就没有什么问题了。

以上这番描述让我们看到杨老师教学理念和实践相互联系的多个层面。首先，教学内容是以话题为中心的，从"我的家"到"我的班"到"我的学校"，围绕学生生活展开，使汉语学习更具意义。其次，教学安排以语言点为线索，循着从语音到汉字、词、句、对话直至语篇的顺序展开。再次，语言技能训练按听、说、读、写顺序推进。最后，采取诸如游戏、图片、互联网等多种手段增加课堂活动的趣味性。所有这些层面都有机地编织在一起，使教学的各个环节有序、顺畅地进行。笔者的课堂观察发现，课堂教学正如杨老师所描述的那样展开和进行。有序、顺畅作为核心理念指导着杨老师的教学实践。

3. 杨老师核心理念的成因分析。

在讨论教师发展时，杨老师说她信奉两个词："专业"和"经验",前者是目标,后者则是途径。她认为要使自己的教学做到专业,除了敬业、用心之外,在教学上应该是精心组织、有条不紊的。杨老师特别提到她的前任教师在教学中总是有板有眼,对学生的拿捏恰到好处,并以她为自己的榜样。前面已经提到,她的前任也是一个中国移民教师。杨老师说从她身上感受到许多中国移民教师的优点,并常常流露出作为一个母语汉语教师的自豪感。从这些言谈、从对杨老师的教学观察,笔者认为杨老师的核心教学理念深受她的中国文化背景,特别是 Paine(1990)[1]所指的教师作为"演艺能手"(Virtuoso)的教育传统的影响。在长达 5 年(1982—1987)的时间内,Paine 通过对中国 18 所中小学的课堂观察和教师访谈,通过对 20 所师范院校相关师资教育者的访谈,发现中国人把教学看作一种"演艺"(Virtuosity),而教师则以成为教学的"演艺能手"为最高目标。那些"演艺能手"教师通常对他们的教学内容烂熟于心,因此他们在组织教学中能够超越内容的限制,融入自己的理解,将教学内容以易懂的方式呈现给学生。在中国,人们通常用"有板有眼"来描述这类"演艺能手"教师的课堂教学。值得注意的是"板"和"眼"本身就是民族音乐和戏曲中表示节拍的术语,看来在中国人眼里教学的确与表演有相似之处,强调层次、节奏和圆滑度。这些也正是杨老师所追求的教学效果。

中国这种教学传统可能不被一些人,特别是西方教师和教育者所认可。但是,这种传统有其深层的哲学基础,其中最根本的

---

[1] Paine, Lynn W. (1990). The teacher as virtuoso: A Chinese model for teaching. *Teachers College Record*, 92: 49–81.

是在中国的教育传统中，对学生掌握知识的重视高于对学生创造能力的培养。[1] 这种对掌握知识的重视是建立在跟学习有关的先后次序的认识上的。据 Biggs（1996）[2]，中国人信奉先发展知识和技能，然后才能在此基础上去创造。教学目的看重的是结果（知识）而不是探求过程。与之相反，西方的教育更看重探求过程，认为探索和创新比掌握特定技能更重要。与这种知识优先的观念相关的是中国的教育特别强调知识的系统性，信奉知识应该按照事先设定的顺序系统地传授。这一观念也反映在中国的传统语文教学中，那就是先从认字开始，遵循从字到词，然后到句、段，最后到篇章的顺序。这是直到今天中国学校语文教学还遵循的顺序，而且也是外语教学的顺序。我们看到这也是杨老师采用的顺序。由此可见这些观念的影响力。

四、讨论

以上报告了冯老师和杨老师个人实践性知识的特点和影响这些特点形成的因素。从她们的案例中我们可以得到什么启示？

第一，我们看到虽然两位教师的教学风格很不相同，但都受到各自主导意象，也就是核心教学理念的指引。冯老师在教学中首先考虑的是如何培育学生的自信心，而杨老师关注的是整个教

---

[1] Watkins, David A. (2000). Learning and teaching: A cross-cultural perspective. *School Leadership & Management*, 20(2): 161–173.

[2] Biggs, John B. (1996). Western misperceptions of the Confucian-heritage learning culture. In D. Watkins, & J. Biggs (eds.). *The Chinese Learners: Cultural, Psychological and Contextual Influences,* 45–67. Hong Kong, Melbourne: CERC and ACER.

学过程的顺畅性和圆滑度。虽然她们自己并没有明确指出这是她们的核心理念，也很可能没有意识到自己有核心理念，但是从上面的报告中我们可以清楚地看到这种核心理念对她们教学实践的指导作用。这一观察支持教师认知研究得出的结论：一方面，研究表明，教师在教学实践中形成自己的理论，虽然不同的研究者使用不同的术语来指称这一理论，比如"原则"[①]"准则"[②]"信念"[③]；另一方面，教师的这些理论是内隐的和默会的。[④] 笔者认为，从教师的角度看，教师个人的专业发展是不断摸索、尝试、形成自己教学风格和路子的过程，而这风格和路子的代表特征就表现在他们的主导意象或核心理念上。

第二，从冯老师和杨老师的案例中我们看到教师的个性特点以及个人成长的文化背景对教师教学理念形成的影响力。冯老师说她自己生性害羞，缺乏自信，加上自己的学生经历和学习汉语的经历，这些形成她对学生的移情，对学生学习汉语面临的挑战感同身受，使得她在教学中时时处处设身处地地为学生着想。杨老师的性格与冯老师形成鲜明的对比。杨老师是一个十分自信的人，组织周密，行事果断，一切都在自己的掌控中。她的教学安排有条不紊，这一方面是她的个性使然，另一方面也是受中国教

[①] Breen, Michael P., Bernard Hird, Marion Milton, R. Oliver, & Anne Thwaite (2001). Making sense of language teaching: Teachers' principles and classroom practices. *Applied Linguistics*, 22(4): 470–501.

[②] Richards, Jack C. (1996). Teachers' maxims in language teaching. *TESOL Quarterly*, 30(2): 281–296.

[③] Woods, Devon (1996). *Teacher Cognition in Language Teaching: Beliefs, Decision-Making, and Classroom Practice*. Cambridge: Cambridge University Press.

[④] Fenstermacher, Gary D. (1994). The knower and the known: The nature of knowledge in research on teaching. *Review of Research in Education*, 20: 3–56.

育传统的影响,特别是教师作为"演艺能手"观念的影响。现有关于教师成长的研究关注到教师做学生的经历对他们教学理念与实践的影响,[1] 而杨老师的案例表明教师个人的教育文化背景对其教学理念与实践的影响可能更深远,更有力,这一点在那些移民教师身上表现得可能更明显。

第三,冯老师和杨老师的案例表明教师实践性知识的发展同教师身份认同是密切相关的。从上面的报告中我们看到,冯老师总是设身处地地从学生的感受出发安排、组织教学,这与她自己作为一个汉语学习者,特别是她对自己非汉语母语者身份的意识有关。而杨老师则时时强调自己的汉语母语者身份。在第二语言教育领域,特别是英语作为第二语言教育领域,对母语与非母语教师的讨论自20世纪90年代末以来一直是一个热点。[2] 对非母语教师的研究表明,虽然这些教师有他们的优势,比如他们有学习所教语言的经历,对学习者可能遇到的问题有切身的体会,因

---

[1] Bailey, Kathleen M., Bret Bergthold, & Blelinda Braunstein, et al. (1996). The language learner's autobiography: Examining the "apprenticeship of observation". In Freeman, D. & Richards, J. C. (eds.). *Teacher Learning in Language Teaching*, 11–29. Cambridge: Cambridge University Press; Clandinin, D. Jean (1985). Personal practical knowledge: A study of teachers' classroom images. *Curriculum Inquiry*, 15: 361–385; Golombek, Paula (1998). A study of language teachers' personal practical knowledge. *TESOL Quarterly*, 32: 447–464.

[2] Braine, George (ed.). (1999). *Non-native Educators in English Language Teaching*. Mahwah, N. J.: Lawrence Erlbaum Associates; Kamhi-Stein, L. (ed.). (2004). *Learning and Teaching from Experience: Perspectives on Nonnative English-Speaking Professionals*. Ann Arbor, MI: University of Michigan Press; Llurda, Enric (ed.). (2005). *Non-native Language Teachers: Perceptions, Challenges and Contributions to the Profession*. New York: Springer; Moussu, Lucie, & Enric Llurda (2008). Non-native English-speaking English language teachers: History and research. *Language Teaching*, 41: 315–348.

此更能从学习者的角度组织教学,用自己的学习经历现身说法,激励学生面对挑战,但同时这些教师因为社会对非母语教师语言能力的怀疑,自己对自己语言能力的怀疑导致他们普遍存在所谓低人一等的自卑情结。[1] 这种自卑情结是导致他们焦虑情绪的主要根源,从而影响他们的教学实践。从上面冯老师个案报告中我们已经看到,她对自己非母语身份的意识,以及因此带来的不自信对她的教学理念和实践的影响。

杨老师与冯老师形成鲜明对照。在访谈中,杨老师时时流露出作为一个母语汉语教师的自豪感。由于这种身份认同,杨老师在教学方法上也继承了中国教育传统中的许多理念与实践,自觉不自觉地以成为一个"演艺能手"教师作为自己专业发展的追求。虽然有人(比如 Faez[2])指出,母语、非母语教师这种两分法未免把复杂的问题简单化,但是冯老师和杨老师的案例表明,在第二语言教学领域的确或明或暗地存在这种两分,而教师对他们各自身份的认同反映了他们对自己角色的意识,这种身份意识直接或间接地影响他们的教学实践和专业发展,正如 Varghese 等(2005)[3] 指出,教师对自己身份的意识是决定他们教学实践的一个至关重要的部分。

第四,从冯老师和杨老师的案例中我们还看到教师的实践性

---

[1] Reves, Thea, & Peter Medgyes (1994). The non-native English speaking EFL/ESL teacher's self-image: An international survey. *System*, 22: 353–367.

[2] Faez, Farahnaz (2011). Reconceptualizing the native/nonnative speaker dichotomy. *Journal of Language, Identity, and Education*, 10: 231–249.

[3] Varghese, Manka, Brian Morgan, B. Johnston, & Kimberly A. Johnson (2005). Theorizing language teacher identity: Three perspectives and beyond. *Journal of Language, Identity, and Education*, 4: 21–44.

知识与教学实践的情感色彩一面，感受到教师的情感对其教学和专业发展的影响。教师的情感面长期以来未能得到应有的关注和讨论，[1] 教师个人实践性知识研究的贡献之一就是将这一长期被忽略的情感面纳入观察、研究的范围。比如 Clandinin 在她的个案研究中发现教师的主导意象均透着教师的感情。她甚至认为正是这种情感赋予了教师个人实践性知识的生命力，使其具有鲜活性和个体性。冯老师自己的焦虑情绪，她对学生的那种移情，这些情感同她的教学理念与实践均有千丝万缕的联系，影响她的教学实践和专业发展。杨老师在访谈中用"心路历程"来概括她这些年在新西兰从一个新手到游刃有余这个充满酸甜苦辣的成长过程，其中既有作为一个中国人、一个母语汉语教师的自豪感，也有她所感受到的那种作为"外来客"（杨老师用语）的失落。

Golombek 和 Johnson（2004）[2] 认为教师发展是一个无止境的过程。在这个发展过程中，教师不断寻求用于调和的中介工具（Mediational Tools）去帮助他们将自己的经历和经验与认知和情感整合在一起。而教师通常是因为情感上的不和谐（Emotional Dissonance）引导他们去发现其认知上的不和谐（Cognitive Dissonance），进而促使他们思考、寻求解决的办法。比如冯老师对自己汉语水平的不自信促使她采取各种措施提高自己的汉语水平，而

---

[1] Richert, Anna E. (2002). Narratives that teach: Learning about teaching from the stories teachers tell. In Lyons, N. & LaBoskey, V. K. (eds.). *Narrative Inquiry in Practice: Advancing the Knowledge of Teaching*, 48–62. New York: Teachers College, Columbia University.

[2] Golombek, Paula, & Karen E. Johnson (2004). Narrative inquiry as a mediational space: Examining emotional and cognitive dissonance in second-language teachers' development. *Teachers and Teaching: Theory and Practice*, 10: 307–327.

杨老师的"外来客"情感也让她积极通过自己的努力来获得移居国社会的认可，促使她精心教学。因此，情感其实是教师发展的一种动力。

五、余论

长期以来，在课程改革、师资教育和教师专业发展领域存在着忽视甚至轻视教师主体作用的现象。在课程改革方面，常规做法是决策者和专家学者制定政策和各种教改、教学方案，然后由一线教师去实施。在师资培养方面，常见做法也是向受训者传输各种理论知识、教学法和教学技巧，很少考虑受训者的个人、社会背景和工作环境等因素对他们教学理念和实践的影响。兴起于20世纪80年代的关于教师知识（Teacher Knowledge）的大讨论目的在于提请正视教师在整个教学活动中的主体性，探讨教师知识的特点及其成因，从而调动和发挥教师在教育教学改革、在教师专业发展中的主观能动性，教师个人实践性知识这一理论框架就是在这种背景下提出来的。[①] 如前文所述，教师个人实践性知识这一理论框架的前提是承认教师是教师知识的创造者和拥有者，强调教师知识的实践性，认可教师知识的个体性，重视教师知识的整体性。本研究所报告的个案研究也表明，教师个人实践性知识是由教师的个性、成长背景、过去的经历和经验，以及当下生活、工作环境和教学实践等诸多因素形成的。

那么，本研究对国际汉语教育背景下的教师教育与培养有什

---

① Sun, Dekun (2012). "Everything goes smoothly": A case study of an immigrant Chinese language teacher's personal practical knowledge. *Teaching and Teacher Education*, 28: 760–767.

么意义?首先,我们应该以多元的观点、多维的思路来考察和讨论教师的教学理念及教学方法。这一点在国际汉语教育推广的今天尤为重要。因为现今的教师组成无论从地域环境,还是从语言背景、教育背景、文化背景看可谓丰富多彩,这些都从不同方面影响他们的教学观念和教学实践,正如本报告的案例教师所示。那种忽略教师个人实践性知识,试图将产生于某时某地的有效教学模式硬性推广给其他地区教师的做法是很难奏效的。

其次,应鼓励和引导教师反思他们的核心教学理念。换言之,师资培养除了让学生/教师掌握相关知识和微观技能外,还要培养他们自我提高的宏观能力。在这方面本研究所采用的主导意象这一概念可资参考。本研究所报告的案例教师都有她们的主导意象来代表她们的核心教学理念,虽然她们自己都可能没有意识到。这种主导意象或核心理念对教师的教学实践有纲举目张的指导作用。帮助教师认识自己的核心理念及其成因有助于从认知层面提高教师的自我意识,从而提高他们的自主性,自觉地改进自己的教学实践。教师认知研究表明,只有认知层面的改变才能带来持续性的深层次改变。[1]

再次,应积极探索加强研究人员与教师合作关系的途径。迄今为止,教育界仍普遍存在研究人员与一线教师各自为政的现象,教师个人实践性知识的理论框架强调被访教师的积极参与,通过研究项目促进被访教师的专业发展。从这个角度出发,被访教师不应被单纯视为一个研究客体,一个素材提供者,而应被视为一

---

[1] Borg, Simon (2003). Teacher cognition in language teaching: A review of research on what language teachers think, know, believe, and do. *Language Teaching*, 36(2): 81–109.

个合作伙伴，一个思考者。由于各种原因，本研究在语料分析后期未能让被访教师介入，比如与她们一起讨论分析结果，听取她们的反馈。如果那样做的话，不但会增加本研究报告的信度，而且会进一步增进被访教师对自己教学理念和实践的认识，提高她们自我专业发展的意识。这是本研究的一个局限。

无论教育界还是第二语言教学界，关于教师知识和教师认知的研究现阶段都主要集中在西方文化教育背景，[1] 集中在英语作为第二语言教学。[2] 汉语国际推广一方面对师资教育和培养提出了紧迫要求，另一方面也为师资教育研究提供了丰富资源。对国际汉语教师个人实践性知识的研究不但能丰富我们对国际汉语教育的理解，为师资教育和培训提供参考，而且会丰富教育界、第二语言教育界对教师知识的认识。本研究只是一个初步尝试，希望起到抛砖引玉的作用。

---

[1] Ben-Peretz, Mirian (2011). Teacher knowledge: What is it? How do we uncover it? What are its implications for schooling? *Teaching and Teacher Education*, 27: 3–9.

[2] Borg, Simon (2006). *Teacher Cognition and Language Education: Research and Practice*. London: Continuum; Breen, Michael P., Bernard Hird, Marion Milton, R. Oliver, & Anne Thwaite (2001). Making sense of language teaching: Teachers' principles and classroom practices. *Applied Linguistics*, 22 (4): 470–501.

叁 叙事探究下的 CSL 教师成长史研究[①]

一、CSL 教师教育研究的转向

正如同从单纯的、单向的、只关注"教"（怎么教）的教学法研究转向关注"学"（怎么学）的学习过程（二语习得研究）和"学习者"（个体因素研究、认知研究）研究一样，CSL（汉语作为第二语言）教师教育研究也面临着一种转向，即从教师标准的研制、培训内容的选择、培训模式的创新转变为教师自身专业发展、教师认知（过程）的研究，[②] 前者关注的是"外力"的介入和全体的适用性，后者更专注教师成长的个体差异和个性，更专注教师"内在"的成长与进步，比如教师的知识，尤其是实践性知识是如何呈现的，[③] 又是如何建构并积累起来的，教师如何从"菜鸟"、新手成为熟手，乃至专家、大师的，完成这一过程的"关键事件"有哪些，其认知过程和机制是怎样的，等等。教师专业发展研究的大趋势是越来越关注教师个体专业发展的过程。[④] 促使这种转向的原因，除了国际上教师教育和教师专业发展研究的潮流、研究

[①] 本节叁选自吴勇毅、华霄颖、储文怡《叙事探究下的 CSL 教师成长史研究——实践性知识的积累》，《国际汉语教学研究》2014 年第 1 期。

[②] 孙德坤《教师认知研究与教师发展》，《世界汉语教学》2008 年第 3 期；吴勇毅、凌雯怡《教师认知构建与汉语教师的职业发展》，载《第十一届国际汉语教学研讨会论文选》，高等教育出版社，2013 年。

[③] 江新、郝丽霞《对外汉语教师实践性知识的个案研究》，《世界汉语教学》2010 年第 3 期；江新、郝丽霞《新手和熟手对外汉语教师实践性知识的研究》，《语言教学与研究》2011 年第 2 期。

[④] 罗红《个人实践理论与叙事研究：解释学视野中的教师专业化发展》，《广西师范大学学报》（哲学社会科学版）2005 年第 2 期。

范式的转变等以外，还有许多教师对教师标准的彷徨、对教师规格的不明，[1]以及教师培训方式和内容的不尽如人意、所遇到的困境等。新一代的教师发展理论更强调教师自我学习、自主学习、自我探究，"培训和发展的本质不同是教师是被动的还是主动的"[2]。

CSL教师成长史研究是教师专业发展（Teacher Professional Development）研究的重要组成部分，也是教师认知（Teacher Cognition）研究的内容与途径，刘学惠、申继亮（2006）[3]把教师认知研究的内容归为：（1）信息加工视角下的教师临床思维研究，包括教师的教学计划与课堂决策研究、专家—新手教师的信息加工能力对比等；（2）以PCK（Pedagogical Content Knowledge，学科教学知识）为核心的教师知识研究；（3）现象学范式的教师个人知识研究，主要是教师（个人）实践（性）知识的研究；（4）"教师反思"——教师的反省思维之研究；（5）教师生涯发展：对教师成长的自然探索，主要包括教师发展阶段研究、个人经历与教师发展研究等；（6）教师学习及其促进。本节主要想通过CSL教师成长史的"叙事"，探讨教师实践性知识是如何形成与积累的。

教师实践性知识（Teacher's Practical Knowledge），也称个人实践（性）知识、个人实践理论等，"是教师真正信奉的，并在其教育教学实践中实际使用和（或）表现出来的对教育教学的

---

[1] 李泉《国际汉语教师培养规格问题探讨》，《华文教学与研究》2012年第1期。

[2] 孙德金《教育叙事研究与对外汉语教师发展——〈北京语言大学对外汉语教学名师访谈录〉编后》，《世界汉语教学》2010年第3期。

[3] 刘学惠、申继亮《教师认知研究回溯与思考：对教师教育之意涵》，《教育理论与实践》2006年第6期。

认识"[1]。姜美玲（2008）[2]阐释得更详细些："教师实践性知识是指教师在具体的日常教育教学实践情境中，通过体验、沉思、感悟等方式来发现和洞察自身的实践和经验之中的意蕴，并融合自身的生活经验以及个人所赋予的经验意义，逐渐积累而成的运用于教育教学实践中的知识以及对教育教学的认识，它实质地主导着教师的教育教学行为，有助于教师重构过去经验与未来计划以至于把握现实行动。"从某种意义上说，教师实践性知识是在教学实践基础上形成的各种经验的"集合""集成"，相比那些在培训课上和讲座中传授的具有普适性的"理论性知识"，实践性知识更具操作性、个人性、经验性、缄默性（Tacit，有时只能意会而不能言传，比如教师在某一教学场景下，下意识地觉得就该这样教而不是那样教，就该这样做而不是那样做）、场景性（在即时当下的多变的教学场景下处理教学事件）的特征。而正是这部分使我们变成真正意义上的"教师"的知识却在我们以往的CSL教师研究中被忽视和遗忘了。

说CSL教师教育研究的转向也包括研究范式的变化：从提出假设，进行变量控制的实验研究、数据统计（实证研究）到叙事探究/叙事研究（Narrative Inquiry/Narrative Research）的转向。后者是采用"讲故事"的叙事方式呈现教师在教育教学实践中的真实行为（事件），通过对教师所叙之事（外显的）的深度描写、描摹与分析，"发掘或揭示隐含在这些故事、事件、经历、行为背后的教育思想、教育理念、教育信仰，从而发现教育的本质、

---

[1] 陈向明《实践性知识：教师专业发展的知识基础》，《北京大学教育评论》2003年第1期。

[2] 姜美玲《教师实践性知识研究》，华东师范大学出版社，2008年。

规律和价值意义"[①]，它是一种质的研究方式，一种不同于假设—验证的实验研究的范式。本研究尝试通过三个叙事片段（所有的"叙事"都很长，收集过程和方法暂略）的采撷，勾勒出在成长过程中教师实践性知识是如何形成、积累与发展起来的。

二、改错练习管用吗？

片段一：实践性知识的重构
背景：

我们的主角是一位1999年（恰逢改革开放20年之际）赴澳大利亚留学的中国大陆留学生。在此之前，她在中国国内完成了大学本科的学业，所学专业是对外汉语。大四期间，她在某大学对外汉语教学研究中心实习过一年，是其"初次真正接触对外汉语教学的实践"。毕业后，在一个小型的私立语言教学机构里继续工作了一年，而后出国。先在澳大利亚某大学语言中心学习英语，而后完成了硕士学位和中学教师资格证书的学习，并最终获得中学教师资格证书进入主流学校教授汉语。期间她曾在私立语言学校和华校兼职进行过华文教学（教学对象是华侨华人）。从她过往的经历，我们可以得知，这位教师在进入主流学校之前，已经有过一些对外汉语和华文教学的实践活动，形成了一定的实践性知识。

当她进入主流学校从事汉语作为第二语言/外语教学时，她

[①] 夏纪梅《论教师研究范式的多样性、适当性和长效性》，《外语界》2009年第1期。

面临的是新的教育教学实践活动和新问题,她叙述:

> 中学生的第二语言学习本身就是在一个学生完善自身认知结构的过程里。教师除了要了解第二语言习得的认知过程,还需要根据儿童认知结构形成发展的特点来处理词汇解释、语法句式的操练。一些对成年学生行之有效的课堂活动,也许对中学生就会太复杂或者太单调,反之亦然。比如:学生对图片、手势、电脑、多媒体教学接受程度,反应和兴趣都比成年学生来得更大,喜欢参与需要肢体运动的活动。他们会在肢体活动的配合下记忆一些语言知识。(她发现了孩子的一些认知特点和学习特点,比如肢体参与的学习活动。作者注)再如:课堂讨论在母语环境下的教学里可以促使成年学生使用汉语进行交流,而在中学阶段的汉语教学里,这是一个不可控制的活动。一来学生没有掌握那么多的语言内容,二来该年龄学生性格里的不安定因素也会让这样的课堂活动完全脱离语言教学的目的。(她注意到了学习环境和年龄因素对汉语学习的影响。作者注)还有,当我在中国的大学教汉语时,改错是常有的题型,而这在澳大利亚初级教育里被认为是混淆学生认知能力的题型,几乎从来不出现。我曾经试过在一个非常有学习动力和能力的高年级班,让学生做改错练习,效果非常不理想,因为学生关注的从来只是如何把句子写对,而不是语言学习输出所犯的错误。(从失败中获得的这个认识非常重要,极具启发意义。作者注)

在主流学校的教学实践中碰到的问题以及重新认识和解决问题所获得的知识和经验,在她的认知建构中起到了很大的作用。问题的驱动使其反思并重组自己的认知结构,促使她改变对教学的认识,在现实的场景中采取新的更有效的教学策略和教学方式。新的实践性知识的积累并且系统重构,对她的专业发展和职业进程起到了重要的作用。

三、教材还要不要编？

片段二：关于教师和教材的实践性知识

背景：

T老师是一位汉语教师志愿者，高中毕业以高分考入E大学对外汉语专业。大四时，因成绩优异，直升研究生。在读研的头两年里，她深入学习了第二语言习得的相关理论，也有丰富的对外汉语教学的实践机会。T老师教授过美国某大学在华的暑期沉浸式项目、长期汉语进修班，也做过一对一或者一对多的家教等，她的学生年龄跨度很大，从十几岁到六十几岁都有。T老师认为，这些教学经历带给自己最大的收获就是"拿到某一个难度的课，从设计教学到评估我都知道怎么做"。研究生二年级结束时，国家汉办和美国私立学校协会来招聘汉语教师志愿者。T老师成功地通过层层面试，被W州的M校录取，成为一名汉语教师志愿者。在M学校，她主要担任高中（9—12年级）的汉语教学工作。在三年的工作实践中，她巩固和扩展了该校的中文项目，尤其是中文AP课程。T老师从第一年"每天都很忙、很痛苦、很抓狂"的状态，到第三年能够"享受这种充实的生活"，不但经历了一番个人的成长，也对在美国做中学老师有了深入的认识。服务期满后，T老师回到国内，目前在一家国际学校担任中文老师。

T老师刚开始教学的时候，觉得学校配备的教材不适合AP课程的难度，所以就自己动手编写教材，从设计课堂活动到课后作业，都一手包揽。之所以这样做，是因为她觉得"当时的我很骄傲的，我只相信自己写的东西"。对自编教材的使用效果，她这样认为：

上课的时候,我将自编的内容发给学生,有课文和作业纸,所以学生知道第一年的教材只是一种摆设而已。但学生感觉第一年学得很扎实,而且我觉得他们应该都学到东西了。

尽管第一年她自编的教材学习效果不错,但是她却被编写教材所累:

为了编写教材,我每周的工作时间有70多个小时。这导致我放弃了学开车的机会,节假日也没有时间出去,更没有时间修改我的硕士毕业论文。感觉当时我每天都很忙,真的是把学校当作家,就差把床安到教室里面去了。

鉴于这种状态的不可持续性,在第二年的教学中,T老师开始思考如何改进编写教材和使用教材的方法,提高备课效率以平衡工作和生活的时间。她找到了一本教材,虽然教材内容仍然不够理想,但是她觉得"这本教材的好处是活动和练习比较多,不用我自己出练习题,只需要来选择使用就可以了"。而且,最重要的是,她认识到其实"没有一本教材是合适的、好到无可挑剔的,但是我需要一本主要的教材"。

T老师后来参加过一些中文教师的会议,并且和其他老师交流教材的使用问题,她渐渐意识到:自己将大量的时间投入编写教材,实际上是一种主次颠倒的行为,因为"老师不是编写教材的人,而是整合各种教学资源的人"。带着这样的想法,T老师开始调整使用教材的方式:

后来,我觉得不一定是什么都要拿自己的东西,我不再花时间去编写教材,而是上网去搜集了很多在北美针对高中生汉语教材的信息、文章,了解各种教材的信息。而且,我在会议上收集到很多出版社的信息,就要求他们寄样书过来。这样,我手头有了不少专门针对欧美学生设计的教科书，我的参考范围扩大了。

在找到一本主教材后，她转而投入到研究各种教材中去，按照每周上课的主题，组合教学内容。她明显地感觉到：

> 这样轻松了很多，不再是重复劳动。我现在关注的是如何根据我的学生的需要做调整，而且课本是"死的"，学生的需要是"活的"，我要做的是把"死"课本用"活"，完成教学目标，让学生学到东西。

从 T 老师的叙事中，我们可以看到她到了一个新环境后在教师与教材关系上的角色适应历程：第一年，把教材只是作为一种摆设，觉得自己要编写教材，而且只相信自己所编写出来的东西。投入大量的时间重复劳动，在教学工作上呈现出一种主次颠倒的状况。到后来更关注的是如何根据学生的需要做出调整，把"死"的课本用"活"。这是一种认识上的飞跃和升华，是在实践中经过反思和学习（参加研讨会，跟其他教师交流）后带来的教学观念及其导致的教学行为的转变。这种教学理念的形成，具有很高的"普适"价值。尽管在教师培训时，有的专家会强调一定要编写适用于"本土"的教材，而有的专家则更主张"一个好老师能把一本不好的教材上好，而一个不好的教师就是有一本好教材也上不好课"，但 T 教师的实践与认识更具真实感和说服力。通过这种实践性知识的积累，T 老师从一个充满自信而又无畏的新人，纠结于教师与教材的主次关系，逐渐成长为一个具有教学智慧的成熟的 CSL/CFL 教师。

四、文化壁垒能跨越吗？

片段三：跨文化交际的实际体验
背景：

F老师大学期间就读于某外国语大学的英语专业，大学毕业后，找到了一份国际贸易的工作。大约半年后，辞了工作考研。通过全国统考，进入E大学对外汉语专业学习。虽然没有教育学的背景，也没有教学实践的经历，但是凭着一股闯劲和干劲，她在研一时就受聘于一家为美国大学生提供汉语教学的机构，开始了对外汉语教学的实践工作。研究生一年级结束时，她参加到美国中小学联合协会和国家汉办的项目中，赴美国L州的一所中小学K学校，是该校首位汉语教师，也是当地第一位汉语教师志愿者。在K学校两年的教学中，F老师的主要工作是创建高中部（9—12年级）的汉语必修课程和初中部（6—8年级）的汉语选修课程，此外还经常性地向全校做关于中国文化和历史的报告。服务期满后，F老师回到国内，目前就职于一家外资市场咨询公司。

F老师性格开朗外向，乐于交友，所以到任后她首先想到的就是要和同事成为朋友，而且是和自己年纪相当的女老师交朋友：

> 当时我特别想和学校几个年轻的单身女老师做朋友，想知道她们课余都怎么打发时间。我想，和年轻老师交朋友应该没有代沟，能够玩儿到一起去吧。

但是，在和这些女老师交往的过程中，F老师遇到了不愉快的事情，让她觉得"美国三十岁的女生的感觉和我的感觉很不一样"：

> 有一次，我和她们一起出去，去那种有音乐的慢摇吧，大家喝喝酒

啊什么的。我本身不怎么喝的，而且我发现她们喝酒的时候就是在讲学校老师和学生的八卦什么的。我当时想中国人是不喜欢在背后说人家闲话的，我也就没有参与讨论。后来，大概是这些女老师也觉得她们自己都醉醺醺的，（而）我却很清醒，她们觉得中国人太谨慎，（以后）喝酒的事情也就没有再叫过我了。

在这次的经历中，F老师是从中国人传统的角度，顾及到不要说别人的闲话，但是在美国女同事的眼中，F老师却是没有积极参与她们的活动，双方在交往过程中渐渐产生了距离。但另一个"买衣服"事件却让F老师认识到，中美文化在观念上的差异对她和女同事的交往造成了阻碍，最后只得选择了退出：

有一次，我们一起出去买衣服，我无意中提到在美国的S号在中国都是L号的事情，我当时觉得就仅仅是告诉她们一个事实，可不曾想，有个女同事脸色马上就变了，她可能感觉我是在暗示她很胖，这一点让她感觉很不舒服的。虽然后来她也没有和我提这个事情，但是我感觉到她们渐渐疏远我了。我呢，后来想想可能还是自己触动了她们比较敏感的话题，而且和她们做朋友和在国内交朋友太不一样了，无法打进这个团体。

于是，也无所谓了，大家又回到客客气气的状态。

我们不去评论F老师的跨文化交际是否成功，她选择退出是否正确，她是否应该花更多的努力去克服障碍跟同事交往，但我们可以明显地感觉到，这些事件会对她日后的生活和工作以及社交产生影响，并且可能间接地影响到她的汉语教学工作。F老师的学校是社区性的，但她觉得这个社区太老了（"我当时就觉得到了一帮大妈大叔的世界！"），学校的社区文化不符合她的年龄、背景，因此也就没有选择融入：

自始至终，我都没有融进学校的大圈子，和大部分人的关系都是很平淡的、有距离感的，没有什么深交。我后来在校外的世界发展朋友圈，交的朋友大部分都是有共同爱好的、喜欢旅游什么的、性格上比较开放的、求知欲比较强的。

但她自己也感觉到这种没有融入学校社区的情况会对自己的教学有一定的影响。她承认"如果我当时进去的话，大家在一起时间长了，我会知道别人在干什么，自己就不会那么孤立。听听学生的八卦，也会了解学校的情况"。

五、结语

教师在教育教学实践活动中，逐渐积累自己的实践性知识（无论是正面的还是负面的），不断更新、发展和重构自己的知识系统和认知结构，在"同化"和"顺应"中逐步形成自己的"个人实践理论"，在经验和教训中使自己从一个新手成长为熟手，乃至专家。叙事探究可以清晰地展现这一过程，包括教师的所思、所想、所感、所言、所为等，叙事探究在其本质上就是关注并反思教育实践的一种方法[①]，因此它对研究教师专业发展，尤其是研究教师个人专业发展的过程具有重要的意义，而所叙之事及其价值可以为其他教师所分享，对其他教师的成长亦有启迪作用。

---

① 姜勇《叙事研究与教师专业发展》，《外国中小学教育》2004年第12期。

第五章

教师职业发展研究

第一节 教师的学习风格与教学风格研究[①]

研究显示,由于教师的学习风格对学生的学习起着影响,因此,研究教师个体的学习风格,可对教师本身做进一步的理解。此外,从教师作为一位学习者的角度而言,也可使教师本身进一步地了解自己。[②] 而教师的教学风格与其本身的学习风格有着密切的关系,研究教师的教学风格,可使我们了解教师的教学信念如何影响教学行为,并帮助教师本身提升其教学的品质。[③] 故此,21世纪的教师除了了解学习者的学习风格以进行有效的教学之外,也应该了解自身的学习风格和教学风格。

[①] 本节选自钟国荣《学习风格与教学风格:国际汉语教师培养新理念与方法探究》,《国际汉语教育》2014年第1期。

[②] Zhang, Li-Fang (2004). Thinking styles: University students' preferred teaching styles and their conception of effective teachers. *The Journal of Psychology*, 138(3): 233–252.

[③] Heimlich, J. E., & Norland Emmalou (2002). Teaching styles: where are we now? *New Directions for Adult and Continuing Education*, 93: 17–25.

一、研究内容

在学习风格的研究上，Oxford（1995）有其独到的视角。她认为学习风格是用来学习事物的方法。她把学习风格分为下列五大类型：生理感官，包括视觉型（Visual）、听觉型（Auditory）和动觉型（Hands-on）；性格行为，包括外向型（Extroverted）和内向型（Introverted）；信息处理，包括直觉型（Intuitive）和具体序列型（Concrete-sequential）；信息接收，包括封闭导向型（Closure-oriented）和开放型（Open）；思维方式，包括整体型（Global）和分析型（Analytic）。[1] 根据上述学习风格的五大类型，Oxford设置了Style Analysis Survey学习风格量表，以让学习者从学习风格的五大类型来了解自身的学习风格。在教学风格的研究上，Cooper（2001）曾做了独特的研究。他对教师的人格形态和教学风格之间的关系进行了细致的探讨。他使用Myers Briggs Type Indicator（MBTI）量表和自身研发的Teaching Activity Preference量表，对38位培训教师进行调查研究，发现教师的教学风格和活动与其自身的人格形态十分契合。[2]

本研究使用Oxford设置的Style Analysis Survey量表和Cooper设置的Teaching Activity Preference量表，对22名国际汉语培训教师进行研究，了解他们在人格形态、学习风格和教学风格方面

---

[1] Oxford, R. L. (1995). Style analysis survey (SAS): Assessing your own learning and working styles. In Reid, J. M., (ed.). *Learning Styles in the ESL/EFL Classroom*, 208–215. Boston: Heinle & Heinle.

[2] Cooper, T. C. (2001). Foreign language teaching style and personality. *Foreign Language Annals*, 34(4): 301–317.

的相互关系，以帮助这群教师更全面地了解自己的教学优势和有待开发的教学潜能，进而提升他们的教学质量和教学效益。

二、研究设计

（一）研究对象

本研究的对象为国立教育学院中文系（新加坡）22名国际汉语培训教师。他们都是大学毕业生，年龄介于22至28岁之间。其中男教师8人，女教师14人。他们每人须要完成一份问卷，并回答问卷里的所有题目。问卷的内容在于询问培训教师自身的学习风格和教学风格。全部22名国际汉语培训教师都作答了问卷。

（二）研究工具

本研究使用Oxford设置的Style Analysis Survey量表和Cooper设置的Teaching Activity Preference量表，设置调查问卷一份。问卷分两个部分：第一部分使用Oxford设置的Style Analysis Survey量表，询问培训教师自身的学习风格；第二部分使用Cooper设置的Teaching Activity Preference量表，询问培训教师自身的教学风格。

Oxford设置的Style Analysis Survey量表分成五大类型，每个类型有20题至30题，共有110题。其中最能体现个人学习风格的是类型四（信息接收）和类型五（思维方式），各有20题，共40题。本研究使用类型四和类型五，把学习风格分为两项分类四种类型。第一项分类是类型四（信息接收），包括封闭导向型（第1—10题）和开放型（第11—20题）。第二项分类是类型五（思维方式），包括整体型（第1—10题）和分析型（第

11—20题）。培训教师根据题目内容来选择适合自己的选项，包括"没有""偶尔""时常"和"一直"四个选项。分数的计算则是从"没有"到"一直"依序以0、1、2、3来计算。某项某类型分数最高，即表示个人归属于该项该类型的学习风格。

Cooper设置的Teaching Activity Preference量表共有21题，第1—20题是选择题，第21题是问答题（要求学员写出其他有效的外语教学活动和步骤）。本研究使用第1—20题，其中可分为四项分类八种类型，第一项分类是着重的世界，包括外向型（第1—3题）和内向型（第4—6题）；第二项分类是如何认识外在的世界，包括感知型（第7—9题）和直觉型（第10—12题）；第三项分类是如何下结论做决定，包括思维型（第13—15题）和情感型（第16—18题）；第四项分类是处理事情的态度，包括判断型（第19题）和知觉型（第20题）。培训教师根据题目内容来选择适合自己的选项，包括"1完全不同意"到"5完全同意"五个选项。分数的计算则是从"1完全不同"到"5完全同意"依序以1、2、3、4、5来计算。某项某类型分数最高，即表示个人归属于该项该类型的教学风格。

三、所得数据

（一）培训教师的学习风格

统计结果的所得数据分别列于下面的三个表中：

表1 总体教师的学习风格

学习风格	平均值	标准差	题数	每题平均	排序
封闭型	21.14	3.48	10	2.11	1

（续表）

学习风格	平均值	标准差	题数	每题平均	排序
开放型	8.27	4.07	10	0.82	4
整体型	11.36	4.46	10	1.13	2
分析型	8.95	2.92	10	0.89	3

表1统计结果的所得数据显示，总体教师的学习风格属封闭型（平均值为21.14）和整体型（平均值为11.36）。从排序上而言，第一为封闭型（平均为2.11），第二为整体型（平均为1.13），第三为分析型（平均为0.89），第四为开放型（平均为0.82）。

表2　男教师的学习风格

学习风格	平均值	标准差	题数	每题平均	排序
封闭型	20.13	3.22	10	2.01	1
开放型	13.25	2.44	10	1.32	4
整体型	17.63	3.64	10	1.76	2
分析型	15.63	1.93	10	1.56	3

表2统计结果的所得数据显示，男教师的学习风格属封闭型（平均值为20.13）和整体型（平均值为17.63）。从排序上而言，第一为封闭型（平均为2.01），第二为整体型（平均为1.76），第三为分析型（平均为1.56），第四为开放型（平均为1.32）。

表3　女教师的学习风格

学习风格	平均值	标准差	题数	每题平均	排序
封闭型	21.71	3.49	10	2.17	1
开放型	13.00	4.75	10	1.30	4
整体型	17.86	4.87	10	1.78	2
分析型	14.07	3.22	10	1.40	3

表 3 统计结果的所得数据显示，女教师的学习风格属封闭型（平均值为 21.71）和整体型（平均值为 17.86）。从排序上而言，第一为封闭型（平均为 2.17），第二为整体型（平均为 1.78），第三为分析型（平均为 1.40），第四为开放型（平均为 1.30）。

（二）培训教师的教学风格

统计结果的所得数据分别列于下面的三个表中：

表 4　总体教师的教学风格

教学风格	平均值	标准差	题数	每题平均	排序
外向型	8.68	1.20	10	2.89	1
内向型	5.91	2.05	10	1.97	8
感知型	7.77	1.83	10	2.59	4
直觉型	7.86	1.81	10	2.62	3
思维型	7.77	1.99	10	2.59	4
情感型	7.95	1.87	10	2.65	2
判断型	2.36	0.81	10	2.36	7
知觉型	2.50	0.87	10	2.50	6

表 4 统计结果的所得数据显示，总体教师的教学风格属外向型（平均值为 8.68）、直觉型（平均值为 7.86）、情感型（平均值为 7.95）和知觉型（平均值为 2.50）。从排序上而言，第一为外向型（平均为 2.89），第二为情感型（平均为 2.65），第三为直觉型（平均为 2.62），第四为感知型和思维型（平均为 2.59），第六为知觉型（平均为 2.50），第七为判断型（平均为 2.36），第八为内向型（平均为 1.97）。

表 5　男教师的教学风格

教学风格	平均值	标准差	题数	每题平均	排序
外向型	13.25	1.20	3	4.42	2

(续表)

教学风格	平均值	标准差	题数	每题平均	排序
内向型	10.38	1.22	3	3.46	8
感知型	11.63	2.17	3	3.88	6
直觉型	12.00	1.12	3	4.00	5
思维型	11.13	2.03	3	3.71	7
情感型	12.25	1.20	3	4.08	4
判断型	4.13	0.78	1	4.13	3
知觉型	4.50	0.50	1	4.50	1

表5统计结果的所得数据显示，男教师的教学风格属外向型（平均值为13.25）、直觉型（平均值为12.00）、情感型（平均值为12.25）和知觉型（平均值为4.50）。从排序上而言，第一为知觉型（平均为4.50），第二为外向型（平均为4.42），第三为判断型（平均为4.13），第四为情感型（平均为4.08），第五为直觉型（平均为4.00），第六为感知型（平均为3.88），第七为思维型（平均为3.71），第八为内向型（平均为3.46）。

表6 女教师的教学风格

教学风格	平均值	标准差	题数	每题平均	排序
外向型	13.64	1.17	3	4.55	1
内向型	9.29	2.31	3	3.10	8
感知型	12.21	1.57	3	4.07	4
直觉型	12.36	2.09	3	4.12	3
思维型	12.21	1.86	3	4.07	4
情感型	12.50	2.16	3	4.17	2
判断型	3.71	0.79	1	3.71	7
知觉型	3.93	0.96	1	3.93	6

表6统计结果的所得数据显示，女教师的教学风格属外向型（平均值为13.64）、直觉型（平均值为12.36）、情感型（平均值为12.50）和知觉型（平均值为3.93）。从排序上而言，第一为外向型（平均为4.55），第二为情感型（平均为4.17），第三为直觉型（平均为4.12），第四为感知型和思维型（平均为4.07），第六为知觉型（平均为3.93），第七为判断型（平均为3.71），第八为内向型（平均为3.10）。

四、讨论与启示

（一）培训教师的学习风格

表7 培训教师的学习风格

类型方面 排序方面	总体	男教师	女教师
	封闭型和整体型	封闭型和整体型	封闭型和整体型
1	封闭型	封闭型	封闭型
2	整体型	整体型	整体型
3	分析型	分析型	分析型
4	开放型	开放型	开放型

表7把培训教师的学习风格分为总体、男教师和女教师三方面，按照类型和排序加以排列，清楚地了解他们学习风格的归属类型。在总体教师的学习风格方面：（1）类型方面，属封闭型和整体型；（2）排序方面，第一为封闭型，第二为整体型，第三为分析型，第四为开放型。在男教师的学习风格方面：（1）类型方面，属封闭型和整体型；（2）排序方面，第一为封闭型，第二为整体型，第三为分析型，第四为开放型。在女教师的学习

风格方面：(1) 类型方面，属封闭型和整体型；(2) 排序方面，第一为封闭型，第二为整体型，第三为分析型，第四为开放型。

不论是在总体、在男教师或是在女教师方面，培训教师的学习风格在类型和排序方面都显示相当一致性。类型方面都属于封闭型和整体型；排序方面第一为封闭型，第二为整体型，第三为分析型，第四为开放型。

根据 Oxford 设置的 Style Analysis Survey 量表里对不同类型特征的学习风格的说明，封闭型的学习者专注于所有的学习任务，他们按时完成任务，提前做好计划，并要求明确的方向；开放型的学习者享受发现式学习（以非结构化的方式接收信息），喜欢放松心情，享受学习而不担心学习的期限或规则。整体型的学习者则享受所获得的主要概念，猜测意思和交际沟通，即使不理解所有的词语或概念；分析型的学习者注重细节、逻辑分析和对比。

从这群培训教师的学习风格所归属的类型（封闭型和整体型）和排序（第一为封闭型）来看，教学应该是他们适合从事的职业。身为教师必须提前做好教学计划，并给予学生明确的学习方向，要求学生专注于所有的学习内容，并且要按时完成教师所指定的学习任务。在教学的过程中，教师必须教导学生捕捉主要概念、猜测词语的意思。身为教师必须常常和学生进行交际沟通，才能达到互动的效果。封闭型和整体型学习者的特征具有成为教师的特质，因此，从事教学这个职业十分符合他们的风格，在教育界他们必定能够专其所向、发挥所长，成为尽责且优秀的国际汉语教师。

（二）培训教师的教学风格

表8 培训教师的教学风格

类型方面	总体	男教师	女教师
排序方面	外向型、直觉型、情感型和知觉型	外向型、直觉型、情感型和知觉型	外向型、直觉型、情感型和知觉型
1	外向型	知觉型	外向型
2	情感型	外向型	情感型
3	直觉型	判断型	直觉型
4	感知型和思维型	情感型	感知型和思维型
5	——	直觉型	——
6	知觉型	感知型	知觉型
7	判断型	思维型	判断型
8	内向型	内向型	内向型

表8把培训教师的教学风格分为总体、男教师和女教师三方面，按照类型和排序加以排列，清楚地了解他们教学风格的归属类型。在总体教师的教学风格方面：（1）类型方面，属外向型、直觉型、情感型和知觉型；（2）排序方面，第一为外向型，第二为情感型，第三为直觉型，第四为感知型和思维型，第六为知觉型，第七为判断型，第八为内向型。在男教师的教学风格方面：（1）类型方面，属外向型、直觉型、情感型和知觉型；（2）排序方面，第一为知觉型，第二为外向型，第三为判断型，第四为情感型，第五为直觉型，第六为感知型，第七为思维型，第八为内向型。在女教师的教学风格方面：（1）类型方面，属外向型、直觉型、情感型和知觉型；（2）排序方面，第一为外向型，第二为情感型，第三为直觉型，第四为感知型和思维型，第六为知

觉型，第七为判断型，第八为内向型。

在总体、男教师或是女教师方面，培训教师的教学风格在类型方面都显示相当一致性，属外向型、直觉型、情感型和知觉型。不过，在排序方面却不完全相同。在总体和女教师方面，排序第一为外向型，第二为情感型，第三为直觉型，第四为感知型和思维型，第六为知觉型，第七为判断型，第八为内向型。由于女教师占了总教师比例的64%，因而在排序方面起了影响，以致总体方面的排序和女教师方面的排序出现了一致性。而在男教师方面，排序第一为知觉型，第二为外向型，第三为判断型，第四为情感型，第五为直觉型，第六为感知型，第七为思维型，第八为内向型。

根据Cooper设置的Teaching Activity Preference量表的论文中对不同类型特征的教学风格的说明，外向型教师喜欢参与课堂的主题式讨论，喜欢学生分享个人的经验、事件和想法；内向型教师给比较多的课堂口头汇报和较少的书面作业，因为他们认为，学生在书面作业方面有更好的表现。只要有可能，他们会让学生制定自己的标准。感知型教师往往强调事实和实用信息。在使用教科书之前，他们喜欢为学生在学习过程中提供具体的经验，认为学生学习的最好方式是通过有序的问题，并在可预见的结果中学习；直觉型教师强调概念和含义，而不是细节。他们为学生提供了广泛的选择，并鼓励他们参与如何分配和进行决定。他们培养学生的独立性和创造性的行为。思维型教师往往为学生提供较少的意见。如果他们给学生提供意见，他们尝试尽可能客观，即使这有时可能会缺乏人情味。他们自豪地认为他们的教学富有逻辑组织和易于遵循。情感型教师同时在他们的言语和身体语言中表达其赞扬和批评。他们喜欢学生把时间花在个人学习上，他们

第一节 教师的学习风格与教学风格研究 415

会对学生进行个别辅导。判断型教师遵守其所设置的教学计划，并要求安静的、结构化的和有序的课堂学习。知觉型教师鼓励独立学习，开放式的讨论，交际性的小组学习，并让学生有决定权。

从总体而言，不论是男教师还是女教师，这群培训教师的教学风格类型都显示相当一致性，属外向型、直觉型、情感型和知觉型。他们的教学风格具有下列的特征：外向型教师喜欢参与课堂的主题式讨论，喜欢学生分享个人的经验，事件和想法。直觉型教师强调概念和含义，为学生提供了广泛的选择，鼓励学生参与如何分配和进行决定，并培养学生的独立性和创造性。情感型教师在他们的言语和身体语言中表达其赞扬和批评，他们喜欢学生把时间花在个人学习上，并对学生进行个别辅导。知觉型教师鼓励独立学习、开放式的讨论和交际性的小组学习，并让学生有决定权。

然而，从排序方面而言，男教师和女教师除了内向型风格都排第八之外，其他排列第一至第七的类型完全不相同。男教师排列第一的是知觉型，而女教师排列第一的是外向型。知觉型教师鼓励独立学习，开放式的讨论，交际性的小组学习，并让学生有决定权。外向型教师喜欢参与课堂的主题式讨论，喜欢学生分享个人的经验、事件和想法。这个研究显示，虽然在总体上男教师和女教师的教学风格类型归属相当一致，不过，实际上男教师和女教师的教学风格却有着显著的差异。这是这项研究的重要发现。它可让男女教师更清楚地了解自身的教学类型特征，并且认识到男女教师在教学风格上是有差别的。

五、对培训教师的建议

由于每一位教师都曾经是二语或外语的学习者,在学习时所选择的策略和方式,无疑会反映在他们的教学风格上。而研究显示,教师个人喜欢的教学方式常常来自自身的学习方式。[1] 每一种风格类型提供了不同的优势。培训教师必须认识自己的长处和经常应用这些长处。同时,培训教师必须了解自己不使用的风格类型,并学习使用这些风格类型以发展和提高自身的能力。

那些看上去不适合你的风格类型将帮助你超越你的"舒适区"(Comfort Zone),并扩大和提升你的潜力。例如,如果你是一个高度整体型的人,你可能需要学习使用分析和逻辑,以更有效地学习或工作。如果你是一个极度分析型的人,你可能会错过了一些有用的整体型特性,如快速地掌握主要概念。通过实践,你可以发展这些特性并加以掌握,使它内化,成为你教学中多种风格类型的其中一种。

尝试新的类型,教师不会失去他原有的类型优势,而只会开发自己新的另一面,并给自己带来极大的裨益。我们的建议是,向那些与你有着不同风格类型的人请教,学习他们如何使用他们的风格类型特性。[2] 教师必须改变和提升自我的教学理念,只有敞开胸怀去掌握多种教学类型,才不会囿于单一的教学风格,才

---

[1] Cooper, T. C. (2001). Foreign Language Teaching Style and Personality. *Foreign Language Annals*, 34(4): 301–317.

[2] Oxford, R. L. (1995). Style analysis survey (SAS): Assessing your own learning and working styles. In Reid, J. M. (ed.). *Learning Styles in the ESL/EFL Classroom*, 208–215. Boston: Heinle & Heinle.

能超越自我，在国际汉语教育领域里成为一个拥有多元化教学类型与教学风格的国际汉语教师。

21世纪的国际汉语教师除了了解学习者的学习风格以进行有效的教学之外，也应该了解自身的学习风格和教学风格，并进一步理解其他的教学风格类型。只有了解自身的教学潜能和掌握多元的教学风格类型，才能适应不同学习者的学习需要，进而有效地提升教学质量和教学效益。

第二节 汉语教师志愿者与汉语学习者动机教学策略意识对比研究[①]

近年来，随着中国经济实力的增强和国际化程度的提高，汉语和中国文化在全球的影响力不断提升。在世界各个国家，汉语教学规模日益扩大，学习汉语的人数不断增加。世界各地对汉语教师的需求也越来越大。

为适应当前世界汉语教学蓬勃发展的形势需要，同时也为了向有需求的国家提供汉语师资以推广中国语言及文化，国家汉办自2004年起就启动了汉语教师志愿者项目，为海外选拔和输送优秀汉语教师。该项目吸引了不同背景的热心人士，有高校各专业学生，也有不少在职中小学教师。在入选的教师志愿者队伍中，

---

① 本节选自李娜《汉语教师志愿者与汉语学习者动机教学策略意识对比研究》，《国际汉语教学研究》2015年第4期。

有不少人在赴任前并不具备足够的汉语作为第二语言教学的专业知识或实践经验。因此，如何通过岗前培训帮助教师志愿者从思想意识、职业态度、专业知识、教学技能等方面都做好较充分的准备，就成了十分关键和重要的问题。

本研究选取"动机教学策略"这一特殊视角，通过与汉语学习者的对比，来调查分析教师志愿者群体的动机教学策略意识，希望以此为汉语教师培训或相关培训提供有益的参考。

"动机教学策略"（Motivational Teaching Strategies）这一概念最早来源于更为广义的"动机策略"（Motivational Strategies）。自20世纪90年代，动机策略开始在第二语言教学与研究中广受关注。Dörnyei（2001）将"动机策略"定义为"推动个体实施目标性行为的技巧"[1]。此概念可以从两个角度来认识，一是指"教师用于激发学生动机的指导性干预"，二是指"个体学生为了管理个人动机而有意采取的自我调控策略"[2]。在以往诸多文献中，不少研究者并未从概念术语上进行明确区分，而是常常用"动机策略"一词指代上述两个方面的研究。杨涛、李力（2010）[3]和高越（2012）[4]都建议，应将动机策略明确划分为以教师为主体的动机教学策略（Motivational Teaching Strategies）和以学生为主

---

[1] Dörnyei, Z. (2001). *Motivational Strategies in the Language Classroom*. Cambridge: Cambridge University Press.

[2] Guilloteaux, M., & Dörnyei, Z.(2008). Motivating language learners: a classroom-oriented investigation of the effects of motivational strategies on student motivation. *TESOL Quarterly*, 42(1): 55–77.

[3] 杨涛、李力《动机过程观、自我系统和二语动机策略研究》，《外语与外语教学》2010年第5期。

[4] 高越《国内外二语动机策略研究述评：回顾与展望》，《山东外语教学》2012年第2期。

体的动机学习策略（Motivational Learning Strategies），以便于今后研究的有序开展。鉴于研究角度，笔者将统一使用"动机教学策略"这一概念。

在理论层面，Dörnyei（2001）[①] 从"创建基本激励条件""激发初始动机""维持和保护动机""鼓励反思性自我评价"四个维度分析了动机教学策略，并将其进一步细分为百余条具体的实施技巧，如建立和谐的师生关系、创造友好的课堂气氛、增加学生的成功预期、设计有趣的课堂活动和任务、给学生鼓励性反馈等。这些理论探讨为之后的相关研究和实际教学提供了丰富而全面的参考，[②] 也构建了本节的研究基础。

一、研究设计

（一）研究问题

本研究拟回答以下问题：

1. 汉语教师志愿者及以汉语为第二语言的学习者对动机教学策略的认识有何异同？

[①] Dörnyei, Z. (2001). *Teaching and Researching Motivation*. Harlow: Pearson Education Limited.

[②] 季明雨《关于英语教师在教学中动机教学策略运用的调查》，《外语界》2004 年第 6 期；Cheng H-F, & Dörnyei, Z. (2007). The use of motivational strategies in language instruction: the case of EFL teaching in Taiwan. *Innovation in Language Learning and Teaching*, 1(1): 153–174；于莹《义务教育阶段中、外籍英语教师动机策略对比研究》，《课程・教材・教法》2012 年第 11 期；方雪晴、陈坚林《大学英语教师课堂动机教学策略运用的实证研究》，《外语电化教学》2013 年第 1 期；Guilloteaux, M. (2013). Motivational strategies for the language classroom: perceptions of Korean secondary school English teachers. *System*, 41(1): 3–14.

2. 以上两个群体对动机教学策略的认识异同给国际汉语教师发展和相关培训工作带来哪些启示？

（二）研究对象

本研究涉及两个群体：汉语教师志愿者，汉语学习者。汉语教师志愿者52人，均于2013年8月参加了"国家汉办2013年赴英国助教志愿者培训班"，并于培训之后前往英国各地区大、中、小学从事汉语教学工作（汉语教师志愿者基本情况见表1）。这些教师虽然背景不同，但赴海外从事汉语教学的目标都比较明确，动机也比较强。

表1 汉语教师志愿者基本情况统计

类别	性别		年龄/岁			赴任前教龄/年				国内任教学校		
	女	男	21—30	31—40	41—50	1—5	6—10	11—20	>20	小学	初中	高中
人数/人	43	9	21	25	6	12	24	14	2	13	18	21

本研究中的汉语学习者共104人，参与该调查时全部为北京高校的在读学生，来自欧洲、南美、北美、东亚、南亚等地区的23个国家，其中部分为语言进修生，部分为汉语言专业本科生。他们的汉语水平从初级到中高级不等，学习汉语的时间不同，文化背景不一（汉语学习者基本情况见表2）。

表2 汉语学习者基本情况统计

类别	性别		年龄/岁			地区		汉语水平		
	女	男	15—20	21—25	26—30	亚洲	欧美	初级	中级	高级
人数/人	71	33	17	80	7	64	40	42	30	32

虽然这些学习者目前在中国学习，但因为他们都是成年人，

在学习汉语之前一般有着丰富的外语学习经历，有着相对稳定的学习风格和对教学的认识，因此他们的观点应该能够从一定程度上反映出海内外各类汉语学习者对动机教学策略认识的总体趋势。

（三）研究工具

本研究使用的测量工具主要借鉴了 Dörnyei 和 Csizér（1998）[1]的二语动机教学策略调查问卷，在原有 51 项动机教学策略的基础上进行了必要的调整和翻译，最后形成 44 项策略（详见附录）。问卷调整原则：一是同类项合并，如将原始问卷中的"把游戏和娱乐活动引入课堂"和"在课上进行游戏类的竞赛活动"两项策略合并为"适时引入游戏、比赛等趣味活动"；二是结合汉语作为第二语言教学专业领域的特点对问卷略做改动，如增加了"利用学生资源探讨各国文化差异"等策略。

调整后的问卷采用李克特 5 度量表，分为"完全不重要""不太重要""一般""比较重要""非常重要"五级，记分 1—5 分。由于本研究面向教师和学习者两个调查群体，笔者将问卷设计为两个版本（以下简称为"教师问卷"和"学生问卷"），其具体策略内容和排列顺序完全一致，语言表述略有不同，以符合不同调查群体的思维方式和评价角度，同时注意突出汉语作为第二语言教学与学习的特点。SPSS 19.0 软件的 Alpha 信度分析表明，两套问卷的总体内在信度均高于 0.9。

另外需要特别说明的是，由于本研究中的学习者群体汉语水平有限，学生问卷的语言表述力求简单、直白，并以中英文对照

---

[1] Dörnyei, Z., & Csizér, K. (1998). Ten commandments for motivating language learners: results of an empirical study. *Language Teaching Research*, 2(3): 203–229.

形式呈现，尽可能确保学生对问卷题目理解的准确性。教师问卷则只以中文形式呈现，语言表述力求突出专业性、学术性和规范性。

（四）数据的收集与分析

本研究的数据收集分为两个阶段：对教师志愿者的调查于 2013 年 8 月进行，由笔者在"国家汉办 2013 年赴英国助教志愿者培训班"上亲自发放问卷并现场回收，52 份问卷全部有效。对学习者群体的调查于 2013 年 11—12 月间陆续进行，共发放问卷 110 份，其中有效问卷 104 份。

之后，我们将所得数据通过 SPSS 19.0 软件进行描述性统计，计算出各项动机教学策略的均值和标准差，并对两套问卷进行了分别排序和统一对比分析，用以了解教师志愿者群体和学习者群体对动机教学策略重要性认识的相同与不同之处。

二、研究结果与讨论

（一）汉语教师志愿者对动机教学策略重要性的认识

从教师问卷统计结果来看，52 名被调查者对 44 项动机教学策略基本上都高度认可，全部题项均值的总体平均值为 4.598，最高均值为 4.923，最低均值为 4.135，共有 26 项策略的均值超过了总体平均值。另外，从标准差来看，全部题项中标准差最低为 0.269，最高为 0.82，平均 0.53。也就是说，数据之间的离散程度较小，52 位教师对动机教学策略的认识比较一致。

根据均值高低，我们将这 44 项动机教学策略进行了重新排序。从排序后的结果来看，教师群体最为重视的动机教学策略主要涉及教师本人的职业态度和个人素养，如对待备课的态度，对学生应有的关注、关心、理解等。同时，教师群体也非常重视师生关系、课堂氛围等激励因素。此外，一些具体的教学方法、手段也是教师比较重视的，包括课堂活动、任务指令、反馈指导等方面。总体来说，排名较为靠前的动机教学策略似乎大多是教师能够通过本人努力而实现的，也就是说教师对自我都有比较高的要求。相对而言，排名稍微靠后的一些策略似乎更多需要仰仗学生的努力而共同实现，也就是说，除了对教师本人的要求之外，对学生的自主性要求也比较高，如"发挥学生主人翁意识，让他们参与教学决策或分担组织教学的责任""让学生参与制定班级规则和奖惩机制""帮助学生确立具体的学习目标和个人学习计划""帮助学生对自己的学习建立恰当的预期"等。从数据来看，均值排序最后15项策略中有11项都属此类策略。

在此，我们列出均值位居前10名的动机教学策略，即为该调查群体认为重要程度最高的一组策略（见表3）。

表3 动机教学策略重要性排名前10名（教师问卷）

排序	题号	动机教学策略	均值↓	标准差
1	2	以积极投入的姿态为学生树立良好的榜样。	4.923	0.269
2	1	认真备课。	4.904	0.298
3	12	任务指令与要求清晰明了。	4.865	0.34
4	6	创造愉悦的课堂气氛。	4.846	0.364
5	24	尽量做到公平与公正，关注到每一个学生。	4.846	0.36
6	25	经常鼓励学生。	4.846	0.36
7	8	建立良好、融洽的师生关系。	4.808	0.445
8	11	适时引入游戏、比赛等趣味活动。	4.808	0.445
9	4	能够细心观察，善于接受与理解。	4.788	0.46
10	20	给学生积极的评价及指导性反馈。	4.788	0.412

（二）汉语学习者对动机教学策略重要性的认识

从学生问卷统计结果来看，104名汉语学习者对44项动机教学策略的重要性认可度存在一定差异，全部题项均值的总体平均值为3.841，比教师群体的平均值低0.757。其中最高均值为4.51，最低均值为2.263，共有26项策略的均值超过了总体平均值。数据显示，教师问卷全部题项的均值都在4.0以上，而学生问卷中只有18项均值在4.0以上，其余题项的均值都低于4.0，其中两项低于3.0。由此可见，学习者群体对动机教学策略重要性的认可度总体上低于教师群体。另外，从标准差来看，学习者群体对动机教学策略的重要性认识差异也比较大，标准差最低0.654，最高1.289，平均0.946。

根据均值高低，我们将这44项动机教学策略也进行了重新排序。从排序结果来看，学生群体认为对他们比较重要的策略类型与教师群体大致相似，主要涉及教师对待课程和学生的态度，如积极、认真、热情、细心、公平等。同时，学生群体对课堂气氛、师生关系等方面也都非常重视。另外，对于前面提到的需要学生较多努力才能实现的一些策略，在学生问卷中的排序也大多处于比较靠后的位置，这一点与教师群体的认识也趋于相同。但是，有几项具体策略在两个调查群体中的受重视程度出现了比较大的差异，主要涉及教师专业知识、课堂趣味活动等方面，我们将在之后的讨论中进一步分析。

在此，我们也列出学生问卷排序中均值位居前10名的动机教学策略，即为该调查群体认为重要程度最高的一组策略（见表4）。

表 4 动机教学策略重要性排名前 10 名（学生问卷）

排序	题号	动机教学策略	均值↓	标准差
1	2	老师在上课时应该积极、有热情，为我们树立学习的榜样。	4.51	0.654
2	1	老师应该认真备课。	4.442	0.694
3	24	老师应该公平，关心每一个学生。	4.404	0.807
4	6	老师上课时应该让我们觉得轻松、快乐。	4.298	0.923
5	31	老师应该鼓励我们多思考、多提问。	4.272	0.769
6	4	老师应该细心，能够理解我们，接受我们。	4.269	0.884
7	12	老师在教学和安排学习任务时应该说得简单明白。	4.245	0.83
8	3	老师在上课时应该表现自然、真实。	4.24	0.818
9	8	老师应该跟学生有较好的关系。	4.202	0.817
10	26	老师应该让我们明白，学习时经常出错是很正常的。	4.183	0.734

（三）汉语教师志愿者与汉语学习者对动机教学策略重要性的认识对比

通过对比可以看出，两个被调查群体对 44 项动机教学策略的认识有如下几个特点：

第一，教师群体对动机教学策略重要性的认可度高于学习者群体，且前者在认识上的一致性也高于后者。造成此差异可能有以下几个原因：首先，该教师群体的文化背景相同，从业背景相似，对语言教学的理解和认识大体上趋于一致。而学习者来自诸多国家，其思维方式和评价标准难免会有不同。其次，学习者在来华学习汉语之前，一般都有着丰富的母语和外语学习经历，这些个体差异会直接影响到他们对汉语教学以及教师动机教学策略的认识与评价。另外，由于动机教学策略主要是教师考虑"怎样教"

的问题，而学习者可能更多关注自己"怎样学"，评价角度的不同难免也会影响到调查结果。

第二，通过对比表3和表4可以看出，两个被调查群体选出的位居前10名的动机教学策略中，有七项相同，即第1、2、4、6、8、12、24项。虽然这七项策略的排名略有差异，但都进入了前10名。这说明教师志愿者和学习者对动机教学策略重要性的评价在较大程度上还是吻合的。尤其是第2题和第1题，在两个群体的问卷均值排名中都高度一致地排在前两名的位置。由此可见，教学双方都认为，"教师的态度"相对于其他动机教学策略而言应该是起着决定性作用的一个要素。另外，双方对师生关系、课堂氛围等方面的重视也提醒我们，这些辅助性软实力，在整个教学过程中也是绝对值得重视的一种"能力"。在课堂上，构建好基本的人际交往对教学的顺利推动是事半功倍的。

第三，通过整体对比两套重新排序后的问卷数据，我们发现了两个群体对动机教学策略重要性认识差异相对明显的一些策略，在此以排名差大于15或小于-15为标准将其列于下表（见表5）。此处暂不考虑均值的差异，只是通过对比相同题项在两个群体中的不同排名，从宏观上了解这些策略在教师和学生心目中的相对重要性。

表5 师生问卷排名差异较大的动机教学策略

问卷题项*	教师组排名	学生组排名	师生排名差
5.展现教师在专业知识方面的权威性。	42	13	29
17.选择有趣的话题和丰富的补充材料。	30	14	16
37.利用学生资源探讨各国文化差异。	37	22	15

第二节 汉语教师志愿者与汉语学习者动机教学策略意识对比研究

（续表）

问卷题项	教师组排名	学生组排名	师生排名差
9. 帮助学生相互了解。	38	23	15
16. 尽量使任务活动与学生的个人生活相关联。	23	38	−15
41. 通过小组活动增强学生的团队意识和协作精神。	17	35	−17
30. 激发学生的创造力和想象力。	12	31	−19
29. 让学生有机会展示学习成果或其他相关作品。	15	41	−26
11. 适时引入游戏、比赛等趣味活动。	8	42	−34

* 本表题项采用教师问卷的表述形式。

从表5可以看出，前四项策略在学生心目中的重要性相对较高，而在教师心目中的重要性则相对较低。其中第5题和第17题在学生问卷中都排在了前15名，而在教师问卷中都在倒数15名以内。也就是说，学习者认为是比较重要的动机教学策略，在教师群体中可能没有得到应有的重视。特别是第5题，在教师群体中排名仅为倒数第三。或许对部分教师而言，由于过度关注了教学方法和手段，忽视了专业知识本身。而学习者的需求有可能恰恰相反，他们更注重的是从老师那里获得权威而可信的知识。这一点对成年学生显得尤为重要。另外，由于此次参与调查的教师群体在国内都有一定的教学经验，大概习惯了依托于课本来教学，因而对教学补充材料的重要性可能也认识不足。

相比较来看，表5中的后五项策略在教师心目中的重要性相对较高，而在学生心目中的重要性则相对较低，差别最大的是第11题和第29题。其中，第11题在教师群体中位于正数第八名，而在学习者群体中却排在倒数第三名。如此看来，像游戏教学、趣味活动这类看似非常吸引人的语言教学方法需要教师多加斟酌才能加以运用，而且要考虑学习者的年龄、文化背景、学习风格等。另外，第29题的师生排名差也提醒我们，教师为激发学习者动机而采取的某些激励手段可能并非学习者所需。当然，这一策略的重要程度也应该根据教学对象的年龄层次来区别看待。

三、启示与思考

上述研究结果与讨论难免存在一定的不足和局限，但希望能够给我们带来一些思考与启示。总的来说，要成为一名优秀的汉语教师，必须注重提高自己的"软实力"和"硬实力"。同时，要实现成功的汉语教学，必须依靠教师和学生双方的共同努力。

第一，"软实力"关乎一个人的性格、修养、态度、风格等。这些因素虽然看起来与汉语教学并不直接相关，但却能直接影响教学效果。从学习者问卷排名前10名的动机教学策略可以看出，教师是否积极、热情、认真，能否做到公正、细心、善于理解，能否创造一个愉悦的课堂氛围并与学生建立良好、融洽的关系，都会影响到学生的学习动机，进而影响到学习效果。这些软实力的培养绝非一朝一夕之功，甚至很难在师资教育培训中安排相关的课程加以具体的指导。但是，教师自身却应该具有明确的意识，时刻提醒自己注意这方面的"修炼"。其中尤为重要的一点是"态度"，这是学习者最为看重的一个方面，也是一名教师最应该具备的基本素质。而且，"态度"与教师的年龄、教龄、经验、背景等都没有必然的联系，因此也应该是个人最能够自我把握、自

第二节 汉语教师志愿者与汉语学习者动机教学策略意识对比研究

我要求的。

第二,"硬实力"关乎一个人的专业知识与能力。作为一名汉语教师,必然需要掌握扎实的汉语言文化知识,理解并且能够恰当运用各种教学方法与手段。从本研究来看,汉语学习者(尤其是成年学习者)对教师的专业知识水平有着较高的要求,对这一点,教师应该给予足够的重视。虽然教师志愿者面对的汉语学习者可能大多会处于比较初级的水平,教学内容涉及的似乎只是汉语基础知识,但实际上,越是被母语者认为简单的语言知识,越难以解释,对母语的"习惯成自然"使得许多新手汉语教师很难驾驭基础知识的有效传输。这一点对没有相关教学背景的中小学教师而言尤为重要。国内的很多中小学教师在转型为国际汉语教师之前,已经具备一定的教学经验,能够把握行之有效的教学方法,但教授本国学生和教授外国学生有着本质区别,对语言专业知识的理解和要求也是大为不同的。

第三,本研究的一些数据对比结果应当引起我们对"后方法时代"外语教学的思考。自20世纪90年代Kumaravadivelu(1994)[1]提出"后方法"这一概念以来,国内外众多学者和一线教师都给予了高度关注。武和平、张维民(2011)[2]分别从语言观、教学观、学习观和教师观探讨了"后方法时代"外语教学方法所共有的理论思想和方法策略。本节所研究的动机教学策略同样也体现了"后方法时代"的外语教学理念。例如注重语料的真实性、活动任务

---

[1] Kumaravadivelu, B. (1994). The postmethod condition: (E)merging strategies for second/foreign language teaching. *TESOL Quarterly*, 28(1): 27–48.

[2] 武和平、张维民《后方法时代外语教学方法的重建》,《课程·教材·教法》2011年第6期。

与学生生活的关联性等,都反映了"回归生活、实践体验"这一外语教学观;鼓励学习者互相了解、团队协作等策略都反映了"互动协商、合作探究"这一外语学习观。但遗憾的是,这些策略并没有得到教师和学生的足够重视。如前文所述,有不少需要发挥学生个人努力和自主性的策略在两套问卷中都排在较为靠后的位置。可见,多数学习者对教师的依赖还是比较重,也倾向于将学习的责任更多归于教师一方,这一点其实是与新时代的教学理念不相契合的。

鉴于学习者中普遍存在的学习动机问题以及教师在影响学习者动机过程中所承担的举足轻重的责任,Guilloteaux 和 Dörnyei(2008)[①]指出,如何提高教师的动机教学策略意识,并通过有效培训帮助他们掌握一定的技巧去激发学生的学习动机,是目前应该引起关注的问题,在教师教育和教师培训工作当中更是如此。这一点也提醒培训工作者,在设置相关课程时,有必要将动机教学策略的培训有机融入其中,帮助教师有意识地在课堂上运用一些策略和方法,以提高学习者的学习兴趣和动机,更重要的是激发他们的学习自主性。一方面要鼓励学生更加独立,敢于承担学习的责任,另一方面也要创造条件让学生乐于互助、善于合作。

[①] Guilloteaux, M., & Dörnyei, Z. (2008). Motivating language learners: a classroom-oriented investigation of the effects of motivational strategies on student motivation. *TESOL Quarterly*, 42(1): 55–77.

四、结语

本研究通过两套内容一致、表述略有不同的问卷，对 52 名即将赴海外从事汉语教学的教师志愿者和 104 名汉语学习者进行了调查，对比分析了两个群体对 44 项动机教学策略的认识。综合研究结果，我们认为，教师的"软实力"和"硬实力"都至关重要。硬实力属于比较显性的基本功，可以通过长期的学习积累以及借助他人的传授、指导来获得。相比较而言，软实力较为隐性，更多地需要个人的修炼，提高对自我的要求。就教学而言，有知识、无方法固然难以驾驭教学，但重方法、轻知识同样难以满足学习者的需求。总之，"态度"是根本，"知识"是核心，"方法"是关键，三者相辅相成，缺一不可。此外，教师也应该引导学习者充分认识到自己在学习中应承担的责任，多提供机会鼓励他们参与、合作和担当。对学生而言，教师是支持，同伴是协助，自身是关键。只有师生双方的教学与学习理念达到最大程度上的一致，才能获得最理想的效果。

最后，希望汉语教师能够增强动机教学策略意识，成为汉语学习者学习动机的有效保护者和推动者，更好地促进汉语国际教育事业的健康发展。

附 录

课堂教学"动机教学策略"调查问卷中的题项

	教师问卷中的题目表述形式	学生问卷中的题目表述形式
1	认真备课。	老师应该认真备课。
2	以积极投入的姿态为学生树立良好的榜样。	老师在上课时应该积极、有热情，为我们树立学习的榜样。

（续表）

	教师问卷中的题目表述形式	学生问卷中的题目表述形式
3	在教学中表现自然、真实。	老师在上课时应该自然、真实。
4	能够细心观察,善于接受与理解。	老师应该细心,能够理解我们,接受我们。
5	展现教师在专业知识方面的权威性。	老师应该有很好的汉语言文化知识。
6	创造愉悦的课堂气氛。	老师上课时应该让我们轻松、快乐。
7	鼓励学生布置装扮教室。	老师应该让我们布置教室。
8	建立良好、融洽的师生关系。	老师应该跟学生有较好的关系。
9	帮助学生相互了解。	老师应该帮助学生相互了解。
10	把幽默与欢笑带入课堂。	老师应该幽默、友好。
11	适时引入游戏、比赛等趣味活动。	老师在上课时应该安排游戏、比赛等有意思的活动。
12	任务指令与要求清晰明了。	老师在教学和安排学习任务时应该说得简单明白。
13	为学生完成任务给予指导。	在完成学习任务时老师应该给我们指导和帮助。
14	让学生知晓每一个任务的目的与意义。	老师应该让我们知道每一个学习任务的目的与作用。
15	使任务有一定的挑战性以激发学生兴趣。	老师安排的任务应该有一定的挑战性,让我们感兴趣。
16	尽量使任务活动与学生的个人生活相关联。	老师给我们安排的任务活动应该和我们的生活有关系。
17	选择有趣的话题和丰富的补充材料。	老师应该给我们选择有意思的话题和丰富的资源。
18	使课堂活动多样化。	老师应该给我们安排多种多样的课堂活动。
19	让兴趣而不是分数成为学生学习的动力。	老师应该让我们为了兴趣学习,而不是为了成绩。
20	给学生积极的评价及指导性反馈。	老师应该给学生积极的评价并帮助我们进步。

（续表）

	教师问卷中的题目表述形式	学生问卷中的题目表述形式
21	让学生经常感受到成功。	老师应该经常让我们有机会感受到成功。
22	帮助缓解学生的语言焦虑。	老师应该帮助我们减少说汉语时的紧张感。
23	避免拿学生的成绩或表现来相互比较。	老师不应该比较学生们的成绩和表现。
24	尽量做到公平与公正，关注到每一个学生。	老师应该公平，关心每一个学生。
25	经常鼓励学生。	老师应该经常鼓励我们。
26	让学生明白出错是学习过程中的正常现象。	老师应该让我们明白，学习时经常出错是很正常的。
27	适时给予学生分数之外的奖励。	有时候老师应该给我们一点小奖品或小礼物。
28	帮助学生认识到努力是成功的最主要因素。	老师应该帮助我们认识到：想要成功，努力是最重要的。
29	让学生有机会展示学习成果或其他相关作品。	老师应该让我们有机会展示我们的学习成果或其他作品。
30	激发学生的创造力和想象力。	老师应该鼓励我们创造和想象。
31	鼓励学生思考与提问。	老师应该鼓励我们多思考、多提问。
32	发挥学生主人翁意识，让他们参与教学决策或分担组织教学的责任。	老师应该让我们参与组织教学。
33	帮助学生对自己的学习建立恰当的预期。	老师应该使我们对自己的学习有一个合理的预期。
34	帮助学生确立具体的学习目标和个人学习计划。	老师应该让我们有自己的学习目标和学习计划。
35	分析了解学生的学习需求。	老师应该了解我们的学习需求。
36	让学生了解所学语言内容的相关文化背景。	老师应该帮助我们了解汉语的文化背景。

（续表）

	教师问卷中的题目表述形式	学生问卷中的题目表述形式
37	利用学生资源探讨各国文化差异。	老师应该让不同国家的学生讨论各国文化。
38	教学中尽量采用真实语料。	老师在教学中应该选用真实的语言资源。
39	强调目的语的实用价值。	老师应该让我们觉得学习汉语很有用。
40	帮助或鼓励学生寻找语伴。	老师应该帮助或鼓励我们寻找语伴。
41	通过小组活动增强学生的团队意识和协作精神。	老师应该给我们安排小组活动，鼓励我们合作。
42	组织课外活动，增强班级凝聚力。	老师应该给我们组织课外活动。
43	让学生参与制定班级规则和奖惩机制。	老师应该帮助我们增强集体意识，让我们觉得班级是一个大家庭。
44	积极维持班级规则，奖惩分明。	老师应该让我们参与决定班级规则和奖励办法。

第三节 对外汉语教师教学效能感研究[①]

在中国经济腾飞的今天，国际上的"汉语热"对汉语教师培训提出了急迫的要求。但目前关于对外汉语教师心理的研究非常少，教师培训和选拔的理论基础非常薄弱。影响对外汉语教师教学心理的关键因素有哪些？有什么特点？哪些因素有助于提高教师自信、哪些因素是影响教学效果的核心因素？这些问题在汉语

---

① 本节选自徐彩华《对外汉语教师教学效能感的特点》，《语言教学与研究》2009年第3期。

教师心理研究中具有重要的理论和实践意义。

　　教师心理中与教学关系最密切的是教学效能感。它包括一般教育效能感和个人教学效能感。前者指对宏观的教与学的关系、教育在学生发展中的作用等问题的信念。后者指教师对于自身教学能力的一种信念和评价。[①]对教学有直接影响的是教师个人教学效能感。本研究和大多数研究中所探讨的教学效能感都是指个人教学效能感。它是教师对自身能否成功影响学生，完成教学任务的自我信念和体验。近年，这方面的研究逐渐引起了研究者的注意，成为教师专业化发展过程中的重要课题。[②]研究发现教学效能感既指向教学的自我体验，也包括一定心理调节能力。[③]教学效能感与教师的教学行为在各个维度上都有显著相关，较高的教学效能感是教师在教学上走向成熟的重要标志。[④]专家型教师的教学效能感高于新手型教师。[⑤]专家型教师对教学行为的控制更有目的、更有效，教学监控能力更强。[⑥]但是，对外汉语教师

[①] 钟启泉《教师"专业化"：理念、制度、课题》，《教育研究》2001年第1期。

[②] 钟启泉《教师"专业化"：涵义与课题》，《教育参考》1999年第4期；钟启泉《教师"专业化"：理念、制度、课题》，《教育研究》2001年第1期。

[③] 赵福果、李媛《中学教师教学效能感与心理健康水平的相关研究》，《心理科学》2002年第6期。

[④] 张学民、申继亮《教师教学专长发展的五个阶段及其特征》，《比较教育研究》2001年第3期；张民选《专业知识显性化的途径》，《教育研究》2002年第1期。

[⑤] 连榕、孟迎芳、廖美玲《专家—熟手—新手型教师教学策略与成就目标、人格特征的关系研究》，《心理科学》2003年第1期；连榕《新手—熟手—专家型教师心理特征的比较》，《心理学报》2004年第1期。

[⑥] 俞国良、罗晓路《教师教学效能感及其相关因素研究》，《北京师范大学学报》（社会科学版）2000年第1期。

教学效能感的研究目前还未受到重视。我们曾用差异分析（如专家型、新手型教师的对比）的方法初步发现专家型、新手型对外汉语教师的教学效能感有差异。[1]但该研究只限于差异研究，需进一步对汉语教师教学效能感的组成成分和其中的核心因素进行考察方能揭示对外汉语教师教学效能感不同于其他专业教师的特点。因此，本研究主要进行因子分析，通过聚合所有教学效能感的因素，提取核心成分（主成分），探讨对外汉语教师教学效能感的特点。

一、研究方法

（一）对外汉语教师教学效能感量表的设计

通过专家访谈、对比对外汉语教学[2]与中小学语文教学的不同，[3]假设汉语教师教学效能感至少包括四个方面：对教学过程的控制（如语言点讲解、教学时间、目标、过程、秩序的控制）、对个人特点的认同（如口语表达能力、外语能力、幽默感、亲和力）、对教学风格的意识（教学风格和特点的形成）、对教学的情感体验（负担感、焦虑感、胜任感、成就感、忠诚感）。据此形成"汉语教师自我效能感评定量表"，含43个条目，以五点自陈量表的形式让教师进行自我评定。被试为专家型和新手型教师。

---

[1] 徐彩华、程伟民《对外汉语教师教学效能感初探》，《汉语学习》2007年第2期。

[2] 杨惠元《汉语听力说话教学法》，北京语言学院出版社，1996年。

[3] 王国英、沃建中《小学语文教师教学策略的结构》，《心理发展与教育》2000年第3期。

（二）量表的施测和统计分析

对 14 名专家教师（平均教龄 10 年 10 个月）和 14 名新手教师（平均教龄 10 个月）施测。用 SPSS 统计软件包对数据进行因子分析。具体做法是对 43 个条目进行主成分分析，提取关系紧密的一群条目之间的共性——主成分，分析教学效能感的成分及特点。

二、研究结果

（一）八个主成分的提取

对 28 名教师教学效能感问卷的数据进行因子分析，发现从 43 个条目中能抽取出八个主成分。这八个主成分的因子特征值大于 1（见表 1 左侧正交不旋转栏目），能代表整个量表的 80.87% 的信息，可以用这八个主成分代表汉语教师教学效能感。

表 1　主成分分析所抽取的八个公因子

因子编号	正交不旋转			最大 4 次方旋转		
	因子特征值	占总特征值的百分比/%	累计特征值/%	因子特征值	占总特征值的百分比/%	累计特征值/%
1	9.242	31.868	31.091	6.823	23.527	23.527
2	3.277	11.302	43.145	4.540	15.656	39.183
3	2.867	9.885	53.055	2.271	7.832	47.015
4	2.385	8.225	61.455	2.222	7.663	54.678
5	1.640	5.656	67.000	2.150	7.413	62.091
6	1.587	5.474	72.411	2.061	7.108	69.199
7	1.337	4.609	77.020	1.800	6.206	75.405
8	1.118	3.855	80.874	1.586	5.469	80.874

进一步分析各个主成分所含的内容,考察能否进行命名。第1主成分贡献量达到31%,所含条目中相关系数达到0.40以上的有22个,以相关度高低划分如下:(1)高度相关条目(0.70—0.81):成就感、积极体验、亲和力、口语表达、教学过程控制、无焦虑感。(2)中度相关条目(0.50—0.70):情绪感染力、语言点讲解、教学目标控制、备课耐心、无事务负担感、课后反省、时间控制、历史关注、语法关注。(3)低度相关条目(0.40—0.50):工作意义认知、形成教学特点、教学期望、教学胜任感、职业期望、才艺、教学秩序控制。

广泛的相关说明第1主成分的综合性很强,各个条目只要对教学有益处就都会与其有一些关联,要明晰其主要成分还需进一步分析。因此我们进行矩阵的旋转,减少主成分所含条目之间的重叠、加强主成分之间的独立性,以便进行主成分命名。对数据进行四次方最大正交旋转(Quartimax Rotation)。还是得到八个主成分,对量表的解释力还是80.87%(见表1右侧最大四次方旋转栏目),但主成分的独立性提高了,各主成分所含条目之间的交叉现象减少了,能根据其所含条目的内容进行命名了。

(二)八个主成分的命名

八个主成分所含条目及条目与主成分的相关系数见表2。

表2　教学效能感主成分分析的因子项目和因子命名
(四次方最大正交旋转)

主成分编号	1	2	3	4
命名(贡献量)	语言教学的自我评价(23.527%)	对教学的情感体验(15.656%)	关注文化比较和工作意义(7.832%)	工作感受(7.633%)

（续表）

主成分编号	1	2	3	4
主成分所含项目内容	语言点讲解（0.857） 教学目标控制（0.777） 时间控制（0.773） 课后反省（0.743） 口语表达（0.692） 语法学习（0.687） 教学过程控制（0.664） 形成教学特点（0.651） 无教学焦虑感（0.622） 教学积极体验（0.564） 亲和力（0.512） 成就感（0.458） 无事务负担感（0.415） 历史学习（0.450） 发展期望（0.443）	无教学压抑感（0.867） 教学秩序控制感（0.826） 备课耐心（0.816） 情绪感染力（0.735） 成就感（0.624） 无事务负担感（0.564） 亲和力（0.534） 教学积极体验（0.468）	文化比较（0.829） 工作意义（0.775）	工作适合（0.693） 无事务负担感（0.533）
主成分编号	5	6	7	8
命名（贡献量）	外语与才艺（7.413%）	黑板字（7.108%）	教学期望与胜任感（6.238%）	汉字关注（5.469%）
主成分所含项目内容	外语能力（0.886） 才艺（0.763）	黑板字（0.706）	教学胜任感（0.634） 教学评估期望（0.630）	汉字教学（0.832）

注：括号内的数字为该条目与该栏因子的相关系数。因篇幅所限，表中只标出了相关系数在 0.40 以上的条目，低于 0.40 的条目没有列出。

从表2可知，第1主成分的贡献量为23.527%。与其相关最高的是语言点讲解，其次是教学目标控制、时间控制、课后反省，再次是口语表达、语法学习、教学过程控制、形成教学特点等。这些项目非常集中地围绕教学展开。因此第1主成分被命名为"语言教学的自我评价"。它是贡献量最大的因素。因此，对外汉语教师自我效能感中最重要的因素是对自身语言教学情况的评价。其中最核心的条目包括教师对语言点讲解、教学目标和时间控制的自我判断、对教学的反思以及其他与教学有关的条目。

第2主成分的贡献量为15.656%。与其相关最高的是无教学压抑感、对教学秩序的控制感、备课耐心，其次是教师的情绪感染力、教师对教学的成就感。这些因素都与教学的情感体验有关，因此本主成分被命名为"对教学的情感体验"。值得注意的是，相对教学积极体验和成就感，无教学压抑感对整体情绪的影响更大。而且一些与教学有关的教师个性特征如耐心、情绪感染力、亲和力也影响教师的情感体验。这些特点后面会进一步分析和讨论。

第3主成分贡献量为7.832%，包括对文化比较的关注和对工作意义的认知，被命名为"关注文化比较和工作意义"。可见教师对文化比较的关注，对工作意义的认知会影响教师的教学效能感。

第4主成分贡献量为7.633%，包括对工作适合度的认同和无事务负担感。两个条目都体现了教师对工作的感受，因此命名为"工作感受"。对工作适合度的认同与无事务负担感同属于一个公因子表明，这两者可能有一些内在联系。过多的教学任务可能会使教师产生事务性的负担感。

第5主成分贡献量为7.413%，包括外语能力和才艺，它们与公因子的相关系数都比较高，属于个人能力。

第6主成分只包含1项——黑板字，相关系数比较高，也属于个人能力，因此5、6因子分别命名为"外语与才艺""黑板字"。

第7主成分贡献量为6.238%，包括教学胜任感和教学评估期望，两个条目与公因子都有中高度的相关，并且相关系数非常接近，因此命名为"教学期望与胜任感"。

第 8 主成分贡献量为 5.469%，只有一个条目。教师对于汉字教学是否下过苦功，能否在教学中运用相关知识，被命名为"汉字关注"。

（三）对外汉语教师教学效能感的特点

根据以上对八个主成分具体组成和命名的分析，可知对外汉语教师教学效能感有以下特点：（1）对语言教学情况的自我判断是教师效能感中最重要的部分。语言点的讲解非常重要，对教学的控制能力和反省能力也影响教师对自身教学能力的判断。（2）对教学的情感体验也是影响教学效能感的重要因素。这首先意味着减少或消除对教学的负面情绪，其次一些有助于教学的积极个性特征如耐心、有感染力、有亲和力等也有助于教师建立对教学的自信。（3）对外汉语教师教学效能感中既有重点同时涉及的因素也比较广泛。从八个因子贡献量的分布来看，语言教学、情感体验的贡献量比较大，两者相加达到了教学效能感中可解释成分中的 1/2 左右的贡献量。说明这两个因素合在一起是教学效能感中最重要的因素。其他如对文化比较和工作意义的关注、对工作的感受、外语能力、才艺、黑板字、对教学效果的期望和胜任感、对汉字的关注也有一定作用，分享了剩余一半的可解释力。可见，对外汉语教师教学效能感中既有重点也有广泛的其他因素。

此外，我们发现语言教学的自我评价和对教学的情感体验两个因素似乎有聚合在一起共同起作用的倾向。旋转之前排名第一的主成分（贡献量 32%）所含的条目中情感、个性、语言教学条目混合在一起。其中情感和个性特征的条目为五个：成就感、积极体验、亲和力、无焦虑感、情绪感染力。语言教学的条目也是五个：口语表达、教学过程控制、语言点讲解、教学目标控制、备课耐心。通过旋转，分离成语言教学、情感体验两个独立的主成分后，语言教学中仍然包含少量情感体验和个性特征的条目（如无教学焦虑感、教学积极体验，见表2）。与此同时，第2主成分中的积极体验、成就感、亲和力与第2主成分的相关系数有所下降（分别为0.468、0.624、0.534），说明语言教学离不开情绪体验。反之对教学的情感体验也离不开语言教学。离开了教学，积极情绪体验和亲和力的解释力也会有所下降。

那么这两个主成分如何联结的？我们对因子1、2中的16个主要项目进行了进一步的相关分析。结果发现因子1中包含的前八个高教学指向条目中，其中五个条目相互之间的相关比较高（教学目标控制、时间控制、课后反省、教学特点风格的形成、教师对语法学习的关注）。另三个条目（语言点讲解、教学过程控制和口语表达）则既与前5个条目相关很高又与第2因子情感体验中的条目相关很高。具体地看，语言点讲解与无焦虑感相关很高（0.70）；教学过程控制与积极情感体验的相关很高（0.76）；与成就感的相关也很高（0.66）。口语表达与无焦虑感（0.64）、亲和力（0.61）、积极情感体验（0.56）都有高度相关。以上高相关说明良好的语言点讲解能消除教师的焦虑感、成功的教学过程控制能增强教师的成就感和积极情感体验、良好的口语表达有利于教师消除焦虑、体现亲和力、得到积极体验。可以认为此三个项目是语言教学和积极情感体验的联结纽带，它们使语言教学与情感体验形成相互影响、共同起作用的局面。

因子分析的目的是聚合（Cluster）性质相近的条目，提取有影响力的因子（Factor）。因子分析（也叫主成分分析）可以展示复杂事物的结构成分和特点。取样数据的代表性和典型性对分析的可靠性有一定影响。我们以专家型、新手型教师为样本,代表了对外汉语教师效能感的最典型的两个阶段——起点阶段和高级阶段,样本的结构比较好,因此能够在小样本的情况下成功地抽取到了八个因子。日后如有条件,还可以用更大的样本进行验证和相关研究。

(四)专家型、新手型汉语教师教学效能感的差异——对外汉语教师专业化发展的特点

专家型、新手型教师教学效能感的差异有助于理解教师效能感的发展变化过程,揭示对外汉语教师专业化发展的特点。我们对专家型、新手型教师教学效能感的自我评定得分进行方差分析,发现以下条目差异显著或接近显著,见表3。

表3 专家型教师和新手型教师教学效能感的差异

类别	项目	新手型教师组	专家型教师组	显著性差异(p)值
语言教学	控制教学活动、练习	4.21	4.87	0.01**
	课堂秩序控制	3.87	4.44	0.06
情感体验	教学胜任感	4.28	4.88	0.01**
	成就感	4.14	4.75	0.03*
	无焦虑感	3.89	4.50	0.06
	上课时无压抑感	4.36	5	0.07
	上课时不紧张	4.00	4.75	0.05*
个人能力认同	黑板字	4.43	3.75	0.08
对相关领域的关注	关注历史问题	3.00	3.75	0.05*

* 表示在0.05水平上差异显著,** 表示在0.01水平上差异显著。

在语言教学方面,两类教师对教学活动、练习的控制力差异显著,对课堂秩序控制的差异接近显著。情感体验方面,胜任感、成就感、上课时不紧张这三条有显著差异，专家型教师的高一些。焦虑感和压抑感上的差异接近显著，也是专家型教师好一些。对与教学相关的历史问题的关注两类教师也差异显著，专家型教师更为关注些。黑板字方面显著差异，新手教师的自我评定高一些。专家型、新手型教师除了对教学控制有差异外，在情绪情感方面的差异更为显著。专家教师对教学活动、练习、课堂秩序的控制感比较强。对教学有更多的积极体验，有比较强的胜任感和成就感，消极情感比较少，而且关注的东西也更广泛些。相反，新手型教师对教学的控制感比较弱，有明显的焦虑、压抑、紧张情绪。上文因子分析已经发现，对教学的积极情感体验中最重要的就是无教学压抑感等负面情绪体验。因此针对新手教师比较紧张、焦虑和压抑感比较强的状况，我们应该予以注意。

三、对实践的指导意义

本研究发现：（1）对外汉语教师教学效能感有八个主要成分。其中最核心的因素是对语言教学的自我评价和对教学的情感体验。其他因素也有一定作用。（2）教师对语言教学的自我判断中最重要的成分是语言点教学、对教学的控制能力和教学反省能力。（3）对教学的情感体验中没有压抑感等负面情绪很重要；一些人格特征如耐心、有感染力、有亲和力等也有助于教师建立对教学的自信。（4）语言教学和情感体验的联结纽带是语言点讲解、教学过程控制和口语表达。良好的语言点讲解能消除教师的焦虑感。成功的教学过程控制能增强教师的成就感和积极情感体验。（5）专家型、新手型教师教学效能感的差异既有教学控制感上的也有情感体验上的。研究结果给我们以下启示：

（一）语言点讲解的重要性

对外汉语教学界通常认为语言点的讲解能力非常重要，将其作为汉语教师最重要的基本功。本研究结果表明这种行业常识是有科学依据的。语言点讲解不仅是语言教学中最重要的因素，而且能有效消除教师的焦虑。因此语言点教学能力的培养应该成为教师培训的核心内容。除语言点讲解以外，对教学过程的控制、常常进行教学反省等也是教师对自我教学判断和调节能力的重要内容。

（二）教师教学自信心的源泉

教师的教学自信首先来源于语言教学。成功的教学实践会和积极情感体验融合在一起成为良性循环。因此要注重通过语言教学与积极情感的互动提高教师的教学自信。同时我们还应该注意控制负面情绪体验。一旦发现对教学有负面情绪，应尽快找到原因解决问题。

（三）具有"宜教"性的教师个性特征

有经验的教师通常认为某些个性有助于建立师生关系。本研究发现确实如此：亲和力、感染力、耐心、口语表达能力这些个性特征与教学密切相关，有助于提高教师的教学自信。虽然个性受先天因素影响很大，但行为表现是可以模仿学习的。教师培训中可以通过组织观摩亲和力、感染力比较强的教师的教学，使亲和力、感染力成为可以行为化、操作化的"事件"，让更多的教师从中获益。在备课耐心方面也可以制定相应的步骤和标准，使其更易操作。

（四）新手教师培训的必要性和专业发展

本研究中新手教师是在读高年级对外汉语教学专业硕士，他们受过语言点教学的训练而且热情非常高，可是紧张和焦虑等负面情感仍然比较高，因此对新手教师培训是必要的。可以通过强化语言教学增强教师的教学控制感，减少负面情绪体验。最后，一些良好的个人能力（如黑板字、外语水平、才艺）对教师自信心的培养也有一定积极作用，可以在行有余力的情况下适当进行这方面的培训。

（五）教学效能感的自我诊断价值

长期以来对外汉语教学界的教学评估都以学生评估为主，不太重视教师作为教学主体的感受。本研究表明教师自身的感受和体验是反映其教学成熟度的有效指标。为研制教学效能感量表，我们进行了两次施测，一次 2003 年秋季（初版量表），一次 2006 年冬季（二版量表）。两批专家型、新手型教师完全不同，却稳定地发现了专家型、新手教师教学效能感的差异。可见教师的自检是可信的，有助于对自身教学能力进行调整。应该重视教学效能感的自我诊断价值、重视教师自查的重要性。让教师找到自己的问题所在，知道努力的方向。

第四节　对外汉语教师职业倦怠研究[1]

职业倦怠是由 Freudenberder（1974）[2]首先提出的一个概念，指服务行业职员所感受到的一种身心极度疲惫的综合反应状态。这种状态容易导致职员产生一些负面情绪和行为，进而影响工作质量和效率。因此，教育、医学和警察等一些服务性行业都很重视对职业倦怠的研究。研究者中，Maslach 和 Jackson（1981）[3]的贡献巨大，提出了一个得到广泛认同的操作性定义，即工作倦怠是由情感耗竭（Emotional Exhaustion）、去人性化（Depersonalization）以及低成就感（Diminished Personal Accomplishment）等三个主要维度构成的一种生理和心理上多维度的综合性症状。在此基础上，他们还设计了一个得到广泛使用的职业倦怠调查问卷（Maslach Burnout Inventory，简称 MBI）。

教师是职业倦怠的高发群体之一。国外 20 世纪 80 年代就开始对教师职业倦怠进行研究，主要集中在职业倦怠产生的社会根源及其影响因素。[4]研究发现，对外国教师来说，年轻、受教育

---

[1]　本节选自郭睿《对外汉语教师职业倦怠：现状与对策》，《语言教学与研究》2014 年第 6 期。

[2]　Freudenberger, Herbert J. (1974). Staff burn-out. *Journal of Social Issues*, 30(1): 159–165.

[3]　Maslach, Christina, & Susan E. Jackson (1981). The measurement of experienced burnout. *Journal of Occupational Behavior*, 2(2): 99–113.

[4]　李江霞《国外教师职业倦怠理论对我国的启示》，《教育科学》2003 年第 1 期。

程度高的教师更容易产生职业倦怠；[1]工作负荷过重、教师缺乏自主性、角色模糊、学生问题以及缺乏社会支持等情况下容易产生职业倦怠；[2]当然解决这些问题（比如工作负荷过重）本身也是缓解教师职业倦怠的策略。[3]国内对教师职业倦怠的研究主要是介绍西方有关职业倦怠研究的状况[4]和测量教师的职业倦怠情况。[5]研究对象主要是中小学教师和高校教师。具体到大学英语教师，相关研究就不多，能够查阅到的只有两篇论文。[6]笔者没有发现针对对外汉语教师或海外汉语教师职业倦怠的相关研究。具体就中小学教师职业倦怠研究来说，其中有较为一致的结论，比如认为中小学教师职业倦怠的总体水平并不严重，性别对教师职业倦怠没有显著影响。[7]也有不一致的结论，比如赵玉芳和毕

---

[1] Maslach, Christina, Wilmar B. Schaufeli, & Michael P. Leiter (2001). Job burnout. *Annual Review of Psychology*, 52(1): 397-422.

[2] Hallsten, Lennart (1993). Burning out: A framework. In Wilmar B. Schaufeli, Christina Maslach, & Tadeusz Marek (eds.). *Professional Burnout: Recent Developments in Theory and Research*. Taylor, & Francis; Potter, Beverly A. (1996). *Preventing Job Burnout: Transforming Work Pressures into Productivity* (Revised edition). Von Hoffmann Graphics, Inc.

[3] Potter, Beverly A. (1996). *Preventing Job Burnout: Transforming Work Pressures into Productivity* (Revised edition). Von Hoffmann Graphics, Inc.

[4] 杨秀玉《西方教师职业倦怠研究述评》，《外国教育研究》2005年第11期。

[5] 赵玉芳、毕重增《中学教师职业倦怠状况及影响因素的研究》，《心理发展与教育》2003第1期；周彦良《普通高校教师职业倦怠状况调查研究》，《辽宁教育研究》2006年第7期；赵守盈、陈维《贵州小学教师职业倦怠现状》，《教育研究与实验》2010年第3期。

[6] 尹山鹰《大学英语教师职业倦怠现象探讨》，《外国语文》2011年第6期；唐进《大学英语教师的工作倦怠研究》，《山东外语教学》2011年第5期。

[7] 赵玉芳、毕重增《中学教师职业倦怠状况及影响因素的研究》，《心理发展与教育》2003年第1期；赵守盈、陈维《贵州小学教师职业倦怠现状》，《教育研究与实验》2010年第3期。

重增（2003）[1]发现教龄和职称是影响教师职业倦怠的重要因素，而赵守盈和陈维（2010）[2]却发现这些因素对教师的职业倦怠没有显著影响。就大学英语教师来说，职业倦怠中的情感耗竭和去人性化有性别差异，而低成就感就没有；学历和职称对职业倦怠中的情感耗竭、去人性化和低成就感都没有显著影响。[3]

与国内其他科目教师不同，对外汉语教师所面对的学生来自全球各国，文化不同，秉性各异，更不容易管理，而且所教的内容（尤其是初级汉语）更基础，更简单，重复性也极强。根据已有的研究，这些都是职业倦怠的诱发因素。那么这些因素有没有造成对外汉语教师的职业倦怠呢？如果有，轻还是重？这需要针对对外汉语教师职业倦怠情况进行调查研究，以便及时进行干预和疏导。本研究使用问卷调查和访谈等方法来了解对外汉语教师职业倦怠的情况，并在此基础上提出一些对策。从意义和价值层面来说，本研究不仅有助于维护对外汉语教师身心健康及整个教师队伍的稳定，而且对海外汉语教师的培养和发展也有很好的借鉴意义。

一、研究设计

（一）被试

本研究采取整群抽样的方法，从北京语言大学三个留学生学

---

[1] 赵玉芳、毕重增《中学教师职业倦怠状况及影响因素的研究》，《心理发展与教育》2003年第1期。
[2] 赵守盈、陈维《贵州小学教师职业倦怠现状》，《教育研究与实验》2010年第3期。
[3] 唐进《大学英语教师的工作倦怠研究》，《山东外语教学》2011年第5期。

院抽取180名对外汉语教师进行问卷调查,得到有效问卷154份。被试中,男教师46人,女教师108人;本科13人,硕士106人,博士35人;助教15人,讲师114人,副教授25人;教龄5年及以下46人,6到15年73人,16年及以上35人。

(二)方法和工具

本研究使用问卷调查法和访谈法。问卷调查法采用Maslach设计的教师职业倦怠问卷,即MBI为工具。MBI共有22个题目,包括情感耗竭(9个题目)、去人性化(5个题目)和低成就感(8个题目)三个维度。情感耗竭是核心部分,是职业倦怠最明显的表征,是指教师对待教学缺乏热情,感觉到自己的感情损耗殆尽而处于极度疲惫的状态,职业幸福感很低;去人性化是指教师对学生表现出消极、否定、冷漠的行为,缺乏必要的同情心;低成就感是指教师无法从教学中体验到成就感,而且倾向于消极评价自己和工作。MBI采用4点计分法:"从未如此""很少如此""有时如此""经常如此",分别记1—4分。低成就感维度采取反向计分。各维度得分为本维度所有题目的平均分。被试在量表上的得分越高表示职业倦怠程度越高。该问卷信度和效度都很高,[1]具有跨文化的一致性,[2]而且在业界使用广泛。[3]在本次测量中,该问卷的情感耗竭维度内部一致性α系数为0.792,去人

---

[1] Maslach, Christina, Wilmar B. Schaufeli, & Michael P. Leiter (2001). Job burnout. *Annual Review of Psychology*, 52(1): 397–422.

[2] Enzmann, Dirk, Wilmar B. Schaufeli, Peter Janssen, & Alfred Rozeman (1998). Dimensionality and validity of the burnout measure. *Journal of Occupational and Organizational Psychology*, 71(4): 331–352.

[3] Schaufeli, Wilmar B., & Dirk van Dierendonck (1993). The construct validity of two burnout measures. *Journal of Organizational Behavior*, 14(7): 631–647.

性化维度为 0.561，低成就感维度为 0.789。

访谈法以书面访谈为主，口头访谈为辅。书面访谈通过邮件的形式向 12 位在性别、学历、职称、教龄等方面有代表性的被试进行访谈。访谈主要围绕三个问题：（1）您在汉语教学过程中有没有产生过很没劲、极疲惫、厌倦之类的感觉，或者很开心、有意思之类的感觉？如果有，频率和程度如何？（2）如果产生过上述某种感觉？你觉得是什么原因导致的？工作本身、周围环境还是个人性格？（3）如果产生很没劲、疲惫或者厌倦之类的感觉，你是如何排解的？如果感觉一直开心、有意思，你是如何做到的？请列出几条方法。口头访谈主要是利用吃饭、开会间隙等一些非正式场合进行，主要围绕上面三个问题的相关问题进行。

（三）数据收集与分析

问卷调查时间为 2013 年 5 月，发放问卷 180 份，三个留学生学院各 60 份，共回收 165 份，有效问卷 154 份。整理编号后，所有数据都被录入到 SPSS 18.0 进行各种描述性和推断性统计分析。访谈文本回收后，采用内容分析法进行梳理分析。

二、结果与讨论

（一）被试职业倦怠的总体情况

表 1 被试在职业倦怠三个维度上的均值和标准差

	情感耗竭	去人性化	低成就感
均值	2.4697	1.5623	1.5519
标准差	0.5452	0.4190	0.4622

由表 1 可知，被试在情感耗竭、去人性化和低成就感三个

维度的均值和标准差分别为 2.4679±0.5452、1.5623±0.4190 和 1.5519±0.4622。由于量表采取 4 点计分，中数是 2.5，根据这个标准，被试在情感耗竭维度上已接近于中度倦怠，即对教学缺乏热情，工作中容易疲劳；在去人性化维度上属于轻度倦怠，即从总体上讲被试没有忽视学生或者对学生冷漠，也没有刻意与学生保持距离；在低成就感维度也属于轻度倦怠，即被试从工作中体验到成就感不太高，因而较少能在工作中体验到较为积极的情绪。这个结论跟访谈结果近似。81% 的访谈对象认为自己基本没有明显的厌倦或者不开心，有也是偶尔，但明显感觉到很累，累得甚至于下课后一句话都不想说，只想好好睡一觉。这是典型的情感耗竭。[①] 被试感到身心疲惫的主要原因是上课较多（平均每周 14 课时，甚至更多），使自己的情绪资源被过度要求和使用，而又无法及时得到补充和更新。

（二）性别与职业倦怠

由于男女教师样本数量差距过大（46∶108），我们以男教师样本（n=46）为基准，在女教师样本中随机选择一个 n=46 的子样本，并保证其学历、职称和教龄等变量结构与基准样本基本相同。在此基础上，以职业倦怠三个维度为因变量，以性别为自变量对样本数据进行独立样本的 t 检验。

表 2　性别与职业倦怠

	男（46 人） 均值	男（46 人） 标准差	女（46 人） 均值	女（46 人） 标准差	t 值	Sig. (2-tailed)
情感耗竭	2.4783	0.5660	2.4662	0.5502	−0.104	0.918

---

① 本文中的访谈资料都来自本研究专门针对 12 位汉语教师的访谈。

（续表）

	男（46人）		女（46人）		t值	Sig.（2-tailed）
	均值	标准差	均值	标准差		
去人性化	1.6130	0.4097	1.5391	0.3499	−0.930	0.355
低成就感	1.6223	0.4342	1.5082	0.4628	−1.220	0.226

由表2可知，不同性别的被试在职业倦怠三个维度上均值差异都不显著（P值分别为0.918、0.355和0.226，都大于0.05）。这说明，男被试和女被试在职业倦怠三个因素上没有什么明显差异。这与访谈结果也近似。访谈对象中男女教师提到的倦怠程度几乎相等，产生倦怠的原因也主要在工作和环境等方面，都没有提到与性别有关的信息。而在大学英语教师中，女教师成就感要高于男教师。[1]

（三）学历与职业倦怠

被试学历以硕士研究生和博士研究生为主，分别有106和35人。本科学历只有13人，不具有统计意义。因硕士被试和博士被试数量差距较大，我们以博士样本（n=35）为基准，在硕士样本中随机选择一个n=35的子样本，并保证其性别、职称和教龄等变量结构与基准样本基本相同。在此基础上，以职业倦怠的三个维度为因变量，以学历为自变量对样本数据进行独立样本t检验。

---

[1] 唐进《大学英语教师的工作倦怠研究》，《山东外语教学》2011年第5期。

表3　学历与职业倦怠

	硕士研究生（35人）均值	标准差	博士研究生（35人）均值	标准差	t值	Sig.(2-tailed)
情感耗竭	2.5016	0.4671	2.4095	0.6461	0.683	0.497
去人性化	1.6971	0.5050	1.4686	0.3628	2.175	0.033
低成就感	1.6964	0.5139	1.3893	0.2604	3.154	0.003

由表3可知，不同学历被试在情感耗竭维度上均值差异都不显著（P值为0.497，大于0.05）；在去人性化维度上差异显著（P值为0.033，小于0.05）；在低成就感维度上差异极其显著（P值为0.003，小于0.01）。这说明，与拥有博士学历的对外汉语教师相比，拥有硕士学历的教师对待学生明显不够热心、更冷漠，不愿主动接触学生，在教学过程中体验的成就感也明显较低。这与唐进（2011）[1]的研究结果（认为不同学历大学英语教师在职业倦怠三个维度上没有显著差异）有出入。出现这种情况，可能是因为硕士学历背景的对外汉语教师较少能把教学跟科研结合起来，仅把汉语教学作为一份工作，只是重复教学而已。而博士学历背景的对外汉语教师则能利用学术视野较广较深等优势把教学和科研结合起来，进而把教学当成一种事业，既体验着点滴变化带来的成就感，也让教学变得有意思。这可以从访谈结果中得到证实。多位硕士学历背景的访谈对象曾提到：汉语教学对自己来说仅仅是一份工作；各种类型的学生都接触过了，教材熟了，教学套路熟了，就对学生没有那么热情了，也很少体验到成就感；无法将自己的教学和学术很好地结合起来，让自己觉得很没劲。

---

[1] 唐进《大学英语教师的工作倦怠研究》，《山东外语教学》2011年第5期。

而多位博士学历背景的被访谈者表示：有时候会在教学中发现一些问题，深究下去觉得这是一个特别有意思的语言学问题，肯费时间去琢磨，甚至最后会写成一篇文章；研究的结果运用在课堂上，让学生学得更好，又能体验到成就感。另一个原因可能是，很多硕士学历背景的教师在繁忙的正常工作之余，还需要考虑继续读博士，这对高校教师的职业发展（比如评职称）非常关键。这样，客观上时间更缺乏和主观上内心较紧迫都会造成他们在教学和对待学生方面激情和热情不够。访谈中一位教师就谈到自己现在忙着读博士、写论文，在教学上不求多好，只求及格。另外，上同样数量的课，累是一样的，所以在情感耗竭维度上，学历没有显著影响。

（四）职称与职业倦怠

被试职称（助教、讲师、副教授）的分布比例为15：114：25。由于其数量差距较大，我们以助教样本为基准，分别在讲师和副教授样本中随机选择一个 n=15 的子样本，并保证其性别、学历和教龄等变量结构与基准样本基本相同。在此基础上，我们对不同职称三个小组的职业倦怠的三个维度进行 Kruskal-Wallis 检验。

表4 职称与职业倦怠

	助教（15人）Mean Rank	讲师（15人）Mean Rank	副教授（15人）Mean Rank	hi-square	df	Asymp. sig
情感耗竭	18.60	29.13	21.27	5.236	2	0.073
去人性化	23.93	22.07	23.00	0.156	2	0.925
低成就感	22.20	23.17	23.63	0.095	2	0.954

由表4可知，被试中的助教、讲师和副教授在职业倦怠三个

维度上秩次和差异不显著（Asymp.sig 值分别为 0.073、0.925 和 0.954，都大于 0.05）。或者说，职称对被试职业倦怠的影响不显著。这与唐进（2011）[1]对大学英语教师的研究结果相符。这也跟访谈结果近似，访谈对象中只有一位教师提到，曾因为跟自己差不多的同事比自己先评上职称，短暂不开心，但同时也强调这与喜欢不喜欢汉语教学无关。出现这种情况，可能主要是因为，一线教学单位以教学为主，不论职称是助教、讲师还是副教授，一样上课，相同的课时量（每周达到 14 课时，甚至更多），相同的授课内容。必须完成的课时量都很多，都很累，从事科研的时间和精力都不多，都受牵制，结果是几乎都不做科研。另外，对汉语为母语者教师来说，授课内容无论初级、中级还是高级，都相对浅显，低层次重复较多，很多教师将自己定位为教书匠，有的都不太认同自己是大学教师。这些情况导致了教师科研成果少，而高校教师晋升职称又主要依靠科研成果，所以，对一线汉语教师来说，评高级职称相对较难。这从本次随机抽取的样本也可看出，讲师比例占近 74%。可能还有一个很重要的原因，就是一线教师工资主要由上课多少来决定，而不是职称（虽然也有影响，但相对较小），以致很多教师没有积极科研、评职称的外在动力。

（五）教龄与职业倦怠

被试教龄（5 年及以下、5 到 16 年、16 年及以上）的分布比例为 46∶73∶35。[2] 由于其数量差距较大，我们以"16 年及以上"

---

[1] 唐进《大学英语教师的工作倦怠研究》，《山东外语教学》2011 年第 5 期。
[2] 教龄分段的依据是 Unrun 和 Turner 提出的教师生涯发展的分期。参见张艳《教师生涯发展理论》，载朱旭东主编《教师专业发展理论研究》，北京师范大学出版社，2011 年。

样本为基准，分别在"5年及以下"和"5到16年"样本中随机选择一个n=35的子样本，并保证其性别、学历和职称等变量结构与基准样本大致相同。在此基础上，我们以职业倦怠三个因素为因变量，以教龄为自变量进行单因素方差分析。

表5 教龄与职业倦怠

	5年及以下（35人）		6—15年（35人）		16年及以上（35人）		F值	Sig.（2-tailed）
	均值	标准差	均值	标准差	均值	标准差		
情感耗竭	2.2159	0.5253	2.6635	0.4749	2.5905	0.6055	6.976	0.001
去人性化	1.5200	0.4262	1.4914	0.3951	1.6000	0.4116	0.656	0.521
低成就感	1.4464	0.4520	1.6536	0.4528	1.5357	0.3960	2.002	0.140

由表5可知，不同教龄组被试在情感耗竭维度上有极其显著的差异（P=0.001<0.01）。对三个教龄组被试在情感耗竭维度上的差异进行多重比较（Bonferroni检验）后发现，5年及以下教龄组被试的情感耗竭程度显著轻于另外两个教龄组的被试（P值分别为0.002和0.013，都小于0.05），而6—15年教龄组和16年及以上教龄组被试没有显著差异（P=1.000>0.05）。这跟访谈结果基本相近。访谈中，一位有3年教龄的教师谈到汉语教学时明确说，我当然很开心了，因为工作以前学的都是理论，现在是实践，感觉一切都是新的，需要学习的东西很多，每年，甚至每次课都感觉到收获和成长，教学同时也是学习、提高。而两位7年左右教龄的教师则表示，现在教学虽然没有明显的倦怠，但没有刚工作那几年有意思了，因为教材熟了，教学过程熟了，各种外国学生也熟了。一位20年教龄的教师甚至表示，对他来说，汉语教学已变成体力活，各种课型的教材和教学流程都非常熟，闭

着眼都能上课，就是重复以前的东西。此外，就6—15年教龄组被试来说，无论是从家庭负担（上有老，下有小）角度，还是从职业发展（如评职称）角度，都处在关键奋斗期，各方面压力相对较大。教龄达到16年的被试则大部分属于骨干教师和中坚力量，处于个人事业的高峰，工作任务繁重，家庭和事业压力相对较大。还有一部分属于在个人事业上提高无望，进入了职业生涯挫折阶段。所以这两个教龄组的被试在情感耗竭维度出现中度以上倦怠是可以理解的。

在去人性化和低成就感两个维度上不同教龄组没有显著差异（P值分别为0.521和0.140，都大于0.05）。去人性化维度没有显著差异可能因为，一方面，教龄短的被试无论对教学还是对学生都还有一定的新鲜感，从而愿意接触了解各种类型的学生；另一方面，教龄较长的被试虽然在汉语教学方面感到情感被掏空耗尽，各方面都觉得非常疲惫，但他们还是没有对学生明显冷淡或保持较远的距离，说明具备了良好的职业道德。在低成就感维度没有显著差异，可能因为所教汉语都是被试的母语，而且被试全部都是相关专业的科班出身，不会觉得工作太难。访谈结果也证实了这一点，几乎一半的访谈对象都主动谈到职业道德的问题，认为自己是老师，学生来学习，就应该为学生负责，让他们有收获；虽然上课很累，但也不会在学生面前表现出厌倦或疲惫来。另外，几乎所有的访谈对象都谈到，汉语教学的好坏只是付出时间多少的问题，并没有觉得在自己的能力范围之外。

三、结论与对策

（一）结论

由前文分析，我们可以得到以下几个结论：

1. 对外汉语教师总体上表现出一定程度的职业倦怠，具体表现在情感耗竭维度上，属于中度倦怠；而在去人性化和低成就感两个维度上则属于轻度倦怠。

2. 性别和职称两个变量对对外汉语教师职业倦怠三个因素的影响不显著。

3. 不同学历的对外汉语教师在情感耗竭维度上差异不显著，但在去人性化和低成就感两个维度上，拥有硕士研究生学历的对外汉语教师比拥有博士研究生学历的对外汉语教师倦怠程度明显更严重。

4. 教龄在对外汉语教师职业倦怠中的情感耗竭维度上有显著影响，但在去人性化和低成就感两个维度上没有显著影响。具体来说，5年及以下教龄对外汉语教师情感耗竭程度显著轻于另外两个教龄组的对外汉语教师，而6—15年教龄组和16年及以上教龄组对外汉语教师在此维度上没有显著差异。

（二）对策

从前面的调查结论可以得出，目前对外汉语教师职业倦怠方面的问题主要有：总体意义上的情感耗竭问题、硕士研究生学历对外汉语教师在去人性化和低成就感维度上的明显倦怠问题、教龄长的对外汉语教师在情感耗竭维度上倦怠尤其严重的问题。解决了这几个问题，可以有效改善目前对外汉语教师的职业倦怠情况，大大提升对外汉语教师的职业幸福感，进而提高汉语教学的质量和水平。

1. 尽可能减少教师的课时量,缓解情感消耗。

对外汉语教师情感耗竭总体上属于中度倦怠。这很值得重视。根据 Maslach 和 Jackson(1981)[1]的职业倦怠理论,首先,情感耗竭是职业倦怠的核心成分和明显表征,情感耗竭出现中度倦怠,就预示着一定程度职业倦怠的产生。其次,职业倦怠的三个维度是呈递进关系发展的。情感耗竭表示教师对教学的激情和对学生的热情、关心和耐心消耗量,如果倦怠程度严重,自然就不会对学生表现热情、关心和耐心等,这就造成了去人性化维度的倦怠。对学生和教学缺乏热情、激情和关心,自然不会从中体验到成就感,这又会造成成就感极低的情况。如果三个维度都发生中度以上的倦怠,将对教师的身心健康造成很大伤害。

从访谈结果可知,对外汉语教师疲惫或厌倦的原因是上课太多。每天 4 节(甚至 6 节)课,加上备课和批改作业,需要教师付出太多情感。当付出的情感超出了补给的情感(比如新鲜感、成就感和收获等)时,就会造成情感耗竭。

基于此,首先,应该大幅减少一线汉语教师的工作量,每周以不超过 10 节课为宜。这样能给教师一些可以自己支配的时间和精力,避免其情感的过度付出,有助于其产生并补充积极情绪。其次,鼓励和引导教师之间的支持和合作,让消耗的情感得到适当补给。支持和合作包括分享有效的教学技巧和管理经验(避免重复"弯路",减少挫败感)、相互倾诉工作中的不快(减轻负面情绪困扰)、必要时给予一些精神抚慰等。

---

[1] Maslach, Christina, & Susan E. Jackson (1981). The measurement of experienced burnout. *Journal of Occupational Behavior*, 2(2): 99–113.

2. 引导教师做科研，增强教学的探索性和创造性。

硕士研究生学历对外汉语教师在去人性化和低成就感两个维度上倦怠情况更严重，这个问题值得我们重视。因为他们是对外汉语教师的主体。本次随机调查中，硕士研究生学历教师占到样本总数的68.8%。基于本文前面分析的原因，应该引导这些教师结合教学做一些科研，增强教学的探索性和创造性，让工作更有意思。引导教师从熟悉的教学内容和方式中择取一些自己感兴趣的题目来做研究，既可以结合教学进行（即行动研究），也可以做一些调查或实验（即量化或实验研究），不仅能满足对外汉语教师求新求异和探索创造的高端心理需求，使其觉得工作有意思，而且如果研究成果能带来教学上的成功，还可以极大地增强成就感，从而产生愉悦感等积极情绪。

3. 帮助教师提高教学水平，打破专业发展的"瓶颈"。

研究发现，教龄6年以上的对外汉语教师情感耗竭程度较重，这需要我们着重解决。一是他们也是对外汉语教师的主体，在本次随机调查中，占到样本总数的70.1%。二是教龄长代表教学经验多。这些教学经验是一代代汉语教师传下来的集体智慧结晶，是巨大的财富，对汉语教学非常有益，还要传给下一代教师。另外，根据Fessler提出的教师发展阶段理论[①]，从事教学5年后，对外汉语教师会遇到专业发展的"瓶颈"，属于职业挫折期（Career Frustration），教学水平难以提高，不断重复，容易产生厌倦、疲惫等现象，尤其是对教学和学生不再有激情和热情。访谈中一位

---

① 金忠明、林炊利《教师，走出职业倦怠的误区》，华东师范大学出版社，2011年。

教师明确提到，时间长了，教学技能基本到了一个瓶颈期，没有挑战的感觉了。因此，学校或者学院应该积极组织各种形式的专业发展活动来帮助教师进行提高，增加其收获感、成就感，进而激发起专业发展的热情。比如组织针对性的讲座开拓思路、设立教学专家组以备教师求助和请教、建立教师专业成长档案等。

4. 建立民主、有序的组织氛围，让汉语教师感到有价值、有奔头。

民主，主要是指让教师有参与管理和决策的机会，尤其在教学等专业活动方面。在民主的环境中，对外汉语教师能感受到自己的主人翁地位，有责任感和归属感，进而对工作产生极大热情。访谈中，一位教师就说：有幸得到大家的信任，在教代会、党代会等一些场合真正为学校献计献策，让自己有一种莫名的动力，也会在教学方面产生积极情绪。

有序，主要是指学校在涉及教师利益方面应该有一套公平、合理、细致、清楚且得到有效实施的规章制度。比如职称晋升和各种教学奖项的细则，尤其是应注意将教学与教师的职业发展联系起来。这样，对外汉语教师会很清楚自己哪方面需要努力，努力之后会得到什么样的结果，感觉到有奔头。被访谈的一位老师就谈到，之所以对教学感到没劲，是因为他准备一次课花4个小时还是20分钟，跟他的职业发展（比如评职称）没有任何关系。

此外，访谈中也有教师提到虽然工作很辛苦，但收入待遇不如其他单位同学或朋友好，让自己觉得很没劲。学校还应适当提高对外汉语教师的经济待遇，使他们能够有尊严地生活。这不仅能够免除他们工作时的后顾之忧，而且也能产生较强的工作动机和积极情绪。

5. 全面认识自己，做好"教师"这一基本角色。

对外汉语教师在教学中有很多角色，比如教师、研究者、管理者、文化传播者、学生的朋友等，这些角色都能给对外汉语教师带来或好或坏的情绪。教师是人，不可能每个角色都做得很好，不要因为某个角色没做好就否定其他角色，应先扮演好基本角色——教师。比如学校希望教师成为一个研究者，但实际上教师每天有上课、备课、改作业等任务以及大大小小的班级琐事要完成和处理，很少有时间和精力去搞科研。这就造成了两个角色的冲突，不能因为科研没做好就否定自己在教学方面的成功。访谈中，多位教师还提到，自己的教学开心还是没劲，主要看学生。如果碰上好学生，好班，一切都很顺，当然很开心，但如果碰上很差的班，学生不理解，不懂事，不服从管理，就很郁闷。其实情绪的好坏应该由教师自己主动来掌控，不能靠碰运气，关键是把课上好，让学生有提高、有收获。把握住这个根本，其他的不必过于在意。

6. 掌握一些不良情绪的舒缓策略，学会放松自己，增强调适能力。

对外汉语教师应掌握一些缓解不良情绪的具体策略，比如理性情绪行为疗法（Rational Emotive Behavior Therapy，简称REBT），即先改变不合理的信念，然后再改变情绪和行为方面的问题。对同一事件，换一个角度来考虑，往往就会避免不良情绪的产生，行为也会随之改变。访谈中不止一位教师谈到，在教学不开心时会进行自我心态调整，说服自己认识和接受汉语教学工作的特点：内容简单和重复操练；汉语教学是我谋生的职业，当然要尽力做好。

再如转移法,即把注意力从引起不良情绪的情境中转移到其他活动上去。如果在教学中感到特别疲劳、孤独等不良情绪,对外汉语教师不妨停下工作,做一些自己喜欢的、轻松自然的事情。

还有宣泄法,即找个适当的途径释放自己淤积的不良情绪。聊天儿倾诉、体育活动、娱乐活动等都是很好的宣泄途径。

第五节　对外汉语专职教师的科研状况及相关因素分析[1]

对外汉语教学作为一个学科,从形成到现在不过几十年,在这几十年里,尤其是近年来,这门学科的建设取得了巨大发展,从理论到实践的多方面研究都不断深入,取得了不少引人瞩目的成果,对实际教学工作的指导作用也日益彰显,但另一方面也存在着"学科基础还比较薄弱,理论研究还不够深厚"等问题[2]。对外汉语教学作为一个以汉语教学为中心和出发点的学科,其建设和发展与对外汉语专职教师的科研活动是密切相关的。专职教师是科研和教学活动的主体,对其科研状况的调查分析,无论对本学科的建设还是对广大教师的专业发展都有着重要意义。着眼于此,我们对"全国对外汉语教学与汉语国际教育基本信息库(机

---

[1] 本节选自李炜东、赵宏勃《对外汉语专职教师的科研状况及相关因素分析》,《云南师范大学学报》(对外汉语教学与研究版)2012年第1期。

[2] 赵金铭《从对外汉语教学到汉语国际推广》,载李泉主编《对外汉语教学学科理论研究》,商务印书馆,2006年。

构及师资）"项目调研中获得的与教师科研相关的数据进行了整理、分析、研究,力图从研究领域、研究成果、教师对最新科研动态的关注度和对科研的兴趣、科研压力等四方面呈现当前对外汉语专职教师科研活动的基本状况和特点,探寻影响其科研活动的相关因素,为学科以及教师个体的发展规划以及相关政策的制定提供参考借鉴。

由于相关调研是在 2010 年 2 月至 2010 年 8 月间进行,调查所获得的科研成果数量等相关数据为 2010 年之前连续三年的数据。调查共回收全国 341 个对外汉语教学机构的 2399 个专职教师填写的问卷。这些教学机构所在的高校分布在全国 28 个省、自治区、直辖市,其覆盖面广,能够比较全面地反映全国对外汉语专职教师的科研情况。

一、研究领域

作为一门年轻的学科,对外汉语教学学科的性质特点等问题学界还存在不同的看法,但对这一学科研究领域所涵括的基本内容的认同是趋于一致的。围绕着"教什么""如何教""怎样学"这样一些基本问题,与对外汉语教学有关的科研涵括了语言本体、教学法、语言习得、文学文化、教材分析与编写等不同领域。这些实际上相互联系的内容在学科发展建设中的地位和重要性如何,对外汉语教学界是有不同看法的。杨庆华（1997）[1] 就曾提出对外汉语教学"主体研究"和"本体研究"的观点。那么对外

---

[1] 杨庆华《对外汉语教学概论》,北京语言文化大学出版社,1997 年。

汉语教师在实际的科研活动中整体的关注点、侧重点在哪里呢？

在接受此项调查的2298位教师中，研究范围包括教学法的最多，为1244人，占54.1%；其次为语言本体，为1086人，占46.5%；以下依次为文学文化979人，占42.6%；语言习得904人，占39.3%；教材编写与分析406人，占17.7%；其他领域120人，占5.2%。

从以上数据我们可以看出，在第二语言教学研究的各相关领域内，属于"教什么"的语言本体、文学文化研究，属于"如何教"的教学法研究，以及属于"怎样学"的语言习得研究都受到了专职教师的重视。其中教学法成了当前的研究热点，超过半数的教师都把教学法纳入了自己的研究领域，这也体现了本学科与教学实践关系密切的特点。教材分析与编写属于综合以上各方面的应用性研究，也成了当前的一个热点，这应当是与当前汉语国际推广的大形势密切相关的。总体上看，研究人员分布较均衡、合理，同时重点明确，突出了学科特点。

二、研究成果

为了解对外汉语专职教师在相关领域内的科研成果情况，我们统计了教师2007—2009年三年间发表学术论文、主编或撰写学术著作、主编或独立编写教材以及主持科研课题的情况。

统计发现：总计1929名接受此项调查的教师最近三年平均发表论文4.05篇，最少的为0篇，最多的为30篇。在主编或撰写学术著作方面，总计952名接受此项调查的教师最近三年内平均主编或撰写学术著作0.56部，最少的为0部，最多的为6部。

第五节 对外汉语专职教师的科研状况及相关因素分析

在主编或独立编写教材方面，总计914名接受此项调查的教师最近三年内平均主编或独立编写教材0.43部，最少的为0部，最多的为7部。在主持课题方面，总计1225名接受此项调查的教师最近三年内平均主持课题1.24个，最少的为0个，最多的为12个。在主持省部级以上课题方面，总计934名接受此项调查的教师最近三年内平均主持省部级以上课题0.59个，最少的为0个，最多的为10个。从数量上看，科研成果是可观的，但教师个体间差异较大。

从教师职称、年龄、所属高校类别等方面看，教师群体间也存在差异。下面以教师发表论文的情况为例：

不同职称教师在发表论文方面存在非常显著的差异（F=112.43，p<0.001），且正高职称教师均值（M=7.13）最高，平均发表论文7.13篇，最多30篇；初级职称教师均值（M=2.07）最低，平均发表论文数2.07篇，最多12篇；均值有随职称升高而升高的趋势，显示职称越高发表论文的数量越多。

表1 不同职称教师发表文章数量

职称		M	Median	SD	Min.	Max.	F检验
正高	119	7.13	6.00	5.413	0	30	
副高	513	5.63	5.00	4.400	0	30	112.43***
中级	1017	3.45	3.00	2.772	0	19	
初级	280	2.07	2.00	1.820	0	12	
合计	1929	4.05	3.00	3.671	0	30	

不同年龄组教师在发表论文方面也存在非常显著的差异（F=33.42，p<0.001），1960—1969年出生的教师均值（M=5.18）

最高，平均发表论文 5.18 篇；1980—1989 年出生的教师均值（M=2.55）最低，平均发表论文 2.55 篇。

表 2　不同年龄组教师发表文章数量

年龄	n	M	Median	SD	Min.	Max.	F 检验
1950 年（不含）前出生	10	4.10	3.50	2.378	1	10	33.42***
1950—1959 年出生	98	4.70	3.00	4.584	0	25	
1960—1969 年出生	389	5.18	4.00	4.655	0	30	
1970—1979 年出生	980	4.23	3.00	3.529	0	25	
1980—1989 年出生	505	2.55	2.00	2.243	0	16	
合计	1982	4.01	3.00	3.687	0	30	

不同类别高校教师在发表论文方面，985 高校、211 高校和非 211 高校之间存在非常显著的差异（F=11.07，$p<0.001$），三类高校教师人均发表论文数量由高到低排列是：非 211 高校（M=4.24）、211 高校（M=3.66）、985 高校（M=3.22）。教育部属、省属和其他部属院校教师之间也存在非常显著的差异（F=5.03，$p<0.01$），三类高校教师人均发表论文数量由高到低排列是：省属（M=4.14）、教育部属（M=3.61）、其他部属（M=2.81）。

表 3　不同类别高校教师发表论文数量

	n	M	Median	SD	Min.	Max.	F 检验
985 高校	288	3.22	3.00	2.974	0	21	11.07***
211 高校	300	3.66	3.00	3.905	0	25	
非 211 高校	1405	4.25	3.00	3.740	0	30	

(续表)

	n	M	Median	SD	Min.	Max.	F检验
教育部属	410	3.61	3.00	3.635	0	25	
省属	1551	4.14	3.00	3.712	0	30	5.03**
其他部属	32	2.81	3.00	2.039	0	9	
合计	1993	4.01	3.00	3.684	0	30	

综合以上数据和分析可以看出：在科研成果方面，虽然从整体数量上看对外汉语专职教师的科研成果不少，但教师个体和群体间差异较大。如何采取有效措施逐步减少这种差异，促进教师在科研上共同发展提高，是一个值得研究的课题。

三、专职教师对科研活动的兴趣和关注度

兴趣和关注度体现了教师对科研的态度，并与教师的科研活动密切相关。对外汉语专职教师对科研的兴趣和关注度如何呢？

（一）专职教师对科研的关注度

在所有接受调查的教师中，大多数经常关注对外汉语教学研究的最新动态，只有极少部分教师不太关注。在总计2318名接受此项调查的教师中，1397人表示经常关注对外汉语教学方面最新研究动态，占总数的60.3%；表示关注情况一般的为830人，占35.8%；表示很少或从不关注的分别为89人、2人，占3.9%和0.1%。

不同年龄、职称、院校类别的教师群体间对科研动态的关注度存在差异，但差异不大。

在不关注最新研究动态的原因方面，专职教师主要是出于客观方面的原因。在总共 1250 名接受此项调查的教师中，分别有 45.6% 和 44.1% 的教师认为"没有时间"和"最新研究动态不易获得"是他们不关注科研动态的原因。另有 16.5% 和 11.8% 教师把原因归为"没有太多有价值的科研成果"以及"不太需要"。

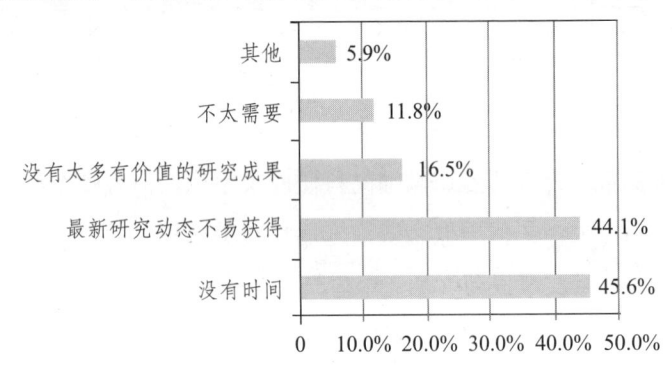

原因	百分比
其他	5.9%
不太需要	11.8%
没有太多有价值的研究成果	16.5%
最新研究动态不易获得	44.1%
没有时间	45.6%

图 1 专职教师对科研动态不关注原因[①]

（二）专职教师对科研的兴趣

调查表明，在所有接受调查的教师中，对科研很有兴趣或较有兴趣的教师占大多数。在总计 2303 名接受调查的教师中，分别有 879 和 1012 人表示很有兴趣和较有兴趣，分别占总数的 38.2% 和 43.9%。表示"一般"的为 360 人，占 15.6%；表示不太有兴趣或没有兴趣的分别为 47 人和 5 人，占 3.9% 和 0.1%。

在整个专职教师群体中，不同职称教师对科研的兴趣存在差异。以"对科研很有兴趣"的教师比例为例，正高职称教师最高，为 60.8%；副高职称教师次之，为 42.8%；中级职称和初级职称

---

① 说明：专职教师对科研动态不关注原因调查采用的是最多选 3 项的多项选择题，因此以全体教师为参照的百分比大于 100%。

（三）科研兴趣、关注度越与科研成果的相关性

教师的科研兴趣和关注度与其科研成果是否存在相关性呢？我们以教师发表论文的数量为例进行了分析。

统计发现对最新研究动态关注程度不同的教师在发表论文数量存在非常显著的差异（F=6.84，p<0.001）。如果剔除样本数量过少的对科研动态"从不关注"的教师，经常关注的教师人均发表论文数最多（M=4.29）；很少关注的教师人均发表论文数量最少（M=3.32）；均值有随关注度的降低而下降的趋势，显示越关注科研动态的教师发表论文的数量越多。

表4 对最新研究动态关注程度不同的教师与发表论文数量

对最新研究动态关注程度	n	M	Median	SD	Min.	Max.	F检验
经常	1226	4.29	3.00	3.615	0	25	
一般	678	3.55	3.00	3.726	0	30	6.84***
很少	69	3.32	2.00	4.046	0	16	
从不	2	3.50	3.50	0.707	3	4	
合计	1975	4.00	3.685	0.083	0	30	

教师发表论文的数量与其科研兴趣是否存在关联呢？统计发现对科研兴趣不同的教师在发表论文数量存在非常显著的差异（F=25.41，p<0.001）。如果剔除样本数量过少的对科研"没有兴趣"的教师，对科研很有兴趣的教师均值（M=4.95）最高，平均发表论文4.95篇；对科研不太有兴趣的教师均值（M=1.83）最低，平均发表论文1.83篇；均值有随兴趣度的降低而下降的趋势，显示对科研兴趣度越高的教师发表论文数量越多。

表5 科研兴趣不同的教师发表论文数量

科研兴趣	n	M	Median	SD	Min.	Max.	F检验
很有兴趣	795	4.95	4.00	4.227	0	30	
较有兴趣	867	3.57	3.00	3.245	0	30	
一般	268	2.99	2.00	2.843	0	16	25.41***
不太有兴趣	36	1.83	2.00	1.483	0	4	
没有兴趣	4	2.75	3.00	2.062	0	5	
合计	1970	4.01	3.00	3.694	0	30	

综合调查统计结果可以看出，对外汉语专职教师普遍有兴趣从事科研活动，并对对外汉语教学研究的最新科研动态保持关注。不同类别高校、不同年龄、职称、专业背景的教师都普遍对对外汉语教学研究的最新动态较为关注。客观因素对教师关注对外汉语教学最新动态的影响最大。科研以外的工作或生活压力较大导致没有时间，以及获取科研信息渠道不畅通是影响教师关注科研动态的主要负面因素。也有部分教师在主观方面对对外汉语学科研究成果的价值及实用性不认可，因而不关注最新科研成果。研究表明，教师的科研兴趣和关注度与其科研成果是存在明显的相关性的。

四、科研压力

科研压力大的现象在目前中国高校中是一个相当普遍的现象。对外汉语专职教师所面对的科研压力情况如何呢？

总共2293名接受此项调查的教师中，有1613人认为工作中最大的压力来自科研，占70.3%；46%的教师认为压力来自职称晋升，占第二位；17.6%的教师认为压力来自教学，占第三位；分别有8.5%和4.6%教师认为压力来自考核和指导学生，比例上居于最后两位。由此可见对外汉语专职教师科研压力普遍较大。

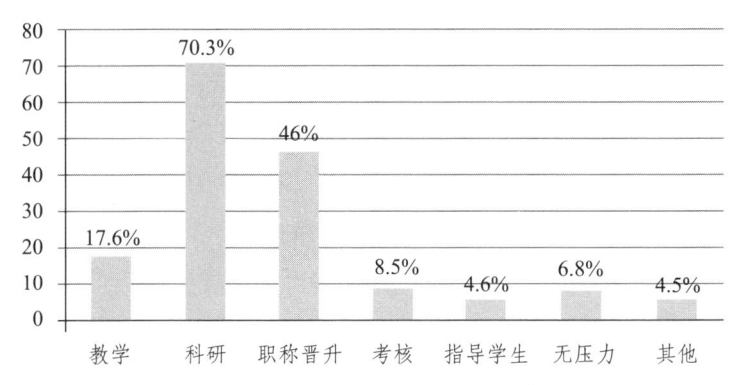

第五节 对外汉语专职教师的科研状况及相关因素分析

图 2 专职教师压力来源情况[①]

在教师科研压力产生的主要原因里，居于前三位的原因是论文发表难、科研项目与课题申请难、科研时间不够。调查中分别有 50.9%、47.9% 和 47.3% 的教师选择了这三项；居于末位的原因则是"科研成果不被认可"，只有 1.6% 的教师选择了此项；选择"无压力"的教师占 2.5%，比例不大。

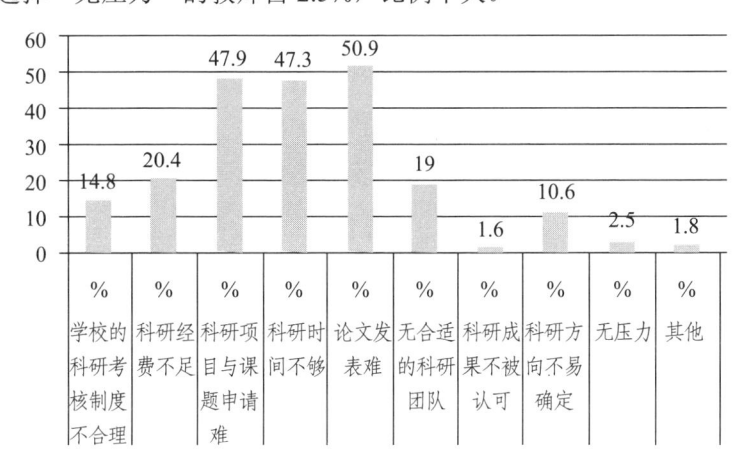

图 3 专职教师科研压力产生原因

---

① 说明：调查采用的是最多选三项的多选题，因此以全体教师为参照的百分比和可能大于100%。下同。

对不同类型高校教师的调查分析显示：985高校、211高校和非211高校都是把科研压力归因于论文发表难、科研项目与课题申请难、科研时间不够三项的教师比例最多，但位序稍有不同。985高校选择"科研时间不够"的教师最多，占61.2%；其次为"论文发表难"和"科研项目与课题申请难"，分别占55.6%和45%。211高校则是选择"论文发表难"的教师最多，占49.7%；其次为"科研时间不够"和"科研项目与课题申请难"，分别占49.1%和38.8%。非211高校教师选择最多的三项依次是"科研项目与课题申请难""论文发表难"和"科研时间不够"，分别占50.3%、50.2%、44%。

从教育部属、省属、其他部属三类高校看，也是把科研压力归因于论文发表难、科研项目与课题申请难、科研时间不够三项的教师比例最多，但各类高校间位序稍有不同。教育部属高校选择"科研时间不够"的教师最多，占59.8%；其次为"论文发表难"和"科研项目与课题申请难"，分别占55.9%和41.5%。省属高校则是选择"论文发表难"的教师最多，占49.7%；其次为"科研项目与课题申请难"和"科研时间不够"，分别占49.6%和44%。其他部属高校教师选择最多的三项依次是"科研时间不够""论文发表难"和"科研项目与课题申请难"，分别占48.9%、46.8.2%、44.7%。值得注意的是其他部属高校选择"无合适的科研团队"一项教师的比例相对其他类型院校高出10个百分点以上，占31.9%。

不同职称的教师在科研压力归因方面，选择主要集中在"科研时间不够""论文发表难"和"科研项目与课题申请难"三方面，在副高职称、中级职称、初级职称教师中这三项都处于前三位。

第五节 对外汉语专职教师的科研状况及相关因素分析

只有正高职称教师选择"科研经费不足"的列第三位,有37.9%的正高职称教师选择了这一项,比例相对其他职称教师差异明显。副高职称教师对"论文发表难"和"科研项目与课题申请难"感受强烈,分别有56.2%和55.1%的副高职称教师选择了这两项。中级职称教师选择的"论文发表难"的最多,为55.8%。初级职称教师选择比例最高的是"科研时间不够",为50%;另外初级职称教师选择"无合适的科研团队"和"科研方向不易确定"的比例也相对其他职称教师较高,分别为25.3%和17.3%。

综合调查统计结果可以看到:对外汉语专职教师工作中最大的压力来自科研,造成科研压力大的原因主要为论文发表难、科研项目与课题申请难以及科研时间不够。科研压力以及与之相关的职称晋升压力是困扰大部分专职教师的主要问题。有超过或接近一半的教师认为论文发表难、科研项目与课题申请难以及科研时间不够是造成科研压力大的原因。不同职称教师对科研压力的看法基本趋同,正高职称教师对科研经费不足的感受比其他职称教师强烈,显示其对科研经费的需求更高;同时调查还显示初级职称教师更易遇到"无合适的科研团队""科研方向不以确定"的问题。

一方面我们可以看到科研发展态势良好,这从本学科的各相关研究领域内研究力量分布、科研成果数量、教师的科研意识态度可以看出。另外,从教师专业化发展角度看,教师对教学法等专业知识和技能很重视,也保持着对最新研究动态的关注度和研究兴趣,教师成为研究者在"意识、态度、知识和技能"几方面呈良性态势,教师成为教学活动的研究者,这正是教师专业化发展的重要基础之一。[1]

另一方面我们也应看到存在的、应引起重视的问题，如教师科研成果数量个体、群体间差异大的现状，这除了反映出教师的科研意识和态度可能存在一些问题，也反映出研究规划、课题设置等可能与部分教师的特点缺少契合点，尤其是教师间、院校间横向纵向合作研究等合作发展方式缺少明确有力的鼓励引导。

教师普遍感到科研压力大是另一个值得重视的问题。教师在长期高水平的压力体验下会产生心理、生理上的疲惫，这种情绪低落、身心疲惫的状态会使教师对工作缺乏动机和兴趣，出现所谓职业倦怠现象。这种现象会导致教师工作意愿、能力和业绩的降低，最终教师个体、教育事业以及整个社会都会付出相当大的代价。[2] 因而，高度重视这一问题并采取措施、探索解决之道是十分必要的。从我们的调查分析结果看，下面一些方法值得借鉴。比如改善教师的科研环境，合理调整专职教师教学及其他方面的工作量，使教师有更多的时间和精力从事科研工作；为教师提供更多发表、交流学术成果的渠道和平台，更多的科研课题和项目方面的支持；重视为不同教师群体提供适合其科研和专业发展需要的帮助，例如为初级职称教师以及非教育部属院校教师提供在科研团队方面的支持等。

---

[1] Kathleen M. Bailey, Andy Curtis, David Nunan《追求专业化发展：以自己为资源》，董奇等译，北京师范大学出版社，2007年。

[2] 杨秀玉、杨秀梅《教师职业倦怠解析》，《外国教育研究》2002年第2期。

第六节 成为反思性实践者[①]

为了提高国际汉语教师的专业素质和教学水平,培养、培训合格的汉语教师,国家汉语国际推广领导小组办公室于2007年10月颁布了《国际汉语教师标准》(以下简称《标准》)。《标准》共分五个模块,分别从知识、能力、职业道德素质等多个层面为国际汉语教师设立了基本的规范,旨在建立一套完善、科学、规范的教师标准体系,为国际汉语教师的培养、培训、能力评价和资格认证提供依据。

值得注意的是,"模块五:教师综合素质"的第一条标准为"教师应具备对自己教学进行反思的意识,具备基本的课堂研究能力,能主动分析、反思自己的教学实践和教学效果并据此改进教学"。与前四个模块对知识和能力的强调不同,这里主要强调国际汉语教师自身的反思意识,它将反思意识视为国际汉语教师综合素质的一个重要组成部分。《标准》对国际汉语教师的反思意识提出了明确的要求,但在理论研究层面,对外汉语学界对教师反思的关注却较为欠缺。通过中国期刊网的查阅,笔者发现,从2003年至今,有关对外汉语教师反思研究的论文只有寥寥数篇。[②]

《标准》是在总结二语教师发展规律的基础上制定的,它具

[①] 本节选自王添淼《成为反思性实践者——由〈国际汉语教师标准〉引发的思考》,《语言教学与研究》2010年第2期。

[②] 黄晓颖《论对外汉语教师反思能力的培养》,《云南师范大学学报》(对外汉语教学与研究版)2007年第7期;陆秀芬《关于推行反思性对外汉语教学的思考》,《云南师范大学学报》(对外汉语教学与研究版)2008年第1期;赵书红、贾馥萍《试论对外汉语教师的课堂教学反思》,《文教资料》2006年第28期。

有导向性和前瞻性,是指导当前和今后一段时期国际汉语教师专业发展的一个纲领性框架。因此,对外汉语学界对反思研究匮乏的局面需要尽快改变。

一、从"技术理性"到"反思理性":国际汉语教师专业发展范式的转型

据笔者的调查,当前高校国际汉语教师的职前教育和在职培训的课程构建可大致分为:语言学基本理论、第二语言习得理论、课堂教学理论、教育技术辅助语言教学、语言测试和评估。相对于以前只关注对外汉语教学本体性知识(专业知识),目前的课程设计已有很大改观。但是,在语言教学理论和语言学习理论方面,主要是把影响对外汉语教学的各种因素抽象化和概念化,进行一般规律的探讨,如"精讲多练""结构—文化—功能"和"可理解输入"等基本的教学原则。然而,作为一名合格的教师,不仅要掌握本体性知识(专业知识),以及能够促进课堂教学顺利进行的条件性知识(如教育学和心理学知识),还应掌握实践性知识,即关于课堂情境和与之相关的知识。实践性知识是一种缄默知识(Tacit Knowledge),这类知识隐含于教学实践过程之中,更多地要与教师自己的思想和行动过程保持一种"共生"的关系,它是情境性和个体化的,难以形式化或通过他人的直接讲授而获得,只能在具体的教育实践中发展和完善。因此,教师的实践性知识"存在于人的过去经验之中,存在于当前的大脑和身体之中,存在于未来的计划和行动之中。知识不仅在'大脑中'(In the

Mind)，也在'身体中'(In the Body)，'在我们的实践中'"[1]。对外汉语教学活动是实践性和情境性的，对外汉语教师的专业发展不能仅局限于抽象概念的学习，而应是在具体的课堂情境中，在专业不断发展的过程中，关注教学实践中所产生的那些知识。

国际汉语教师专业发展对实践性知识的忽视根源于"技术理性"范式下的教学思维。"'技术理性'推行的是'研究—开发—应用—推广'的模式"[2]，研究者生产知识，教师被动接受知识。在这种模式中，最为核心的问题是"什么样的知识对于教学是必要的"[3]，易言之，教师能够掌握多少知识以及掌握哪些知识是其是否为一合格教师的基本标准。技术理性指导下的国际汉语教师培养和培训囿于"专家—教师"这样一种等级框架，国际汉语教师在自我发展过程中的能动作用、强烈的改善现实的需要依然是被忽视的，教师成为被教育或被训练的对象和被动的知识接受者。正如学者已经指出的，"专门的研究人员很少有机会深入接触教学（课堂教学、教材编写、教学设计、教学管理等）实际，缺少教学的体验。教学实际问题，常常不是专门研究人员关注和擅长解决的问题"[4]。根据汉办的一次学员调查显示，学员们喜欢形象直观可以现学现用的教法演示。62.3%的学员提到，希望增加教学示范、观摩教学，直观接触、借鉴各种教学和组

---

[1] 曲铁华、冯茁、陈瑞武《教师专业发展与高等师范院校课程改革》，《教育研究》2007年第9期。

[2] 陈向明《理论在教师专业发展中的作用》，《北京大学教育评论》2008年第1期。

[3] 同[1]。

[4] 崔永华《教师行动研究和对外汉语教学》，《世界汉语教学》2004年第3期。

织方法；72.1%的学员还希望能增加自己实践的机会，让专家根据自身问题予以指导。可见，"实践"在对外汉语教学活动中扮演着非常重要的角色。而"反思理性"推行的是"实践—反思—开发—推广"模式，它假设，"在实践中遇到的问题非常复杂，需要特定的解决办法"。所以，它认为教师必须通过各种形式的"反思"以促进自己对于专业活动及相关事物更为深入的"理解"（Understanding），发现其中的"意义"（Meaning），促成以"反思性实践"（Reflective Practice）为追求。[1] 可见，在对外汉语教学领域，实践与反思是交织在一起的。成为"反思性实践者"，是国际汉语教师专业发展的一个必然要求。

"反思性实践者"是唐纳德·舍恩在20世纪发表的《反映的实践者——专业工作者如何在行动中反思》[2] 一书提出的概念假设。他认为"反思性实践者"是复杂情境中能动的问题解决者，这一概念为认识教师形象提供了新视角，凸显了教师作为能动的实践者的主体性和主动性。在这里，反思被看成一种植根于教师内心的、致力于不断丰富与完善教学实践的力量，教师不再是由外在技术与原理武装的"技术熟练者"，而是在实践中并通过实践不断建构和提升自身经验的"反思性实践者"。舍恩认为反思沟通了"理论"与行动之间的联系，产生了"行动中的知识"，它指的是实践者在专业实践活动中对活动进行反思而形成的知识，这种知识由"反思性实践"来澄清、验证和发展，并非建立

---

[1] 曲铁华、冯茁、陈瑞武《教师专业发展与高等师范院校课程改革》，《教育研究》2007年第9期。

[2] 唐纳德·舍恩《反映的实践者——专业工作者如何在行动中反思》，夏林清译，教育科学出版社，2007年。

在"技术理性"基础之上,它常隐含在实践者面临不确定的、独特的且充满价值冲突的情境时,凭借行动中生成的直觉而有效解决问题的能力来实现的。

基于以上分析,我们可对国际汉语教师成为"反思性实践者"的必要性做一简单的总结。(1)仅仅强调教师知识素养的"技术理性"对国际汉语教师专业发展是有局限性的,教师必须具备在课堂中建构、生产知识的能力。(2)国际汉语教师建构、生产知识的过程通过对教学实践的实时反思得以完成,表现为"行动中的反思"。(3)此一过程生产出"行动中的知识",成为内化于国际汉语教师自身并能得心应手使用的知识。(4)国际汉语教学实践与反思是一个硬币的两面,教学实践的流动性需要进行实时反思,而反思可促成教学实践效果的提高,实践与反思的有机结合使得国际汉语教师必须是"反思性实践者"。

二、反思性实践与国际汉语教学的契合性

学界对对外汉语教学的学科定位至今未能达成共识,但大多数人认为,对外汉语教学是语言教育。有学者指出,对外汉语教学是语言教育学的一门分支。[1] 对外汉语教学与教育学理论有着密切的关系,我们应积极吸收教育学的相关理论,扩大对外汉语教学研究的视野。课堂实践是对外汉语教师专业发展的重要领域,在教学过程中不断反思,发现问题—研究问题—解决问题,这是

---

[1] 刘珣《对外汉语教育学是一门独立的学科》,《世界汉语教学》1998年第2期。

对外汉语教师提升教学水平的主要模式。一些学者也呼吁要重视对外汉语教学的课堂教学实践。[1]我们如何关注和研究课堂教学实践呢？如上文所述，教育学的有关研究已经证明，反思是一种可行的手段。那么，国际汉语教师是否应该成为反思性实践者呢？答案是肯定的，其根据存在于对外汉语教学的实践性特征之中。"正是实际经历着的情境性质引起了人们的探究和反省活动。"[2]对外汉语教学环境的特殊性决定了执教者必须是反思性实践者。

国际汉语教师教学实践中的每一个行动均与行动所发生的场域构成相互影响，具有很强的情境性和不确定性。首先是情境性，国外曾有研究报告显示，教师每小时做出与工作有关的重大决定为30个，在一个有20—40名学生的班级中，师生互动每日达1500次。[3]作为一名国际汉语教师，除了要承载必须的教学工作量以外，还要教授口语、汉语、阅读写作、翻译等不同课型，面对不同水平、不同国家的学生，国际汉语教师的工作环境具有很强的情境性，很难像技术理性认识论所理解的专业工作者那样，"将专业活动设为工具性的问题解决活动，将通则、标准化知识应用到具体的问题上"[4]。然而，教育情境是独特的、具体的、

---

[1] 孙德坤《关于开展课堂教学活动研究的一些设想》，《世界汉语教学》1992年第2期；刘珣《对外汉语教育学是一门独立的学科》，《世界汉语教学》1998年第2期；王路江《对外汉语学科建设新议》，《语言教学与研究》2003年第2期；吕玉兰《试论对外汉语课堂教学实践研究》，《世界汉语教学》2004年第2期；崔永华《教师行动研究和对外汉语教学》，《世界汉语教学》2004年第3期。

[2] 杜威《我们怎样思维·经验与教育》，姜文闵译，人民教育出版社，2005年。

[3] 伯克《专业化：对发展中国家教师和师范教育工作者的重大意义》，《教育展望》1997年第3期。

[4] 唐纳德·舍恩《反映的实践者——专业工作者如何在行动中反思》，夏林清译，教育科学出版社，2007年。

试探性的，处于不断变化之中，是特定人物在特定时空的产物，这种产物很难直接脱离时空环境推论到别的人或别的时空环境中。国际汉语教师为了应用既定理论和技能来解决问题，必须具备可将理论与技能类别和实践情境特性相联结的能力。问题设定和问题解决是实践者持续地与实践情境进行"反思性对话"的过程。对外汉语教学正是教育实践与具体教育情境的相互形塑。

其次是对外汉语教育的不确定性。不确定性表现为两个方面：一是教授对象的不确定性。对外汉语教学中经常会有这样的现象：同一位教师、同一门课、同一本教材、同样水平的学生、同样的教学方法，可教学效果却大相径庭。主要原因在于来自不同国家的汉语学习者在文化背景、思维方式、学习风格等方面存在很大差异，因而导致教学方法的不切合，教学质量明显下降。另一方面则表现在国际汉语教师要能够胜任不同水平的多种课型，也许一名教师教授高级水平口语课的评估成绩总是遥遥领先，可以把自己深厚的中国文化和文学知识运用得淋漓尽致，才华横溢。但是面对零起点的学生时，往往无从下手。然而，在现实的对外汉语教学中，"各种教学类型、课程门类和课程内容的多样性这一特点是无法改变的"[1]。所以，国际汉语教师的专业发展仅限于理论知识的学习是远远不够的，真正的教学发生在教师、学生、学科的三角关系中，同时，这三个点在持续地转换着。

国际汉语教师教育实践的情境性和不确定性等特点，说明国际汉语教师不仅仅要知道"教学是什么"或"教师应该怎么做"

---

[1] 吕必松《关于对外汉语教师业务素质的几个问题》，《世界汉语教学》1989 年第 1 期。

的抽象问题,更多的是"我此时此地如何教"的情境性问题。舍恩提出的"反思性实践者"概念假设,弥合了理论与实践之间的分离。他认为,实践情境是流动性、复杂性、价值冲突性的,专业人员的行动无法根据既定的原理与技术进行,而是要不断框定问题情境,在情境的互动过程中发展出解决问题的途径;实践不是理论的应用,而是实践者借助实践性知识与实践情境开展"反思性对话";实践者不是工具性的问题解决者,而是复杂情境中能动的探究者。[①] 反思性实践的这些特征恰恰契合了国际汉语教学的情境性和不确定性。

依据笔者的理解,反思对国际汉语教师的意义体现在两个方面。首先,反思本身就具有"目的意义"。反思是主动性的,正是在反思中,国际汉语教师体认到自我的价值与地位,从而驱使自我寻找教学环境中出现的各种问题。在此过程中,教师的能动性与主体性得以彰显。其次,反思具有"工具意义"。借助反思,国际汉语教师深入挖掘各种问题形成的原因并采取策略。"反思自己的教学实践"进而发现问题,乃是"改进教学"的前提条件。

三、作为反思性实践者的国际汉语教师的成长路径

那么,国际汉语教师如何才能成为反思性实践者?反思是人类的一项基本能力,在教学过程中,国际汉语教师会不自觉地对课堂的经验予以总结和思考,这种无意识的反思是否就可以使其

---

① 唐纳德·舍恩《反映的实践者——专业工作者如何在行动中反思》,夏林清译,教育科学出版社,2007年。

成为反思性实践者?"……在教学中或多或少地进行反思,但是由于没有有意识地进行资料搜集,没有进行系统的资料整理和分析,因此他们的反思只能形成自动的经验,没有也很难得到理论上的提升,所以不能非常有效地指导教学实践。"[1] 用皮亚杰的语言来说,这种反思还未达到"抽象反省"的高度,它还不具备将当下的经验进行抽象、转化进而成为自身知识的一部分的能力。

国内外学术界有关反思性实践者的成长路径研究可以为国际汉语学界提供丰富的借鉴资源。国内外有关反思性实践者(反思型教师)的成长路径有很多讨论,归纳起来有以下几种方式:(1)撰写反思日志或建立自身成长档案袋,记录专业发展过程中的成功与失败,通过对自己的教育观念、行为进行回忆和反思,努力去挖掘思想深处的成因,去追问个体思想、行为产生的背景,从而使反思的内容超越现象或是行为控制的局限。文档的建立过程是教师对已有经验进行系统化整理的过程,是对自己成长的记录过程,也是教师对自身教育教学进行反思的过程。(2)反思性教学。反思性教学即"教学主体借助行动研究,不断地探究与解决自身和教学目的,以及教学工具等方面的问题,将'学会教学'与'学会学习'结合起来,努力提升教学实践的合理性,使自己成为学者型教师的过程"[2]。反思性教学帮助教师从压抑性的、常规性的行为中解放出来,让教师以一种深思熟虑、目的明确的方式去行动,为分析和发展教师的学与教提供了立足点,是加强教师专业发展的一个基本过程。(3)微格教学法。微格教学是一种在

---

[1] 吕玉兰《试论对外汉语课堂教学实践研究》,《世界汉语教学》2004年第2期。

[2] 熊川武《反思性教学》,华东师范大学出版社,2002年。

较短的时间内模拟的教学经历,在这一简短的教学时间里,教师将一个简短的教案实践环节向自己的几个同事或向一个较小的班级的学生呈现。在微格教学的过程中,教师可以用新的视角去审视自己、审视学生、审视课程,不断地更新自己的认知结构。同时,教师可以与同事交流,与不同学校教师对话,也可以与专家、学生等进行交流。交流教学中的问题,讨论解决的方法。通过相互交流与借鉴,实现更为深刻的反思。(4)行动研究法。《国际教育大百科全书》将行动研究定义为"为提高对所从事的社会或教育实践的理性认识,为加深对实践活动及其依赖的背景的理解,由社会情境(教育情境)的参与者进行的反思性研究"。行动研究强调的是教师在教学过程中对自身教学行为进行即时的监控与调节,并对教学中出现的问题进行即时的研究、即时地解决问题,是一种以实践的改进作为关注焦点的研究模式。它将行动与研究这两个领域的知识与经验结合在一起,极大地肯定了教师的研究本领与社会价值,激发了教师的反思热情。(5)叙事研究法。教育叙事研究,是借助教育叙事的方法,研究教师的教育生活与发生在教育世界中的事情。而教育叙事,简单地说,就是教师讲有关自己或教育教学的故事。它的意义来自一般叙事的具体化。包括想象叙事、口头叙事和书面叙事。从本质上说,叙事是社会性的、关系性的。所以,教师叙事研究不仅是对个人经历和孤立经验的故事的反思,而且是对社会大背景下整个教育的反思。合理的叙事研究会使教师把自己个人的经历和体验与社会生活联系起来,在社会政治、经济与文化的大背景下反省自己的生活、工作与学习,从而走上更宽广的反思道路。(6)教师专业共同体的建立。教师专业共同体是建立在教师专业化浪潮的基础之上,以学校为基地，以教育实践为载体，以共同学习、研讨为形式，在团体情境中通过相互沟通与交流最终实现整体成长的提高性组织。这种组织一般以学校为单位，是在学校的日常教学活动中形成的；也有的是校际或区域间的职业联合体。教师每时每刻都要和学生接触，产生各种各样的教学经验，遇到许许多多的教学困境，如何应付不同的教学困境，帮助学生取得进步，不同的教师在教学观、学生观以及处事方式上都会存在差异。通过教师学习共同体这座桥梁，教师内心深处和潜意识中的知识和经验转化为显性知识并得到确认、整理并系统化，与其他教师共同分享和相互促进，进一步提高教师在专业发展过程中的反思和协作能力。

作为国际汉语教育事业的一项里程碑式的举措，《标准》的颁布对国际汉语教育的发展具有前瞻性的指导意义。在"技术理性"范式指导下，国际汉语教师被动地传授知识和贯彻教学大纲；而新的教师专业发展理念认为，教师应是学习者、研究者，是知识的建构者，教师通过在实践中不断地学习和反思，实现专业知识和能力的不断提升，达到专业发展的理想境界。国际汉语教育作为一门有很强实践性的学科，与反思有着天然的密切关系。国际汉语教师的专业发展应不再局限于"传播知识—接受知识"的框架中，"知识""技能"等各项"素养"不应该仅仅通过传递的方式来获得。我们也应借鉴教师教育与发展的最新理论，让国际汉语教师成为"反思性实践者"。

后　记

　　本分册所编文章从2005—2016年间发表在中国（不含港澳台）的学术期刊和会议论文集约500篇中文写作的论文中遴选而出。书名中的三个关键词决定了本分册涵盖的范围：（1）汉语作为"第二"语言教学，意味着以华裔子弟为主要教学对象的华文/语教学不在选择范围之内，虽然实际上许多教师身兼双职——既是二汉教师又是华文教师。（2）"教师发展"，内容圈定在与"发展"相关的议题。（3）关于教师发展的"研究"，因此教师的具体教学过程和案例报告也不在选择之列。按照以上条件，首先对本领域的核心和代表性刊物中发表的论文逐一筛选；其次通过关键词对所有文献进行检索；最后在选编过程中检查各单篇论文的参考文献，补充上述两步遗漏的论文。最后搜集到论文约500篇。

　　为了客观地呈现这一时期本领域的研究现状，论文的筛选过程基本按照下面几个步骤进行：第一步，对所有论文逐一浏览，标注各篇的关键词（研究焦点），随后对这些关键词进行分类，在此基础上形成内容大纲。这种基于材料（发表论文）的提取方式有助于避免先入为主的偏向，保证客观地反映本学科领域的实际研究状况。第二步，根据大纲，再次浏览各篇论文，形成本分册的章节，并确定各节的代表性篇目做深度阅读分析。代表性篇目的确定主要看论文研究的议题是否有价值，有意义，以及论文的深度。第三步，将章节目录及其选篇发给本系列丛书其他分册主编及总主编，看是否有遗漏或重复。根据反馈意见，最终形成本分册现在的章节及其选篇。编者认为，本分册较为客观地反映了这一时期本领域研究的广度与深度。

所有论文的搜集工作均由北京语言大学对外汉语研究中心当时在读的研究生王苗苗、刘雨佳、刘泽平三位同学先后完成，在此一并致谢。

孙德坤

图书在版编目(CIP)数据

汉语作为第二语言教学的教师发展研究/孙德坤主编.—北京:商务印书馆,2019
(商务馆对外汉语教学专题研究书系.第二辑)
ISBN 978-7-100-17629-3

Ⅰ.①汉… Ⅱ.①孙… Ⅲ.①汉语—对外汉语教学—师资培养—文集 Ⅳ.①H195.3-53

中国版本图书馆 CIP 数据核字(2019)第 142286 号

权利保留,侵权必究。

汉语作为第二语言教学的教师发展研究
孙德坤 主编

商 务 印 书 馆 出 版
(北京王府井大街 36 号 邮政编码 100710)
商 务 印 书 馆 发 行
北京新华印刷有限公司印刷
ISBN 978-7-100-17629-3

2019 年 11 月第 1 版　　开本 880×1230　1/32
2019 年 11 月北京第 1 次印刷　印张 16½
定价:52.00 元